DR. JUAN CRUZ ESQUIVEL

Igreja, Estado e Política
Estudo Comparado no Brasil e na Argentina

EDITORA
SANTUÁRIO

DIREÇÃO EDITORIAL:
Pe. Marcelo C. Araújo, C.Ss.R.

EDITOR:
Pe. Márcio Fabri dos Anjos, C.Ss.R.

CONSULTOR EDITORIAL:
Luiz Eduardo Wanderley

COORDENAÇÃO EDITORIAL:
Ana Lúcia de Castro Leite

COPIDESQUE:
Lessandra Muniz de Carvalho

REVISÃO:
Cristina Nunes

DIAGRAMAÇÃO:
Simone Godoy

CAPA:
Vinicio Frezza / Informart

Dados Internacionais de Catalogação na Publicação (CIP)
(Câmara Brasileira do Livro, SP, Brasil)

Esquivel, Juan Cruz
    Igreja, Estado e política: estudo comparado no Brasil e na Argentina / Juan Cruz Esquivel. – Aparecida, SP: Editora Santuário, 2013.

    Bibliografia.
    ISBN 978-85-369-0303-3

    1. Catolicismo 2. Igreja Católica 3. Igreja e Estado 4. Poder eclesiástico 5. Religião e política – Argentina 6. Religião e política – Brasil. I. Título.

13-04933   CDD-306.6

Índices para catálogo sistemático:

1. Igreja, Estado e política: Brasil e Argentina:
Estudo comparado: Sociologia da religião 306.6

Todos os direitos reservados à **EDITORA SANTUÁRIO** — 2013

 Composição, impressão e acabamento:
EDITORA SANTUÁRIO - Rua Padre Claro Monteiro, 342
12570-000 — Aparecida-SP — Fone: (12) 3104-2000

Sumário

Agradecimentos 7

Introdução 9

**1. Eclesiologias divergentes: uma aproximação às orientações
pastorais nos episcopados do Brasil e da Argentina** 21

  1.1. Os tipos-ideais de eclesiologia como marco interpretativo
    da diversidade episcopal 36

  1.1.1. As eclesiologias argentinas 38

    I. Eclesiologia da neocristandade 38

    II. Eclesiologia pós-conciliar moderna 52

    III. Eclesiologia pós-conciliar social 59

    IV. Eclesiologia de espiritualidade pastoral 65

  1.1.2. As eclesiologias brasileiras 70

  I. Eclesiologia da ortodoxia romana 70

    II. Eclesiologia do enraizamento social 79

    III. Eclesiologia integracionista 86

  1.2. Algumas conclusões preliminares 92

**2. Poder eclesiástico e poder político: Percurso histórico
de uma relação ambivalente** 97

  2.1. Introdução 97

  2.2. O período pré-institucional 102

2.2.1. Os tempos da Colônia 102

2.2.2. A independência e a consolidação de um eixo articulador
nas relações Igreja-Estado... 109

2.2.3. Ares liberais reformulam a lógica
das relações Igreja-Estado... 125

2.3. A institucionalização da Igreja num contexto de novos
entendimentos na trama eclesiástica-estatal 145

2.4. Novas mudanças nos cenários nacionais e internacionais....... 176

2.5. Igreja e regimes autoritários 196

2.6. A Igreja na transição democrática.. 214

2.7. Resumo histórico geral... 220

3. Continuidades e mudanças: os episcopados do Brasil e da Argentina na democracia de fim de século XX......................... 227

3.1. O caso brasileiro 228

3.1.1. A tensão entre a Cúria Romana e a condução da CNBB.... 243

3.1.2. A Igreja e o processo de reforma constitucional................. 253

3.1.3. Eleições que garantem a continuidade de uma
marca registrada... 259

3.1.4. Cristalização das divergências com Santo Domingo como
pano de fundo 270

3.1.5. Sensibilidades contínuas 272

3.1.6. Mudança de nomes... mudanças de rumo?....................... 279

3.1.7. A lei dos bispos... 298

3.1.8. Reeleição e consolidação do papel crítico 300

3.1.9. 500 anos do descobrimento do Brasil:
comemoração ou autocrítica?.. 304

3.1.10. Intensificação da presença pública.................................. 311

3.1.11. A Reforma do Estatuto como materialização de uma
nova correlação de forças 318

3.1.12. A confirmação das mudanças postergadas 321

3.2. O caso argentino 325

3.2.1. Um documento crucial:

Igreja e Comunidade Nacional 325

3.2.2. Litígio de influências: as relações entre o poder eclesiástico
e o poder político durante o governo de
Raúl Alfonsín (1983-1989) 329

3.2.3. O perfil da nova liderança episcopal 342

3.2.4. A transição para o menemismo 344

3.2.5. A hegemonia de Antônio Quarracino 350

3.2.6. Outro documento fundacional:

"Linhas pastorais para a nova evangelização" 354

3.2.7. Entre a crítica e o respaldo: a política eclesiástica
a meio termo 356

3.2.8. A Reforma Constitucional de 1994 368

3.2.9. Os temas de sempre despertam novas preocupações 376

3.2.10. Pobreza crescente, denúncias crescentes 383

3.2.11. A gestão de Estanislao Karlic à frente da CEA:

um impasse no rumo episcopal 390

3.2.12. O caminho Vaticano na estratégia menemista 397

3.2.13. Transição e continuidades na lógica episcopal 403

4. Considerações finais 413

4.1. As fronteiras entre o campo católico e o campo político 415

4.2. Acerca do método comparativo como
ferramenta de análise sociológica 422

Referências bibliográficas 433

Agradecimentos

A apresentação de um livro ressalta naturalmente a figura de seu autor, mas esquece uma variedade de instituições e pessoas que contribuíram ao longo de sua elaboração.

É por isso que desejo expressar meu profundo agradecimento à Fundação de Amparo à Pesquisa do Estado de São Paulo (Fapesp), entidade que me outorgou uma bolsa de pós-doutorado e financiou minha pesquisa. Também à Universidade de Buenos Aires e à Universidade de São Paulo, onde me graduei e me doutorei, respectivamente. Do mesmo modo, à Pontifícia Universidade Católica de São Paulo, instituição que me recebeu para fazer o pós-doutorado.

Gostaria de exprimir meu sincero reconhecimento aos professores José Reginaldo Prandi e Luiz Eduardo Wanderley, que orientaram o andamento das pesquisas de doutorado e pós-doutorado respectivamente, com inestimáveis contribuições para seu aprimoramento.

Agradeço, ainda, a todos aqueles que também foram partícipes na realização deste livro. Fundamentalmente aos bispos, responsáveis das Conferências Episcopais, e aos padres, que se mostraram solícitos quando os entrevistei e generosos no momento de socializar informações.

Introdução

As relações entre a política e a religião, ou especificamente entre o Estado e a Igreja católica, exprimem um percurso complexo na história da América Latina, com implicâncias visíveis nas matrizes políticas, jurídicas e culturais das sociedades da região. Situações de separação entre o Estado e a Igreja convivem com cenários de intersecção entre ambos os campos. Realidade diversa, então, que requer estudos aprimorados para uma compreensão mais certeira da história e do presente do subcontinente.

O objetivo geral do livro é compreender as cosmovisões ideológicas e as lógicas de comportamento, em relação ao Estado, que predominaram nos episcopados do Brasil e da Argentina, desde o retorno da democracia na década de 1980 até o final dos governos de Fernando Henrique Cardoso e Eduardo Duhalde em 2002. A proposta de analisar os vínculos entre o poder político e o poder eclesiástico no Brasil e na Argentina se insere na expectativa mais ampla de desvendar com nitidez processos, modalidades e formatos enraizados que definem o funcionamento da sociedade dos dois países.

A decisão de concentrar a pesquisa no corpo superior da Igreja católica responde a que é o conjunto de arcebispos e bispos que traça o rumo institucional. São as Conferências Episcopais que demarcam, dentro de um território determinado, os discursos ideológicos e teológicos e as linhas pastorais "oficiais".

Baseado nesses grandes fios condutores, o estudo se propõe analisar a presença pública das elites eclesiásticas em ambos os países. Levando em consideração que não há uma única forma de pensar as modalidades desse desdobramento dentro da instituição católica, tornou-se relevante o traçado de um mapa sobre os perfis existentes no alto clero argentino e brasileiro. Existem dissímeis interpretações sobre o papel que a Igreja deve assumir em um contexto democrático, sobre a definição das prioridades pastorais e o modo de se relacionar com o poder político e com as organizações da sociedade civil. A construção de tipologias para cada um dos episcopados pretendeu desentranhar o universo da diversidade eclesiástica.

A perspectiva analítica proposta encontra uma justificativa no fato de que, na América Latina, a Igreja católica desenvolveu variadas estratégias de influência sobre as camadas dirigentes e as organizações sociais. A incorporação de quadros religiosos às esferas de governo, a participação nos processos de decisão de legislações de alta sensibilidade católica – educação, ética familiar e sexual etc. – e a utilização dos recursos do aparelho estatal visaram a reproduzir e espalhar sua presença na sociedade. Sem dúvida, ela cumpriu e, de algum modo, ainda cumpre um papel substantivo no cenário público. Concebida como espaço social mais que como instituição reclusa no âmbito da sacristia, teria sido infrutífero realizar uma pesquisa sobre o catolicismo sem considerar as implicações das articulações com o "exterior". Assim, uma avaliação da entidade eclesiástica desde o ponto de vista institucional não pode prescindir das formas de interpelar o poder político e a sociedade civil.

Apesar de se tratar de um estudo contemporâneo, torna-se imprescindível uma análise histórica e comparativa do *modus operandi* do mais alto órgão católico nos dois países.

Levando em conta que as gestões episcopais encontram-se situadas em um contexto histórico e inseridas em um enquadramento internacional, tanto a caracterização dos traços duradouros que definem de modo eloquente o *modus vivendi* entre o campo católico e o campo político, quanto o seguimento das relações com a Santa Sé, conformam os alicerces a partir dos quais poderemos desvendar o rumo do catolicismo definido pelas hierarquias eclesiásticas.

Por último, desentranhar a dinâmica do funcionamento que prevalece no interior das instituições eclesiásticas ergue-se como uma tarefa iniludível na tentativa de compreender a especificidade da Igreja católica brasileira, se comparada com as restantes da América Latina.

Antes de adentrarmos na estrutura do livro, é indispensável explicitar algumas premissas e supostos teórico-analíticos referenciados.

As relações entre a política e a religião têm sido problematizadas pelas ciências sociais desde há um longo tempo. Max Weber, expoente da sociologia clássica, dedicou boa parte de sua vida intelectual a discernir as especificidades e peculiaridades da modernidade ocidental. Individualizada a partir de um processo de afirmação da autonomia do sujeito e de racionalização crescente,[1] observou como a expansão do processo de racionalização em todos os âmbitos da vida social trouxe consigo uma diferenciação de esferas orientadoras da ação humana. Nesse contexto, por conta da emergência de múltiplas instâncias de regulamentação da sociedade, a religião perdeu a centralidade que possuía nas sociedades tradicionais para instituir os fundamentos da ordem social.

No mundo pré-moderno, da religião emanavam os postulados que legitimavam e/ou explicavam os processos históricos. Em todas essas sociedades, a referência ao divino se impunha como fundamento da ordem social. Não havia então diferenciação de ordens ou esferas. Os valores religiosos impregnavam ao mesmo tempo a economia, a política e a vida privada (ARON, 1990). A profecia se cumpria plenamente: a religião era a única legitimada para proporcionar um significado coerente e sistemático do mundo. A moral religiosa era a encarregada de definir o bem, o mal, o correto, o incorreto, além da origem da humanidade e o sentido da vida humana.

---

[1] Quando fazemos referência a um processo correspondente entre modernidade e racionalização, estamos referindo-nos, em primeiro lugar, a um domínio cada vez maior das imagens do mundo e da realidade, utilizando conceitos abstratos – racionalidade teórica; em segundo lugar, a uma metodologia aplicada nas condutas humanas e a uma configuração de seus aspectos práticos a partir de uma adequação meios/fins – racionalidade teleológica ou instrumental – ou baseando-se em valores racionalizados em ações – racionalidade axiológica (HABERMAS, 1987). A racionalidade que gira ao redor da noção do cálculo constitui o traço distintivo e fundamental do capitalismo moderno no pensamento weberiano.

Com o advento da modernidade e a partir da ruptura com os laços tradicionais, Weber destaca uma diversificação de esferas associada ao processo de racionalização como característica primordial do Ocidente. É possível conceber a política, a economia, o direito, a ciência e a arte desprendidos do universo de fundamentações religiosas. Cada uma delas encontra sua justificação, sua legalidade e dignidade na geração de suas próprias normas e obrigações internas, as que levarão tais esferas a se institucionalizarem.

Estudando a evolução da racionalização nas esferas da vida social – econômica, jurídica, política, científica, artística, religiosa, erótica –, Weber observa seu caráter divergente; isto é, que cada uma delas funciona com base em uma legalidade interna, com seus componentes cognitivos, normativos e expressivos, e "se desenvolve por sua lógica imanente particular" (COHN, 1979, p. 141), relativamente autônoma das regras que prevalecem nos demais campos. Cabe esclarecer que não se trata de um percurso necessário, mas contingente, onde cada esfera transita por seu próprio processo de racionalização.

Ao introduzir a ideia de autonomia, Weber não perde de vista a inter-relação entre as esferas e os condicionamentos e influências recíprocos. Somente tenta frisar que em primeira instância as fontes explicativas de cada esfera devem se buscar em sua própria lógica de funcionamento, nos sentidos particulares que orientam a ação desde essa esfera. De modo exemplificador, "por mais entranhadas que tenham sido em casos particulares as influências sociais, políticas e econômicas nas éticas religiosas, no entanto, seu selo característico, estas o recebem sempre, em primeira instância, de fontes religiosas. Em primeiro lugar, o conteúdo de seu evangelho e de suas promessas" (WEBER, 1984, p. 236).

Assim, as premissas para a compreensão de um fenômeno religioso se encontram, em primeira instância, na esfera religiosa. Essa afirmação implica entender, em primeiro lugar, os comportamentos religiosos desde uma abordagem que verifique a lógica de funcionamento religioso que está por trás deles. E, em segunda instância, analisar a intervenção de outras ordens da vida – interesses políticos, econômicos, científicos etc. – que influenciam e explicam de forma complementar aquele fenômeno religioso.

Como pano de fundo, Weber está remarcando o condicionamento múltiplo dos processos históricos, por um lado, e que nenhuma esfera constitui em "última instância" a base explicativa de todos os fenômenos – polemizando principalmente com Marx[2] –, por outro. Na mesma direção, impugnou as teorias evolucionistas da história. De acordo com o pensamento historicista alemão, abordou as mutações culturais a partir dos nexos de sentido com suas lógicas particulares e não desde os mecanismos evolutivos dos sistemas sociais (HABERMAS, 1987).

Enquanto a religião perdeu o monopólio de direcionar e transmitir as ideias que possibilitam o ordenamento das estruturas mundanas, a ciência moderna tentou se erguer como a instância legitimada para explicar os comportamentos sociais e as ações humanas em termos racionais

---

[2] Weber também polemiza com Nietzsche ao criticar o determinismo psicologista arraigado em seu pensamento (COHN, 1979; WEBER, 1984), apesar de coincidir no que tange à inexistência de um sistema valorativo intrínseco no mundo. Quanto às divergências com a posição de Marx, basta citar algumas clássicas passagens de obras marxistas para expor a diferente linha de pensamento em relação a Weber: "O conjunto das relações de produção constitui a estrutura econômica da sociedade, a base real sobre a qual se eleva uma superestrutura jurídica e política e à que correspondem formas sociais determinadas de consciência. O modo de produção da vida material condiciona o processo da vida social, política e intelectual em geral. Não é a consciência dos homens que determina a realidade; pelo contrário, a realidade social é que determina sua consciência" (MARX, 1970, p. 37). Em contraposição aos princípios da filosofia hegeliana, Marx conclui: "A moral, a religião, a metafísica e qualquer outra ideologia e as formas de consciência que a elas correspondem, perdem, assim, a aparência de sua própria substantividade. Não têm sua própria história nem seu próprio desenvolvimento, mas os homens que desenvolvem sua produção material e seu intercâmbio material mudam também, ao mudar esta realidade, seu pensamento e os produtos de seu pensamento. (...) Esta concepção da história consiste, pois, em expor o processo real de produção, partindo para isso da produção material da vida imediata, e em conceber a forma de intercâmbio correspondente a este modo de produção e engendrada por ele, ou seja, a sociedade civil em suas diferentes fases, como o fundamento de toda a história, apresentando-a em sua ação enquanto Estado e explicando com base nela todos seus diversos produtos teóricos e formas de consciência, a religião, a filosofia, a moral etc." (MARX, 1985, p. 26-40). Nem a economia, nem qualquer outra esfera goza do poder de erigir-se como base real de uma formação social em Weber, que insistentemente questionou as posturas baseadas em determinismos unívocos.

e coerentes, despojados de mistérios e forças incalculáveis. Existiria uma relação de continuidade entre o predomínio da ciência e da técnica nas sociedades modernas e o desmoronamento das estruturas de plausibilidade da crença religiosa (BERGER, 1967; HERVIEU-LÉGER, 1996a). Esse estado de coisas leva Weber a sublinhar a relação inversamente proporcional entre o avanço da racionalidade e a centralidade da religião no ordenamento do mundo social.

É nesse marco que a modernidade supõe uma moral religiosa relegada a ser uma esfera mais entre outras tantas dentro da análise weberiana e restrita pela "perda estrutural da posição axial que ocupava nas sociedades tradicionais" (PIERUCCI, 1998, p. 14). Não somente deve competir com a política, a economia e a ciência;[3] também confronta-se com as esferas estéticas e eróticas que oferecem bens de salvação intramundanos[4] (WEBER, 1984).

A lei deixa de ser sagrada. A economia em geral e as ações econô-

---

[3] A disputa com a esfera científica é evidentemente inevitável enquanto a ciência moderna compete com a religião no poder de dar explicações coerentes e sistemáticas dos acontecimentos do mundo. Os mecanismos causais em que a ciência se baseia para ordenar e explicar o universo mundano são os que originam a perda de sentido, o desencantamento do mundo e não fazem mais do que entrar em oposição com o cosmos da ética da compensação, a partir do qual a religião busca dar um significado ao mundo (ROTH; SCHLUCHTER, 1979, p. 11-64). Ainda sustentando que a ciência avançou gradativamente sobre o domínio que anteriormente era próprio da religião (ARON, 1990), vemos que o gradual nunca alcançou o total: persistiu o conflito pela legitimidade conferida para proporcionar respostas àquelas questões ainda não compreendidas entre ambos universos. Por outro lado, é importante destacar que no papel que destina à ciência, isto é, o de oferecer explicações racionais sobre os eventos da realidade, Weber estabelece os limites da produção e do agir científico e demarca sua legalidade interna. No pensamento weberiano, a ciência não está legitimada para conceder visões do mundo, nem para fundar juízos de valor que sirvam como orientadores da ação.

[4] Tanto a esfera estética como a erótica viram-se submetidas ao processo de racionalização. Despojaram-se dos laços que as ligavam às fontes religiosas e, ao oferecer uma liberação intramundana, deveram e devem suportar a hostilidade das religiões de salvação. As produções artísticas na sociedade tradicional estavam impregnadas de imagens de templos, cultos, igrejas e rituais. A autonomização da arte implicou a elaboração e a apreensão dos valores estéticos de modo independente. Quanto à esfera erótica, Weber indica que a "sensação de libertação intramundana com respeito ao racional, de triunfo gozoso sobre ele, correspondia em seu radicalismo à rejeição, também inevitavelmente radical, de qualquer tipo de ética extra ou supramundana de salvação em que se pudesse celebrar o triunfo do espírito sobre o corpo" (WEBER, 1984, p. 549).

micas dos indivíduos em particular passam a reger-se pela lógica de funcionamento que determina o alcance dos fins racionalmente perseguidos – o lucro. A política, em contraposição ao imperativo de continuidade imanente à tradição religiosa, se baseia na capacidade contratual dos cidadãos para formular normas e orientações de conduta. As produções artísticas já não são realizadas por um desígnio divino, mas por puro interesse e amor à arte.

Contudo, esse processo não está isento de conflitos de valor, pois a racionalidade que governa cada esfera é diferente. Noutras palavras, a interação de valores contrapostos dos diversos campos pode desembocar em situações de tensão. A colisão entre as diferentes esferas se estabelece no plano da incompatibilidade ou de não correspondência entre as lógicas e orientações de sentido para a ação que impulsiona cada uma delas, e na disputa por guiar e regular maiores segmentos da vida social. Desde a lógica da racionalidade instrumental que prescreve as ações na esfera econômica, a ética religiosa da fraternidade será identificada como irracional. Por sua vez, para a racionalidade valorativa da esfera religiosa, toda ação que se regule unicamente pela adequação meios–fins não suporá outra caracterização que não seja irracional.

Estamos frente a um conflito entre uma racionalidade formal e outra substantiva, entre duas racionalidades que interagem ao se entrecruzarem as normas que partem das ordens de valor. A utilidade, o poder, a retidão normativa, a verdade, a beleza, elementos identificáveis às esferas, brigam entre si para exercer seu domínio sobre as condutas humanas, para universalizar sua pretensão de validade (ROTH; SCHLUCHTER, 1979, p. 11-64). A origem das desavenças não responde a interesses irreconciliáveis, mas a uma trama de estruturas incompatíveis (HABERMAS, 1987). Devido a nenhuma esfera contar com o poder de arbitrar os enfrentamentos entre as normas imanentes das ordens de valor ou com a legitimidade para fundar uma nova ordem cosmológica do mundo, o conflito se torna irresolúvel (BRUBAKER, 1984).

Os antagonismos descritos, é preciso esclarecer, não estão concebidos em um plano metafísico nem em um plano empírico, e sim no típico-ideal. Essa advertência indica que podem ocorrer no terreno da realidade, se houver certas condições. Sua utilidade se concentra em avaliar o grau de proximidade que uma situação histórica obtém deles.

Ora bem, qual é o papel da religião nesse cenário? E, fundamentalmente, qual é a resposta dos atores religiosos diante dessa nova configuração?

Em termos teóricos, corresponderia à religião a missão de dar respostas às buscas de sentido individuais. Segundo Weber, o lugar da religião é na vida privada, no plano da intimidade do sujeito. No entanto, a realidade nos mostra agentes e instituições religiosas que não renunciam à preservação de uma presença pública. A Igreja católica, concretamente, recusa sua reclusão à esfera privada e tem conseguido, com certo sucesso, reproduzir um desempenho público ao longo dos séculos, embora seja cada vez menor sua eficácia para controlar as consciências e os comportamentos sociais.

Entre uma religião absorvida e ao serviço do poder temporal –cesaropapismo – e os regimes teocráticos, em que a religião toma posse do poder civil e pugna por transformar o mundo segundo os desígnios de Deus, uma gama de alternativas intermediárias reflete situações de complementaridade, de competência, de separação e de autonomia entre a Igreja e o Estado. "A fórmula da separação entre a Igreja e o Estado é factível, desde que um dos poderes abandone de fato suas intenções de controlar aquelas áreas da vida que são acessíveis a ele" (WEBER, 1944, p. 1205).

Por outro lado, é importante precisar que a separação entre Igreja e Estado não remite necessariamente à privatização da religião. É mister "distinguir com clareza entre o princípio legal da separação e a prescrição normativa liberal da privatização" (CASANOVA, 1999, p. 146). Os diversos tipos de concordatas assinados pelos representantes do poder civil e pelo papa revelam as múltiplas configurações que resultam da articulação eclesiástica-estatal, em função dos dissímeis processos de formação das estruturas institucionais em cada país. Esses acordos, transitórios em alguns casos, duradouros em outros, não deixam de ser, em termos de Roberto Romano, "momentos de acomodação recíproca".

Uma análise em profundidade sobre essa questão não pode estar permeada por abordagens simplificadas, seja aquela que considera o órgão eclesiástico como mero aparelho ideológico do poder secular, seja a que sustenta uma supremacia da ordem espiritual. Um olhar reducionista nos impediria de compreender a sequência de fatos nos quais a Igreja e o Estado entraram em confronto por delimitarem a competência e as áreas de influência de cada um.

Interessará desvendar então quais são as modalidades da presença pública da Igreja católica no Brasil e na Argentina e as decorrências de sua inter-relação com o poder político. A entidade religiosa pode fundamentar essa presença atendendo à defesa dos direitos humanos e às liberdades civis; justificá-la na disputa entabulada contra a autonomia das esferas seculares; e/ou firmá-la na proteção de certas normas e valores tradicionais (Casanova, 1999). Tentaremos avaliar qual foi o cunho distintivo dessa presença em ambos os países.

Do mesmo modo, importa explorar o *modus operandi* utilizado diante do Estado, a aceitação do princípio da liberdade religiosa e o caráter mais ou menos intransigente na transmissão dos preceitos doutrinários. O acompanhamento dos trilhos percorridos pelas instituições eclesiásticas nos permitirá esclarecer o perfil assumido pelo catolicismo em cada realidade e a posição resultante, mais ou menos próxima da sociedade política, mais ou menos próxima da sociedade civil.

A demarcação das fronteiras entre o campo religioso e o campo político é porosa e cambiante, por conta das permanentes disputas, redefinições e renegociações daqueles limites que a modernidade trouxe consigo para estruturar as sociedades contemporâneas (Casanova, 1999). Ao longo da história, pode-se apreciar inúmeras situações onde a Igreja utilizou as estruturas estatais para reproduzir seu aparelho burocrático e estender seu programa pastoral no conjunto da sociedade. Só quando as elites do governo desenharam políticas ativas nas áreas de tradicional influência católica, foi irremedi-ável o confronto pela demarcação dos campos de ingerência de cada esfera. Por outro lado, quando os processos políticos ostentaram debilidades em sua base de sustentação, a procura por "outras" fontes de legitimidade tornou-se uma modalidade corrente. Apesar de, *a priori*, o Estado secular não precisar da religião para a integração normativa da sociedade; a Igreja, considerada pelas elites de governo como uma inestimável fonte fornecedora de sentido, foi requerida para abençoar os regimes políticos. Dependendo da conjuntura histórica e da correlação de força existente, o binômio Igreja-Estado transi-tou de modo pendular por uma trilha de maior ou menor interpenetração, de maior ou menor conflituosidade. O processo de acomodação recíproca não esteve isento de tensões nem de choques de competências, fundamen-talmente quando ambas as instituições deixaram transparecer a ambição de sintetizar e monopolizar as representações sociais. São esses arrebatamentos de caráter recíproco os que testemunham o perfil ambíguo, variável e com-plexo da interação Igreja-Estado.

De um modo geral, o vínculo entre a religião e a política implica um reconhecimento da autonomia relativa de ambos os campos, mas também um conflito permanente situado no terreno das interferências e arrebata-mentos mútuos. As experiências empíricas exteriorizam modalidades religiosas que adotam elementos do campo político, e vice-versa. Aquela autonomia relativa, sujeita às particularidades das instâncias de formação das instituições em cada país, se vê confrontada com procedimentos de instrumentalização recíproca. A complexidade dos processos históricos nos mostra como o religioso e o político, ainda que com lógicas diferenciadas, se especificam e se correspondem sem solução de continuidade.

No momento de abordar a lógica predominante que subjaz no comportamento eclesial frente ao campo político tanto no caso brasi-leiro quanto no argentino, retomaremos essas questões para elucidar os mecanismos que operaram historicamente nesses esquemas de interpe-netração bilateral.

A estrutura do livro

O primeiro capítulo expõe o marco interpretativo desde o qual se analisarão as políticas institucionais dos episcopados brasileiro e argentino, assim como o comportamento dos bispos no contexto das dioceses. Um leque de eclesiologias foi construído como esquema referencial para abordar as lógicas de funcionamento dentro de cada instituição eclesiástica. Resultou infrutífera a estratégia original de estabelecer um sistema tipológico abrangente para o alto clero dos dois países por conta de os pontos nevrálgicos que definem o núcleo de coincidências básicas, assim como os eixos sobre os quais se cristalizam as dissonâncias entre os prelados, mudam de um país para o outro. Questões históricas, políticas, institucionais, organizacionais e até idiossincráticas, entrelaçadas todas elas, explicam a unicidade de cada corpo episcopal.

O segundo capítulo percorre a história da Igreja católica no Brasil e na Argentina delimitando suas diferentes fases, em função das relações estabelecidas com os regimes políticos e dos projetos eclesiais hegemônicos. O acompanhamento dos processos de mudança, que se têm cristalizado na instituição eclesiástica ao longo da história, permitiu, de um lado, discriminar os elementos constantes e os variáveis presentes no comportamento da hierarquia católica; de outro, ressaltar os padrões comuns que guiaram a radicação da Igreja em ambos os países e os acontecimentos-chave que marcaram uma bifurcação de caminhos.

O terceiro capítulo, o mais extenso, se concentra no foco temporal delimitado. Aprofunda-se sobre as relações das elites eclesiásticas com os diferentes governos desde o retorno da democracia na década de oitenta do século passado. Com jeitos distintivos, a Igreja católica do Brasil e a da Argentina se esforçaram por garantir uma presença pública ao longo da história. Uma, autossituada no espaço da sociedade civil; outra, entrelaçada no plano da sociedade política. Apesar dos contrastes, as políticas homogeneizadoras impulsionadas pela Santa Sé têm acarretado modificações nas relações de força, e uma reformulação das prioridades pastorais paira sobre os episcopados de hoje. Tempos de transição definem o andar das instituições católicas na atualidade.

As conclusões integram os conteúdos principais dos capítulos, de modo a oferecer uma reflexão geral a respeito das modalidades eclesiásticas diante do poder político e da sociedade civil e dos perfis hegemônicos que se visualizam na instituição católica no alvorecer do terceiro milênio. Retomam-se, ainda, algumas questões teóricas relacionadas com as fronteiras entre o campo político e o campo religioso. Por último, aborda-se a problemática do método comparativo como ferramenta de análise sociológica no estudo de casos.

1. Eclesiologias divergentes: uma aproximação às orientações pastorais nos episcopados do Brasil e da Argentina

Empreender uma análise da Igreja católica, especificamente de sua hierarquia e em função de sua presença pública, supõe um olhar que vá além das relações formais entre a esfera religiosa e a esfera política. Concebida como espaço social mais que como instituição recluída no âmbito da sacristia, as fronteiras do catolicismo com o "exterior" se tornam móveis, imprecisas e, em determinados momentos históricos, inexistentes.

Pelo recém-exposto, uma pesquisa sobre o catolicismo implica necessariamente atentar às implicações das articulações com o "exterior". Fundada em uma ética intramundana, a Igreja se propõe a universalizar um sistema de valores visado a orientar o comportamento coletivo. A educação, as relações familiares e sexuais, a participação política, os limites da intervenção estatal são todas temáticas nas quais a instituição eclesiástica não apenas tem posturas definidas, como também procura que a sociedade em seu conjunto as incorpore como próprias. Desse modo, o social, o simbólico, o religioso e o político se entrecruzam, tornando complexa a apreensão do catolicismo como um todo.

Por outro lado, não há uma linha de pensamento homogênea dentro da instituição católica. Existem diversas interpretações sobre o papel que a Igreja deve assumir em um contexto democrático, a definição das prioridades pastorais e o modo de se relacionar em face aos poderes e organizações civis. Mesmo com suas próprias lógicas e metodologias, não se pode desconhecer a concorrência entre as lideranças pelo controle do aparelho eclesiástico. Daí a importância de distinguir os diferentes perfis que convivem no campo católico e perceber em termos históricos o jogo de relações de força desatado em seu seio.

> A aproximação demasiada da realidade da Igreja ou até a identificação com o Reino faz emergir uma imagem eclesial abstrata, idealista, espiritualizante e indiferente à trama da história. Por outro lado uma identificação da Igreja com o mundo projeta uma imagem eclesial secularizada, mundana, disputando o poder entre outros poderes deste século. Por fim uma Igreja centrada sobre si mesma e não articulada com o Reino e com o mundo faz aparecer uma imagem eclesial autossuficiente, triunfalista, sociedade perfeita que duplica as funções que, normalmente, competem ao Estado ou à sociedade civil (BOFF, 1981, p. 16-17).

A dinâmica dos posicionamentos internos constitui então um elemento analítico de singular relevância na hora de descrever o avatar institucional da Igreja. Mas essa leitura resulta incompleta para compreender as lógicas subjacentes à elaboração das políticas eclesiásticas. Embora a disputa – tácita ou explícita – entre diversas perspectivas eclesiásticas repercuta nas formas como a Igreja interpela a sociedade e interage com o Estado, também as transformações sociais e o estilo de condução política de quem ocupam as estruturas do poder civil potencializam a supremacia de um ou outro perfil episcopal. Como diria Poulat, na Igreja não cessam de se confrontar discursos desiguais que competem entre si e que não deixam de entrelaçar-se com o "exterior" (POULAT, 1977).

Ao mesmo tempo, é necessário esclarecer que aquelas matrizes de pensamento se nutrem, processando-as, das demandas provenientes do laicato e da sociedade em cada momento histórico. Entendida como uma dualidade, estruturada e em estruturação, a instituição eclesiástica se produz e se reproduz em seu interior e com seu entorno. Apesar do molde hierárquico que contorna as relações intraeclesiásticas, a análise sociológica sobre o devir do catolicismo não pode ignorar o caráter negociado como atributo explicativo dos processos decisórios internos (GIDDENS, 1967; BOURDIEU, 1987).

A abordagem das diversas sensibilidades episcopais nos leva a ressalvar algumas considerações. Em primeiro lugar, o espírito de coexistência que as envolve. A unidade do campo católico surge como um valor em si mesmo – testemunho de fidelidade ao Evangelho – e como o suporte da ação pastoral – não se poderá reconciliar os homens se previamente não se exterioriza uma Igreja unida. Na prática, se combina um grau crescente de institucionalização com a universalidade de expressões e tons pastorais, regulados normativamente pela hierarquia episcopal. A ideia de que o ministério episcopal é essencialmente um serviço de unidade está atrelada à idiossincrasia dos bispos. A transmissão de uma imagem de unidade coletiva é considerada também condição *sine qua non* para a obtenção de maior credibilidade na sociedade. Essa percepção reforça os fatores de integração dentro do corpo, reduz aqueles que o diferenciam e repercute em um estilo prudente e comedido na hora de atuar e declarar.

Em segundo lugar, as múltiplas formas de testemunhar o catolicismo, não isentas de tensões, resultam indispensáveis para reproduzir uma estrutura institucional milenar. A criação das ordens religiosas, ao longo da história, evidencia uma mecânica de funcionamento na qual os espaços de diferenciação vão acompanhados de estratégias de integração. Dessa perspectiva, a combinação de âmbitos de negociação e conflito deve ser concebida segundo a sua funcionalidade com a pretensão universalista da instituição católica. Assim, as variadas expressões eclesiológicas, longe de pensar-se como modelos antagônicos, compõem arquétipos complementares.

Esclarecidas essas questões, interessa detalhar os pontos nevrálgicos que definem o núcleo de coincidências básicas nos episcopados argentino e brasileiro, assim como os eixos sobre os quais se cristalizam as dissonâncias.

A partir daí, estaremos em condições de construir um leque de eclesiologias como ferramenta de análise dos perfis episcopais.

Desentranhar a estrutura de pensamento e as cosmovisões do alto clero não se vislumbra como tarefa simples. O forte viés dado pelo espírito de corpo da Conferência Episcopal interfere no estudo pormenorizado das ideias de seus integrantes. Como vimos, os próprios Estatutos de ambos episcopados recomendam a seus membros evitar pronunciar-se contra o decidido na assembleia plenária. Não obstante e além de toda disposição e declaração formal, a unidade externa não se traduz em uma uniformidade interna. Ideias e condutas contraditórias e convergentes configuram um cenário que começaremos a chamar de *homogeneidade multiforme*.

A partir de uma minuciosa pesquisa sobre as produções orais e escritas dos episcopados em geral e dos bispos em particular, será possível reconstruir a pluralidade de quadros conceituais e tons pastorais. Essa abordagem analítica nos permitirá traçar as grandes linhas de tendências dentro da instituição eclesiástica dos dois países para as primeiras décadas do século XXI, assim como contrastar os perfis idiossincráticos que predominam em ambos os episcopados.

Para operacionalizar nossos objetivos, nos baseamos nas seguintes dimensões de análise:

• interpretação da modernidade e do processo de separação entre as diferentes esferas da vida humana – política, econômica, religiosa, cultural, jurídica;

- relação entre poder espiritual – poder temporal, entre Igreja católica
  – e Estado;
- papel da Igreja no regime democrático;
- inserção social do catolicismo: posição frente à reforma agrária e
  os movimentos de luta pela terra;
- papel do catolicismo na identidade nacional e na cultura;
- relações entre o episcopado e a Santa Sé;

- relações intraeclesiásticas;
- pluralismo religioso, avaliação da Teologia da Libertação e da Renovação Carismática;
- aspectos doutrinários;
- definição da moral individual e familiar;
- papel da Igreja no campo educacional.

A elite eclesiástica argentina configurou um pensamento único em tudo aquilo que se refere à moral cristã. As pautas normativas referentes às relações familiares e sexuais, assim como as máximas de orientação sobre a moral individual, concentram a adesão da totalidade dos bispos, apesar de o tom pastoral sobre esses tópicos não ser uniforme. Tampouco o são as disposições táticas desde as quais se projeta a assimilação daqueles princípios por parte da sociedade. Nesse sentido, a unanimidade doutrinária se dilui em uma multiformidade na prática. É em torno dessa particularidade que as eclesiologias, como marco interpretativo, encontrarão sua fundamentação.

Ainda que a postura contrária ao aborto e ao divórcio seja um denominador comum entre todos os prelados, a ênfase colocada nesses assuntos e os níveis de intransigência ou de diálogo para interagir com os âmbitos decisórios do poder civil variam consideravelmente de um bispo a outro. A férrea oposição assumida pelo então titular da Comissão Episcopal para a Família da CEA, Emilio Ogñénovich, quando o Congresso da Nação se preparava para aprovar a legislação sobre o divórcio na segunda metade da década de oitenta do século passado, não contou com o apoio de todos os seus pares. O transporte da Virgem de Luján, padroeira da Argentina, a uma concentração convocada para repudiar a lei em questão precisou seguir um percurso ziguezagueante devido ao inconformismo de alguns prelados com certos procedimentos daquele bispo. A rejeição ao divórcio era unânime; as alternativas a desenvolver para evitar ou atenuar as resoluções legislativas eram motivo de controvérsia.

A fidelidade à figura do papa e o caráter insubstituível da instituição Igreja enquanto instância de produção e distribuição de bens de salvação não refletem fissuras na idiossincrasia episcopal. A lógica "romanocêntrica" percorre todos os perfis; as diferentes linhas eclesiológicas sustentam seus enunciados apelando a uma genuína interpretação das diretrizes do Pontífice. Claro que é factível transitar por caminhos divergentes, mesmo respondendo às políticas definidas pelo Vaticano. Quem reproduz as diretivas papais na temática da dívida externa e a condenação ao capitalismo selvagem, traça suas ações pastorais de modo diferente daquele outro que se concentra nas instruções do Sumo Pontífice sobre a saúde reprodutiva e as restrições aos divorciados que voltam a se casar. Dependendo da temática aludida, o perfil de gestão episcopal se encaminhará por trilhas díspares.

Na forma de conceber a relação com as estruturas temporais, é possível perceber uma pluralidade de orientações episcopais. A interpelação do poder político e o posicionamento frente aos processos de secularização e globalização despertam maiores contrastes entre os membros do alto clero argentino. De uma postura de diálogo com as experiências do mundo profano até uma completa intransigência e rejeição das transformações da cultura contemporânea, um sem-número de variantes evidencia os matizes que se observam diante destas questões. Sem dúvida, o devir da modernidade obrigou a definições precisas no interior do catolicismo. Enquanto uns optam por "conciliar as exigências da reflexão intelectual com sua compreensão da fé", outros se aferram à conservação dos "valores tradicionais e autênticos" (MALLIMACI, 1988, p. 38). No centro dessa polaridade, se situam aqueles que questionam a modernidade sem cair nas teses de imutabilidade e intransigência. Em outras palavras, o acompanhamento da libertação das tutelas tradicionais, ou a crítica ao relativismo ocasionado pela extensão das liberdades individuais do processo modernizador, modelam divergentes interpretações em torno da concepção e construção da ordem social cristã. Alguns repousam nos princípios medievais e lutam por fundar uma "nova cristandade". Outros são partidários de adaptar-se e integrar-se às estruturas do mundo moderno para dali garantir a presença do catolicismo. Não falta quem parte da crua realidade social para fortalecer o papel da instituição católica no seio da sociedade.

Quanto ao modo de abordar a relação com o poder civil, as desavenças se concentram ao redor das estratégias de catolização da sociedade: alguns acham que a utilização dos recursos estatais não deixa de proporcionar dividendos aos propósitos eclesiásticos; outros sustentam que quanto mais autônoma se apresente institucionalmente a Igreja, maior credibilidade obterá como resposta da sociedade. A discussão em torno da relação Igreja-Estado visualiza-se historicamente como uma questão de difícil resolução. A tentativa de instrumentalizar as estruturas do poder público para ampliar a presença católica na sociedade se fundamenta no papel desempenhado pelo catolicismo no momento da fundação da nação. Nesse sentido, ao se igualar o ser nacional ao ser católico, a instituição religiosa teria direito de ocupar um *status* de oficialidade. Essa visão é contestada por aqueles que fazem uma avaliação negativa justamente desse esquema de poder, no qual a Igreja esteve inserida desde sua radicação no país. A necessidade de preservar a instituição dos vaivéns do poder político estaria associada a uma adequação da Igreja aos sinais dos tempos.

Algumas reflexões dos próprios autores põem em relevo suas considerações em torno dos eixos que os unificam como corpo e as dimensões que os distinguem enquanto sujeitos individuais. Com maior ou menor aceitação, todos confluem para o mesmo diagnóstico.[5]

> Há muita sintonia quanto ao amor a Jesus, ao Papa e à Igreja argentina. Como emblema, a Virgem de Luján nos une a todos permanentemente. O âmbito de divergência é a leitura que vai se fazendo da realidade. Uns falam de corrupção porque falta o pão, outros falam de

---

[5] Todas as entrevistas contidas neste livro foram realizadas pelo próprio autor.

corrupção porque os políticos metem a mão no baú e outros falam de corrupção porque a televisão projeta novelas, filmes ou cenas que não fazem bem à sociedade. São três leituras diversas da realidade. Porém é mais o que nos une do que o que nos divide. Se trata de apresentar uma Igreja unida, entre outras coisas, pelo temor do que diz Martín Fierro, que nos devorem os de fora. Isso também dá solidez à Igreja (RADRIZANNI, 1999).

Nos temas pastorais e doutrinários há acordo total. Além disso, temos uma CEA bastante homogênea. Não há temas que deem lugar a dissensos no seio das Assembleias Plenárias, quando estamos reunidos. Em declarações individuais, há mais diversidade de opiniões, que, por outra parte, enriquecem, não se precisa preocupar por isso (CARGNELLO, 2000).

Tudo o que é a relação com os governos é motivo de dissenso. Sempre há bispos que acham que se deve ter posições mais definidas, definir-se mais, e outros que acham que não, que se deve ser mais prudente. Neste terreno, custa mais chegar a um consenso. Ou seja, em tudo o que diz respeito à relação e ao diálogo com o mundo aparece o dissenso (CASARETTO, 1999).

Nos temas que tornam a ação pastoral evangelizadora mais direta não há tantos questionamentos. Em tudo o que se aproxime do laico, do social, da relação Igreja-Estado, dos pobres, dos aborígines, ali é distinto. Também na concepção de comunhão e participação. Tudo isso faz as visões de Igreja que se tem (OLMEDO, 2000).

No campo teológico e dogmático, jamais houve o menor dissenso. As diferenças têm sido sempre pelas dimensões temporais. Creio que o episcopado é muito fiel ao papa e a seu Magistério. Mas há um ponto, o da natalidade, que acho que, embora jamais falamos desses temas, não devemos ter todos a mesma ideia. Jamais absolvi um homem que usasse preservativos. Porque tenho uma cultura muito marcada pela obediência. Não obstante, sou dos que creem que alguma coisa deve ser procurada. Não sei qual (LAISE, 2000).

É importante ressaltar a metodologia que o episcopado põe em prática para processar as dissensões. A procura de um amplo consenso obriga a ampliar os prazos para a tomada de decisões. Geralmente, os documentos da Igreja argentina são aprovados por unanimidade ou por grande maioria de votos. Mas esse processo não é automático: a incorporação de sugestões e a consideração das críticas fazem com que o texto se vá reformulando, até atingir uma mensagem integradora das perspectivas discordantes. É por isso que o tempo de elaboração de uma missiva episcopal, por esse lento processo de construção de consensos, é extremamente longo. Assim, a conservação daquele espírito de unidade a que temos feito referência é anteposto à lógica de maiorias e minorias que supõe uma votação.

Se comparado com o episcopado da difícil década de setenta, inserido em um ambiente de alta efervescência e polaridade política, estamos frente a um alto clero mais entrosado. Como espaço social com alta permeabilidade do contexto, o dos anos 70 era um coletivo com fortes discussões ideológicas, com tendências radicalizadas e centrífugas. Hoje, os cortes respondem menos a divergências políticas do que à diversidade de orientações pastorais. A seguinte reflexão, do bispo de Morón, Justo Laguna, resume com clareza as características do episcopado que ingressou no novo século:

> Existe um conjunto de bispos muito mais homogêneo, que tende a examinar a realidade sob perspectivas estritamente pastorais, com menos preconceitos políticos e com uma proximidade cada vez maior da problemática real das populações assentadas em suas respectivas dioceses territoriais. Pode-se afirmar que a esmagadora maioria dos bispos de hoje está purificada da memória que alguma vez ofuscou a vida do corpo episcopal. As linhas internas – se existem – não têm demasiada gravitação. Além disso, quem dirige o organismo foi eleito com o consenso de todos os setores e não de uma parcela. Por isso é muito forte a legitimidade da representação de que se investem. O dito não significa que não fiquem, como expressão residual do antigo episcopado, alguns bispos apegados a uma visão política sectária da sociedade. Mas são poucos, não mais de dez em um conjunto de cem bispos (LAGUNA, 2000a).

O processo de institucionalização crescente, produto da ampliação dos espaços de reunião e comunicação, constitui um elemento significativo na unificação de critérios e integração de perspectivas.[6] A divulgação dos boletins oficiais da CEA foi concebida para "incrementar a pastoral orgânica e acrescentar a unidade da Igreja" (Bo-Cea, n. 1, 1990, p. 1). Como já foi notado, a dinâmica coletiva que envolve os encontros cada vez mais frequentes entre dignitários – reuniões plenárias, de Comissão Permanente ou de Comissões Episcopais – gera um clima propenso às manifestações equilibradas e moderadas.

Pois bem, além do espírito de corpo que nutre a convivência episcopal, para uma análise das tendências homogeneizadoras, é imprescindível destacar a importância que reveste o ingresso no seminário religioso como nova instância de socialização. Esse momento fundador implica um corte com a biografia familiar e social para passar a pertencer a uma instituição integral que modela, com suas diretrizes e cosmovisões, a estrutura de pensamento do futuro especialista religioso. As divergentes procedências se reduzem em virtude da fixação de uma cultura religiosa e organizacional, recebida ao longo do processo de instrução. A conclusão dos estudos religiosos em alguma universidade italiana termina por consolidar a introjeção de um sistema doutrinário homogêneo.[7] Talvez como nenhuma outra

---

[6] Idêntico processo se observa a nível mundial: os sínodos ou assembleias de bispos promovem um espírito de colegialidade na Igreja universal. Criados em 15 de setembro de 1965 por Paulo VI, tendem na prática a homogeneizar as estruturas eclesiásticas. Gozam do direito de participar de um sínodo, o Sumo Pontífice, os presidentes das Conferências Episcopais, os patriarcados das Igrejas católicas Orientais, os chefes das secretarias da cúria romana, três superiores-gerais eleitos pela União de Superiores Gerais e demais membros designados pelo papa. Comumente, como corolário das temáticas discutidas, dão-se a conhecer as exortações apostólicas pós-sinodais.

[7] Não obstante, é pertinente precisar que o seminário religioso não dissolve plenamente as identidades preexistentes. Se bem o alcance de seu dispositivo educativo é superlativo, o fato de que de um mesmo instituto de formação tenham saído bispos com díspares leituras e reinterpretações do texto evangélico nos obriga a não desconsiderar outras variáveis na hora de distinguir os fatores que aglutinam e os que segmentam o pensamento dos prelados. Como vimos, a influência de um bispo durante a etapa de presbitério, o tipo de trajetória eclesiástica, as características socioeconômicas em que se desenvolve cada gestão diocesana e a socialização prévia em âmbitos profanos formam um leque de elementos que merecem ser atendidos.

profissão, o processo formativo penetra profundamente na estrutura de personalidade do agente religioso e marca a fogo uma maneira particular de expressar-se, de comportar-se e de transmitir opiniões. "Não há espaço para o individualismo, a separação e a divisão entre quantos elegeram Cristo como Senhor de suas vidas. A vida comum é uma dimensão extremamente significativa" (João Paulo II. *BO-AICA*, n. 2.052).

Na CNBB, a posição institucional em face ao Estado não é um assunto que acarrete dissonâncias. A traumática situação que transitou a Igreja na época do Império e a consolidação da separação entre ambas as esferas desde os tempos da Proclamação da República fazem com que as bandeiras da autonomia e da independência sejam levantadas por todos os bispos.

De um modo geral, é unânime a aceitação da diferenciação entre a esfera temporal e a esfera espiritual, embora se enfatize a interligação entre elas e a presença do espiritual na realidade terrena. Prima a concepção de que o domínio religioso sobre as estruturas mundanas dos tempos medievais ocasionou uma reação lógica no sentido de liberar as amarras que sujeitavam o mundo temporal. Lembrando que autonomia não é sinônimo de dissociação, o quadro de análise se completa com uma estratégia de adaptação e acomodação aos postulados da modernidade.

Os dogmas doutrinários relativos à moral familiar, pelo menos no plano discursivo, também não são motivos de controvérsia. As disposições emitidas pela CNBB enfatizam um núcleo rígido de preceitos, em sintonia com as diretrizes romanas. Isso não impede que em determinadas jurisdições as assembleias diocesanas resolvam "afrouxar" os critérios disciplinares, como, por exemplo, no caso daquela determinação de não autorizar a comunhão aos casados por segunda vez. No entanto, apesar dessa flexibilidade, não se admitem gretas nas proclamações que remetem às questões de moralidade. Assim como tampouco nas políticas visadas à formação do clero, à catequese e à ação missionária.

Outras são as clivagens que atravessam o alto clero brasileiro. Diferentemente do episcopado argentino, o vínculo com a administração vaticana desperta diferentes sensibilidades. Enquanto alguns bispos inclinam-se por alinhar a CNBB ao poder romano e concebem o trabalho pastoral em função da fidelidade integral às diretrizes da Santa Sé e do cumprimento rigoroso das normas litúrgicas; outros, proclives a um andar institucional autônomo, dão destaque à inculturação do Evangelho e à assimilação da especificidade da cultura religiosa brasileira. Se bem que não há um confronto direto com o poder central; como pano de fundo, defendem a independência da CNBB para traçar suas linhas de ação. Ao mesmo tempo, instam a uma maior colegialidade nas decisões vaticanas.

Como uma derivação desse eixo diferenciador, o papel da Igreja num contexto democrático e as prioridades pastorais erguem-se também como fatores que originam dissensões. Levando em conta que as condições socioeconômicas não foram alteradas com o restabelecimento das instituições democráticas, certo segmento do episcopado é partidário de preservar uma atitude de cunho político por fazer parte do compromisso cristão decorrente da fé. Assim, a defesa dos Direitos Humanos torna-se prioritária. Ressalta as relações com os movimentos sociais e acentuam o engajamento nas atividades de solidariedade social.

> Permanece o desafio de combater a pobreza, as desigualdades sociais etc. Se não há mais problemas de liberdade política, há um grande problema de dominação cultural e, sobretudo, econômica de grande parte da população que está marginalizada (VALENTINI, 2003).

Já para outro fragmento da CNBB, o papel desempenhado pela Igreja durante a ditadura encontrava uma explicação pela censura das organizações da sociedade civil. Com o normal desenvolvimento destas, afirmam que a atenção pastoral deve estar voltada para as questões propriamente eclesiásticas. Sem desconsiderar a colaboração da Igreja como parceira nos planos de promoção humana, a ênfase situa-se no marco da formação sacerdotal e evangelização de uma sociedade definida como descristianizada e paganizada.

Com a abertura política do país, a CNBB não tem mais aquela função de denúncia. Hoje nós estamos mais no anúncio, porque mudaram os tempos e as perspectivas. Hoje o papel da CNBB é um papel de denunciar aquilo que não está certo, mas fundamentalmente de anunciar o projeto evangélico de Jesus Cristo. Hoje existem muitas outras vozes, a da Igreja não é única, por isso sua função não é a mesma (MARCHIORI, 2003).

Conforme for a concepção da Igreja que o bispo tem – mais canônica e ensimesmada ou mais pastoral e projetada na realidade terrena –, varia a forma de entender o relacionamento com as estruturas internas e o exercício do poder magisterial. Aqueles que olham a entidade eclesiástica desde o imperativo do reforço clerical e buscam afirmar uma identidade enquanto corpo episcopal tendem a colocar em segundo plano o papel dos conselhos de pastoral e a obra dos assessores. Os prelados que outorgam à instituição um maior grau de horizontalidade valorizam o âmbito da assembleia diocesana e cultivam os laços com os quadros que complementam o desempenho da CNBB. Outro tipo de pesquisa poderá indagar se esse estímulo ao desempenho das comunidades supõe também a aceitação de procedimentos democráticos na definição das linhas de ação pastoral.

A Teologia da Libertação e as Comunidades Eclesiais de Base, inseridas na história do catolicismo brasileiro, são temáticas de polêmica justamente porque elas envolvem uma explícita vinculação com a política. Do mesmo modo, a postura em face aos movimentos católicos de caráter intimista, em clara expansão nas últimas décadas, é outro componente dos matizes que vigoram na CNBB. As atitudes oscilam entre um estímulo que visa a torná-los um espaço com visibilidade dentro da Igreja, até o receio e o questionamento pelo realce da piedade individual. Numa posição intermediária, aqueles que resgatam o que trazem de positivo e chamam a atenção para o que consideram "condutas desviadas".

Por último, a estreita vinculação entre a Comissão Pastoral da Terra e o Movimento dos Trabalhadores Rurais Sem Terra surge como outro elemento divisor de águas no seio do episcopado. Embora a reforma agrária seja reivindicada por todos, a metodologia do MST é compreendida por um segmento de prelados e rejeitada por outros.

É mister acrescentar que o aprofundamento dos espaços de deliberação e participação na entidade episcopal brasileira é um elemento de mitigação das tensões internas. O debate entre os que veem a realidade através da Igreja e os que veem a Igreja através da realidade é resolvido com uma paciente metodologia de integração de pareceres. Como foi salientado na descrição do funcionamento de suas estruturas, a unidade eclesial e o afeto colegial subjazem a qualquer confronto de posições. A caracterização da diversidade como uma legítima expressão do corpo coletivo contribui à consolidação dos mecanismos de convergência. Por essa razão, os documentos episcopais são aprovados quase por unanimidade. "Nosso consenso não está na cabeça, mas nos pés. Nunca houve uma cisão, um escândalo entre nós, que metade dos bispos fala uma coisa, que a outra metade fala outra e sai no jornal" (QUEIROZ, 2003).

Contudo, mesmo inseridos numa lógica de cordialidade, o confronto entre projetos pastorais divergentes é um dado da realidade. O maior empenho no campo dos Direitos Humanos ou na defesa das verdades teológicas; em outros termos, a tomada de posição em face aos assuntos políticos e sociais ou a virada para as problemáticas internas da Igreja: eis o corte que estabelece caminhos dissímeis dentro do objetivo comum de evangelizar o mundo e a sociedade. A proclamação da necessidade de encontrar um equilíbrio reflete a existência de perfis e projetos eclesiásticos diversos. Projetos que, mesmo com tonalidade e metodologias específicas e diferenciadas das que se impõem na esfera da política ou da economia, pugnam pelo controle do aparelho religioso. A avaliação de um prelado sobre a nova configuração da CNBB depois do processo eleitoral de 2003 sintetiza e confirma o recém-exposto.

Podemos notar certas mudanças tendendo às questões mais propriamente centradas na missão evangelizadora da Igreja. Com a atual presidência, eleita em 2003, com as 10 comissões episcopais, ademais dos novos presidentes dos 17 Regionais do Brasil, perfila-se uma característica nova, visivelmente apontada para as questões de caráter especificamente evangelizador, equilibrando-se com as dimensões de promoção humana (Pagotto, 2003).

Assim como na Argentina, a trama discursiva salienta uma superação das antinomias presentes no corpo episcopal na segunda parte do século XX, portadoras de um viés fortemente ideológico como pano de fundo das opções teológico-pastorais. As múltiplas instâncias de reunião, quer a Assembleia Geral, quer o Conselho Permanente e os Regionais, são destacadas no sentido de terem contribuído para abrandar e aproximar os posicionamentos extremos.

Por outro lado, a dinâmica da gestão pastoral gera oscilações no próprio perfil do prelado. No Brasil, parece ser que a realidade social influencia consideravelmente sobre os dispositivos ideológicos do mandatário religioso. Mesmo para aquele bispo que trazia consigo um histórico voltado para os assuntos doutrinários, o contexto de inserção o leva a redefinir as prioridades pastorais.

Há vários bispos que disseram que chegaram sem ter nenhuma consciência daquilo que é a realidade de nosso povo e foram obrigados a se converter. A convivência com o povo é a que nos converte. Não é possível ficar num escritório e analisar a realidade friamente. Muitos bispos estão sentindo na pele o que representa ser pastor de todo um povo em que sua maioria é oprimida (Verdier, 2003).

"Existem realidades que impelem e clamam. Então, há necessidade de se tomar posições sociais mais claras e corajosas" (Montagnoli, 2003). "A pastoral deve responder a cada situação concreta. O contexto social de cada bispo é um ponto que leva a ênfases diferentes" (Scherer, 2003).

1.1. Os tipos-ideais de eclesiologia como marco interpretativo da diversidade episcopal

Os episcopados da Argentina e do Brasil evidenciam contrastes no que diz respeito aos pontos nevrálgicos que definem o núcleo de coincidências básicas. O mesmo quanto aos eixos que cristalizam as dissonâncias no interior de cada entidade. Como vimos, a modernidade, a relação com o poder político e com o Vaticano, as prioridades pastorais e o papel dos leigos e dos movimentos católicos são todos assuntos fecundos do debate eclesiástico. Ora bem, as clivagens mudam de um país a outro, produto de uma configuração histórica e institucional dissímil. Por tal motivo, resulta infrutífero aplicar o mesmo marco interpretativo nos dois contextos. As marcantes especificidades exibidas nos obrigam a desenhar um esquema analítico diferenciado, o que impede a natural tendência de estabelecer paralelismos.

Assim, para compreender a multiformidade de cosmovisões ideológicas e orientações pastorais que convivem no seio dos episcopados, construímos um leque de eclesiologias como tipos ideais.

Por *eclesiologia*, entendemos um modelo integral de pensar a instituição católica, que compreende não só os aspectos doutrinários e litúrgicos, como também a forma como a Igreja operacionaliza sua presença no mundo e o conjunto de postulados que carrega consigo para inserir-se na ordem temporal e relacionar-se com os diversos atores da sociedade civil e política. Uma cosmovisão completa dotada de definições e propostas para todas as ordens da vida social e que, além disso, implica um olhar introspectivo.

Como todo corpo coletivo com inter-relações múltiplas e entrecruzadas, os comportamentos eclesiásticos se manifestam de um modo caótico e cruzado. Nesse sentido, torna-se incômodo em nossa condição de pesquisadores demarcar perfis claramente diferenciados entre os bispos. Os diversos tons ou ênfases pastorais possíveis de testemunhar se desvanecem na hora de delinear correspondências com os esquemas de pensamento.

Dali, a precaução em não fazer referência a correntes internas e sim a linhas de tendências ou perfis como conceitos representativos da diversidade episcopal.

Esse esclarecimento deve ser interpretado como marco justificativo da proposta de construir um sistema de tipos ideais. É importante indicar que se trata de categorias ideais em termos históricos concretos. As eclesiologias construídas estão "agrupadas artificiosamente em uma unidade racional" (WEBER, 1984, p. 527). Em tal sentido, se bem tomem aspectos da realidade, não são nem qualidades objetivas, nem uma tipologia extraída da mesma. Estamos frente a conceitos teóricos puros, ou seja, "não contaminados" pela realidade. Mas, a partir desse exercício de abstração que permitiu isolar elementos extraídos da multiplicidade de dados empíricos para apresentá-los em um sistema referencial coerente, é possível comparar e determinar em que medida diferentes aspectos da realidade se aproximam ou se afastam do esquema ideal. Colocar em claro a distância existente entre a construção ideal e o desenvolvimento real é a chave para entender a utilidade dos tipos ideais na interpretação sociológica.

Cada uma das eclesiologias projetadas – da neocristandade, pós-conciliar moderna, pós-conciliar social e da espiritualidade pastoral para a Argentina; da ortodoxia romana, do enraizamento social e integracionista para o Brasil – dificilmente representa em sua integridade as cosmovisões e os comportamentos de um bispo. Provavelmente, suas atitudes demonstrem fluxos entre as distintas eclesiologias. O que se pretende ressaltar é que não se deve considerar como contraditório que um prelado defenda uma postura próxima a um tipo de eclesiologia em temáticas referentes à moral familiar ou sexual e possa ser associado a outra eclesiologia se consideramos como concebe a relação Igreja-Estado. Deve ficar bem presente que os modelos eclesiais construídos fazem mais alusão às estruturas de pensamento que aos sujeitos. A propensão a enquadrar os especialistas religiosos em um ou outro tipo ideal é um risco certo, e sem dúvida desvirtuaria a linha de análise empreendida.

Definitivamente, assumir esse quadro conceptual de referência implica deixar de lado classificações simplistas e superficiais –conservadores *vs.* progressistas ou tradicionais *vs.* liberais – para desvendar a complexidade das matrizes ideológicas que atravessam as estruturas eclesiásticas.

Especificamente no caso argentino, longe de pensar-se como estereótipos excludentes ou como um ordenamento ideológico continuado, onde a esquerda e a direita são os extremos, as eclesiologias construídas constituem um esquema circular com vasos comunicantes entre si. Aparentemente, os cortes no episcopado brasileiro se exibem com maior nitidez e haveria uma concordância lógica no posicionamento dos prelados diante das diferentes questões emblemáticas.

Eclesiologias na CEA
Eclesiologias na CNBB

1.1.1. As eclesiologias argentinas

I. Eclesiologia da neocristandade

A eclesiologia da neocristandade se nutre do paradigma da cristandade, no esplendor, durante a Idade Média, o qual implicou a indissolubilidade entre os fins da instituição eclesiástica e os do poder político. A relação Igreja-Estado em boa parte da história argentina testemunhou a presença hegemônica desse modelo.

Tem-se saudade dos tempos em que a Igreja detinha os direitos exclusivos de controlar múltiplos aspectos da vida cotidiana das pessoas – moral familiar, formação educacional, ensino religioso etc. Baseada em princípios teológicos monísticos, não renuncia a que a realidade espiritual absorva o mundo do temporal. Concebida naturalmente como uma unidade, qualquer dissociação é sinônimo de fratura entre o espírito e o corpo.

Nesse sentido, não concebe a separação entre o temporal e o espiritual porque isso implicaria fragmentar e dividir o homem. Apesar das prescrições conciliares, questiona a ideia de campos autônomos e diferenciados já que o agir destes está circunscrito ao fim último do homem, que é sobrenatural. Os imperativos de base religiosa devem conservar sua primazia sobre os modos de conduta no âmbito profano.

O mecanismo de "catolicizar" o Estado para dali estender a "catolização" a toda a sociedade é o ponto de partida para restaurar a influência religiosa na sociedade. Seu forte viés integralista, como veremos adiante, a estimula a garantir uma presença ativa no campo do político e do social, a penetrar com a mensagem evangélica em todas as instituições e estruturas mundanas. Desde esse quadro conceitual, compreenderemos os esquemas de complementaridade e de concorrência que caracterizam as relações Igreja-Estado na Argentina.

Muito influenciado pela encíclica *Quanta cura* e seu catálogo de erros modernos, o *Syllabus* de 1864 rejeita com veemência a modernidade, já que, fruto dela, apareceram dois sistemas que por igual atentaram contra a presença de Deus no seio da sociedade: o liberalismo e o marxismo. E se em algum momento interagiu (o *Syllabus*) com ela (a modernidade), após o Concílio Vaticano II, não foi para adaptar-se e sim para combatê-la melhor (BLANCARTE, 1992).

> Nos doem expressões capciosas, sejam do marxismo coletivista e ateu como também do capitalismo lucrativo, já que ambos são incompatíveis com o Evangelho (WITTE. *BO-AICA*, n. 1504).

Não é inovadora essa postura equidistante no catolicismo argentino. No início do século XX, os documentos da Igreja estavam voltados a questionar ambos os sistemas econômicos por serem anticristãos (MALLIMACI, 1988a). Os liberais e os comunistas eram as duas caras do projeto moderno: desde a reforma protestante, clamavam pela descristianização do mundo.

A forte insistência na lei divina como norma universal e objetiva desestimula a capacidade de decisão e autonomia dos sujeitos e questiona a amplitude das liberdades individuais. A liberdade é entendida como um potencial que o homem possui, mas que é limitada pela lei natural. A tensão entre o relativismo da cultura contemporânea e o acervo de princípios absolutos da doutrina católica reproduz a contradição entre liberdade e verdade que João Paulo II expôs na encíclica *Veritatis Splendor* de 1993:

> A liberdade não pode conceber-se como um absoluto sem relação com a verdade. Reina em muitos ambientes um subjetivismo moral que vai impondo uma ética individualista. A lei natural é universal e permanente e não evolui em sua substância de acordo com os conceitos culturais. É válida para todas as culturas, porque tem relação com a natureza do homem. Em alguns casos, se chegou a uma reforma radical do papel recíproco da razão e da fé na determinação das normas morais que se referem a comportamentos intramundanos, atribuindo à razão autônoma a tarefa de estabelecer criativamente as normas relativas ao bem humano. Somente, na verdade, a liberdade do homem tem um caráter humano responsável. A verdadeira autonomia moral, conciliável com a doutrina católica, é aquela mediante a qual a liberdade do homem e a lei de Deus se encontram e se identificam reciprocamente. A lei natural subordina a razão à Sabedoria divina. O juízo último da consciência deve deixar-se iluminar pela lei divina, norma universal e objetiva da moralidade. A encíclica rejeita toda dissociação entre uma opção fundamental de caráter transcendental e as opções deliberadas de atos concretos (João Paulo II. Encíclica Veritatis Splendor, *BO-AICA*, nº 1920).

Enquanto criatura de Deus, o homem tem seus diretos outorgados e regulados pelo poder divino. Daí a exígua contemplação das liberdades individuais. Radicalizando essa linha argumentativa, de uma posição ultramontana, o pluralismo é concebido como uma ameaça contra o reinado do catolicismo. Pluralismo que decorre justamente da desregulamentação das ordens de valor. Quando particularizarmos o comportamento episcopal frente à consolidação da vida democrática, será interessante nos determos para examinar a invariabilidade ou a mutabilidade de seus discursos e orientações ante um tema tão caro para a instituição eclesiástica como é o respeito às liberdades individuais e ao pluralismo.

Assumindo uma estratégia defensiva, desde essa eclesiologia, combate-se as consequências que a modernidade trouxe consigo. Os considerados males da sociedade contemporânea – relaxamento dos costumes, crise moral, divórcio, aborto, liberação sexual, homossexualismo, reformulação da feminilidade, proliferação de drogas – são visualizados como derivações do processo de modernização. Produtos do permissivismo moral, surgem como novas dependências para o indivíduo. Existe uma sequência lógica entre a propagação do paradigma moderno e o aparecimento de práticas sociais "desviadas". Como contrapartida, o mundo medieval se destacava pela moralidade dos comportamentos humanos.

A secularização, que simboliza o afastamento da verdade última e uma concepção pagã da vida, é a proposta de uma filosofia forânea e ateia que corrompe um modelo de sociedade fundamentado na ética e na moral. Observe-se como se associa a dimensão religiosa com a questão nacional. Os valores nativos, puros, autênticos e cristãos, são corrompidos por uma ideologia estrangeira, materialista, secular e individualista. Parte de uma sociedade concebida naturalmente por Deus que foi perfurada pela "invasão" de correntes racionalistas e com componentes do imanentismo. As causas do processo de secularização são sempre exógenas.

Na crítica ao distanciamento de Deus na vida dos homens, subjaz um questionamento à perda de centralidade da esfera religiosa. Embora a primeira seja uma constante em todas as eclesiologias, pois todo postulado católico se proporá a mediar e aproximar a Deus o cotidiano dos indivíduos, a veemência em impugnar o deslocamento do lugar que cabe à religião, ou ao catolicismo, para ser mais preciso, é particular dessa construção ideal.

A teologia das duas "sociedades perfeitas" do cardeal Belarmino sintetiza a modalidade assumida na relação com o Estado. Equivalente enquanto estrutura de poder, a Igreja conta com o papa, os bispos e os sacerdotes que correspondem ao rei ou ao presidente, aos condes ou aos governadores, aos síndicos ou aos prefeitos (Leavi; Zarza, 1998). Partindo desse esquema conceitual, os vínculos formais e informais e a utilização das estruturas do poder temporal são visualizados como necessários no projeto de cristianizar a sociedade. Ao estilo medieval, se procura subordinar e "instrumentalizar" o aparelho estatal. Justaposição de interesses, legitimidades recíprocas e interpelação corporativa das estruturas de poder tingem um processo dinâmico de complementaridades e disputas permanentes com pontos de convivência e outros de tensão, conforme o momento histórico e as relações de força vigentes em cada período.

Geradora das condições que facilitam a obtenção do bem comum, a presença do Estado é positiva e desejável. Desse modo, se impugna a definição do anarquismo – mau por natureza – e do liberalismo – mal necessário que deve ser reduzido a sua mínima expressão –, embora se predeterminem claramente as margens de seu agir. Corresponderia-lhe atuar em termos subsidiários, isto é, garantir primeiro a livre iniciativa das organizações da sociedade civil e intervir somente quando os particulares não podem assumir uma atividade necessária para eles mesmos. Deve arbitrar as medidas que se encontrem a seu alcance para promover uma maior produção de bens e serviços, mas não se sobrepor aos indivíduos e às comunidades inferiores já que o fim transcendental divino está acima da sociedade política. Os momentos de tensão e disputa são produtos de uma lógica regida pelo princípio de suplência, no qual o Estado se intromete em áreas consideradas pela Igreja como preexistentes. Os direitos da família sobre a educação e a moral sexual correspondem a um plano natural e, em consequência, são anteriores às estruturas de poder mundanas.

A preocupação com o social é intrínseca a esse modelo e fundamental para construir a desejada sociedade cristã. Em sua dimensão temporal, a Igreja está obrigada a socializar os princípios do Evangelho que promovem os direitos inalienáveis do ser humano. Assim como não abandona o protagonismo que a singularizou na mediação dos conflitos sociais. A articulação com as organizações trabalhistas e empresariais, a convocatória a mesas de consenso entre o governo e instituições da sociedade civil e a gestão de planos sociais oficiais revelam sua natural incursão no campo social e político. Mais do que constituir um espaço político católico, a estratégia se baseia em catolicizar todos os âmbitos da vida social, para que assim o político, o cientista, o economista e o artista atuem conforme os princípios éticos e morais iluminados pela fé.

Concebida como espaço de poder, interpela e pressiona as estruturas de governo: a pressão sobre os legisladores para que promulguem leis em sintonia com a doutrina católica faz parte do *modus vivendi* que caracteriza a relação com a política. Mais que o consenso popular ou dos mercados, o funcionamento da democracia necessita de uma base moral como resseguro de governabilidade. Base moral que decorre de uma verdade objetiva, a qual exige subordinação.

> [Não são toleráveis] as leis que vão contra a verdade, embora tenham a aprovação ou o consenso dos responsáveis pelo bem comum. A soma de opiniões não dá como resultado a verdade. Como ensinou São Tomás de Aquino, toda lei posta pelos homens tem razão de lei enquanto deriva da lei natural. Se a contradiz, então não será lei, e sim corrupção da lei. A democracia é um ordenamento e, como tal, um instrumento, e não um fim. Seu caráter moral não é automático, mas sim depende de sua conformidade com a lei moral. É preciso obedecer a Deus antes que aos homens (LAISE. *BO-AICA*, n. 2003).

O "recurso" da democracia é válido sempre e quando proteja e inculque valores inalienáveis, entre os quais se destacam os da família e os da religião. A permissividade, a libertinagem e o desprestígio das hierarquias encarnam a deformação de um regime instaurado como fim em si mesmo. Em algum ponto, se estigmatiza a democracia, associando-a com o liberalismo, o monopólio estatal, o laicismo secular e mais recentemente com o pensamento democrata-social.[8] Na realidade, não se inclina por nenhum regime político; a legitimidade de um governo estaria dada pela proximidade ou afastamento em relação aos princípios cristãos, e não tanto pelos meios utilizados para sua constituição como tal.

O *status* teológico e jurídico que cabe à instituição eclesiástica na Argentina[9] é plenamente justificado pela presença católica no processo fundacional da nação[10] e seu papel preponderante na formação dos valores identificadores dos argentinos. O "substrato católico" arraigado na alma e na idiossincrasia nacionais data desde as primeiras gestas evangelizadoras. Razões históricas e culturais legitimam a proclamação de um Estado laico com preeminência católica.

Os seguintes depoimentos mostram uma cosmovisão que iguala o ser nacional ao ser católico. Afirmando-se nessa proposição, legitimam o protagonismo institucional do catolicismo no cenário político.

A Constituição Nacional permite descobrir a "confessionalidade" do Estado argentino no artigo 2º, onde estabelece que o Governo Federal sustenta o culto católico, apostólico e romano; no artigo 67º, onde se promo-

---

[8] Recordemos que o papa Pio XII, em sua mensagem de Natal, em 1944, reconsiderou essa tradicional interpretação, assentando as bases de uma democracia cristã e autêntica em oposição à liberal ou comunista.

[9] Não esqueçamos que o artigo 2º da Constituição argentina estabelece que o Estado deve sustentar o culto católico. Desde o confisco de bens eclesiásticos e a abolição de toda arrecadação econômica genuína executada pelo governo de Martín Rodríguez e particularmente por seu ministro Bernardino Rivadavia, na segunda década do século XIX, determinados gastos da Igreja foram assumidos pelo Estado. Muitas controvérsias se verificaram em torno desse ponto. Alguns consideram que é uma justa recompensa pela dívida contraída pelo poder civil. Outros, com um critério regulamentarista, reivindicam o cumprimento do que estipula a Carta Magna, independentemente de qualquer outra consideração. Não são poucos os que afirmam que a credibilidade social da instituição eclesiástica se vê minguada por esse *status* de privilégio, mais ainda em um contexto de ajuste estrutural das contas públicas e que, em função da imagem generalizada de uma Igreja mantida pelo Estado, não se pôde criar uma consciência entre os fiéis sobre o apoio do culto. Sem dúvida, essas propostas remetem a concepções eclesiológicas divergentes.

[10] Enfatiza-se a ativa participação do clero no período independentista, a providência mariana que acompanhou todas as batalhas emancipadoras, e o juramento por Deus e a favor da defesa da religião católica apostólica romana no território nacional dos congressistas que proclamaram a libertação argentina da tutela espanhola.

ve a conversão dos índios ao catolicismo. Sustentar quer dizer duas coisas: a união moral do Estado com a Igreja. Portanto, a Igreja [católica] tem preeminência sobre as outras religiões. E apoiar o trabalho evangelizador da Igreja (Casado. *BO-AICA*, n. 1.523).

O Estado argentino reconhece pelo artigo 2º da Constituição Nacional a realidade de um poder religioso, institucionalizando politicamente sua existência e resolvendo favoravelmente a relação do Estado com a Igreja católica. Por que esta tomada de posição constitucional? Por um lado, a tradição hispano-indígena e os antecedentes que trabalham na gênese constitucional de nosso Estado. Por outro lado, o reconhecimento da composição religiosa da população, majoritariamente católica. E, sobretudo, a avaliação do catolicismo como religião verdadeira (Laise. *BO-AICA*, n. 2.263).

Detenhamo-nos por um momento na terminologia empregada. "Poder religioso", "institucionalização política", "tradição hispano-indígena", "gênese constitucional", "composição religiosa majoritariamente católica", "catolicismo como religião verdadeira", "Igreja como instituição fundacional". Em conjunto vão delineando um particular modo de conceber não só o *modus vivendi* da instituição eclesiástica em sua relação com o Estado, como também a interpelação da sociedade civil e o comportamento dentro do campo religioso com outros cultos. O fato de que a Igreja católica não seja reduzida a um culto a erige como um componente, determinante por certo, da "cultura nacional". Podemos entrever uma noção de catolicismo que transcende a hegemonia no campo religioso para situar-se nos fundamentos que dão sentido e identidade a toda a sociedade.

As permanentes menções à identidade nacional evidenciam uma concepção em que o Estado, a Igreja e a nação formam um tripé de implicâncias mútuas. Não seria possível pensar em uma separação entre Igreja e Estado em uma nação com identidade católica predominante. Assim, a união moral entre a Igreja e o Estado não deve circunscrever-se a aspectos meramente formais. O aparecimento conjunto em atos públicos e em *te-*

-*déuns* solenes é requerido para fortalecer as raízes cristãs na cultura cidadã. Levando em consideração que a configuração cultural preexiste à formação institucional, o amálgama resultante se expressa não em um Estado católico e sim em uma nação católica. A Argentina nasceu embalada pela Igreja e o Exército segundo certificam os acontecimentos históricos mais transcendentes da história. O 25 de maio de 1810 contou com o protagonismo dos frades. As batalhas vencidas por Belgrano em Tucumán e San Martín em Chacabuco estiveram dedicadas à Virgem de la Merced e à Virgem del Carmen respectivamente. Quando o vice-rei Liniers venceu os ingleses, transportou a bandeira até a Virgem de Santo Domingo. Esses fatos mostrariam a simbiose entre cruz, espada e cultura hispânica.

Definitivamente, o fato de não se pronunciar por um Estado confessional nem desconhecer o processo de diversificação de áreas de influência entre o poder temporal e o poder espiritual não implica uma condescendência em relação à formação política ateia. Sua expressão jurídica não pode deixar de remeter-se a Deus como fonte de toda razão e justiça, já que, do contrário, estaria confessando como absoluto e autoritário a si mesmo.

Sob esse marco interpretativo, a dimensão patriótica está presente na teologia católica, tal como o deixara definido São Tomás de Aquino.[11] Assim é como não se chega a compreender a identidade nacional caso se deixe de lado o catolicismo e sua epopeia evangelizadora. Toda tentativa de transformação das bases culturais ou de revisão dos acontecimentos históricos é sinônimo de subjugação do acervo nacional.

Expoentes da supremacia católica na sociedade argentina, as autoridades eclesiásticas estão em condições de reivindicar um tratamento distintivo para a Igreja. O proclamado respeito a sua condição de maioria não encobre o caráter restritivo na política de cultos. Corresponde ao catolicismo uma posição diferenciada com respeito a outras denominações religiosas.

---

[11] "A teologia católica inclui o amor à pátria. São Tomás de Aquino afirmou que, depois de Deus, são princípios de nosso ser os pais e a pátria, ou seja, as tradições, a cultura, o território, todos sentimentos nacionais" (QUARRACINO. *BO-AICA*, n. 2065).

Seria tarefa do Estado outorgar esse tratamento preferencial à Igreja católica e regular o proselitismo dos outros agrupamentos religiosos.[12] A visão acerca das demais denominações religiosas está impregnada das conotações nacionalistas e da posição de poder que sustenta a Igreja católica no aparelho institucional e jurídico. Aduzindo uma primazia histórica e numérica, não é possível comparar em um mesmo nível o catolicismo com outros cultos. A Igreja católica surge como a "única e verdadeira" religião.

Com uma cosmovisão essencialmente integralista, o ensino religioso nos estabelecimentos educacionais públicos é outro dos instrumentos requeridos para refundar uma sociedade cristã. A dimensão religiosa é considerada aspecto central no ser humano e, como tal, deve estar considerada no ensino básico. Nesse terreno, historicamente se desencadearam tensões e conflitos entre o poder político e o eclesiástico. É nesse tópico que se torna mais ilustrativo o esquema de competitividade entre ambos. A eclesiologia da neocristandade recusa de um Estado monopolizador que limite a liberdade de ensino e restrinja a autonomia das instituições educativas não oficiais para traçar seus próprios planos de estudo e sua organização pedagógica. Mudados os papéis, a Igreja exige independência para a definição de suas políticas educativas. Para respaldar essa reivindicação, vale-se por um lado de fundamentações jurídicas: o artigo 14 da Constituição Nacional Argentina e o artigo 26 da Declaração Universal dos Direitos Humanos, que aludem à liberdade de ensino e ao direito dos pais de escolha da educação de seus filhos. Por outro, de um critério numérico: o forte componente católico no povo argentino, que, em um regime democrático, faz pesar sua condição de maioria. Este preceito se contrapõe ao anúncio referente à legislação sobre o divórcio, para a qual um hábito, independentemente do grau de universalização, não justifica uma mudança nas normas regulamentares.

---

[12] Considere-se que na Argentina existe uma Secretaria de Culto dependente do Ministério de Relações Exteriores e Culto. Todas as religiões, com exceção da Igreja católica, devem registrar-se em tal organismo público com fins de legalizar sua situação jurídico-institucional.

Igualmente, o direito dos pais de escolher a educação de seus filhos conforme suas convicções religiosas[13] se veria limitado se o Estado impusesse um sistema obrigatório de educação no qual a formação religiosa estivesse excluída. O financiamento estatal, recurso que o poder público detém para orientar suas políticas educativas, é interpretado menos como subsídio que como aporte para facilitar o desenvolvimento do ensino "público de gestão privada". O cenário idealizado pelo laicismo, ao não contemplar a dimensão transcendente como constitutiva do ser humano, afasta a formação religiosa das escolas e atenta contra o princípio de igualdade de oportunidades. A pluralidade de ideias levantada como bandeira pelo Estado liberal não se estende ao campo educativo, pois aqui se lhe reconhecem gestos próprios de um regime absolutista. Como pano de fundo, vislumbra-se uma disputa entre a direção laicista e a clerical para determinar quem goza do poder de proferir uma formação integral às novas gerações (FARRELL, 1992).

A intransigência doutrinária se cristaliza também em uma rígida moral familiar. A instituição da família, idealizada por Deus e portanto prévia ao Estado e à Igreja, está sujeita a leis naturais. A indissolubilidade do vínculo não obedece a motivos dogmáticos nem de crenças, mas a um embasamento filosófico. Assim a ratificou o Concílio de Trento segundo a revelação cristã. Nenhuma legislação pode alterar esse direito natural e inviolável em nome das liberdades individuais. A interpelação da classe política para que as disposições legais se adequem à moral divina alcança em torno dessa problemática um ponto sublime.

> O matrimônio humano é um valor humano natural. Não se trata de assunto de fé, mas de uma questão filosófica. Tampouco é algo opinável, que se decide livremente por maioria. A indissolubilidade não é uma questão religiosa. É uma propriedade essencial da instituição criada por Deus. O matrimônio e a família são sujeitos de direitos e deveres anteriores ao Estado e a qualquer comunidade (CASADO. *BO-AICA*, n. 1523).

---

[13] O cânone 1136 do CDC faz especial referência a essa atribuição exclusiva dos pais.

Sobre a natureza do corpo, não há lugar para as opções individuais. A precisão da ortodoxia indica que os divorciados que voltam a se casar contradizem com esse ato a lei de Deus, e esse pecado os inabilita a receber a comunhão eucarística.[14] As novas uniões pressupõem que a consciência pessoal conta com o poder de decidir, baseando-se em sua própria convicção, se se conserva ou se rompe a relação matrimonial. Tal atribuição é considerada inadmissível. Não existe margem possível para validar o divórcio e reconhecer-se católico.

Tanto o divórcio como os métodos anticoncepcionais são visualizados como parte de uma estratégia moderna de colonização por parte dos organismos internacionais de crédito. Esse "colonialismo biológico" tenta impedir o crescimento da natalidade em regiões escassamente povoadas, freando a possibilidade de um desenvolvimento sustentado e vulnerando o exercício da soberania nacional. Na cruzada pela unidade e indissolubilidade matrimonial, a Igreja se sente defensora dos interesses da comunidade nacional. E atacada quando se "burlam" as leis divinas. Uma vez mais, a sobreposição de argumentos religiosos a outros de tom nacionalista aparece com clareza.

> Agentes do neomalthusianismo que querem impor um novo colonialismo aos povos latino-americanos, afogando sua potência de vida com os anticoncepcionais, a esterilização, a libertação do aborto (...) (DI STÉFANO. *BO-AICA*, n. 1485).

A vida humana constitui o primeiro direito humano e condição para todos os demais. Ante a ausência de uma lei moral objetiva como sustento da ordem social, necessariamente a legalização do aborto é consequência lógica da regulamentação do divórcio. Por sua vez, os pressupostos da saú-

---

[14] O cânone 915 do CDC estabelece que os católicos que persistem em um pecado grave não podem ser admitidos na Santa Comunhão. Na mesma linha, a exortação apostólica *Familiaris Consortio* – 1981 –, resultado do sínodo de bispos sobre "a missão da família cristã no mundo contemporâneo", esclarece que os divorciados que voltam a casar, quando batizados, estão habilitados a escutar a Palavra de Deus e assistir à missa, mas não poderão fazer uso dos sacramentos.

de reprodutiva são refutados já que atentam contra os direitos de procriação que emanam da ordem natural. Mais que promover uma educação sexual, tendem a uma indução obrigatória da prática sexual anticoncepcional. O aborto, a distribuição de anticoncepcionais, o reconhecimento da esterilização como meio de controle da natalidade e a homossexualidade mostram um permissivismo moral de dimensões insuspeitas. A AIDS é a sequela derivada desses comportamentos "enfermos".

O forte acento na ortodoxia doutrinária, plasmado nesse e em outros aspectos,[15] contrasta com a adaptação aos mutantes regimes políticos e com o *aggiornamento* nas formas de inserir-se na sociedade civil. A premissa de reproduzir o catolicismo como princípio organizador da vida social parece viabilizar uma equação que combina a fidelidade para com o essencial e a transmutação do ministério segundo as variações contextuais. A integralidade de um catolicismo que deve estar presente "em toda a vida" (MALLIMACI, 1988a) obriga a Igreja a atender às variadas situações da sociedade política, o que não contradiz a conservação de uma rigidez nos princípios doutrinários.

Desse modo, insere-se a Igreja no mundo sem mundanizá-la. Preservam-se os conteúdos da fé cristã, mas não desde uma visão espiritualista desencarnada. A necessária encarnação na história e nas realidades temporais requer um discernimento contínuo para não incorrer em uma temporalização não evangélica. Enquanto realidade humana-divina, sua missão aponta por igual tanto para a transmissão da mensagem de Cristo como para a impregnação do espírito evangélico nas estruturas humanas, para a salvação integral do homem. A dupla condição de

---

[15] A ordenação sacerdotal reservada com exclusividade ao homem também faz parte do *corpus* doutrinário essencial e imutável. Por razões sagradas, históricas e de infalibilidade papal, reformar essa disposição é impensável. Por um lado, Cristo escolheu Apóstolos que em sua totalidade eram varões, e desde seu início a Igreja veio imitando essa escolha, criando uma tradição sacerdotal para os homens. Além disso, em duas cartas apostólicas, *Ordenatio Sacerdotalis* e *Mulieris Dignitatem*, João Paulo II ressaltou que o ensino sacerdotal se encontra unicamente reservado aos homens. Funções diferenciadas que não se transferem ao âmbito da santidade, no qual a mulher e o homem se encontram em um plano de igualdade.

segregatus – segregado do mundo – e *incarnatus* – encarnado na realidade – concede aos bispos e sacerdotes a capacidade de ser membros da Igreja, mas com uma missão no mundo.

Por último, a visão hierarquizada e vertical nas relações intraeclesiásticas limita toda consideração sobre um papel mais ativo dos laicos no próprio terreno eclesiástico. Por lei divina, os bispos conservam a administração da instituição e velam pelo cumprimento das normativas da Igreja. Os bispos, como sucessores dos apóstolos e integrantes do *corpus apostolicum*, estão encomendados a cumprir essa função. Com base nessa premissa histórica estabelecida no Código de Direito Canônico,[16] reserva-se aos prelados o poder de autorizar – ou não – o desempenho de movimentos laicos e vigiar a correta exposição da Palavra de Deus. O bispo constitui o princípio e o fundamento visíveis de cada Igreja particular, que por sua vez se devem à Igreja universal, una e única. Como centro do culto, o prelado está dotado de uma legitimidade sobrenatural para governar seu território e determinar a autenticidade dos valores evangélicos. O episcopado é um corpo divino desde o momento em que Cristo designou os bispos encarregados de reger os destinos da instituição. Portanto, nenhuma instituição pode chamar-se católica se não é oficialmente reconhecida pela elite eclesiástica. Essa concepção institucional data do modelo tridentino do cardeal Belarmino, que configurou um formato organizativo singularizado pela centralização administrativa, a concentração do mando e o zelo pelo magistério autêntico (SONEIRA, 1989). Sem dúvida, um modelo de Igreja como "sociedade perfeita", na qual os fiéis unidos na fé e no sacramento se subordinam aos ditames de seus superiores.

As previsões do Código de Direito Canônico sobre a participação dos seguidores no ministério presbiteral são contempladas em sua mínima expressão ante o perigo de desnaturalizar a ordem teológica instaurada.

---

[16] O artigo 329 indica que os sucessores dos apóstolos são responsáveis, por instituição divina, pelas Igrejas locais e respondem apenas à autoridade do papa.

Os éditos do Concílio Vaticano II são reconhecidos sob um filtro minimalista. Aos laicos se lhes reserva o "ministério" de impregnar todos os âmbitos da vida social com os valores cristãos.

> A Igreja, estruturada sacerdotal e hierarquicamente, constitui o novo povo de Deus. É um erro afirmar que a Igreja nasce do povo ou dizer que é uma rede de comunidades de base ou que sua constituição hierárquico--sacramental é tardia. A Igreja não é uma federação de pequenos grupos, isenta de estrutura hierárquica. A Igreja é una e sua unidade não provém de determinada realidade social, e sim da presença do Espírito Santo e de Jesus Cristo. A hierarquia existe na Igreja por vontade do Senhor, seu Fundador (QUARRACINO. *BO-AICA*, n. 1600).

II. Eclesiologia pós-conciliar moderna

A eclesiologia pós-conciliar moderna "encontra suas raízes mais remotas na Ilustração espanhola e se realimenta com a Ilustração francesa". De tradição europeizada, essa linha inspira "sua renovação teológico-pastoral, sobretudo na França e na Alemanha (...). A teologia do padre Congar e outros teólogos europeus defende de forma muito decidida uma separação das duas ordens: temporal e religiosa" (GERA; MELGAREJO, 1970, p. 62). Acompanha os ares de abertura do Concílio Vaticano II e propõe um diálogo com a modernidade enquanto resgata o valor da liberdade do homem dado por aquela. Aceita a pluralidade de pertenças dos indivíduos já que reflete um florescimento das convicções pessoais e das liberdades de escolha. A emergência de uma liberdade ampliada não confunde o bem e o mal, a verdade e o erro; simplesmente testemunha o direito do sujeito a agir segundo dita sua consciência. A emancipação do indivíduo das tutelas tradicionais é considerada como um dado positivo que obriga a Igreja a retraçar suas estruturas e suas práticas, tanto nas formas de interpelar o sujeito crente como nos modos de abordar a relação com o poder político.

E lhe exige um exercício de reconhecimento em relação ao diferente, inclusive dentro do campo religioso. "A modernidade produziu a emergência do sujeito. E uma concepção de sociedade contratual, que vai se constituindo permanentemente" (MACCARONE, 2000).

O documento conciliar *Gaudium et Spes* é seu suporte doutrinal. Fundamentalmente, os pontos que aludem à mútua condição de autonomia e independência entre a realidade política e a instituição religiosa, cada uma em seu próprio terreno. A definição de Igreja como mistério de Cristo faz transparecer uma missão essencialmente religiosa, afastada da disputa política. Desde esse marco referencial, qualifica de anacrônica a mentalidade da cristandade, pois a imagem do religioso regendo a ordem temporal faz parte das iconografias do passado. Retroceder na história para uma reconstrução do modelo da cristandade medieval significaria uma involução para a Igreja. Ora, a abertura às problemáticas do mundo não implica identificar a mensagem cristã com uma ideologia determinada. A releitura do Evangelho sob uma opção política, hábito generalizado nas décadas após o Concílio Vaticano II, volta a colocar em cena a questão da falta de autonomia dos assuntos temporais, independentemente de situar-se em um plano superestrutural ou no contexto das organizações sociais. O clericalismo e a temporalização são impugnados por igual.

Levando em consideração que os processos mundiais são irreversíveis, impugna as posturas defensivas na Igreja católica que não fazem mais do que afastá-la do mundo dos fiéis. O anticlericalismo de boa parte dos partidários da modernidade é atribuído à posição refratária assumida pela instituição católica. Em troca, se inclina para uma atitude de adaptação, enfatizando o positivo e eliminando o negativo da modernidade.

O processo de secularização, admitido em termos gerais, é impugnado na medida em que traga consigo sistemas totalitários e absolutos no exercício do poder, como consequência da prescindência de Deus na vida do homem e da perda de referência a um ser superior. Distingue-se a secularização, entendida como autonomia válida do temporal, do secularismo, que pretende uma "autonomia integral da modernização imanentista, excludente da dimensão transcendente da vida" (FARRELL, 1992, p. 124).

Sem dúvidas, trata-se de uma eclesiologia aparentada com os grandes ideais da modernidade e com os sistemas políticos que em termos teóricos a acompanharam. O Concílio Vaticano II marcou um ponto de inflexão no pensamento e nas estruturas da Igreja, outorgando maior espaço e legitimidade a essa linha argumentativa.

> É claríssimo que houve uma mudança de mentalidade com o Concílio Vaticano II. De uma Igreja um pouco ou muito na defensiva frente aos erros modernos, de uma Igreja que se sente atacada e por isto discute, polemiza e não dialoga com o mundo moderno e com a sociedade, se passa a uma Igreja muito mais aberta, compreensiva, que valoriza tudo o que há de positivo nas novas mudanças sociais. Uma Igreja que está de acordo com os ideais de "liberdade, igualdade e fraternidade". Uma Igreja que valoriza e apoia incondicionalmente as democracias (PIÑA. *BO-AICA*, n. 1624).

Não obstante, a eclesiologia pós-conciliar moderna não desconhece a crise de valores que se generalizou nas sociedades de hoje. A moral da Ilustração pouco a pouco foi ficando reduzida ante o avanço de um contexto pragmático e utilitarista. A perda de credibilidade social e o ceticismo reinante evidenciam as falências e erros das estruturas de poder temporal e da ausência referente a um ser superior. Mas longe de ensaiar um arrebatamento delas, oferece o Evangelho como ferramenta para "enfrentar os males que nos afligem" (CASARETTO. *BO-AICA*, n. 1679/80).

Remarca a necessidade de uma separação entre Igreja e Estado delimitando claramente os papéis e áreas de ingerência de cada um. Uma fórmula que contemple a liberdade de ambas as instituições servirá de freio tanto para as tentativas de ingerência da Igreja no campo político – clericalismo –, como para a intromissão do poder político nos assuntos eclesiásticos – cesaropapismo. Diálogo com autonomia é o conceito que melhor descreve como deve posicionar-se a instituição eclesiástica ante o poder político.

A Igreja pode iluminar com o Evangelho as decisões do poder temporal, mas não deve intrometer-se em suas funções, pois estaria desnaturalizando sua missão. A inspiração no magistério ético e moral não outorga direitos de gestão no mundo profano. Levando em consideração uma equação inversamente proporcional entre a proximidade das estruturas de poder e a preservação da liberdade e da credibilidade, não ingressa na cena política com um formato corporativo para a disputa de poder. Na atualidade, quanto mais afastada a Igreja se coloque do poder político, maiores facilidades obterá para cumprir seu trabalho pastoral. Se em algum momento era compreensível sua incursão a outros campos pela proscrição dos partidos políticos e outras organizações sociais, sob um sistema democrático aquela metodologia se torna improcedente.

A legitimidade do regime democrático se baseia no direito popular de delegar sua representação através do voto. A Igreja católica apoia a opção democrática como a ordem política que promove o diálogo, defende o estado de direito, estimula formas de convivência consensuais e persegue o bem comum. Mais além de um olhar preferencial para essa forma de governo, não é atribuição do poder eclesiástico interceder nos processos políticos. Sob nenhum conceito pode confundir-se com a comunidade política. A preocupação válida com a promoção humana e a justiça social não justifica envolver-se com opções ideológicas, já que desse modo se particulariza uma Igreja que deve conservar a referência para todos. Distinto é o caso dos laicos: têm pleno direito de participar da esfera pública e iluminar com o Evangelho as ações políticas.

O nacionalismo é interpretado em um sentido crítico, não só em razão do perfil das correntes dentro da Igreja católica que o levantaram como bandeira. O aparelho institucional que se teceu a seu redor e a instauração de uma ordem social inalterável com fronteiras inquebrantáveis, produto da radicalização de seus postulados, sintetizaram boa parte de uma história argentina para se esquecer. Sem desconhecê-la, a eclesiologia da modernidade não enfatiza a raiz cristã que impregna a história argentina e da região. Menos ainda se baseia nela para demandar uma posição de preferência pelo catolicismo. Em um contexto de pluralismo ampliado, não é concebível a conservação de restrições religiosas para aspirar aos cargos de governo. A obrigação de pertencer à Igreja católica é menos uma condição de idoneidade que uma forma de discriminação.

Dessa perspectiva, o catolicismo faz parte, junto com outros elementos fornecedores de sentido, das pautas forjadoras de uma cultura. Mas a tomada de consciência sobre esse papel lhe exige uma abertura e relacionamento com as outras realidades simbólicas. Nesse sentido, o catolicismo é abrangido pelo amplo mapa do cristianismo e sob nenhum conceito o equipara à identidade nacional. O Reino de Deus é parte, mas não a totalidade do povo argentino. A partir dessa consideração, que não descansa sobre critérios numéricos, e sim de escolha pessoal, orienta-se para um compromisso ecumênico sustentado.

A abertura como predisposição para compreender e adaptar-se aos processos de mudança social e cultural também se expressa no campo religioso. A colocação em prática do ecumenismo confessa um reconhecimento positivo do pluralismo religioso. Tornar absoluto o catolicismo significaria desatender às novas realidades. Em troca, o discernimento como atitude de escuta para o que a sociedade demanda em matéria religiosa assegurará uma evangelização mais de acordo com os sinais dos tempos. Ante a propagação de novos movimentos religiosos, se impõe uma análise sobre as deficiências que envolvem a Igreja; fundamentalmente aquelas que remetem à falta de agentes de pastoral e de espírito missionário. O recurso a fatores externos para explicar a expansão desses grupos não faz mais do que evidenciar as dificuldades de que o catolicismo padece.

A eclesiologia pós-conciliar moderna, como tipificação ideal, não se inclina por posturas que adotem a obrigatoriedade do ensino religioso nos estabelecimentos educativos públicos. Não obstante, é partidária de uma educação ética e moral. Aprova-se que alguns elementos da formação religiosa estejam contemplados na educação escolar, fundamentalmente aqueles que remetem à noção do transcendente e às perguntas essenciais básicas: de onde provém o homem?, para onde vai?, qual é o sentido da vida? São temas religiosos e humanos que não podem estar ausentes da educação. Em sintonia com o Pacto de São José da Costa Rica, que estipula que os filhos devem receber a educação moral e religiosa de seus pais, considera conveniente que os jovens descubram a dimensão transcendente do homem, com a diversidade religiosa que o pluralismo e o respeito exigem. Essa visão não outorgaria à Igreja faculdades para ministrar cursos de religião católica.

Por outro lado, batalhar pela incorporação da religião aos planos de estudo situaria a Igreja em um lugar incômodo frente à sociedade. A perseguição desses objetivos não merece a reedição de uma disputa entre laicos e religiosos, entre Estado e Igreja. O bem que se persegue nesse caso não justifica o mal que um litígio desse tipo poderia desatar. A transmissão dos valores mais apreciados do Evangelho pode-se "instrumentalizar" por outros mecanismos, pelo que não se considera razoável entabular uma cruzada por sua execução. Acrescentemos também que prevalece uma percepção que adverte que a instituição eclesiástica não conta com a quantidade suficiente de laicos habilitados para desempenhar tal tarefa. As experiências vividas durante o governo peronista nesse terreno foram díspares, pois em muitos casos os catequizadores não estavam devidamente preparados.

As definições em torno da moral familiar não exibem disparidades substanciais entre as eclesiologias elaboradas. Só que sob esse paradigma estão matizadas pelas considerações da moral individual. Embora se insista em que a indissolubilidade matrimonial responde a um fundamento natural e que sua dissolução afeta o funcionamento do conjunto do corpo social, a condenação a quem transgrida essa norma divina não se torna explícita. Tomando como um fato da realidade a ruptura desses vínculos, assenta-se em uma solução que fortaleça os valores essenciais da vida matrimonial no marco de uma extensiva política familiar. Questionam-se os métodos anticoncepcionais, mas sem o alegado da nacionalidade nem da associação com os poderes econômicos internacionais. Opta-se por oferecer o recurso dos métodos naturais para a regulação da natalidade, e que inclusive foram reconhecidos pela Organização Mundial da Saúde. Uma afirmação doutrinária compensada com um pluralismo na prática representa o ânimo da eclesiologia da modernidade frente a esse assunto.

Fiel à cosmovisão que cinde as esferas de valor, o agir da classe política sobre temáticas referentes à moral familiar não é atravessado por arrebatamentos da hierarquia católica. Porém, trata-se de uma incumbência de alta sensibilidade para a Igreja. Nesse sentido, se propicia a constituição de um espaço de discussão e consulta integrado por instituições intermediárias interessadas, além de pelos representantes do governo e do Poder Legislativo. No marco de uma sociedade pluralista, deixa-se assentado o ponto de vista da Igreja sem pretender impô-lo aos âmbitos políticos. Encoraja-se uma renovação apostólica na qual os laicos adotem um comportamento ativo. Sem desvirtuar a divisão de funções entre os ministérios sagrados e os seguidores que permitem o harmonioso desenvolvimento da vida eclesiástica, a formação permanente e a integração do laicato constituem os principais objetivos da Igreja.

Como se pode apreciar, desenha-se um formato institucional com uma demarcação clara de funções entre os especialistas religiosos e o povo de Deus. Apesar de a gestão dos bens de salvação estar reservada aos eruditos, o conjunto dos fiéis tem direito de participar dos afazeres da Igreja. Nesse sentido, embora os vínculos não se concebam em termos de horizontalidade, com fluidez nas comunicações e consultas, pretende-se estimular a participação do apostolado laico, ainda que situada sob controle dos eruditos. A inegável tensão que se descobre entre os consagrados e os fiéis reclama um discernimento dos carismas, de modo tal que não se diversifiquem de forma anômica para responder às requisições contextuais, mas tampouco que se resguardem desestimando as necessidades emergentes.[17]

---

[17] Pierre Bourdieu, ainda que no plano de um sistema classificatório rígido, nos oferece ferramentas de análise para entender a dinâmica da relação entre os especialistas religiosos e os laicos. De seu ponto de vista, os primeiros, para reproduzir seu poder de dominação no campo religioso, entabulam relações de transação com o mundo laico, incorporando as demandas destes na estrutura de crenças e práticas da instituição. Desse modo, se vê atenuada

III. Eclesiologia pós-conciliar social

A gênese desta construção eclesiológica remonta às figuras de Antón de Montesinos, Bartolomé de las Casas e Santo Toribio de Mogrovejo, combatentes do regalismo hispânico conquistador e defensores dos direitos indígenas (GERA; MELGAREJO, 1970). De alguma maneira, é a herdeira da Teologia da Libertação e do Movimento de Sacerdotes pelo Terceiro Mundo (DUSSEL, 1995). "Desde os pobres para todos" é o lema que melhor reproduz o legado de Jesus.

A eclesiologia pós-conciliar social insistentemente fundamenta seus princípios nas reformas conciliares. Dita exaltação não a impede de reinterpretar os ensinamentos do Vaticano II atendendo às especificidades da realidade em que se irão aplicar. Nesse sentido, pretende não confundir a dissociação entre a ordem temporal e a ordem religiosa com uma separação sob os parâmetros do liberalismo. Concretamente, rejeita tanto o reinado das monarquias medievalistas, como as repúblicas modernas aparentadas com o sistema antievangélico, injusto e desigual chamado capitalismo.

Convencida da necessidade de interpretar o Evangelho em função da realidade social, clama por sua instrumentação em sintonia com o contexto circundante, sem afastar-se daquele. Em outros termos, as orientações pastorais se traçam a partir de uma compreensão integral do estado de situação espacial e histórico. Desde essa ótica, "a Eucaristia não pode ser intimista, e sim social e política" (HESAYNE, 2000). A questão social e política aparecem como inerentes à dimensão cristã; a fé não é completa

---

a lógica competitiva entre quem detém a função de produzir e socializar os saberes secretos e aqueles outros desprovidos desse capital religioso (BOURDIEU, 1971b). Seguindo essa linha de pensamento, a especificidade da Igreja católica poderia ser abordada desde o conceito de "ordem negociada". Sem desatender sua estrutura piramidal, essa noção aponta a descrever um *modus vivendi* que mostra processos contínuos de negociações simbólicas nos quais intervêm diversos atores que, justamente nessa interação, ingressam na lógica institucional pleiteada pela hierarquia. O sentido de pertença que resulta dessa metodologia procedimental garante a reprodução do sistema religioso, enquanto todos os seus participantes, hegemônicos ou subalternos, o concebem como uma ordem negociada (CANCLINI, 1995).

sem sua imanência e vivência temporal. A preocupação pelo social não está separada do anúncio do Evangelho. Como poderá notar-se, essa matriz de pensamento responde a uma visão integral do catolicismo, para a qual o social e o político não estão afastados do religioso. A missão da Igreja está "neste" mundo e se sobressai por sua atitude de entrega a causa dos excluídos. A vida do homem deixa de ser percebida como um vale de lágrimas, cabendo a ele somente uma passiva espera do paraíso que está no além (ANTONIAZZI, 1989). O presente é revalorizado a partir da ação humana na construção de seu destino.

A conjunção entre compromisso cristão e vida dilui a autonomia entre as esferas de valor. Em um contexto de profundas injustiças sociais, não cabe uma tomada de posição marcada pela prescindência da ordem temporal. É nesse sentido que se conclama a uma leitura situada do Evangelho. A voz da Igreja para representar os que não têm voz não pode ser barrada por uma fórmula que estipule a autonomia do temporal de modo abstrato. "Um encontro real (...) de toda a comunidade eclesial com o destino do povo argentino" supera aquele princípio separatista, mais adequado à situação europeia que à latino-americana (GERA; MELGAREJO, 1970, p. 69). A interação da Igreja com o mundo é intrínseca à missão cristã. Mas sua encarnação não se traduz na reedição do esquema da cristandade, e sim na identificação com o povo oprimido. Desenvolve-se um agir pastoral "para" e "desde" o povo, portador dos valores evangélicos.

De concreto, a premissa católica de libertar a humanidade coloca definitivamente em questão a diferenciação entre a ação pastoral e a ordem temporal. A inserção no mundo dos pobres como opção preferencial conduz necessariamente a uma integração com as estruturas mundanas e à elaboração de projetos para a transformação da vida social.

A leitura da doutrina católica deve ser realizada a partir das situações pastorais concretas. No caso latino-americano, sua implementação deve orientar-se pela defesa e promoção da dignidade humana. Nesse sentido, a inserção na cultura do povo torna-se indispensável para inculcar a Palavra de Deus. A Igreja não é mais autêntica por confinar-se a um piedoso intimismo religioso. Tampouco o é quando é "instrumentalizada" como fator de poder. A desnutrição, marginalização, exploração e desemprego reinantes não podem ser atendidos por uma catequese meramente sacramental. A missa, como centro da vida eucarística, deve considerar e dar respostas às problemáticas sociais concretas.

Sustentada na Doutrina Social da Igreja, a eclesiologia pós-conciliar social encarna uma fluida articulação com organizações populares. Compartilha a ideia de catolicizar a sociedade, mas com uma metodologia inversa à eclesiologia da neocristandade: inclina-se por impregnar com valores cristãos os setores populares para que dali ascendam a pirâmide social. A repulsa dos vínculos com o poder político justifica-se na história: Jesus esteve longe do poder, criticou insistentemente quem o exerce e morreu para libertar o homem da escravidão.

Uma Igreja envolvida com as estruturas de poder e assemelhada aos grupos de pressão se encontraria inabilitada real e moralmente para cumprir com sua missão profética. Ante a complementaridade estatal-eclesial, a Igreja nunca resultou favorecida. A confusão de poderes limitou sua margem de manobra e trouxe consigo uma situação de dependência diante do poder civil, ficando a credibilidade social da instituição religiosa pendente por um fio. Essa avaliação histórica não contradiz o desejo de que todo governo seja católico e que os assuntos públicos se orientem pelos princípios da Doutrina Social da Igreja. Esta eclesiologia projeta um desenho jurídico-político que representa a realidade social com uma preeminência católica. Um esquema societário, no qual a superestrutura deve refletir a configuração da base social, é subjacente àquela cosmovisão.

Entenda-se bem, a pretendida separação é em relação a *esse* Estado considerado opressor, não como princípio geral. Reivindica uma distância crítica enquanto preste seus serviços ao poder econômico. Porém, inclina-se por uma instrumentalização das estruturas do poder civil, a partir do qual é possível impulsionar uma mudança social. Deduz-se desse raciocínio que sob um contexto de equidade social e justa distribuição dos bens, torna-se irrelevante o projeto separatista entre o poder temporal e o poder espiritual. A missão do catolicismo está neste mundo e, portanto, não deverá renunciar a celebrá-la. O caminho a seguir assinala um modelo de Igreja encarnado no povo; nesse contexto, a disjuntiva entre a fusão ou a autonomia na relação Igreja-Estado careceria de sentido (GERA; MELGAREJO, 1970). Uma evangelização integral contempla o anúncio da Palavra de Deus, mas também a denúncia da corrupção presente em todas as esferas da vida pública.

Os agentes religiosos, no marco da opção preferencial pelos pobres, devem conscientizar o povo crente para o necessário compromisso político. Somente a colocação em movimento de mecanismos da democracia real e não formal possibilitará a transformação das estruturas sociais injustas. Nem os partidos políticos nem o exercício do voto universal são suficientes para projetar uma sociedade digna. É responsabilidade do leigo converter o sistema econômico desumano e adequá-lo às necessidades do homem.

O catolicismo é constitutivo da cultura nacional, mas é um entre outros tantos componentes da identidade da nação. Resgata-se da história as tentativas de consolidar a integração latino-americana e formar uma "pátria grande", em termos sanmartinianos. A língua e a fé católicas são fatores de unidade regional que robustecem a matriz cultural latino-americana. A formação e a consciência de uma identidade comum tornam-se indispensáveis para conquistar a libertação social e espiritual. O esquema de análise não difere muito do da eclesiologia da neocristandade. Ambos nutrem-se de uma mesma fonte integral e antiliberal (BLANCARTE, 1992). Apenas que se destaca o selo católico presente na cultura popular. Não é prioridade "catolicizar" o Estado – se diagnostica a inviabilidade de evangelizar o poder desde o poder –, mas sim acentuar a cultura católica que singulariza as maiorias sociais.

Com base nas prescrições conciliares, sustenta-se um compromisso irreversível e ordinário com o ecumenismo. A predisposição a compreender as demais religiões desde suas próprias leituras da história, repercute em uma propensão ao diálogo e em um respeito pelo "outro". Claro que esse "outro" é qualificado negativamente quando se trata de uma associação religiosa não tradicional. A distinção entre Seita e Igreja é evidente nesse sentido (Troelstch, 1949). A alienação e a confusão a que se veem submetidas milhares de pessoas desesperançadas nos bairros populares é produto do desdobramento dos movimentos sectários. As experiências comunitárias integrais constituem a melhor garantia para enfrentar a infiltração desses grupos que dispõem de financiamento externo. Enterrar um catolicismo aburguesado, recluído nos templos e estendê-lo a todos os âmbitos da vida social: só assim se logrará restituir o sentido cristão e libertador nos setores populares. O perfil nacionalista também aqui tinge as interpretações esgrimidas. Propõe-se uma relação diretamente proporcional entre a opção preferencial pelos mais pobres expressada pela Igreja na década de 60 e a contraofensiva do poder econômico internacional através da difusão das seitas no continente.

> Quase todas as seitas são de origem norte-americana, têm muito pouco a ver com nossa cultura. Quando em 1968 os bispos reunidos em Medellín fizeram uma clara opção pelos pobres deste continente, é evidente que se deu uma virada dentro da Igreja católica. Isso não agradou nada aos patrões do Norte. A unidade católica da América Latina é um grande obstáculo e deve--se procurar solapar sua influência (Piña. *BO-AICA*, n. 1837).

O ensino religioso nos colégios públicos pode resultar útil: depende do direcionamento dado. Na medida em que os conteúdos visem a fortalecer os valores da cultura popular, é resgatado como tal; mas tampouco é uma "razão de Estado" para a Igreja. Se se trata de transmitir os dogmas religiosos sem nenhuma mensagem libertadora, seus resultados não serão auspiciosos. As escolas e universidades católicas formaram boa parte da classe governante sem gerar nela uma consciência de solidariedade e de justiça social. De toda forma, uma formação integral aberta e sem qualquer tipo de discriminação é avaliada como imprescindível. As dificuldades que os povos, na atualidade, experimentam respondem muitas vezes à falta de valores de tipo transcendente e ético. Agora, o ensino da catequese não se inclui nesse projeto educativo. Sua difusão é responsabilidade dos padres e da comunidade paroquial, já não da escola pública.

Interessante é compreender a lógica interpretativa que impregna a cosmovisão sobre a moral familiar. A percepção elaborada a respeito das políticas contra a natalidade e de regulamentação do divórcio nutre-se de um enfoque nacionalista, assim como a eclesiologia da neocristandade. Só que avança mais um degrau quando as atribui também a uma lógica de expansão capitalista: corresponde a uma forma de imperialismo tendente a que cesse o aumento da população nos países marginais e envolve os laboratórios multinacionais que buscam mercados para seus produtos anticoncepcionais e abortivos.

Por outro lado, a tolerância em relação aos homossexuais e divorciados relaciona-se com a situação de excluídos. A homologação entre a situação familiar e a social traduz-se em uma atitude compreensiva. Embora se trate de opções não desejadas, a Igreja não pode dar as costas a essa realidade. Sua tarefa é acompanhar os momentos de dificuldade, angústia e dor de sua comunidade. Ora bem, a atenção pastoral e a assistência religiosa não implicam uma promoção de tais condutas. As crises matrimoniais, por exemplo, costumam desembocar em uma ruptura desse enlace, e a Igreja aceita essa possibilidade sempre e quando não se constitua com posterioridade outro matrimônio.

De toda maneira, a crítica sobre a desunião no matrimônio, o aborto e outras formas de manipulação da família não deve desviar o olhar para outros atropelos dos direitos humanos, talvez mais imperceptíveis. A ênfase localiza-se então em denunciar a desnutrição infantil, a exploração do trabalho de crianças, a deserção escolar dos menores. O exclusivo cuidado pelo cumprimento da doutrina da Igreja não pode gerar um desatendimento de determinadas problemáticas de extrema gravidade para o porvir da humanidade. Prima uma definição ampliada dos direitos humanos: compreende as expressões básicas da vida e a liberdade, mas também a soberania política, econômica e cultural.

A eclesiologia pós-conciliar social assenta-se na abertura que o Concílio Vaticano II outorgou aos novos ministérios dentro da Igreja, auspiciando um maior protagonismo dos laicos na elaboração das opções pastorais. Acredita no sentido etimológico da palavra *episcopos*, que, em grego, refere-se à assistência servil para com a comunidade de fiéis (ALVES, 1979). O papel da hierarquia, considerado indispensável, é reavaliado em termos de colegialidade. A promoção das Comunidades Eclesiais de Base, a colocação em discussão das linhas de ação pastoral nas contemporâneas assembleias diocesanas e a relevância outorgada às tarefas do diaconato permanente definem a direção em busca de incrementar a participação real do laicato nos assuntos da Igreja.

Pois bem, a proclamada horizontalidade nas relações intraeclesiásticas não está isenta de desavenças e contramarchas. A emergência de grupos com tendências autônomas como resultado de certo "relaxamento" da estrutura hierárquica traz consigo como contrapartida um reforço das amarras de autoridade. As decisões do laicato ou dos quadros intermediários da Igreja são respeitadas sempre e quando não ameaçam a referência última em relação ao bispo, que detém o monopólio da produção dos bens sagrados. Assim, o encorajamento às associações laicas e comunidades de base está mediado pela tradicional divisão do trabalho religioso.

IV. Eclesiologia de espiritualidade pastoral

A acentuação da distinção entre o temporal e o religioso por parte do Concílio Vaticano II incitou não só a uma reavaliação nas relações Igreja-Estado, como também deu lugar à emergência de expressões religiosas com forte ênfase no espiritual e na pastoral sacramental, recluídas nas tarefas básicas e inerentes à instituição católica e afastadas de todo compromisso temporal. O comportamento extremo nesse formato eclesiológico estaria dado por uma postura contemplativa e fugidia do mundo terreno. Como já foi estabelecido, mas vale lembrar, trata-se de um esquema ideal.

O viés integral do catolicismo argentino, com uma marcada e estendida presença social, serve de freio a qualquer deslize no sentido proposto.

Essa eclesiologia acusa a modernidade de ter ocasionado uma perda de religiosidade na sociedade. Com o abandono de Deus, debilitaram-se as estruturas do pecado. Ter consciência da importância do sacramento da penitência é imprescindível para remediar os males sociais. Por outro lado, o mundo moderno promoveu hábitos que se situam nos antípodas dos proclamados pelo Evangelho. A veneração do ter, do prazer e do poder nada tem a ver com os princípios éticos do catolicismo. A cultura hedonista e consumista dominante contrasta com uma idiossincrasia marcada pela austeridade, pela simplicidade e pela condenação à ostentação.

> A idolatria do dinheiro, do sexo, do poder, do consumismo (...) é a consequência de uma geração de homens que colocou como finalidade de sua vida o êxito longe de Deus (García. *BO-AICA*, n. 1711).

Em contraposição ao *ethos* materialista, a eclesiologia da espiritualidade pastoral reafirma o valor das tradições e aspira a impregnar com a Palavra de Deus o espírito do ser humano. A eucaristia, núcleo da atividade pastoral, deve irradiar sua força sobrenatural sobre todos os cristãos. A crise moral parte do vazio ético e se propaga na economia, na política e na cultura. As desavenças nesses campos não são suscetíveis de explicação se não se trata da questão moral.

Um forte impulso missionário e a intensificação de uma dose evangelizadora sobre a família enquanto célula básica da sociedade serviriam de antídotos diante do perigo de desmembramento do tradicional modelo de comunidade cristã. Retornar às obrigações primárias da Igreja, descuidadas a partir de uma excessiva preocupação com a incidência social do Evangelho, converte-se em uma meta impostergável. Com o aluvião de dessacralização, produto de uma utilização proposital das consequências conciliares, aboliu-se o culto ao templo. Desvalorizou-se o uso das vestimentas sagradas, reduziu-se a liturgia e toda a simbologia sagrada foi deixada de lado. Restituir a dimensão do transcendente na liturgia, o culto da castidade, a exaltação da Eucaristia como centro da vida eclesial e da penitência como atitude interior que discrimina o bem do mal para testemunhar que a Igreja não pode renunciar a sua função essencial: ser instrumento, signo e sacramento da reconciliação.

Sem se propor, estabelece-se uma separação entre Igreja e mundo, embora sem fazer disso uma bandeira, como a eclesiologia da modernidade. Os vasos comunicantes estariam dados através da evangelização. Se em algum momento a Igreja se estendeu em suas funções e abordou os múltiplos aspectos da dimensão humana, deveu-se a uma contemplação do homem em sua totalidade. Diferentemente do modelo pós-conciliar moderno, não surgem aqui recriminações sobre as "excessivas" atribuições eclesiásticas. Impõe-se uma leitura acrítica das práticas institucionais. As respostas assumidas sempre são justificadas pela infalibilidade de quem as levava a cabo.

Ao concentrar-se nos aspectos doutrinais, não se coloca como problema a relação com o Estado. A visão da realidade por uma perspectiva estritamente pastoral a conduz a assumir uma atitude de respeito e colaboração para com o poder político, tal como foi conclamado pelo Concílio Vaticano II.[18] A percepção acerca do Estado singulariza-se por sua valoração neutra. Na construção de uma sociedade com valores cristãos, sua ascendência, seja para fortalecê-la ou para mitigá-la, é desconsiderada. As necessidades religiosas canalizam-se por intermédio do vínculo entre Igreja e sujeito crente sem outra intervenção. Considerada como a menos intramundana das eclesiologias, entende que a contemplação escatológica e a reza cotidiana incidirão na construção de uma sociedade mais humanitária. Adverte que, pelo prioritário trabalho social com os excluídos, não se deve esquecer a importância de inculcar a espiritualidade, já que no valor da fé encontra-se o sentido da

---

[18] A Constituição Pastoral *Gaudium et Spes* n. 76 enuncia uma "necessária independência entre a Igreja e o Estado dentro de um espírito de colaboração e respeito recíprocos" (BO-AICA, n. 1.551).

vida. E que a ação pastoral deve estar dirigida a todos, pois a pobreza não é só econômica, mas fundamentalmente espiritual. Uma atitude de repouso e penitência, junto com a realização de obras de misericórdia, são reclamadas para encontrar os caminhos que conduzam à formação de um mundo solidário e fraterno. As situações de injustiça social são passíveis de reverter-se caso se consiga eliminar o supérfluo, renunciar à ostentação e à ambição desmedida. A conversão do coração é o único alento que pode desafiar essa realidade. A ênfase é colocada na conversão dos indivíduos. Nesse terreno, a Igreja conta com todo o aval para desenvolver sua prédica sem nenhum tipo de interferência. Os assuntos referentes à moralidade são próprios da incumbência religiosa. As energias eclesiásticas devem concentrar-se na salvação das almas e na transformação dos corações das pessoas. De raiz contemplativa, a injustiça reinante é resolvida através da oração e da esperança de que Deus atue sobre os homens. Mais que oferecer expectativas mundanas, acentua a esperança cristã.

A identidade nacional está marcada por um forte componente mariano. Com as primeiras ondas evangelizadoras, a Virgem Maria impôs seu traço distintivo. Embora tenham havido luzes e sombras na implantação da cruz de Cristo em todo o continente americano, logrou-se arraigar o espírito católico nos fundamentos mais apreciados da vida cotidiana dos indivíduos. Apreciada como a síntese mais emblemática da cultura nacional, a Virgem de Luján deve ser ponto de referência permanente para a convivência e a paz social.

A necessidade de que as crianças recebam uma formação religiosa em concordância com a que a família professa está ligada ao direito natural. Nesse sentido, a escola como âmbito específico de formação integral da pessoa humana é a continuadora da ação educativa da família. Então, o ensino religioso nos estabelecimentos educativos públicos é exigido no âmbito de uma evangelização mais extensiva; seu objetivo visa a transmitir à alma uma concepção moral da vida, e os princípios éticos e morais que prega servirão de fundamentos para construir uma sociedade harmoniosa e fraterna. Mas a instrumentalização desse ensino de nenhum modo pode vulnerar a vontade dos pais, que têm o poder de decidir a educação que querem dar a seus filhos.

Tão significativo como tornar extensivos os valores religiosos na educação pública, é tutelar e fortalecer a escola católica para que sua insubstituível tarefa educativa mantenha os níveis de eficiência que a caracterizaram desde o século XIX. A experiência e a tradição legitimam e outorgam autoridade à Igreja nesse aspecto para ser ouvida na elaboração dos projetos curriculares, na questão disciplinar e nos critérios de seleção dos docentes.

Atribui à cultura contemporânea um abandono da ideia cristã do amor e da família, o que trouxe consigo um permissivismo na moral sexual e nas relações familiares. Como célula básica da sociedade e prioridade de toda ação evangelizadora, a defesa da família nuclear adquire uma gravitação especial. A proteção intransigente do modelo familiar tradicional segue o estilo da postura papal, rejeitando sem concessões o divórcio destrutor do Reino de Deus. O direito à vida deve ser defendido em qualquer dos períodos de desenvolvimento do homem. Portanto, coloca-se particular ênfase em ressaltar que a vida é concebida desde o momento da concepção e concluída quando Deus determina. Isso implica em que a legalização do aborto e da eutanásia seja considerada como atentado à vida humana e a distinção entre aborto terapêutico, eugenético ou ético careça de relevância.

Como poucos, trata-se de um tópico no qual a eclesiologia de espiritualidade pastoral assume um perfil protagônico. Se em outros âmbitos a Igreja não se deve intrometer, a defesa da família é crucial para o projeto cristão e, em consequência, faz parte de suas incumbências básicas. Não apenas porque responde a uma lei natural, mas também porque os valores de humildade e pobreza evangélica são passíveis de generalizar-se unicamente no plano da comunidade familiar. Daí a importância dada a sua conservação. A transitoriedade da vida conjugal é subestimada sob qualquer hipótese. Fiel à ortodoxia vaticana, reafirma-se a unidade indivisível e indissolúvel do vínculo matrimonial.

Os movimentos que surgem no interior do campo católico são recebidos com naturalidade, seja por manifestarem uma renovação espiritual ou por reforçarem a piedade popular dentro de uma Igreja concebida como comunidade de fé. Contudo, prevalece uma rigidez nos assuntos disciplinares, sustentada na ênfase que o Vaticano colocou na concentração do mando institucional. A exigência de situar-se dentro das pautas indicadas pelos bispos e as pastorais diocesanas e a exigência de obediência e docilidade para com a hierarquia evidenciam o tipo de instituição concebido por essa eclesiologia. A concentração no batismo e na eucaristia tira motivação de uma renovação das estruturas da Igreja. Imbuída da cultura religiosa dominante, naturaliza as relações entre uma autoridade que impõe a disciplina eclesial e os fiéis que respondem com fidelidade e empenho. Antepondo-se às mutações da história, o funcionamento desse esquema organizativo outorga à hierarquia a responsabilidade de levar adiante os deveres da profissão –administração de confissões, batismos, missas – e aos laicos o espírito de submissão à normativa institucional (ALVES, 1979). A unidade intraeclesiástica cristaliza-se na força do Espírito Santo, da fé e da moral.

1.1.2 As eclesiologias brasileiras

I. Eclesiologia da ortodoxia romana

O alinhamento às diretrizes vaticanas permeia a definição das prioridades pastorais, a forma de exercer o poder eclesiástico, assim como a concepção da Igreja diante da política.

Lembrando o caráter "especificamente" evangelizador do catolicismo, ressalta-se a importância da catequese, da liturgia e resgata-se o sentido da tradição. É essa tradição que indica que a Igreja é portadora de uma missão essencialmente religiosa. O núcleo da catequese seria determinado pela revelação que Jesus deixou, pelo Evangelho e pelos sacramentos.

A comunidade é destinatária dessa práxis, mas de modo algum fonte do conteúdo doutrinário. Nesse sentido, fala-se de uma evangelização mais bíblica e cristológica e menos antropológica. A preocupação principal gira em torno da dessacralização e da exaltação da autonomia do homem em termos absolutos.

A primazia das questões estritamente eclesiásticas operacionaliza-se na tarefa de estimular as vocações sacerdotais e formar seminaristas. De igual modo, promove-se a capacitação de líderes para a evangelização e a pregação dos ensinamentos bíblicos, por conta da defasagem entre o batismo do povo e a falta de conhecimento das "verdades" cristãs. A trama argumentativa porta consigo um substrato intimista, uma vez que o indivíduo aparece no centro da cena. O equilíbrio entre a fidelidade doutrinal e o empenho evangelizador ergue-se como o motor da linha pastoral.

A crise das vocações sacerdotais e a percepção de uma teologia esfumada no campo religioso brasileiro são atribuídas à tendência histórica da CNBB de dar maior atenção às problemáticas da realidade social. Por um lado, desdobra-se numa redescoberta da teologia querigmática e no apelo a uma cristologia alimentada na soteriologia, no mistério e na escatologia; por outro, entende que a acentuação da identidade católica a partir de Roma é o melhor antídoto ao estado de fragmentação das opções religiosas que vigora na atualidade.

Frisa-se que a administração de João Paulo II garantiu uma retomada das preocupações doutrinais. Com suas designações, conseguiu-se um maior respeito pela fidelidade integral das orientações vaticanas e a superação de antigas discussões atravessadas por um viés claramente ideológico. Seguindo a linha do papa, o celibato é entendido como uma fecundidade pastoral e reforça a consagração total a Deus.

Esclarece-se que a obediência dos bispos é à Roma, e não à CNBB. Em cada país, não há uma Igreja própria, uma vez que todos obedecem à que foi fundada por Jesus e confiada a Pedro. As Conferências Episcopais não tiram do responsável de cada diocese a obrigação de ser fiel ao papa.

Apesar de se reconhecer o papel de articulação desempenhado pela CNBB, vislumbra-se um tom crítico sobre sua atuação na história recente. Questiona-se o avanço progressivo de uma linha pastoral embasada mais em premissas sociológicas do que nos dados da revelação.

A essência desta eclesiologia centra-se então na ligação com o magistério romano. Levando em consideração o perfil de autonomia que caracterizou o andar da Igreja brasileira – lembre-se de que no Brasil não houve concordata entre o Estado e o Vaticano que regulamentasse o papel da instituição católica local –, salienta-se que se trata da mesma Igreja, com as mesmas responsabilidades missionárias. E se em algum momento o catolicismo brasileiro exibiu outra cara, proclama-se a importância de uma única linha eclesial, aquela que sintoniza com a obra do papa. O acento no cumprimento das normas litúrgicas prescritas pelo Sumo Pontífice tem primazia sobre qualquer outra consideração.

A concepção da Igreja enquanto edifício institucional está matizada nesses lineamentos romanos. A ideia de fortalecer a CNBB como espaço dos bispos, circunscrevendo a participação de presbíteros, teólogos e assessores a questões específicas, deixa transparecer o modelo organizacional a que se adscreve. A obediência ao ministério hierárquico é visualizada como o ponto nevrálgico da vida eclesial. A tentativa de construir uma Igreja "à brasileira", o que prevaleceu em algum momento no episcopado, decorria da influência da concepção subjetivista do paradigma da modernidade.

Por isso, as últimas reformas estatutárias visaram a hierarquizar e delimitar as funções de cada parcela do mundo católico, reforçando a noção de autoridade eclesiástica. Mais do que pensar a Igreja como povo de Deus, predomina a ideia de Igreja fundada no poder magisterial. O embasamento no legado de Cristo, quem não outorgou seus poderes a todos os membros da Igreja, legitima esse posicionamento interno.

A presença histórica do catolicismo é ressaltada por sua gesta evangelizadora. A fé católica ergueu-se logo no começo como alicerce da identidade cristã no continente americano. Não se observam críticas significativas ao desempenho das primeiras missões evangelizadoras. Em prol do anúncio do Evangelho, salienta-se o papel dos missionários que empenharam sua própria vida. Essa presença da Igreja desde o "nascimento" da nação é um elemento que subjaz na consideração sobre outras denominações religiosas. Embora o ecumenismo seja uma bandeira levantada por todos, ressalta-se o papel da religião católica por sua condição histórica e majoritária. Apesar disso, reconhece-se a inexistência de uma base cultural católica. O catolicismo permanece como reminiscência nos costumes, devoções e pequenas tradições. O sincretismo religioso é resposta da falta de esclarecimento e aprofundamento na fé. "A grande maioria da população é levada por sentimentos variados, ideias superficiais sobre Deus, ressurreição, vida eterna, preceitos morais, oração, vivência profunda da fé encarnada na vida" (PAGOTTO, 2003). "A influência que o catolicismo tem é pelo peso democrático de sua população, e não devido a uma relação jurídica ou institucional" (CIFUENTES, 2003).

Por outro lado, o respeito pela liberdade de opção religiosa esfuma-se com a proclamação da "verdade" católica. Ainda que aceitando as outras denominações cristãs, põe-se em relevo que a Igreja de Cristo se encarna plenamente só na Igreja católica e que esta conserva imaculadamente o depósito da fé. A perda constante de fiéis católicos é atribuída a uma indefinição doutrinal e disciplinar da Igreja brasileira, à dessemelhança de instituições religiosas que oferecem uma identidade de doutrina e prescrevem pautas de comportamento.

A Igreja católica não quer nem pode impor a fé e a crença a ninguém. A gente a propõe num clima de diálogo, esperando que o Espírito Santo engrandeça os corações por dentro para eles aceitarem a verdade. Está escrito na Bíblia que Deus quer que todos os homens sejam salvos e cheguem ao conhecimento da verdade. Os senhores protestantes, que têm frequentemente a Bíblia debaixo do braço, deveriam ler isso também. Nós acrescentamos outra premissa: a verdade é Jesus Cristo. Ele diz que ele é o caminho a verdade e a vida. É vontade de Deus que todos os homens cheguem a conhecer Jesus Cristo (SOBRINHO, 2003).

Como foi colocado anteriormente, a relação com o Estado não é uma dimensão que acarrete dissonâncias. Prevalece a ideia da independência, de respeito pela competência de cada um e contempla-se a possibilidade de estabelecer parcerias. No entanto, não há unanimidade no que diz respeito ao papel que deve desempenhar a Igreja no contexto democrático.

A ditadura militar fez com que a entidade católica ocupasse um lugar que não seria o dela naturalmente. Fechados outros espaços de participação, a Igreja tornou-se uma das poucas vozes de denúncia da sociedade civil. Com o retorno das instituições democráticas, essa função supletiva já não seria necessária, uma vez que a cidadania conta com outros canais de expressão. Portanto, o esforço principal estaria no anúncio do projeto evangélico.

A ligação da Igreja com a política estaria dada através dos leigos cristãos e da parceria com as carteiras governamentais para levar adiante projetos de promoção humana. No primeiro caso, devido à obrigação que aqueles têm de inserir-se num partido político e defender os princípios da moral católica; no segundo, como reconhecimento da ampla presença da Igreja na sociedade. Estimula-se o eleitor a avaliar os candidatos e acompanhar a atuação dos eleitos em termos do posicionamento diante da lei de Deus e dos valores morais. A condenação ao aborto e o apoio ao ensino religioso nas escolas públicas erguem-se como dois atributos primordiais a serem considerados. A dedicação para combater a pobreza e garantir a dignidade humana também é ressaltada como variável de análise.

A própria missão e natureza da Igreja – de ordem religiosa – a obriga a manter uma prescindência quanto aos regimes políticos, econômicos ou sociais. Os bispos, isentos de ideologias e tomada de posições político-partidárias, têm a responsabilidade de velar pela unidade do rebanho cristão. Assim, não seria competência da Igreja tomar partido por uma ou outra forma de organização da sociedade. Sua aliança não seria com o Estado ou com um sistema político em particular, e sim com a nação de maioria católica. Nesse sentido, considera-se oportuno que as autoridades políticas consultem a instituição religiosa nos assuntos em que ela tem uma longa trajetória. Assim como nas outras eclesiologias, há um posicionamento da Igreja católica no campo da sociedade civil.

> A Igreja espera do Estado [...] consideração por ser parte da sociedade. Como o Estado deve ouvir a sociedade no momento de tomar decisões através de suas representações, partidos, assim deve ouvir a Igreja, pois é uma entidade não pouco interessante da sociedade. É justo e legítimo que o Estado preste atenção às posições da Igreja que são representativas de uma grande faixa da população e da cultura. Sobretudo, pela pretensão da Igreja de estar defendendo a pessoa humana, os verdadeiros valores éticos, não aqueles que são simplesmente transitórios (SCHERER, 2003).

> Seria prudente que consultem a Igreja na tomada de decisões. Não há dúvidas de que a Igreja, em determinados assuntos, não tem nada a ver. Mas, em outros, o peso da Igreja é forte. Há duas matérias em que o Estado deve fazer um acordo com a Igreja, se não fosse uma concordata: educação e família ou matrimônio. Isso porque a Igreja tem uma jurisdição ou competência direta sobre essas áreas. Creio que o Estado, nessas matérias, deve dialogar, consultar, porque é conveniente para ele (CIFUENTES, 2003).

A lei de Deus é considerada absoluta e, portanto, deve influenciar as normativas que estabeleçam a regulamentação dos dispositivos éticos sobre a família, as relações sexuais, a justiça. O caráter universal dela deveria fazer com que os governos do mundo inteiro se inspirassem nela na definição do rumo das políticas públicas. Exige-se que o Estado respeite a ética e a moral católica que fazem parte da cultura nacional. Abre-se aqui um ponto de litígio com o poder político, pois se considera que este não deve propagar *um* sistema ético em particular. É incumbência das próprias instituições da sociedade civil – a Igreja católica é uma delas – inculcar os elementos normativos formadores da cultura, cabendo ao Estado não interferir nesse processo. Como pano de fundo, subjaz a ideia de que a religião, a família e a cultura são pré-existentes ao poder civil. Toda "ingerência" das autoridades públicas nesses terrenos é sinal de práticas totalitárias.

Se bem que se aceita a diferenciação entre as esferas de valor, contesta-se o que se considera uma das premissas da modernidade: a prescindência total da transcendência no mundo contemporâneo. Estabelece-se uma diferença entre a laicidade, considerada legítima, e o laicismo, de caráter pernicioso. O estado paganizado de hoje mostra o avanço de uma cultura modernista desprezativa da lei de Deus. O subjetivismo e o relativismo que vigoram na sociedade contemporânea acarretaram sérios transtornos de ordem ética e moral. Enquanto o ser humano constitui uma unidade entre matéria e espírito, aquela dicotomia perde fundamentação. Busca-se integrar harmoniosamente ambos os planos. Diante dessa secularização, que escinde o temporal e o espiritual, o desafio da evangelização adquire uma conotação especial.

Nesse contexto, a educação é ressaltada pelo papel moral que cumpre no seio da sociedade, com destaque à família como primeiro e principal canal educador. O papel da família seria determinante na promoção da "cultura da vida", contrapondo-se à "cultura da morte". A defesa da vida é entendida de uma perspectiva bioética. A ênfase é colocada na condenação ao aborto, independentemente da circunstância e do momento em que venha a ser realizado. A não violação da vida é considerada como a mais elementar concepção da dignidade humana. Pré-existente aos poderes civis, nenhuma lei pode torná-la lícita. A rijeza do posicionamento não responde a uma tentativa de impor à sociedade a moral católica, e sim à defesa de um preceito religioso supremo.

As divergências no interior da CNBB são atribuídas a olhares teológicos e empenhos pastorais individuais. Mais do que se tratar de diferentes perfis, a diversidade de posturas estaria respondendo a julgamentos particulares dos bispos, a uma formação pessoal dissímil –mais bíblica em alguns, mais pastoral em outros – e a contextos contrastantes em que se insere a gestão diocesana dos mandatários. No entanto, a pluralidade de visões, longe de gerar mal-estar, complementa e enriquece o coletivo.

A Teologia da Libertação é questionada por sua inclinação ao pensamento marxista. Um paradigma relativista, com uma visão "sociologizadora" da fé, que acabou soltando as amarras do comportamento moral. O apregoado horizontalismo tendeu a polarizar uma suposta Igreja hierárquica e outra emanada do povo. Seguem-se os documentos de João Paulo II para discernir entre uma teologia da libertação marxista, que "prega a luta de classes, o ódio entre o patrão e o operário", e outra de cunho cristão, que contempla a libertação do pecado, num plano de redenção. Esta seria a "autêntica" libertação. O caráter soteriológico do termo libertação vem confrontar-se com sua interpretação sociopolítica. Por outro lado, a consideração do "pobre" num sentido estritamente sociológico fez com que se perdesse de vista a conotação espiritual e mais abrangente do conceito.

Não se considera como parte da missão da Igreja o envolvimento com movimentos políticos ou com organizações operárias, e sim a formação católica das lideranças dessas associações, para que atuem seguindo os valores cristãos. Em outras palavras, não cabe à Igreja inscrever-se na batalha político-partidária. Eis a crítica aos que levantaram as bandeiras da Teologia da Libertação. A opção partidária é motivo de divisão e, portanto, contraria ao papel de universalidade da instituição eclesiástica. "A Igreja não tem a pretensão de intrometer-se na política, não aspira a participar da gestão dos assuntos temporais. Ela deve oferecer ajuda espiritual e doutrinária para que o leigo possa desempenhar sua missão" (*O Globo*, 22 jul. 2000).

Quanto à Renovação Carismática, reivindica-se seu espírito renovador, que despertou, nos fiéis católicos, uma nova adesão à fé. Avalia-se em termos utilitários sua função de combater o avanço das chamadas seitas. A excessiva festividade nas celebrações e a generalização do poder de cura são questionadas, mas as comunicações episcopais nessa matéria apontam para normatizar e morigerar a dinâmica das missas carismáticas.

> Existem muitas associações religiosas desde há séculos. São todas associações de fiéis, aceitáveis, pois estão de acordo com a Evangelização de Jesus Cristo. Eu aprovo o amor à Bíblia e a devoção ao Espírito Santo dos carismáticos. Não aceito essa ênfase a fenômenos extraordinários, essa facilidade de encontrar milagres (Sobrinho, 2003).

Outros movimentos eclesiais que têm surgido nas últimas décadas são encorajados por sua concentração nas necessidades espirituais do indivíduo. A preocupação pela inserção deles nas linhas de ação da pastoral diocesana não embaça a preponderância que assumiram esses movimentos em muitas dioceses.

Embora a reforma agrária seja avaliada como uma demanda legítima, a metodologia do Movimento dos Trabalhadores Rurais Sem Terra é considerada pouco conducente. Questiona-se a falta de formação da liderança do movimento no plano produtivo, técnico e financeiro e as orientações e práticas utilizadas. A capacitação dos camponeses constitui um desafio para a obra evangelizadora da Igreja.

> A organização e a metodologia empregada está equivocada e muito mal orientada. Quebra-quebra, invasões – não existe invasão pacífica –, saques parecidos mais com arruaças do que outra coisa. Transparece com evidência a posição de líderes que, com provocações, fazem mais pela desestabilização do governo do que pela resolução de problemas do homem e da família no campo (Pagotto, 2003).

"Eu não aceito a violência nem a invasão. Existem profissionais das invasões. A Igreja sempre defendeu a reforma agrária, foi pioneira nisso, mas sem violência e respeitando o direito da propriedade" (Sobrinho, 2003).

A justiça em relação à distribuição de bens no mundo advirá com a generalização de um olhar espiritual da vida e o seguimento do princípio de Deus, que deu uma destinação universal àqueles. A propriedade privada, ainda que considerada válida, deverá adaptar-se à doação original da Terra ao conjunto da humanidade.

Assim, a defesa da reforma agrária pode ser entendida de múltiplas formas. De fato, para alguns supõe uma reconsideração do direito de propriedade, enquanto que para outros pode ser desenvolvida sem alterar esse preceito constitucional.

II. Eclesiologia do enraizamento social

A afirmação do Concílio Vaticano II de que da missão religiosa decorrem luzes e forças que auxiliam a construção de uma sociedade justa e fraterna conforma o alicerce da função crítica e profética da Igreja. Assim, o compromisso político nasce da própria reflexão da fé. A presença da instituição eclesiástica na sociedade é entendida como uma atitude de serviço, de obrigatoriedade e de coerência evangélica. Seguindo a caminhada histórica empreendida por Jesus Cristo, a organização da vida social sob parâmetros de verdade e justiça torna-se uma exigência para a práxis da Igreja. Procura-se uma harmonia entre ação pastoral e engajamento político. O desafio centra-se em traduzir o compromisso principal – a tarefa de evangelizar – numa proposta de transformação social, atendendo preferencialmente aos pobres e excluídos.

Do ponto de vista desta eclesiologia, contesta-se o perfil eclesiástico voltado de modo fechado para o sacramento. A missão religiosa da Igreja não exclui sua inserção no campo social. Acredita-se que a fecundação da sociedade e a prática de testemunhar têm sido o mais sincero reflexo da metodologia de ação de Jesus. E o pluralismo e até a indiferença religiosa que vigoram na atualidade forçam a instituição católica a tornar mais autêntica e profética sua proposta evangelizadora.

Sem saudades das sociedades teocêntricas do medievo, onde da esfera religiosa emanavam os princípios organizadores da vida social, aceitava-se a secularização como legítima autonomia das realidades temporais. Inserida numa sociedade secularizada, cabia à Igreja a responsabilidade de ir ao povo e celebrar a liturgia incorporando seus componentes culturais.

O acento na inculturação da realidade brasileira torna-se prioritário, mesmo se ele não se corresponde com a linha traçada pelo Vaticano. Nesse sentido, a vivência comunitária aparece como geradora do conteúdo doutrinário. As expressões da fé são consideradas históricas e, portanto, condicionadas pelo contexto social. Por sua vez, a preferência pela atenção para a situação social posterga uma avaliação introspectiva da Igreja.

A missão da Igreja estaria marcada então pela conscientização da sociedade no sentido de participar de políticas que visem a uma dignidade em termos de cidadania. A construção do Reino de Deus "aqui e agora" traduz-se em um envolvimento com os movimentos de transformação social e com as diferentes ferramentas da democracia social – plebiscito, consulta popular etc.

Apesar da natureza eminentemente pastoral, os problemas políticos e sociais são de incumbência da Igreja e, portanto, estão incluídos no trabalho de evangelização. Além de desempenhar um magistério ético, o ministério católico não pode abrir mão da construção de uma consciência crítica e da explicitação de sua opção pelo regime democrático.

A animação dos movimentos sociais, o fornecimento de subsídios para o desenvolvimento e o amadurecimento deles e a reflexão cristã sobre o compromisso político fazem parte da atitude de serviço da Igreja para com o povo. A construção da cidadania, no campo religioso, é operacionalizada no povo cristão organizado e articulado, sujeito de sua caminhada de fé. O *modus operandi* difere do utilizado pelas antigas missões no sentido de despojar as comunidades de seu sistema normativo e cultural. Ao inverter o processo, a Igreja vê-se inculturada pela caminhada dos movimentos sociais.

Entende-se o processo de inculturação da fé em termos abrangentes. Além da adaptação às características de cada cultura, supõe um respeito pelas particularidades do funcionamento das instituições eclesiásticas. Como pano de fundo, pleiteia-se a autonomia das Conferências Episcopais para tomar decisões diferenciadas em função da especificidade das prioridades pastorais. Dito de outro modo, questiona-se a imposição do modelo uniformizador romano.

Os Direitos Humanos, a luta pela terra e da causa indígena, o combate à fome aparecem como problemáticas de alta sensibilidade para esta eclesiologia. Apesar de postular a necessidade de um andar autônomo entre a esfera temporal e a esfera espiritual, o envolvimento da Igreja com essas matérias não deixa espaço para um modo de agir enclaustrado na sacristia. As prioridades eclesiásticas estão voltadas para a realidade terrena. O contexto social das dioceses, com uma população oprimida e espoliada, modifica qualquer planejamento pré-estabelecido. A definição do tom pastoral é permeada pela aguda realidade social.

Autonomia, margem para a crítica, mas não dissociação, sintetizam a relação entre o campo temporal e o campo espiritual. Na prática, o encontro entre a Igreja e o Estado concretiza-se nos casos em que este último se coloca a serviço do povo. As articulações entre a Igreja e o Estado projetam-se no trabalho com a base social, e não na trama de poder ou contatos de cúpula.

O poder político não pode desconhecer a voz da Igreja, por se tratar de uma das instituições mais representativas da sociedade civil. Valendo-se das regras da democracia, quando opina, estaria expressando a posição da maioria da população brasileira. O raciocínio deixa transparecer uma concepção que situa a Igreja no campo da sociedade civil e desde essa localização interpela o poder político e constrói redes de articulação com outros setores do povo. "O melhor reconhecimento da instituição eclesial é reconhecer que ela tem o direito de existir como sociedade civil, como membro da cidadania" (VALENTINI, 2003).

> Até hoje, continua sendo aquela religião com o maior número de membros e com uma estrutura que evidentemente é de muita importância. É um referencial para a sociedade. Acho importante que as autoridades civis e públicas (...) tomem em consideração aquela realidade. Até por razões de ordem democrática. A democracia também contempla a proporcionalidade de suas instituições. Sendo a Igreja católica, pela sua história e pela sua presença, atuante na sociedade brasileira, não vou dizer que ela queira um privilégio. É uma questão de justiça (GREGORY, 2003).

Não obstante, não se trata da argumentação que iguala o catolicismo ao nacionalismo. A presença histórica da Igreja católica não lhe outorga privilégios como estrutura de poder. "A atuação da Igreja vai na linha do social e do político, não na linha de defender seus próprios interesses, suas escolas, suas instituições e seus privilégios" (BALDUINO, 2003).

Uma visão retrospectiva crítica está submetida ao desempenho do catolicismo, o qual legitimou os crimes cometidos pelos conquistadores. Apenas a figura de Bartolomé de las Casas é reivindicada por sua atitude de defesa dos direitos indígenas. O pedido de perdão, pela violência contra os índios e pela escravidão dos negros, insere-se no anseio de reparar o mal feito.

Se bem que não se reivindica o mesmo papel desempenhado durante a ditadura, a injustiça social faz com que a Igreja tenha a obrigação de continuar com o compromisso evangélico de questionar as estruturas de desigualdade. É que a redemocratização política do país não acarretou uma democratização econômica e social. A elaboração de um projeto político--social abrangente, que envolva as questões da terra, habitação, saúde e distribuição de renda, é ainda uma questão pendente. A defesa da soberania nacional, diante do endividamento externo e a crescente submissão ao capital financeiro, faz parte do compromisso com a construção de uma sociedade justa.

> Durante a ditadura, a Igreja foi um guarda-chuva até de muita gente que não tinha a ver com a fé cristã, porque de maneira corajosa se tornou a única instituição que tinha liberdade, autoridade moral e condição política para se confrontar com o poder. Com a redemocratização, ela logo ficou consciente de que o panorama tinha mudado. Ao mesmo tempo, permanece o desafio de combater a pobreza, as desigualdades sociais etc. Se não há mais problemas de liberdade política, há um grande problema da dominação cultural e, sobretudo, econômica de grande parte da população que está marginalizada. A igreja percebe que tem ainda posicionamentos claramente políticos que lhe cabem em decorrência de seu compromisso de fé (VALENTINI, 2003).

O papel da educação é entendido sob a função de conscientização e colaboração na formação de uma consciência crítica, visando a construir cidadãos participantes do processo político nacional.

Esta eclesiologia não oculta suas dissidências com o Vaticano. A polêmica concentra-se ao redor da forma de exercer o poder dentro da Igreja universal. Promove-se uma maior participação do colegiado de bispos a expensas dos dicastérios romanos. Destaca-se que o próprio Concílio Vaticano II apontou o sínodo como centro vital da estrutura eclesiástica. O encontro periódico de prelados do mundo inteiro outorgaria à Igreja uma riqueza em termos de pluralidade cultural.

Com clareza, questiona-se a concentração de poder da Cúria Romana. Exemplo disso é o mecanismo que prima na nomeação dos bispos. A decisão é tomada sem atender aos pareceres do clero e das comunidades. Assim, com as últimas designações – de perfil monocolor –, estaria perpetrando-se uma política de controle da Conferência Episcopal através da ocupação dos postos-chave – geralmente, as arquidioceses – com prelados em total sintonia com as autoridades vaticanas. Como contrapartida, bispos de longa trajetória na liderança da CNBB têm sido postergados e reclusos em dioceses de menor envergadura.

> A nomeação dos bispos é um aspecto que precisaria de muita renovação. Não aprovo uma eleição direta para eleger o bispo, mas se precisaria dar um espaço muito maior à Igreja local através do presbitério, da comunidade e da Igreja regional. A maneira como são escolhidos os bispos não é adequada para a eclesiologia do Concílio Vaticano II (Queiroz, 2003).

> A Cúria Romana, de um tempo para cá, começou a se preocupar pelo continente e, de modo especial, pelo Brasil. As nomeações dos bispos e ultimamente a mudança dos Estatutos da CNBB mostram essa preocupação. Quer dizer, uma atuação direta e específica do poder romano com a tentativa de um pouco engessar aquela liberdade e

horizontalidade. Menos colegialidade e mais verticalidade, no sentido de cada bispo ser, como na forma tridentina, consciente de seu poder episcopal, mas ligado a Roma, sem muita circulação e relacionamento (BALDUINO, 2003).

Por outro lado, há uma contenda ideológico-pastoral. Debate-se se a Igreja brasileira deve privilegiar a sua inculturação no povo brasileiro ou reproduzir o conteúdo das diretrizes prescritas pelas congregações do Vaticano. Frisa-se que a fidelidade ao Evangelho passa pelo combate da pobreza e das injustiças sociais. Nesse horizonte, a defesa da vida adquire outras proporções. Embora não se aceite os atentados contra a vida como o aborto, o finca-pé é colocado na luta contra a fome, pela saúde e pela educação igualitária.

No plano teológico, as diretrizes romanas são colocadas sob consideração. Mais que uma condenação às fraquezas da vida humana – divórcio, homossexualidade, pedofilia –, promove-se uma atitude de misericórdia compreensiva. Tanto o celibato opcional quanto a ordenação de homens casados merecem uma discussão profunda e serena. Embora não aceitas por uma questão disciplinar, filtra-se um espaço para um amplo debate a respeito. Sem abrir mão da infalibilidade papal, avalia-se que as experiências pastorais específicas do Brasil devem ser advertidas para uma reflexão abrangente. "É possível que no futuro a Igreja reveja o conceito de celibato e passe a aceitar padres casados" (CORREIO POPULAR, 18 abr. 2002).

A tendência é visualizar a própria instituição desde uma lente de horizontalidade. Trata-se de uma eclesiologia que encontra seu eixo principal na categoria povo de Deus (BOFF, 1981). O encorajamento ao funcionamento das assembleias diocesanas e a um ativo papel do laicato em geral dá conta dessa propensão. A própria definição da instituição contempla a hierarquia, o clero, a vida religiosa e o laicato comprometido. Por esse motivo, a mudança dos Estatutos da CNBB não foi aceita totalmente. O conflito entre um corpo episcopal com vasos comunicantes com os outros segmentos católicos e com as organizações de base, ou mais ensimesmado na estrutura hierárquica, aparece como pano de fundo das discussões sobre a reforma da lei orgânica.

A mudança de estatutos significa uma mudança na linha de conceber uma CNBB mais episcopal. Se essa história de ser episcopal implica desconectar-se dos assessores e dos agentes de pastoral, seria um grande equívoco. Para ser franco, a inter-relação que paira é essa. A definição mais episcopal da CNBB não pode significar uma ruptura ou um desconhecimento do serviço que a CNBB tem que prestar para a Igreja. Esperamos que a mudança de estatutos não seja muito significativa na prática (VALENTINI, 2003).

De fato, observa-se certo "retrocesso" no sentido de um reforço clerical. Atualmente, os cardeais têm mais chances de serem eleitos para os máximos cargos da CNBB. Essa variável não era privilegiada anteriormente, pois bispos ainda auxiliares eram escolhidos para ditas funções. No entanto, acredita-se na CNBB como marca registrada. Desde sua fundação e principalmente a partir do Vaticano II e Medellín, o organismo assumiu um caminhada visualizada como irreversível no mediano prazo.

A reforma agrária entra no campo das grandes dívidas do Brasil com a população mais pobre. O latifúndio é visualizado como uma herança pesada que ainda não foi resolvida. O Movimento dos Trabalhadores Rurais Sem Terra, além de ser um parceiro da Pastoral Social, historicamente conduzida sob os princípios desta eclesiologia, é considerado necessário, pelo fato de ter proporcionado uma organização no que diz respeito a uma ampla faixa de brasileiros desprovidos de uma terra própria. Se bem que não aprovem certas metodologias de invasão, elas são compreendidas como decorrentes da falta de respostas do poder público. O acompanhamento do processo por parte da Igreja torna-se indispensável para evitar situações extremas e impulsionar a postergada reforma agrária e a regularização das terras indígenas não demarcadas.

> A gente tem que compreender o MST dentro do contexto atual. Diante da atitude vacilante dos governos, os agricultores resolveram assumir isso como bandeira. A Igreja sempre tem estado presente. Pode haver exageros, como também os há do lado dos latifúndios. Invadir uma fazenda não é a melhor coisa, seria muito melhor se se fizesse a reforma agrária. Às vezes é a única opção que resta para o povo, como a uma criança a quem não se dá atenção. Ela grita e percebemos que ela está aí. É sempre um risco muito grande porque expõe a população à repressão. A gente tem que procurar estar presente para garantir a paz, mesmo nesses atos de invasão, e auxiliar a comunidade com comida e roupa (QUEIROZ, 2003).

A Teologia da Libertação deu sustento teórico à eclesiologia do enraizamento social. Desse ponto de vista, reivindica-se sua disposição para colocar na agenda da Igreja a injustiça e a desigualdade social e a importância de uma nova modalidade de trabalhar na área social. O assistencialismo foi substituído por um esforço na conscientização do povo como sujeito e artífice da construção de sua própria história.

O sucesso da Renovação Carismática é atribuído ao contexto cultural de crise da subjetividade e o auge do intimismo. Apesar de reconhecer o acompanhamento que o movimento faz com as pessoas necessitadas espiritualmente, não se poupa de caracterizar certas práticas como alienantes. Por outro lado, existe certa apreensão pela tendência à atomização decorrente do auge dos novos movimentos religiosos.

III. Eclesiologia integracionista

Condensa a ampla faixa intermediária, que reivindica uma prática pastoral sem desatender as questões internas da Igreja. O diálogo entre os valores católicos e a realidade social vai fazer com que a ética cristã se expresse nas vivências da sociedade. Vida intensa dentro da Igreja conjugada com a abertura para os problemas sociais resumem as linhas-chave da eclesiologia integracionista.

A ação pastoral visa à santidade e à vida eterna, mas, diante de uma realidade histórica injusta, a inclusão de obras sociais torna-se indispensável. A ênfase centra-se nas dimensões da família, das vocações e do ecumenismo. A disposição é de recuperação da memória histórica, mas dentro de uma mensagem de esperança evangelizadora.

Mesmo reconhecendo a autonomia entre a esfera temporal e a esfera espiritual, baseia-se na interligação entre elas, uma vez que "a fé e a vida devem caminhar juntos". Nesse sentido, postula-se a necessidade de não radicalizar aquele estado de situação. Parcerias nas áreas da saúde e da educação, principalmente, garantiriam uma colaboração e trabalho conjunto. "Há uma separação nítida, não há uma ligação exclusiva entre ambos. O Estado tem suas próprias regras" (TEMPESTA, 2003).

A Igreja, como "especialista em humanidade", torna-se uma fonte indispensável para as autoridades civis. Apesar de serem independentes, ela cumpre um papel importante na realidade terrena que o Estado não deveria desconhecer. As convicções religiosas do povo não podem ser desconhecidas por um poder público que pretender dar respostas às necessidades dessa mesma população. Como pano de fundo, prevalece a consideração da identidade religiosa por sobre outras pertenças da sociedade. Por outro lado, a palavra da Igreja na esfera da economia ou da política sustenta-se em seu magistério ético. Não se trata de uma extrapolação de competências, e sim do cumprimento da essência de sua missão. "Onde há uma presença significativa da Igreja, seria um erro do Estado não levar isso em conta. Se quer dar respostas às necessidade do povo, em quem acredita esse povo?" (KRIEGER, 2003).

Inserida na sociedade civil, a Igreja teria direito de expressar sua voz, mais ainda para defender as instituições que precedem ao Estado, como a família e o matrimônio. Num contexto de pluralidade cultural e de liberdade religiosa, o catolicismo prega publicamente sua posição moral, visando uma conversão da conduta humana e uma adequação das prescrições legais.

Com a abertura democrática, o papel da Igreja muda da denúncia ao anúncio dos valores evangélicos. Na época ditatorial, a instituição católica tinha oferecido canais de participação à uma população oprimida, uma vez que gozava do respeito das autoridades militares. Vivendo tempos diferentes na atualidade, como qualquer entidade social, tem direito a falar sobre aquilo que considerar necessário. Por isso, a mudança de papel não significa uma retirada da instituição do campo social. Apenas o reconhecimento à existência de outros atores que desenvolvem práticas nesse plano. A CNBB deve estabelecer vínculos, mas não ocupar uma posição de vanguarda num terreno que não lhe é próprio.

> Em tempos da ditadura militar, a CNBB era a única voz que podia falar. Com a abertura política do país, a CNBB não tem mais aquela função de denúncia. Hoje não estamos mais no anúncio, porque mudaram os tempos e as perspectivas. Acabou o tempo das perseguições e as coisas terríveis que aconteceram: pessoas mortas, presas, mesmo padres. Hoje o papel da CNBB é um papel de denunciar aquilo que não está certo, mas fundamentalmente de anunciar o projeto evangélico de Jesus Cristo e de estar presente em parceria em muitos assuntos. É claro que há coisas que existem hoje, como o problema da corrupção e da violência do país. O problema crônico de uma reforma agrária e política. A Igreja tem que acompanhar esse processo. Hoje existem muitas outras vozes, a da Igreja não é única, por isso sua função não é a mesma (MARCHIORI, 2003).

Por outro lado, o catolicismo deve desempenhar seu espírito crítico e concentrar a atenção no plano dos valores. O papel da Igreja gira em torno do cuidado zeloso das pautas normativas que vigoram no seio da sociedade e de contestar os contravalores promovidos desde as instâncias do poder. E levando em consideração que a sociedade tem suas próprias organizações, a instituição católica estaria em condições de se dedicar às "postergadas" questões pastorais, tanto as internas quanto as externas.

A atuação do catolicismo na "fundação" do continente americano deixou um legado irreversível quanto ao caráter cristão da população. Pelas falhas cometidas durante o processo evangelizador, é mister um reconhecimento e pedido de perdão.

As prioridades pastorais combinam então questões eclesiásticas internas com preocupações de índole social. Assim, enfatiza-se a formação do clero, a continuidade de uma linha catequética e missionária, a organização das paróquias, mas também o multirão contra a fome e a miséria.

Busca-se atingir a totalidade da pessoa humana. Coloca-se em relevo a dimensão comunitária-participativa e, no mesmo plano, a catequética e litúrgica. O alvo da Igreja é a cultura da sociedade, a qual pretende influenciar com os valores cristãos. No contexto da modernidade, o desafio pastoral gira em torno da conciliação entre a fé cristã e a verdade católica, de um lado, e o pluralismo democrático e o relativismo cultural da sociedade, de outro lado. O diálogo com os valores contemporâneos e a harmonia entre a liberdade e a verdade, entre a razão e a fé, indicam o modo como a Igreja deve promover sua inserção no mundo atual.

O imperativo categórico da unidade prevalece sobre as altercações entre a CNBB e Roma. Institucionalmente, não se percebe qualquer conflito, uma vez que o presidente da CNBB viaja a Roma frequentemente e se reúne com o Papa e com os responsáveis das Congregações para apresentar as conclusões das Assembleias Gerais. As dissonâncias estão circunscritas ao plano pessoal, com alguns bispos em particular. Na realidade, as discussões são explicadas pelas diferentes conjunturas, o que acarreta posicionamentos dispares, e pelos problemas de comunicação. "As pessoas têm que ser analisadas na época em que atuaram. No Vaticano, muitas vezes, não conheciam certas realidades do Brasil, ou conheciam sob um ângulo errado. Mas nunca houve tensão. Houve problemas de comunicação, mas as coisas eram esclarecidas" (KRIEGER, 2003). "Há uma preocupação geral de que a CNBB alcance seu objetivo fundamental, que é evangelizar o mundo e a sociedade para construir o Reino de Deus. Há uma continuidade na preocupação em atingir a pessoa para implantar os valores fundamentais do Evangelho" (MONTAGNOLI, 2003).

De um lado, as divergências são atribuídas às realidades diferentes mesmo dentro do território brasileiro, o que leva a olhares dessemelhantes; por outro, propõe-se assimilar as prescrições vaticanas às propriedades do contexto brasileiro. Em outras palavras: integrar tais diretrizes às demandas e à cultura que vigoram em cada diocese, articuladas através das linhas pastorais que a CNBB define periodicamente. É tarefa do episcopado traduzir a eclesiologia romana para cada região do país. Definitivamente, as diferentes práticas pastorais respondem às particularidades do contexto de cada diocese, mas não ameaçam a unidade na fé e a busca de Deus, uma vez que a Igreja deve encarnar todas as realidades. "O jeito de fazer pode ser diferente. Se estou numa diocese onde há comunidades indígenas, vou ter uma visão de Igreja orientada a essa problemática. Se estou numa diocese onde os sem-terra fazem invasões e há muita pobreza, estarei inculturado ali" (TEMPESTA, 2003).

A formação de cada bispo – diocesana ou religiosa, no Brasil ou no exterior – e o local de atuação – âmbito urbano, rural, periferia de grande cidade, pequeno povoado – condicionam as prioridades pastorais a desenvolver-se em cada diocese. A diversidade delas mostra a riqueza da CNBB, que, mais que uniformidade, evidencia uma plural unidade. Nessa linha argumentativa, considera-se uma graça do Espírito Santo que um documento ilumine a ação pastoral tanto no centro de São Paulo quanto no interior da Amazônia.

Entre as concepções de Igreja como estrutura hierárquica ou como povo de Deus, postula-se que a Igreja é uma só, alicerçada no povo de Deus, que é animado pela presença do Espírito Santo e guiado por uma hierarquia enquanto instituição divina.

A dicotomia entre acompanhar os "sinais dos tempos" e não perder a essência da tradição compõe uma tensão que esta eclesiologia testemunha com clareza. No *modus operandi*, a tendência é de abertura e *aggiornamento* nas questões sociais e certa intransigência nos assuntos contemplados nos estatutos canônicos. A exteriorização de comportamentos heterodoxos e ortodoxos dependerá do núcleo temático que esteja colocado em jogo.

> A Igreja é tradicional, defende certos valores passados. Mas, por outro lado, não pode ficar fechada, tem que atender às novas realidades. Todo bispo (...) é fiel à doutrina da Igreja e tem que aplicá-la em sua realidade. Mesmo que eu tenha uma visão própria, eu tenho que pregar aquilo que a Igreja manda. Se a Igreja não aceita o segundo casamento, eu não posso dizer que pessoalmente sou favorável. Nesse sentido, sou conservador. Mas, por outro lado, vejo a questão dos sem-terra e compreendo a situação de miséria que eles estão vivendo, tenho que defender os pobres (SABURIDO, entrevista realizada em 11 jul. 2003).

Os movimentos e organizações da Igreja sempre existiram e desvendam a fecundidade do catolicismo. Todos eles fazem parte da instituição e são necessários. A Igreja precisa da conjugação daquelas comunidades de fiéis.

Da Renovação Carismática, aprova-se a proximidade ao Espírito Santo que ela tem trazido. A oração e a participação mais viva das comunidades são encorajadas. No entanto, chama-se a atenção para o perigo de ficar só no estado emocional, sem inserção na realidade. Resgatam a importância da realização de eventos de massa e a sua contribuição na solidificação da identidade católica, embora o movimento não dê conta de todas as dimensões da fé.

Quanto à Teologia da Libertação, se lhe reconhece sua preocupação pelos pobres e a denúncia contra a opressão, mas alerta-se pela desatenção às carências espirituais. Ressalta-se a necessidade de atingir uma libertação integral, na qual a opção pelos pobres não significa o esquecimento dos ricos, mas o chamamento coletivo ao Evangelho na ótica dos que mais sofrem.

1.2. Algumas conclusões preliminares

As eclesiologias expostas definem-se enquanto se confrontam e se complementam com as demais. Como sistemas de referência, entram em funcionamento a partir de uma perspectiva paradoxal. Sempre no plano ideal, se por um lado rivalizam pela hegemonia da interpretação legítima dos fatos sociais, políticos, religiosos e por determinar o rumo da instituição católica; por outro procuram integrar os oponentes. A Igreja católica só pode ser compreendida sob a lente que considera suas contradições dentro de uma unidade histórica, de um prisma que evidencia um conflito no interior de um consenso (POULAT, 1977). Sem desvirtuar a linha analítica empreendida, não podemos deixar de reconhecer que em muitos aspectos os comportamentos dos bispos respondem a um ou outro modelo eclesial, encarnando-se alguns deles como referentes das mesmas.

No entanto, a delimitação e a segmentação das tendências emergentes não presumem uma tarefa simples de elaborar, muito menos estabelecer equivalências entre as eclesiologias desenhadas para cada um dos episcopados. Como foi salientado oportunamente, são divergentes os eixos que diferenciam os bispos num país e noutro.

Se nos determos nas produções dos bispos, repararemos que é emblemático no alto clero um entrecruzamento de atributos encontráveis em diferentes tipos eclesiais. Só para exemplificar, Héctor Aguer, arcebispo de La Plata, Argentina, mostra-se irredutível em assuntos de teologia dogmática. Paralelamente, é inquestionável seu compromisso com o pedido de perdão da dívida externa para os países subdesenvolvidos. Ele foi o expoente eclesiástico na Comissão Bicameral Jubileu 2000, criada pelo Congresso Nacional para estudar a redução ou o refinanciamento do endividamento.

Por um lado, defende que:

a dívida externa incide de maneira direta sobre toda possibilidade do Estado de desempenhar normalmente suas funções, entre as quais figuram a defesa da nação, a assistência social, a educação pública e a realização de planos para remediar o desemprego. Constitui uma pesada lápide que ameaça cair sobre nós, sepultando nosso propósito e dever de constituir efetivamente uma nação livre, justa e soberana. Já se pode adivinhar a inscrição mortuária: Aqui jaz a República Argentina. Viveu pagando, morreu devendo.

Por outro, conclama a incluir "o genocídio do aborto" entre os itens enumerados como violações dos direitos humanos, além de peticionar pelos direitos da criança por nascer. É o mesmo Aguer que, em 1996, quando a liderança política da cidade de Buenos Aires estava discutindo as bases da Constituição portenha, não deixou dúvidas sobre o selo tomista que marca seu pensamento ao outorgar à religião o papel de legitimação da ordem política. Naquela oportunidade, indicava que

veiculou-se a proposta de alguns representantes de evitar no estatuto da cidade de Buenos Aires a menção a Deus como fonte de toda razão e justiça. A religião não é um fenômeno privado, mas eminentemente comunitário. A fé tende a fazer-se cultura, a impregnar os valores determinantes e os modelos de vida de uma sociedade. O catolicismo tem uma presença histórica na vida social. Para ser coerente com nossa história, deve-se invocar Deus e reconhecer a personalidade pública da Igreja católica. Que tipo de democracia pode fundar-se sobre a negação de Deus, da verdade transcendente e de valores morais objetivos e universais? Uma democracia sem valores, na qual reina o relativismo ético, converte-se com facilidade em um totalitarismo (Aguer, Héctor. *BO-AICA*, n. 2071).

Desde várias perspectivas pode abordar-se essa sequência de lemas e declarações. Em primeiro lugar, o arcebispo de La Plata não faz mais que seguir ao pé da letra os ensinamentos papais. A visão "romanizada" sobre o papel que um bispo deve cumprir o leva a reproduzir as diretrizes pastorais que "descem" de Roma. Em segundo lugar, uma forte formação nacionalista atravessa sua estrutura conceitual e repercute na linha de seu comportamento. Essa matriz de pensamento nacional explica sua preocupação pela dívida externa. Por outro lado, é pertinente relembrar que o discurso social é intrínseco a um catolicismo que reproduz por seu intermédio uma presença ativa na esfera pública. E Aguer deixa assentada sua contrariedade com a reclusão do religioso ao âmbito do privado.

Aderir a essa linha interpretativa permite compreender a partir de outros registros a cosmovisão de um expoente eclesiástico que se revela intransigente em diversos tópicos de moral cristã, mas que se destaca por sua combatividade no terreno da desigualdade econômico-social e planetária. Percebe-se então o equívoco de catalogar automaticamente como progressista toda inclinação à "questão social" ou à defesa dos oprimidos.

O ponto básico dessa discussão radica-se na escolha dos parâmetros teórico-metodológicos desde os quais devemos aproximar-nos das elaborações da hierarquia eclesiástica. Aguer nos ilustra a viabilidade de um esquema conceitual composto de uma ortodoxia no campo da moral cristã, que conserva uma simbologia nacionalista e que, ao mesmo tempo, não desatende à aguda desigualdade social. É pertinente aqui explicitar uma segunda advertência: as formulações tipológicas clássicas – entendidas na polaridade entre conservadores e progressistas, liberais e tradicionalistas ou esquerdas e direitas – apresentam-se como ferramentas de análise ineficazes para a apreensão das cosmovisões dos bispos, fundamentalmente os da Argentina. No momento de colocá-las em prática, a própria realidade obriga a introduzir especificações que acabam diluindo as definições originais. "Conservadores de ponta", "tradicionalistas com sentido social", "progressistas rígidos doutrinariamente" são apenas alguns dos registros que comumente se empregam para descrever a rede de convicções e atitudes exteriorizada pelos prelados. A complexidade de suas produções nos intima, como estudiosos do tema, a utilizar parâmetros internos às lógicas de pensamento e ação dos líderes católicos, a explicar as ideias e as práticas eclesiásticas em seus próprios termos e não nos estritamente políticos (BLANCARTE, 1992). Do contrário, ficaremos perplexos ou recorreremos a simplificações analíticas ao observar que diversos atores eclesiásticos, distantes em termos classificatórios, chegam, por exemplo, a idêntica caracterização da dívida externa ou da situação social.

Colocados os modelos eclesiológicos ideais e feitas as ressalvas correspondentes, nos introduziremos em seguida no terreno histórico e contemporâneo. Com uma abordagem sociológica, tentaremos elucidar os pontos de continuidade e de ruptura nos discursos e nas práticas episcopais. Esse marco interpretativo nos habilitará também a delinear o(s) perfil(s) hegemônico(s) em ambos os episcopados nas últimas décadas do século XX, especificando as posições que predominaram em torno a cada uma das dimensões de análise tomadas como referência.

Antes disso e como modo de resumo, apresentamos um quadro sinótico sobre as eclesiologias à luz dos eixos temáticos analisados:

Quadro 1: Tipos eclesiais segundo eixos temáticos – CEA

Eclesiologia / Eixo temático	da Neocristandade	Pós-conciliar moderna	Pós-conciliar social	de Espiritualidade pastoral
Modernidade	Laicismo anticlerical	Liberdade individual	Dominação	Hábito consumista
Poder temporal / Poder espiritual	Justapostos	Diferenciados	Relacionados	Dissociados
Estado	Complementaridade	Autonomia	Capitalista	Respeito
Identidade nacional	Católica desde o institucional	Plural	Católica a partir do popular	Mariana
Moral sexual	Controle intransigente	Tolerância às diferenças	Compreensão enquanto excluídos	Rigidez doutrinária

Educação religiosa	Obrigatória para a catolização	Optativa	Aportes para a libertação	Eficaz para a evangelização
Missão pastoral	Instituições	Dirigentes laicos	Povo	Família
Tipo de organização	Verticalidade	Divisão de funções	Horizontalida-de relativa	Dependência da autoridade
Mercado religioso	Controle oficial	Ecumenismo	Diálogo	Tolerância

Quadro 2: Tipos eclesiais segundo eixos temáticos – CNBB

Eclesiologia/ Eixo temático	da Ortodoxia Romana	do Enraizamento Social	Integracionista
Relação com o Vaticano	Aceitação	Discussão	Adequação
Estado	Respeito institucional	Capitalista	Parceria
Identidade nacional	Católica a partir do institucional	Católica a partir do popular	Cultura católica
Moral sexual	Controle intransigente	Compreensão enquanto excluídos	Tolerância às diferenças
Doutrina	Romanizada	Inculturada	Romana, traduzida para a realidade local
Prioridades pastorais	Moral cristã	Pastoral social	Evangelização com sentido social
Missão pastoral	A sociedade	Os pobres	O povo de Deus
Movimentos religiosos	Movimentos intimistas	Comunidades Eclesiais de Base	Todos são parte da Igreja

2. Poder eclesiástico e poder político: Percurso histórico de uma relação ambivalente

2.1. Introdução

Duas estruturas de abrangência nacional com pretensões de regular os princípios organizadores da sociedade. Duas instituições que lutam para conquistar a consciência dos sujeitos. Trata-se da Igreja católica e do Estado, e do percurso intricado e contraditório que caracterizou suas relações ao longo da história na América Latina. História não isenta de tentativas de arrebatamentos mútuos entre o poder político e o poder eclesiástico, assim como tampouco de cenários de conivência e colaboração entre ambas as esferas.

A dinâmica das políticas da Igreja e do Estado, inserida numa lógica dialética de concorrência e complementaridade, torna patente a complexidade da problemática e a necessidade de abordar uma análise que supere qualquer simplificação a respeito. Desse ponto de vista, concordamos com Roberto Romano quando cataloga como anacrônica a definição da Igreja como "aparelho ideológico do Estado" (ROMANO, 1979).

A autonomia relativa da Igreja em relação ao Estado está garantida pelas leis que determinam seu funcionamento, próprias do campo religioso, alheias às que regem o âmbito político. Não obstante, é indubitável que em vários períodos históricos houve uma instrumentalização da Igreja por parte do Estado e vice-versa. Embora estejamos frente a duas instituições irredutíveis, os pontos de justaposição tornam difusas as fronteiras entre o campo político e o campo religioso (BOURDIEU, 1987).

A procura de legitimidades extrapolíticas foi uma constante nas estratégias das classes dirigentes latino-americanas. A Igreja, considerada pelos homens de governo como uma inestimável fonte fornecedora de sentido, foi requerida para abençoar os regimes políticos. Por sua parte, em mais de uma oportunidade, a instituição eclesiástica aproveitou as debilidades do sistema político para penetrar as estruturas estatais e conservar o controle sobre os eixos prioritários da atenção católica – sistema educacional, ética familiar e sexual. Como bem sintetiza Romano, o comportamento da condução da Igreja baseou-se na "dialética do pêndulo hierocrático, fascinado pelo poder secular, mas sendo obrigado, por força de sua autopreservação essencial, a se afastar de seu exercício direto" (ROMANO, 1979, p. 211).

Por tudo isso, torna-se infrutífero empreender um estudo da Igreja católica[1] sem atender a sua imbricada relação com o poder temporal. A conformação de suas estruturas, o alcance de sua influência social, suas

---

[1] É indispensável deixar assentado que quando fazemos alusão à Igreja católica como instituição estamos referindo-nos estritamente ao agir de sua condução episcopal, deixando a um lado as concepções e práticas de outros atores dentro do catolicismo. Assim é que, de aqui em diante, utilizaremos o termo Igreja católica, hierarquia, elite eclesiástica, instituição católica indistintamente. Essa abordagem responde a um critério analítico, mas não contradiz a existência de vários catolicismos ou de um "catolicismo no plural" (POULAT, 1977). Se analisarmos as disputas pela hegemonia no seio da instituição eclesiástica, encontraremos jesuítas, maronitas e franciscanos em um início; católicos sociais, integrais, conciliadores ou intransigentes mais adiante; conservadores ou pós-conciliares, partidários da Teologia da Libertação nos últimos tempos; adeptos da Renovação Carismática ou renovadores na opção pelos pobres na atualidade; que em conjunto formam o amplo mapa da diversidade católica. Como instituição complexa, a Igreja é um âmbito social em que não cessam de se confrontar discursos desiguais que competem entre si (POULAT, op. cit.). Não obstante, tratando-se de uma organização piramidal com altíssimo grau de institucionalização e burocratização, os procedimentos dos bispos, situados na cúspide do sistema católico nacional, são determinantes na reprodução da estrutura normativa "interna", na definição das políticas eclesiásticas relacionadas com o "exterior" e na formulação das estratégias institucionais em seu conjunto. Por isso, uma análise política dos discursos e comportamentos oficiais do catolicismo requer necessariamente uma ampliação do foco no órgão que centraliza as declarações e ações do conjunto de prelados em um território delimitado: a Conferência Episcopal. De toda forma, as estruturas intermediárias e o mundo dos fiéis que também fazem parte do campo católico serão levados em conta na medida em que sua visibilidade tenha influência direta no traçado do rumo institucional.

fontes de financiamento e o *modus operandi* utilizado perante as autoridades políticas e a sociedade civil estiveram condicionados por uma história que testemunhou modalidades justapostas no vínculo estatal-católico. Qualquer análise contemporânea da instituição religiosa não pode omitir uma avaliação histórica das relações entre ambas as esferas. Do mesmo modo, em que pese ao processo de secularização que tem atravessado o funcionamento das sociedades contemporâneas, o Estado continua a levar em consideração a opinião eclesiástica no desenho de determinadas políticas públicas. Consideração que varia de acordo com o tipo de configuração institucional de cada país, com a maior ou menor presença da Igreja na história política nacional.

Neste capítulo, propomos-nos desvendar as lógicas subjacentes da relação Igreja-Estado na Argentina e no Brasil. Levando em conta que o catolicismo como instituição insere-se dentro da organização política dos Estados Nacionais, mas ao mesmo tempo responde a um poder supranacional, a dinâmica daquela relação assume um cariz complexo. Nosso objetivo visa, então, a caracterizar historicamente os traços duradouros que definem de modo eloquente as relações entre o campo católico e o campo político. Uma rápida rememoração dos principais elementos históricos em ambos os países, focalizada nas articulações entre o poder político e o poder eclesiástico, proporcionará uma sólida base de análise para desentranhar o *modus vivendi* entre ambas as esferas no decorrer dos séculos XIX e XX. A comparação entre o processo argentino e brasileiro enriquecerá um estudo integral sobre a consolidação e a qualidade do desenvolvimento das instituições.

Não é de nosso interesse empreender uma reconstituição pormenorizada dos acontecimentos históricos, e sim definir as diferentes etapas do catolicismo, tendo como referência as relações deste com o Estado e o poder político, os projetos que se instauraram como hegemônicos no seio da instituição em cada período, as relações de força entre diversas correntes internas e as tendências resultantes. Nesse sentido, trabalharemos aqui com a bibliografia existente sob uma ótica analítica, deixando de lado as fontes de informação primária.

O acompanhamento dos processos de mudança que se têm cristalizado na Igreja católica ao longo de sua história, em razão de suas relações de poder e seus vínculos com a esfera estatal e política, nos permitirá discriminar os elementos constantes e os variáveis presentes na dinâmica eclesiástica; o tipo de condutas que permaneceram estáveis e, portanto, descrevem o modo de proceder da Igreja; e o conjunto de atitudes que vêm se reformulando. Definitivamente, efetuar uma análise do processo de conformação da Igreja católica, reconstruindo suas diferentes fases, a partir da relação estabelecida com os regimes vigentes em cada período histórico e dos projetos eclesiais hegemônicos, permitirá uma mais abrangente e aprofundada compreensão da relação entre a Igreja e o Estado na atualidade.

Antes de nos introduzirmos na questão histórica, é indispensável deixar assentado algumas premissas e pressupostos de nossa análise. Os quais virão a seguir.

Não concebemos a instituição Igreja católica fora do contexto social no qual está inserida. Com sua acentuada vocação para regulamentar e influenciar as pautas de comportamento de vastos segmentos da vida social, a Igreja católica, a despeito de sua rigidez doutrinária, torna-se uma instituição sensível às mudanças sociais. Sem desvirtuar seus princípios teológicos, a Igreja católica soube captar os diferentes "climas sociais" de cada época e elaborou discursos e práticas de acordo com o ambiente social. Por isso, é de vital importância examinar os processos políticos, sócio-culturais e demográficos que se impuseram em cada período.

Apesar da afirmação anterior, empreender um estudo sociológico do corpo hierárquico implica compreender as lógicas internas do campo religioso e católico. A Igreja católica, como "conjunto estruturado", possui suas próprias formas de autoridade, suas regras de funcionamento interno, seus lugares e formas próprias de sociabilidade e de comportamento, seus valores, seus imaginários e suas linguagens particulares. Em uma palavra, ela possui uma cultura específica (BIANCHI, 1997, p. 18).

Nessa perspectiva, a aproximação teórico-metodológica deve fundamentar-se em marcos conceituais e instrumentos de análise correspondentes ao campo religioso. A descrição das normas e regulamentos da própria instituição não pode ser omitida.

O catolicismo é um espaço social no qual se luta pelo controle do consenso e pela demarcação dos limites da dissidência (POULAT, 1977). A pluralidade dos catolicismos presentes no interior da vida da Igreja implica constantes redefinições nessas disputas e explica a concorrência que visa a impor os posicionamentos parciais como os de toda a instituição. A aspiração compartilhada de construir uma sociedade cristã não limita a coexistência de múltiplas estratégias e métodos. Um estudo histórico da Igreja católica não poderá deixar de considerar as diversas formas de expressar e sentir o "ser católico", independentemente de quem esteja ocupando uma posição hegemônica ou subordinada dentro do campo católico. O próprio devir do catolicismo e o ambiente social de cada época geram as condições para que uns ou outros adquiram maior ou menor visibilidade pública. Como afirma Romano, as oscilações ideológicas e políticas das diversas frações internas estão confrontadas tanto com componentes tradicionais quanto com elementos da cultura contemporânea (ROMANO, 1979). Em que pese a sua fundamentação divina, não está imune aos acontecimentos temporais. Daí, o requerimento de examinar a Igreja inserida no contexto social.

Homogeneidade não é sinônimo de unanimidade. Os esforços da hierarquia para mostrar uma imagem de corpo episcopal uniforme não significam que em seu interior não haja contrastes e discordâncias. Essa dupla condição de homogeneidade externa e de pluralidade interna sustenta-se no caráter reservado dos debates entre os bispos. A publicação dos resultados expõe uma concordância generalizada, omitindo as dissidências ou as discrepâncias particulares.

As produções teológicas da Igreja católica guardam certo vínculo temporal e doutrinário com as encíclicas papais. Com isso estamos afirmando que os tempos e o conteúdo das mensagens episcopais estão consideravelmente orientados pela Santa Sé. A forte dependência e a "romanização" da Igreja Argentina, menor hoje no caso brasileiro, obrigam-nos a atentar aos conteúdos da doutrina papal para entendermos a dinâmica do pensamento e os posicionamentos do alto clero. Mais uma vez, o estudo comparativo nesse ponto pode ressaltar aspectos frutíferos para a avaliação dos perfis institucionais preponderantes.

Identificação e equalização entre o "ser nacional" e o "ser católico". Subjacente a essa definição está uma cosmovisão que coloca a Igreja católica como um "todo", acima das "partes". A premissa da nação católica implica aquela equação e postula o catolicismo como matriz unificadora da sociedade.

A legitimidade do poder político, por princípios doutrinários, está atrelada ao respeito das leis e aos direitos naturais dos indivíduos, estabelecidos por Deus e, portanto, preexistentes às formações políticas. A posição assumida pela Igreja diante dos diferentes processos políticos esteve permeada por aquela premissa fundamental.

2.2. O período pré-institucional

2.2.1. Os tempos da Colônia

A justaposição entre o regime do padroado e o modelo da cristandade distinguiu o processo de radicação da Igreja católica nos territórios que mais tarde se denominariam Brasil e Argentina. De um lado, os reis de Portugal e Espanha, à mercê das sucessivas bulas papais, gozavam dos direitos de criar cargos eclesiásticos, nomear seus titulares, arrecadar o dízimo do culto, autorizar a publicação das atas pontifícias. Em troca disso, facilitavam a difusão da religião nos territórios descobertos e assumiam a responsabilidade de construir templos e monastérios, assim como de velar pelo desempenho dos agentes religiosos. A expansão da "civilização" e da fé faziam parte do mesmo programa. Esse estado de situação acarretaria uma dependência da Igreja em relação à realeza não apenas em termos econômicos: as autoridades eclesiásticas eram virtualmente funcionários do poder imperial. Em recompensa pela conversão dos povos que habitavam as terras conquistadas, o papa concedeu às Coroas portuguesa e espanhola o controle das Igrejas que estavam sendo fundadas. A conquista de novos mercados e terras significava para o catolicismo a conquista de novas almas. O certo é que os reis passaram a comandar os negócios eclesiásticos, investidos com o título de grão--mestre da Ordem de Cristo.

De outro lado, a imposição da evangelização imprimiu um viés na cosmovisão do ser cristão e seu relacionamento com o ser nacional. Referimo-nos ao modelo de cristandade que desde seu início pretendeu, por um lado, igualar a identidade territorial com a religiosa: o catolicismo, como pilar da nacionalidade, outorgava à Igreja o poder e o direito exclusivo de controlar múltiplos aspectos da vida cotidiana das pessoas – formação educacional, sexualidade, casamento etc. Dessa forma, a instituição eclesiástica levaria a cabo seu objetivo de influência sobre as consciências e as condutas sociais através dos mecanismos de poder. Como vemos, o comportamento histórico do catolicismo não se reduziu exclusivamente ao campo religioso; pelo contrário, estendeu-se ao espaço político e social, com base na legitimidade que a ideia de "credo nacional" ou "doutrina de Estado" lhe conferia (AMESTOY, 1991).

De modo complementar, esse modelo pressupunha a diferenciação entre o poder temporal – o Estado – e o poder espiritual – a estrutura eclesiástica como expressão do Reino de Deus.[2] Esse dualismo é representado em um plano analítico, já que os princípios teológicos da cristandade definem-se como monistas, na medida em que "a realidade espiritual-sobrenatural absorve completamente a outra" (DRI, 1997, p. 155).

Essas concepções nos dizem claramente que estamos na presença de um mundo protomoderno. A separação de esferas e a autonomia dos processos de legitimação, signos da modernidade, não se mostravam como um projeto de funcionamento institucional a ser alcançado.[3] Pelo contrário, a justaposição de funções, a mútua legitimidade entre o estatal e o religioso – entendendo como religioso exclusivamente o católico – singularizavam os tempos da época. Enquanto a cristandade perecia na Europa por causa da Reforma, começava a vigorar no território latino-americano.

As definições teóricas e práticas que giram ao redor do paradigma da cristandade e que formam o núcleo central do pensamento das hierarquias católicas, para além dos diferentes períodos, traduzem-se em preocupações e batalhas constantes, avanços e retrocessos relacionados a determinados temas: educação religiosa – leia-se católica – nas escolas públicas; *status* oficial do culto católico; controle e regulamentação de problemáticas referidas à sexualidade e ao matrimônio – casamentos religiosos, luta contra o aborto e o divórcio. Essa série de questões tornou-se objeto de disputas,

---

[2] O projeto da Igreja da cristandade é montado sobre "uma concepção teológica na qual a sobrenatureza subsume (...) despoticamente a natureza (...); a sociedade espiritual, a temporal; e, consequentemente, a Igreja, o Reino" (DRI, 1987, p. 104). Nesse esquema, a Igreja representa o Reino de Deus e o episcopado, a Igreja católica em seu conjunto. Essa divisão da realidade em dois poderes, o espiritual e o material, a cargo da Igreja e do Estado respectivamente, é tomada de Santo Agostinho. Em grande parte da história eclesiástica, esse marco conceptual prevaleceu sobre as proposições de São Tomás relativas à autonomia do temporal em relação ao espiritual, ou à sentença do Concílio Vaticano II relativa à dissociação das organizações políticas da Igreja ao considerá-las independentes.

[3] Max Weber propõe a visibilidade de um mundo moderno a partir da separação das esferas de valor, entendendo-as como sendo a economia, a política, a ciência, a religião, o erotismo, a arte, cada uma gozando de instâncias próprias de legitimação (WEBER, 1984).

tensões e negociações entre o poder religioso e o poder político. As constantes discussões em torno desses elementos destacam a centralidade atribuída a tais problemáticas pela Igreja católica.

No período colonial, a presença católica no novo continente radicou-se no campo educacional. A conformação de aldeias permitiu a concentração dos índios e a organização de um sistema de ensino. A chegada das missões evangelizadoras ao longo dos séculos XVI e XVII, encarregadas daquelas tarefas, veio, porém, acompanhada dos primeiros conflitos. Os indígenas precisavam ser domesticados e retirados de suas terras para incorporá-las ao circuito produtivo. Essa investida não esteve isenta do uso da violência. Além disso, a implantação de um sistema de *escravatura* no Brasil e de *encomenda* na Argentina visava a consolidar uma fonte de mão de obra disponível. A estratégia dos colonos chocou-se principalmente com a resistência dos jesuítas, que recusavam a entrada dos indígenas nesse esquema de dominação. A geração de motins e tumultos desencadeou a expulsão dos religiosos em ambos os países em meados do século XVIII. Quanto à metodologia de evangelização, tampouco houve unanimidade de critérios. De um lado, os membros da Ordem de Jesus incitavam uma cristianização respeitando as culturas nativas. De outro, os agentes religiosos mais ligados ao poder colonial esforçavam-se por impor a civilização ocidental, desconsiderando os valores e pautas de conduta pré-existentes.

> O missionário debate-se entre o lugar português e o lugar indígena, entre o lugar colonial e o lugar nativo, entre a evangelização e a escravização do índio, entre o uso da catequese e o uso da violência (BEOZZO, 1979, p. 4).

O processo de colonização desenvolveu-se sob os supostos do grande latifúndio, da exportação de produtos agrícolas e da importação de negros escravos, no caso brasileiro. Era uma minoria que explorava as extensas plantações produtivas, a expensas dos pequenos agricultores. O embrionário poder político encarnou os interesses da oligarquia agrária e contava com o apoio de um catolicismo inserido naquele ambiente rural.

Na época, a Igreja viveu um incipiente desenvolvimento institucional. A vinda dos beneditinos, franciscanos, capuchinhos e carmelitas outorgou lentamente os alicerces de uma estrutura organizacional.

Não obstante, cabe assinalar que no Brasil foi lenta e demorada a transformação de uma quantidade isolada de missões numa estrutura centralizada e comunicada. O primeiro sínodo foi realizado em 1707, mas só para atualizar a normativa eclesiástica conforme o Concílio de Trento. O reino português visualizava-a em termos de um departamento qualquer do governo,[4] e, ao estar longe de ser considerada uma prioridade, a prestação dos recursos necessários para seu crescimento era sempre postergada. Além disso, a imensidão do território brasileiro dificultava o acesso das comunidades religiosas à totalidade de regiões, ficando muitas delas em estado de abandono. A assistência espiritual às comunidades rurais era virtualmente inexistente. Por esses motivos e pela escassez de recursos humanos especializados, a religiosidade que se praticava entre os camponeses possuía altos componentes de superstição herdados dos índios. O fiel dirigia-se ao santo sem a mediação clerical.

Por muito tempo, a Bahia foi a única diocese do Brasil. Só em 1676, o Rio de Janeiro e Olinda assumiram a mesma categoria (ALVES, 1979). Em virtude da dependência católica do poder colonial, o desenvolvimento institucional da Igreja sofreria uma considerável demora. A Coroa portuguesa, que tinha a atribuição de criar novas jurisdições eclesiásticas, era avessa a seu crescimento burocrático. Quanto à formação sacerdotal, não existiam institutos de ensino nem universidades. Com a progressão automática na carreira sacerdotal, os agentes religiosos não cumpriam com

---

[4] Sinal do nível de entrosamento entre os administradores eclesiásticos e o governo civil, o último bispo de São Paulo na era colonial, Mateus de Abreu Pereira, foi várias vezes governador interino (AA.Vv., 1960).

o mínimo padrão de qualidade. O despreparo intelectual e teológico caracterizava o clero da época.[5] O panorama escureceu-se mais ainda com a expulsão dos jesuítas em 1759, pois o Brasil ficava sem quadros religiosos com disciplina e certo sentido de coesão institucional. Para as autoridades lusitanas, segurar uma Igreja fraca e fragmentada era indispensável para garantir sua subordinação. Dependente do poder imperial, o catolicismo brasileiro estava longe de apresentar uma fisionomia institucional.

A escassez de dioceses, a incomunicação e nula coordenação entre agentes religiosos, a inexistência de seminários de formação e a falta de critérios na seleção e promoção do clero levam-nos a afirmar que, no período colonial, "havia muito pouco do que se poderia chamar uma instituição de Igreja" (BRUNEAU, 1974, p. 36).

Definitivamente, o esquema organizacional delineado significou para a Igreja brasileira uma subordinação maior ao Estado do que ao papado. Mesmo considerada como religião oficial, a submissão e a fragilidade manifestas evidenciavam um vínculo que estava longe de ser proveitoso para os interesses do catolicismo. A tendência era a utilização da religião por parte do poder político no processo de expansão e unificação nacional.

No entanto, a Igreja recolhia benefícios de tal estado de situação. Exercia um domínio na área da educaçáp, da saúde, do registro da população – nascimento, batismo, casamento, falecimento. Assim, enquanto assumia funções inerentes aos ministérios do Estado, estava inabilitada para garantir a reprodução de seu próprio clero.

Em contrapartida, ao longo do século XVIII, a Igreja argentina teve um desenvolvimento considerável, embora não tenha atingindo um estágio de institucionalização. Missões, templos e paróquias surgiram e multiplicaram-se por todo o país. O crescimento populacional e a maior com-

---

[5] No período imperial, a incorporação à vida eclesiástica significava a possibilidade de obter uma educação superior e acessar a cargos políticos relevantes. Por outro lado, autorizados pela legislação civil, clérigos entravam no Brasil de modo irregular. Esse quadro de situação mostrava com clareza a falta de controle dos bispos sobre os agentes religiosos e o caráter heterogêneo na composição do clero no que diz respeito às origens e às aspirações pessoais.

plexidade da estrutura demográfica – espanhóis, índios, nascimento dos primeiros mestiços – sem dúvida repercutiram na estrutura eclesiástica. Como instituição inserida na dinâmica nacional, viu-se as transformações sociais refletidas em seu seio. Assim foi como a presença crioula tornou-se cada vez mais importante na composição da hierarquia católica.

As primeiras sedes episcopais – Tucumán, criada em 1570, e Buenos Aires, em 1620 – dependiam das autoridades radicadas em Lima. Anteriormente, o território que abrangia o noroeste argentino e boliviano, o sul do Brasil, Uruguai e Paraguai constituía a diocese do Rio da Prata, cuja sede ficava em Assunção. Todo esse período caracterizou-se por um baixo grau de organização. As contínuas mudanças de bispos e um número importante de anos nos quais a direção eclesiástica esteve acéfala indicam-nos o escasso nível de institucionalização.

As sucessivas criações de dioceses na Argentina responderam à necessidade de atender às demandas espirituais de seus povoadores. A chegada de franciscanos, jesuítas, mercedários e dominicanos à região facilitou e estimulou a fundação de catedrais – Santiago del Estero e Córdoba –, paróquias e capelas. Ao sul, o panorama era diferente. Apesar da criação da diocese da Santíssima Trindade do Porto de Buenos Aires e da nomeação do bispo Pedro de Carranza para comandá-la, a falta de sacerdotes e religiosos nessa zona limitou a obra religiosa a ser realizada. O extenso território que compreendia a diocese – quase a totalidade do que hoje é a República Argentina, acrescida de um segmento do Uruguai e outro do Brasil – não correspondia ao exíguo número de especialistas religiosos. "Em 1648, o bispado de Buenos Aires tinha doze sacerdotes e dois seminaristas (...)" (PUGA, 1981, p. 1973).

As várias ordens religiosas deixariam registrados modelos distintos de atuação da Igreja, originados a partir de missões evangelizadoras divergentes. No fundo, a controvérsia girava em torno do tipo de Igreja a ser erigida no território do Rio da Prata. Essas discussões e tensões presentes, ainda que reformuladas e atualizadas pelos posteriores protagonistas da Igreja católica argentina, situavam-se em um contexto de dificuldades frente à escassez de agentes especializados e à precariedade dos recursos materiais que postergavam o processo de institucionalização. Haveríamos de esperar o transcurso de um século para ver uma Igreja organizada e com presença nacional, ou seja, uma Igreja protagonista do cenário público argentino.

2.2.2. A independência e a consolidação de um eixo articulador nas relações Igreja-Estado

O processo de independência encontrou tanto a Igreja brasileira quanto a argentina numa condição de precariedade, sem autonomia e sem capacidade de reproduzir uma estrutura interna. Dioceses acéfalas, escassez de agentes religiosos, falta de uma condução centralizada, pouca comunicação com Roma e uma marcante dependência dos vaivens das situações políticas ressaltam as vicissitudes que deveram transitar durante boa parte do século XIX.

No caso brasileiro, a Igreja estava sob a tutela do Estado, apesar de a Constituição de 1824 declarar no artigo quinto que a religião católica era a oficial e gozava dos subsídios e do amparo daquele. Ao mesmo tempo, o regime de padroado reforçava o controle e a ingerência do poder político nos assuntos eclesiásticos. Como dissemos anteriormente, a difusão dos documentos pontifícios dependia da avaliação do poder secular. De igual forma, a nomeação dos bispos. Até a competência de intervir na disciplina interna da Igreja estava em mãos das autoridades civis.[6] O clero conformava um corpo administrativo subordinado ao rei. Na realidade, era ele o verdadeiro chefe da Igreja. A contradição ou a justaposição de concepções

---

[6] Coerente com essa atribuição, a Assembleia Geral rejeitou a bula *Praeclara Portugaliae* de 1827, porque se referia a questões que estavam sob a jurisdição do Imperador.

medievalistas e modernas dos representantes da Coroa traduziu-se numa híbrida conformação da matriz ideológica predominante no país. E trazia consigo o germe de um potencial conflito.

> A nova ideologia emana do sincretismo frouxo formado pelo liberalismo e pela tradição. Ambos armam a dualidade básica (...). Aquele artificialismo consiste justamente em combinar duas coisas opostas, portadoras de ideias divergentes: a monarquia e o liberalismo (MONTE-NEGRO, 1972, p. 52).

Com a reforma da Universidade de Coimbra em 1772, uma onda modernizadora e ilustrada tingiu de laicismo o clero brasileiro – formado em grande parte lá –, cada vez mais afastado das diretrizes vaticanas e cada vez mais dóceis ao primado do governo secular. Um espírito regalista impregnou o conteúdo curricular, afastando qualquer ensino ligado à escolástica jesuítica. Assim, os quadros religiosos eram instruídos a partir das premissas teóricas que colocavam os interesses do Estado acima dos da Igreja. O Seminário de Olinda, fundado em 1800, foi uma réplica dos conhecimentos ministrados naquela universidade, dominada pela realeza. Por outro lado, para a designação dos bispos, o poder civil escolhia aqueles que tinham estudado em Coimbra. De fato, quem fundou a casa de estudos de Olinda foi José Joaquim da Cunha de Azeredo Coutinho, ex-aluno da universidade portuguesa.

Com a doutrina regalista disseminada entre os homens da Igreja brasileira, era lógico que nenhum deles levantasse a voz para defender as prerrogativas católicas. Sendo os agentes religiosos funcionários do rei, não era imaginável nenhuma crítica à ordem jurídica vigente. Nem com o episódio da nomeação do bispo do Rio de Janeiro, Antônio Maria de Moura, em 1833, que não teve a confirmação da Santa Sé, registrou-se um conflito entre ambos os poderes. De fato, o alto clero brasileiro acreditava mais em seus vínculos com o Império do que com o Vaticano. Desprovido de qualquer socialização nas ordens religiosas, "era mais político que sacerdotal, relaxado na disciplina clerical, e mais a favor do Império do que das suspeitas pretensões da Santa Sé" (BRUNEAU, 1974, p. 55). Enquanto isso, à mercê da descoberta de ouro e pedras preciosas, o dízimo que o rei arrecadava dos bens eclesiásticos tornou-se a mais importante fonte de tributo colonial. No entanto, pouco dessa soma era destinado ao bem-estar da instituição católica.

Portanto, a situação da Igreja não diferiu da época da Colônia. Tanto o rei quanto o imperador foram responsáveis pela administração católica, isolada da influência de Roma. A religião católica continuou a ser a religião do Império, o que supunha a reprodução do estado de submissão ao poder civil. As autoridades romanas só interferiram nesse processo quando perceberam que suas prescrições não eram respeitadas pelo corpo religioso do Brasil. O Concílio Vaticano I teve um papel fundamental no que diz respeito à mudança das preocupações vaticanas em relação às igrejas periféricas. Novas concepções tendiam a reformular as formas de atender e acompanhar o andar das igrejas latino-americanas. Mas isso só aconteceu a partir de 1870.

Tanto no reinado de Pedro I quando no de Pedro II, a Igreja viu-se impossibilitada de ampliar sua influência. O caráter de oficialidade não impediu o cerceamento de suas liberdades institucionais. Utilizada apenas para cimentar a unidade nacional, não dispôs de outras ferramentas para desenvolver sua atividade pastoral. Ignorada e desacreditada como fonte de legitimidade do regime, a Igreja foi testemunha da perda de sua própria centralidade. O paradigma do progresso ocuparia, aos poucos, o lugar que anteriormente era patrimônio do catolicismo. As fundamentações da modernidade ganhavam espaço a expensas das apelações divinas. A penetração das ideias do Iluminismo europeu, que se espalhavam aceleradamente na incipiente vida urbana, iria corroer a base religiosa herdada da sociedade colonial.

Paralelamente, a orientação majoritariamente liberal dos legisladores traduziu-se numa série de restrições ao funcionamento das ordens religiosas:

foi interdita a entrada de religiosos estrangeiros no território do Império; proibiu-se a criação de novas ordens; expulsaram-se os religiosos ou as congregações que obedeciam a superiores não residentes no Brasil (...); as suas propriedades eram incorporadas ao patrimônio nacional (ALVES, 1979, p. 28).

Como poderá advertir-se, a condensação do liberalismo nesses territórios assumiu uma conotação peculiar. Em vez de colocar a ênfase na liberdade do homem, optou por ressaltar o aparelho do Estado, fornecendo-lhe plenos direitos sobre as instituições intermediárias e sobre os indivíduos. Como instrumento de coação, era responsável pela conservação da ordem e pela promoção do progresso (ROMANO, 1979).

No decorrer da primeira metade do século XIX, o governo de Pedro I teve como alvo as ordens religiosas: impediu o ingresso de agentes religiosos estrangeiros, proibiu tanto a criação de novas congregações quanto a abertura de seminários, e expulsou aquelas que estavam ligadas hierarquicamente a superiores não residentes no Brasil. Além disso, o poder político incorporou as propriedades destas ao patrimônio do Estado. Definitivamente, a tentativa por parte da monarquia de extinguir as ordens religiosas, visualizadas com capacidade de liberar a Igreja do controle secular, acarretou um estado de agonia e de asfixia geral do campo católico por sua extrema submissão ao poder civil. Razão por que, então, o clero secular era pobre em termos numéricos e econômicos e estava completamente subordinado às autoridades imperiais. Por sua parte, os padres religiosos ostentavam um nível de organização, coesão interna e independência em torno da Coroa muito maior. Com o fechamento de muitos noviciados no decorrer do século XIX, a Igreja perdeu o dinamismo e os recursos humanos necessários para desenvolver uma ação pastoral na medida das exigências da época.

A intromissão do monarca nos assuntos estritamente religiosos foi despertando, aos poucos, sentimentos de ira na cúpula eclesiástica. Com a progressão desse estado de animosidade, desencadearam-se conflitos e dissidências entre os dois poderes. A Questão Religiosa, que veremos logo, transformar-se-ia no detonante de uma situação explosiva e abriria as portas para a separação entre a Igreja e o Estado. A partir da leitura e da superação dessa experiência, a Igreja brasileira compreenderia as vantagens de percorrer um caminho autônomo, mesmo carregando os custos de sua manutenção. Naquela época, porém, o clero brasileiro privilegiava o usufruto das prerrogativas temporais.

O certo é que o regime do padroado ocasionou um sufocante abatimento do catolicismo no Brasil. Uma estrutura obsoleta e esclerosada e um estado de estagnação, no que concerne à produção teológica e às estratégias de ação na sociedade civil, salientavam a deterioração de sua presença na cena pública. Por outro lado, devido à proibição de ingresso no país dos noviços brasileiros ordenados no exterior e à perseguição das ordens religiosas, o próprio recrutamento de agentes especializados e a sobrevivência da estrutura da Igreja entrava numa situação de risco.

> Firmada nessa concepção alienada, sofrendo o arbítrio do poder civil, desorientada com a tumultuosa problemática social, sem perspectivas realistas de pastoreio das almas e manietada pelo unionismo, a Igreja, durante a monarquia, vive às tontas (Montenegro, 1972, p. 74).

A precariedade institucional refletia-se em dados alarmantes. Quando foi proclamada a República Brasileira, em 1889, havia apenas 700 padres seculares, 12 dioceses, 13 bispos e 9 seminários, enquanto o país possuía 14 milhões de habitantes (Lima, 1979). Se durante a Colônia havia um sacerdote para cada mil habitantes, no período imperial a equação foi de um para cada 20 mil habitantes. Sem dúvida, o Império foi o responsável pela paralisia eclesiástica. Além disso, a pobre formação do clero brasileiro era a consequência da falta de institutos de ensino especializados. Apenas o Colégio Pio Latino-Americano, criado em 1858, resolveu parcialmente o problema da educação.

A crise político-religiosa de meados da década de 1970 trouxe à tona a enguiçada articulação Igreja-Estado de tempos atrás. A Questão Religiosa foi só a eclosão daquele estado de coisas; mas significou o ponto de partida da separação entre ambas as instituições. As interferências das autoridades civis nos assuntos eclesiásticos haviam atingido um ponto que colocava a própria ação missionária da Igreja sob ameaçada.

Tal episódio denotou um conflito entre a Igreja e o Estado nunca antes registrado. As desavenças posteriores nunca alcançaram tamanha magnitude. Desde um olhar sociológico, será importante prestar atenção ao alcance do processo separatista no que se refere à modelação de novas lógicas no comportamento eclesiástico e à modificação dos fundamentos da organização política. Em outras palavras, em que medida as mudanças incorporadas à Constituição Nacional repercutiram nas cosmovisões e no *modus operandi* das elites dirigentes.

O conflito envolveu os bispos dom Vital e dom Antônio de Macedo Costa, de Olinda e Pará respectivamente. Formados em universidades italianas, tinham assimilado os princípios da doutrina ultramontana. Para eles, não era admissível um esquema de poder em que a Igreja estivesse subordinada aos interesses do poder secular. Do mesmo modo, recusavam a participação numa estrutura política que contava entre suas fileiras com homens da maçonaria ou identificados com ideais liberais.

Quando, em 1872, o bispo do Rio de Janeiro, Pedro Maria de Lacerda, suspendeu o padre Almeida Martins por ter participado como orador de uma homenagem ao grão-mestre da Maçonaria brasileira, desataram-se as primeiras divergências do que depois se denominaria a Questão Religiosa.

Ameaçados por uma corrente que trazia consigo a soberania da razão e a indiferença religiosa, dom Vital, no contexto de sua diocese, decidiu reagir obrigando os maçons a optar entre a Igreja e a Maçonaria. Na declaração do dia 28 de dezembro de 1872, condenou o doutor Antônio José da Costa Ribeiro por maçonismo e instou às autoridades da Irmandade do Santíssimo Sacramento de Matriz de Santo Antônio, do qual Costa Ribeiro era integrante, a expulsá-lo do grêmio. Em concordância com a legislação vaticana, pediu a excomunhão maior para ele. Levando em conta a negativa da Irmandade, dom Vital deu 4 dias de prazo para executar a decisão. A 16 de janeiro de 1873, o bispo decidiu aplicar a pena de interdito sobre a Irmandade até ela cumprir com a obrigação de excluir os irmãos filiados à maçonaria. A condução da Irmandade, avaliando a sentença do prelado, recorreu ao poder civil para resolver a controvérsia. Simultaneamente, o bispo do Pará, Antônio de Macedo Costa, considerou incompatível a participação em confrarias e na maçonaria. Em caso de resistência por parte das irmandades, ordenou a suspensão de todas as suas funções religiosas.

A reação dos dois bispos foi a explosão de décadas de submissão e aceitação passiva das invasões do Estado no domínio espiritual. Expressava a tendência do catolicismo internacional a "restaurar a disciplina e organizar o instituto católico em termos burocráticos de poder" (ROMANO, 1979, p. 90). O momento histórico fortalecia a insurreição dos dois prelados. O papa Pio IX erigia-se como um intransigente adversário da modernidade e instava as forças católicas a lutarem para recuperar o lugar que a Igreja soube conquistar no medievo. Eram os tempos da encíclica *Quanta Cura* e de seu catálogo de erros modernos, o *Syllabus*. Condenava-se sem atenuantes o racionalismo, o cientificismo, a ideia da Igreja livre no Estado livre e, mais ainda, o primado do poder civil. Portanto, opunha-se ao direito de veto do poder civil sobre os documentos papais e, de um modo geral, à hegemonia da legislação civil sobre a canônica.

Com a cruzada contra o pensamento secularizante, o organismo católico reafirmava sua identidade na corrida por restabelecer uma hegemonia ancorada no modelo de cristandade. Simultaneamente, promovia-se um reforço disciplinar do clero. A infalibilidade papal e a disposição de plenos poderes por parte dos bispos nas administrações diocesanas tendiam a robustecer os mecanismos de autoridade. As diretrizes do Concílio Plenário

Latino-Americano de 1899 visavam a uniformizar pastoral, doutrinaria e juridicamente as igrejas da América Latina. A preocupação de Pio IX pelo estado da Igreja nos países com predominância católica – tal o caso do Brasil – contrastava com a de seus predecessores e deixava transparecer a tentativa vaticana de centralizar as decisões na cabeça da Igreja universal.

No contexto internacional de ofensiva vaticana sobre o mundo secular e na particular situação de sujeição da Igreja brasileira, o levantamento de Vital e Macedo Costa encontra uma explicação. Engajados na corrente ultramontana, o clima do Concílio Vaticano I encorajou ainda mais o caminho que os dois bispos haviam empreendido.

Como era previsível pelo formato justaposto entre os campos político e católico, o assunto transcendeu a vida interna da Igreja e foi recolhido pelas autoridades civis. A apelação às constituições apostólicas para punir a Maçonaria não era válida para o poder temporal, o qual por outra parte recusara o *placet* à encíclica *Quanta Cura*, considerando-a ilegítima no território brasileiro. Quando dom Vital lançou mão das diretrizes papais para anunciar a repreensão, estava, ao mesmo tempo, contestando aquele mecanismo de *referendum* do poder civil. Do mesmo modo, oporia-se também à intervenção da Coroa, como estava previsto na legislação. Se o catolicismo era considerado religião de Estado, este não devia contrariar as prescrições pontifícias. Do ponto de vista da elite governante, aceitar esse raciocínio implicava a renúncia dos direitos do poder temporal, tornando o regime imperial uma teocracia. Uns e outros acusavam intromissões difíceis de tolerar. Sem dúvida, o conflito punha a nu as contradições inerentes à organização política. Os bispos agiram obedecendo às normas apostólicas, que, como tais, não eram reconhecidas pelo poder imperial. A ausência de uma delimitação das jurisdições abrangidas pelas normativas religiosas e imperiais acabou ocasionando uma superposição de complexa resolução. Eis o nó que desmascarou a precariedade intrínseca do regime unionista. Questões de soberania jurídica e institucional apareciam envolvidas nas desavenças entre ambas as esferas.

Em virtude do recurso solicitado pela Irmandade, o Desembargador Procurador da Coroa elevou o conflito ao Conselho do Estado do Governo Imperial. Para este Conselho, as bulas contra a Maçonaria careciam de qualquer efeito, pois que não haviam sido placitadas. Nesse sentido, os dois bispos tinham invadido as atribuições do poder temporal, e, no caso de dom Vital, havia desafiado a própria Coroa ao desestimar seu papel na resolução da controvérsia. O bispo de Olinda foi intimado a levantar os interditos, mas ao rejeitar a ordem imperial foi julgado e levado preso a 12 de março de 1874. Idêntico percurso seguiu o prelado do Pará.[7]

Com a prisão de ambos, a discórdia estava longe de ser resolvida, pois o clero continuava devoto a suas próprias autoridades. Os vigários recusaram-se a cumprir funções nas igrejas suspendidas por dom Vital. Os agentes religiosos da diocese de Olinda difundiram um comunicado de protesto pela detenção do bispo. A rebelião, em vez de desaparecer, ameaçava generalizar-se. Para reverter esse estado das coisas, o governo do Império decidiu enviar à Santa Sé uma missão de negociação chefiada pelo Barão de Penedo. Longe de obter uma aprovação pelo processamento dos dois bispos, encontrou-se com uma resposta de protesto das autoridades vaticanas pela atitude imperial. Apesar de o poder secular conseguir finalmente impor-se sobre as "insurreições eclesiásticas", o conflito marcou um ponto de inflexão na continuidade do regime. A desavença foi apenas a simbolização das defasagens ancoradas na trama institucional do país.

A Questão Religiosa colocou em descoberto a inviabilidade do esquema de união entre o poder político e o poder eclesiástico, pelo menos nos termos em que estava sendo desenvolvido. Foi também um sinal do ocaso do Império, do choque entre uma ideologia ultramontana e os ideais do liberalismo e do cientificismo. Paradoxo das consequências,

---

[7] No ano seguinte, o imperador concedeu a anistia em troca de os interditos serem levantados.

tanto o Império quanto a Igreja acabaram solapando as bases do regime político. O primeiro porque, ao debilitar o catolicismo até a mínima expressão, abafou o trabalho de acompanhamento espiritual. A segunda porque, ao reagir contra as arbitrariedades do monarca, desgastou a imagem do Império até o ponto de sua queda, desconsiderando que o declínio da monarquia acarretava também a morte de um Estado alicerçado nas premissas teológicas.

> A Questão Religiosa provava (...) que o regime de religião privilegiada não correspondia à realidade do país, urgindo promover-se a instituição da plena liberdade religiosa, introduzindo a neutralidade confessional no seio do Estado. (Aa.Vv., 1971, p. 331)

Avizinhavam-se tempos de promoção à imigração para a ocupação produtiva do país. O incipiente modelo de acumulação capitalista trazia consigo a substituição da escravidão pelo sistema de trabalho assalariado. Devido à resistência dos camponeses a incorporarem-se como força de trabalho livre ao novo modo de produção, a burguesia agrária lançou mão do recurso de abertura à população estrangeira.

Concomitantemente, a liberdade de consciência e de cultos não podia estar sujeita a nenhum tipo de condicionamento. Era necessário que os imigrantes vindos da Europa e contratados nas fazendas conservassem os mesmos direitos individuais de suas terras de origem. Emergia o cidadão livre, autônomo na hora de decidir sua opção religiosa. Com um mapa de pluralização crescente, em virtude da diversidade de cultura e de credo introduzida pelos contingentes imigratórios, o monopólio religioso e a monarquia como forma de governo não tinham razão de ser. Como poderá advertir-se, por várias questões, o desenho integrado entre a Igreja e o Estado era incompatível com as exigências da época. O processo de modernização institucional contrastava com os esquemas de poder vigentes desde a Colônia.

Para o liberalismo de então, a separação entre a Igreja e o Estado (...) era a principal condição para tornar o país atrativo ao imigrante, sequioso de uma vida nova, mas não ao preço de suas crenças (Aa.Vv., 1971, p. 331).

Não obstante, nem sempre as elites dirigentes perceberam o curso dos acontecimentos históricos. As resistências e os instintos de conservação do *status quo*, tanto do bloco político quanto do eclesiástico, estenderam o máximo possível o formato institucional herdado da Colônia. Na verdade, mesmo com a traumática experiência sofrida na etapa imperial, a hierarquia católica rejeitou a disjunção entre a esfera estatal e a católica. Em sua primeira pastoral coletiva em 1890, já proclamada a República, a elite eclesiástica fez questão de salientar o caráter intolerável da situação anterior, a necessidade de mudar "a proteção que nos abafava" em termos dos próprios prelados, mas não concebeu a separação como modelo ideal. Primava nas concepções episcopais a ideia de indissolubilidade da Igreja com o Estado, tal como do corpo com a alma.

O processo argentino não atingiu um patamar semelhante ao brasileiro, mas repetem-se certas lógicas nas políticas adotadas pelos quadros governantes. Só que as reivindicações católicas sempre foram contempladas, evitando assim o ambiente rarefeito que tingiu os ares brasileiros.

As primeiras legislações e os sucessivos governos que antecederam a aprovação da Constituição Nacional de 1853 assentaram as bases da oficialização da religião católica. No entanto, essa premissa compartilhada não impediu a falta de uniformidade frente a outros assuntos religiosos. A Assembleia de 1813 dispôs que "o Estado das Províncias Unidas do Rio da Prata é independente de toda autoridade eclesiástica que exista fora de seu território" (Aa.Vv., 1992, p. 128).

Por outro lado, o Congresso de Tucumán de 1816 declarou a independência nacional, recuperando o espírito religioso. Nesse mesmo juramento, propunha-se a fazê-la em nome de Deus Nosso Senhor e instava a conservar e defender a religião Católica Apostólica Romana no território pátrio. Devemos remeter-nos, então, às iniciativas legais ocorridas na segunda década do século XIX para rastrearmos desde quando a religião católica erigiu-se como religião predominante. É importante destacar também que, desde aqueles anos, a tolerância para com os que pertencessem a outra religião foi reivindicada como valor primordial para a convivência em sociedade. A política de liberdade de cultos inseria-se numa cultura imigrante, e, portanto, heterogênea, que começava a vislumbrar-se na Argentina. Contingentes que provinham da Inglaterra, Alemanha e França anteciparam o que mais tarde seria a avalanche imigratória de espanhóis e italianos. Uma combinação particular da aceitação do pluralismo religioso sob a hegemonia oficial católica.

Em 1822, o governo de Bernardino Rivadavia levou a cabo uma reforma que atentava contra os interesses eclesiásticos. Com um claro viés secular e com o propósito de eliminar as congregações regulares, foram confiscadas as propriedades de mercedários e franciscanos. Também foi a Igreja impedida de arrecadar o dízimo. Em compensação, o Estado comprometeu-se a sustentar economicamente o catolicismo, enquanto se encarregava de administrar as catedrais. Com muita clareza, pode-se perceber a relação linear entre o caráter de oficialidade da religião católica e sua maior dependência estatal, ou, em outros termos, sua menor liberdade de ação. Do mesmo modo, faz-se um paralelo com o caso brasileiro.

Mas, diferentemente do país vizinho, as elites políticas deram o apoio necessário para a construção e a abertura de novas paróquias e para a formação do clero. O papel decisivo que a Igreja detinha na coesão cultural da população constituía-se num bem apreciado pelas autoridades governamentais. É importante levar em conta que, naquela época, as lutas entre os setores vinculados à atividade portuária e aqueles ligados à agricultura e ao gado debilitavam e dificultavam o processo de conformação do Estado Nacional. Nesse contexto, a legitimidade religiosa era um valor cobiçado.

Em contrapartida à situação de bem-estar que tinha o catolicismo argentino, vigorava o sistema de padroado, que facultava aos governantes, tal como no Brasil, intervirem na Igreja designando suas autoridades episcopais, admitindo a instalação das ordens religiosas e autorizando a distribuição dos documentos da Santa Sé. Se anteriormente tal função encontrava-se em mãos da realeza espanhola, com os processos de independência a atribuição foi assumida pelos governos pátrios.[8]

> A contradição da Igreja católica daquele tempo se origina em sua pretensão de exigir a união com o Estado sob proteção irrestrita, sem prejuízo de sua liberdade doutrinária e de sua ação (AA.Vv., 1992, p. 148).

Temos aqui um dilema presente no seio da instituição católica de ambos os países que também funcionou como desencadeador das discussões e tensões internas: o privilégio dado pela classe política e garantido constitucionalmente à religião católica, no caso argentino, está intimamente relacionado ao controle e à ingerência do poder político nos assuntos internos da Igreja ou, dito de outro modo, à submissão do catolicismo ao poder secular. Para se tornar autônoma, a Igreja católica devia renunciar a suas prerrogativas e a seu *status* de religião privilegiada.

Apesar de conceber a interação dos atores – neste caso a Igreja e o Estado – em termos dinâmicos, ou seja, marcada por constantes negociações, avanços e retrocessos, advindos das relações de força vigentes em cada momento, essa equação resultou ser historicamente insolúvel para

---

[8] Em 1966, o Estado argentino firma uma concordata com o Vaticano, renunciando à designação dos bispos. Até então, ele exercia o direito de nomeação através de um trio de candidatos que o Senado levava ao presidente, que escolhia um e o enviava à Santa Sé. No entanto, na realidade as consultas e negociações marcavam os procedimentos formais. O governo não nomeava um bispo sem o consentimento das máximas autoridades da Igreja.

a instituição católica. Só com o Concílio Vaticano II[9] a discussão tomou outro teor, originando uma nova modalidade de relação entre o poder político e o poder eclesiástico.

Ora bem, a estreita vinculação que a Igreja católica estabeleceu com as autoridades políticas que tendiam a proteger suas prerrogativas não prejudicou sua dedicação e presença no plano social. Como já mencionamos, a Igreja considerou-se a instituição "reitora" que devia regulamentar e determinar as normas de funcionamento e os códigos de convivência da vida em sociedade. Encontramos aqui os primeiros elementos que irão caracterizar um "modo de ser" católico: o do tipo integral. A Igreja propôs-se envolver a população de uma unidade totalizadora cultural e religiosa, a qual dava sentido e filiação a todos os âmbitos da vida comunitária. Dessa forma, teve o que oferecer em cada etapa do crescimento dos indivíduos: o batismo, a crisma, a eucaristia e o matrimônio simbolizavam o caminho percorrido em conjunto pelo sujeito crente e a Igreja.

Quando o Estado, a partir de seu poder secular, abriu mão de suas estruturas para ampliar a presença social da instituição eclesiástica, a eficácia da Ação Católica atingiu marcas inigualáveis em relação a qualquer outra organização, não só de origem religiosa como também social. A Igreja, como estrutura ligada ao Estado, tentaria impregnar ao conjunto da sociedade com seus princípios valorativos e doutrinários. Só que pela lentidão de seu processo de institucionalização, durante boa parte da história eclesiástica na América Latina, a instrução religiosa do povo esteve longe de satisfazer as aspirações de sua liderança.

---

[9] O Concílio Vaticano II prescreveu claramente o tipo de relação que a Igreja católica devia estabelecer com o Estado e com a sociedade civil. "A Igreja somente deve requerer liberdade para a proclamação da Boa-Nova e possibilidade de cooperação com o Estado e os diferentes setores da sociedade para o bem comum da sociedade e a liberação dos pobres e marginalizados, os quais Jesus escolheu como os primeiros destinatários de seus ensinamentos. Qualquer outro tipo de proteção é, de toda forma, pernicioso" (AA.Vv., 1992, p. 148).

O incipiente desenvolvimento econômico, por um lado, a organização e o funcionamento das instituições, por outro, exigiam a previsibilidade e a consolidação de um quadro regulador do comportamento político-econômico que só uma Constituição Nacional poderia instaurar acima dos litígios entre Buenos Aires e o interior.

Em 1853, na cidade de Santa Fé, reuniu-se a Assembleia Geral Constituinte que aprovou a Constituição Nacional até hoje vigente apesar das reformas incorporadas em diversas oportunidades. Pouco se investigou a respeito dos bastidores da elaboração da Carta Magna, ou seja, das pressões e fatores de poder que se fizeram presentes e influenciaram seu conteúdo.

Em linhas gerais, a Constituição resultante sintetizava as características do esquema de poder daquela época. Com forte viés liberal, ela garantia a liberdade e a abertura econômica. Igualmente estimulava a radicação de imigrantes, assim como de todo aquele que desejasse morar no território argentino. A coerência de princípios liberais em matéria econômica e populacional contrastava com as regulamentações em torno dos assuntos religiosos.

Seguindo a minuciosa análise de Emilio Mignone (Aa.Vv., 1992), em treze ocasiões se fizeram referências a questões de índole religiosa. Passamos, abaixo, a destacar algumas das mais evidentes.

No próprio preâmbulo é invocada "a proteção de Deus, fonte de toda razão e justiça". O artigo 2º estabelece que é função do governo federal sustentar o culto católico apostólico romano. Por sua vez, o artigo 14 refere-se à tolerância religiosa na medida em que prescreve que todos os habitantes podem "professar livremente seu culto". O artigo 16 elimina os fóruns eclesiais. O artigo 65 proíbe os eclesiásticos regulares de participarem do Congresso Nacional. O artigo 66 indica que, para ser eleito presidente ou vice-presidente, é necessário "pertencer à comunhão católica apostólica romana".[10] Em todos os juramentos para tomar posse

---

[10] Cabe destacar que esse artigo foi anulado pela reforma constitucional de 1994. Portanto, na atualidade, não existe nenhum requisito de caráter religioso que condicione o exercício dos cargos de presidente e vice-presidente.

de seus cargos, os legisladores, os ministros, o presidente e o vice-presidente comprometem-se perante "Deus Nosso Senhor e os Santos Evangelhos" a "desempenharem suas funções com lealdade e patriotismo"; caso contrário, Deus e a nação o demandarão. O artigo 86 fixa, entre as atribuições do presidente, o exercício dos "direitos do padroado nacional na apresentação de bispos às igrejas catedrais, por proposta do Senado".[11]

Destaca-se, por sua contundência, a presença religiosa, mais precisamente a católica, no quadro institucional do país. Ainda que a Igreja católica não tivesse a força de pressão que veremos mais adiante, e não contasse com um clero de dimensões nacionais, grande parte de suas proposições estavam contempladas na Constituição Nacional. Superficialmente, torna-se difícil entender como uma Igreja que se debatia entre problemas internos e carecia de uma organização centralizada poderia ter uma marca preponderante na Carta Magna. São raros os estudos nessa direção. Com certeza, na legitimidade social que o catolicismo proporcionava a um Estado ainda débil e com dificuldades para se consolidar, encontraremos algumas pistas que nos permitirão compreender as "atenções" que os constituintes dispensavam à Igreja católica.

O desenho institucional estabelecido reproduziu de certa forma o modo de funcionamento da ordem política. A confusão de papéis e a sobreposição de competências entre a esfera política e a religiosa sustentavam o processo histórico de legitimidades mútuas entre a atuação estatal e a atuação católica. A Constituição cristalizou e afiançou essas formas de proceder que se originaram na Colônia, mas que continuaram com a República.

Em síntese, a Constituição Nacional de 1853, responsável em grande medida pelo *status* jurídico que cabe à Igreja católica até os dias de hoje, contemplou a liberdade de cultos, ainda que não a igualdade destes. Para

---

[11] A intromissão do Estado nos assuntos da Igreja foi fruto de árduas discussões e tensões. Um acordo com a Santa Sé, em 1966, eliminou a designação dos bispos por parte do presidente, facilitou a radicação de ordens religiosas e garantiu total liberdade na distribuição das documentações papais em todo o território. Ainda que não tenha havido emendas constitucionais e o sistema de padroado formalmente continuasse vigente, na realidade ele viu-se consideravelmente limitado.

o catolicismo foi reservado um lugar privilegiado, apesar de não ter sido estabelecido explicitamente como "religião oficial". A proteção e o financiamento estatal promoviam seu *status* de prioridade em comparação com as demais religiões. Mas também implicavam um controle do Poder Executivo e do Legislativo na eleição dos bispos, na abertura de dioceses e na distribuição de bulas papais (CAIMARI, 1994).

Com as especificidades próprias do evoluir histórico de cada país, é possível traçar linhas de continuidade entre a radicação da Igreja católica no Brasil e na Argentina, assim como entre os desenhos de poder institucional construídos em ambos os países. A entrelaçada relação entre a Igreja e o Estado nos tempos da Colônia sobreviveu aos processos independentistas. Em que pese às mudanças das autoridades civis, a perpetuada percepção da utilidade da instituição católica no que diz respeito à integração social e cultural da nação motivou um tratamento diferenciado do poder político à hierarquia eclesiástica.

A conformação do Estado Nacional na Argentina coincidiu temporalmente com a queda do Império no Brasil. Esses acontecimentos simultâneos vieram acompanhados de novas correntes ideológicas, as quais impuseram na prática modificações no *status* oficial do catolicismo. A resultante da defrontação do catolicismo diante desse processo mostraria os primeiros sinais de uma bifurcação da senda transitada pela instituição religiosa em cada uma das nações.

2.2.3. Ares liberais reformulam a lógica das relações Igreja-Estado

A incorporação da Argentina e do Brasil ao mercado mundial como países agro-exportadores, orientados para a produção de matérias-primas e receptores de produtos manufaturados dos países centrais, supôs a implantação de um mercado livre e a abertura das fronteiras para a radicação de contingentes imigratórios que buscavam "uma melhor sorte" em relação à que viviam em seus países de origem.

A ideia do "progresso indefinido" erigia-se como o mito da ideologia liberal. Esse liberalismo que vigorava no campo da cultura contrastava com um acirrado conservadorismo no regime político e econômico. As oligarquias do café, tabaco e cana-de-açúcar no Brasil e da agricultura e do gado na Argentina concentravam as propriedades das terras férteis e controlavam as rédeas do governo ao monopolizar os cargos executivos e legislativos. Em outras palavras, a prosperidade anunciada escondia o caráter inacessível do poder político, assim como as profundas desigualdades regionais e sociais.

No caso brasileiro, as demandas por uma abertura democrática que acompanhavam as ondas de liberdade que provinham da Europa, a necessidade de substituir o regime escravocrata por outro baseado em relações de produção capitalistas para inserir as economias regionais no sistema econômico internacional e o descrédito generalizado do poder imperial socavaram as fontes de legitimidade da monarquia brasileira. A mudança da forma de governo, acontecida no dia 15 de novembro de 1889, adequou formalmente a organização política aos requerimentos econômicos, ideológicos e culturais da época. Como integrante do esquema de poder do regime imperial, a Igreja foi deposta junto com ele.

O advento da República encontrou uma instituição eclesiástica enfraquecida, sem uma estrutura sólida no plano nacional, e com uma marcada desarticulação de seu corpo hierárquico. Se durante séculos as necessidades de reprodução eram atendidas pelos reis e imperadores, agora ela devia assumir essa responsabilidade a partir de suas próprias forças.

Apesar de a República acarretar a libertação da opressão sofrida pela Igreja no período antecessor, os líderes eclesiásticos, por questões ideológicas, não eram partidários de abrir mão da união Igreja-Estado. Por outro lado, o fato de a instituição católica não precisar do *placet* imperial para a publicação dos documentos vaticanos e livrar-se da cobrança do dízimo assim como de outras interferências do poder temporal supunha, ao mesmo tempo, a soltura das amarras que garantiam a intervenção eclesiástica nos assuntos relativos à moral familiar e à educação principalmente.

Logo no início da Primeira República (1889-1929), a legislação recusou claramente a união entre o poder civil e o poder eclesiástico, declarando a extinção do regime do padroado. Inclusive com anterioridade, em pleno processo de desmoronamento imperial, algumas legislações anunciavam o rumo a seguir. Em 1879, dispensou-se do juramento católico o pessoal docente e administrativo, abrindo espaço para o recrutamento de professores e trabalhadores independentemente de suas preferências religiosas.

Intelectuais com um viés positivista e anticlerical ocuparam uma posição relevante na elaboração da nova Constituição. A Igreja passou de ser visualizada como fonte de legitimação do poder a uma entidade externa e contrária aos projetos de progresso e modernização do Estado republicano. Como instância particular, era deslocada dos centros de poder e decisão (BEOZZO, 1984; ROMANO, 1979). O Estado tinha a missão de garantir a igualdade jurídica de todos os cidadãos, sem privilégios nem exceções de nenhum tipo. Nesse esquema, declarava-se independente de todos os credos religiosos.

> A instituição católica surgiu, para a consciência liberal, como entidade externa à unidade territorial do país (...), condição que é básica para o conceito do Estado moderno. Assim, ela ameaçaria o monopólio interno da soberania nacional, à medida que seus agentes, embora homens saídos da sociedade brasileira, se viam como elites enviadas de Roma (ROMANO, 1979, p. 111).

Uma corrente iluminista, influenciada pelas ideias modernistas da Europa e pelo auge da Razão, tomava posse da direção cultural e ideológica do país. Na vigência de um quadro de secularização, a Igreja não tinha espaço reservado. A "interferência" religiosa nos assuntos temporais era visualizada como uma incursão eclesiástica num campo alheio a sua competência. O Estado devia reservar-se o monopólio dos serviços civis como sinal de afirmação de sua soberania. A legalidade do poder secular excluía qualquer referência teológica e transcendente. A referência a Deus não era necessária como fonte de legitimidade. O progresso infinito erguia-se como o único culto da civilização moderna dessacralizada. Fora dele, uma racionalidade instrumental exercia o domínio da esfera política.

A reivindicação liberal da liberdade de consciência individual e da Razão como alicerce da constituição do cidadão era logicamente incompatível com a ênfase católica em fortalecer os corpos intermediários a expensas da autonomia do sujeito. "O liberalismo, em seu limite, se define como negação do privilégio ontológico do todo sobre a parte, defendido pela Igreja" (ROMANO, 1979, p. 128). Do ponto de vista das premissas católicas, aceitar o direito de escolha dos indivíduos significava atentar contra sua própria "razão de ser". Por outro lado, a consideração do Estado como uma formação política posterior à instituição da família e da própria Igreja inabilitava-o a exercer um poder supremo. As leis de origem divina eram preexistentes e inalienáveis.

No entanto, inspirados nas constituições da França e dos Estados Unidos, os estadistas da República procederam a deslocar a instituição eclesiástica da cena pública. O decreto 119A, de 7 de janeiro de 1890, assinado pelo Marechal Deodoro da Fonseca, estabeleceu um esquema de governo laico. Os símbolos religiosos eram retirados dos espaços públicos, como indicador do caráter não confessional do novo Estado. O casamento civil, o ensino laico nas escolas oficiais e a administração secular dos cemitérios faziam parte de um pacote de medidas tendentes a impulsionar o processo de secularização. Separada do Estado, a Igreja perdia sua condição de universal. Como qualquer pessoa jurídica, seu desempenho seria regulado pela normativa legal.

O artigo 11 da Constituição, aprovada em 1891, estabeleceu que "é vedado aos Estados (...) subvencionar ou embaraçar o exercício de cultos religiosos" (FERNANDES, 1948, p. 833). Com ele, ficava consagrada a separação Igreja-Estado, ao tempo que igualava o catolicismo com os outros cultos. Mais explícito ainda, o artigo 72 sentenciava: "nenhum culto ou igreja gozará de subvenção oficial, nem terá relações de dependência, ou aliança com o governo (...)" (FERNANDES, 1948, p. 834). O afastamento significava, então, a retirada da Igreja da cena pública, mas também a proibição estatal de regular o campo religioso. Além disso, todos os membros das comunidades sujeitas a votos de obediência ficavam impossibilitados de ocupar cargos políticos e perdiam seus direitos como eleitores, devido a que o voto religioso era considerado incompatível com o voto político.[12]

Os temores eclesiásticos no tocante ao alcance da ofensiva laicista incidiram no entrosamento dos bispos de todo o país. Não foi por acaso que, no ano de 1890, o episcopado brasileiro, pela primeira vez, publicou um documento coletivo. A Carta Pastoral defendeu a união Igreja-Estado, apesar de condenar a subjugação que sofreu a instituição no período imperial. A missiva do alto corpo católico reconhecia que o novo rumo institucional era inevitável, mas não deixou de salientar que a separação não significava a exclusão da religião.

> [A República] assegura a Igreja Catholica no Brasil certa somma de liberdades com ella nunca logrou no tempo da monarchia (...). Em nome da ordem social, em nome da paz pública, em nome da concórdia dos cidadãos, em nome dos direitos de consciência, repellimos, os catholicos, a separação da Igreja do Estado, exigimos a união entre os dois poderes (CARTA PASTORAL DE 1890. *Apud* BRUNEAU, 1974, p. 67).

Em outro parágrafo, os bispos explicitaram com clareza sua disposição a recusar o confinamento da religião ao mundo privado: "longe de nós ficar encantoados pela lei ou pelos preconceitos no domínio da consciência

---

[12] Houve que esperar até a Reforma Constitucional de 1934 para restituir o direito ao voto dos religiosos.

privada e do lar doméstico" (Carta Pastoral de 1890. *Apud* Pierucci, 1990, p. 213). A advertência implicava um tiro por elevação à matriz laicista dos ideólogos do governo republicano.

Em contrapartida à situação de desunião entre ambas as esferas, fruto da maior liberdade e margem de manobra adquiridas com a República, estavam abrindo-se novos espaços para o catolicismo desenvolver um trabalho pastoral. Se com o Estado monárquico a Igreja viu ameaçada sua sobrevivência institucional, com a prescindência religiosa do novo regime não houve empecilhos do poder político nas ações de centralização e institucionalização da estrutura católica. Voltada para a sociedade civil pela força das circunstâncias, o imperativo católico obrigava a exercer uma presença ativa em todas as ordens da vida social, até no plano da política.[13] A nova conjuntura institucional forçou a construção de uma base organizacional e militante sólida. A Igreja era ciente de que só com o ativismo de suas forças e com a geração de uma vanguarda intelectual própria teria chances de influenciar as políticas do Estado e neutralizar a hegemonia ideológica de um positivismo que tinha penetrado nas camadas letradas e dirigentes do país.

> Na conjuntura de implantação do regime republicano (...), a tarefa mais urgente era, sem sombra de dúvida, a definição de uma moldura organizacional própria em condições de garantir autonomia material, financeira, doutrinária, capaz de respaldar quaisquer pretensões futuras de influência política (Miceli, 1988, p. 19).

Apesar disso, o *modus operandi* da cúpula católica brasileira não mudou de forma imediata. Durante quatrocentos anos caminhou junto com a administração política, sendo reconhecida como parte in-

---

[13] Na própria eleição dos representantes da Assembleia Constituinte de 1890, o Partido Católico concorreu sem sucesso, devido ao fato de que poucos senadores e deputados resultaram eleitos. No entanto, deixou um precedente da incursão católica na arena política.

trínseca desta. A apelação aos homens do governo para mitigar o viés liberal da nova legislação ou para conservar determinados privilégios como religião predominante patenteava a continuidade de uma determinada lógica no comportamento episcopal. De fato, após a separação Igreja-Estado, a primeira propôs-se edificar uma estrutura autônoma, sem perder as ligações que lhe garantiam o *status* de oficialidade. Na Assembleia Constituinte de 1890, reunida para modificar artigos da antiga Carta Magna, a Igreja utilizou uma variedade de recursos e pressões para o texto final ficar o mais perto possível de suas convicções.[14] A justificação referida ao papel desempenhado no processo de formação da nação tornar-se-ia uma constante nas arguições do máximo corpo católico. O divórcio entre o Estado leigo e a nação católica conformava o eixo das reclamações da hierarquia religiosa.

É importante ressaltar que o afastamento das estruturas do poder secular não significou um afastamento das classes dominantes. A necessidade de sustentar economicamente as dioceses fez com que os prelados conservassem os contatos com os setores em condições de oferecer doações de terras, prédios e fazendas, além de contribuições financeiras. A construção das sedes e residências episcopais, a fundação dos seminários de estudo e de outros estabelecimentos educativos e a manutenção das catedrais requeriam de aportes constantes e consideráveis que só os grupos econômicos poderosos podiam garantir. Da mesma forma, a presença de filhos de famílias ilustres nos seminários religiosos deixava transparecer a reformulação dos padrões de influência utilizados pelo catolicismo, atendendo às circunstâncias da época (MICELI, 1985).

---

[14] Assim foi como a Igreja conseguiu abortar o projeto de lei de mão-morta, através do qual pretendia-se esbulhar os bens materiais das instituições religiosas. Não obstante, longe esteve de ficar satisfeita com a nova Constituição. As negociações entabuladas em face da Carta Magna evidenciaram a fraca posição de força da instituição católica, consequência do atrofiamento regalista. Mas também a intenção das elites políticas de garantir, com aquelas concessões, a neutralidade eclesiástica.

O empenho em dotar cada diocese de um prédio luxuoso para servir como residência episcopal prendia-se à tradição romanizante que concebia política e simbolicamente a posição do bispo como chefe supremo da igreja local e representante encarnado da figura do papa. Após a ruptura entre a Igreja e o Estado, era preciso edificar um espaço arquitetônico ajustado às pretensões de influência política e espiritual de que estavam imbuídos os integrantes da primeira geração de prelados nomeados pós-separação (MICELI, 1985, p. 105-106).

Estabelecida formalmente a separação do Estado, a Igreja brasileira orientou suas ações à edificação de sua estrutura. A etapa do padroado tinha obstruído a criação de novas dioceses e dificultado a relação dos agentes religiosos locais com o poder central do Vaticano. Superado esse estágio, a ligação com Roma tornou-se fluida. Após 1889, a abertura de novas jurisdições diocesanas, a fundação de seminários, a nomeação de prelados e a divulgação das diretrizes normativas vaticanas, antes nas mãos do imperador, passavam a depender do alvitre da condução da Igreja (MICELI, 1988). Os sínodos nacionais e regionais tiveram o respaldo da máxima autoridade da Igreja, que nomeou o primeiro cardeal no ano de 1905, na pessoa de Joaquim Arcoverde.

Dessa forma, a instituição católica concentrou as energias na consolidação de seu aparelho institucional, ao invés de relutar contra a separação do Estado. Essa adaptação às condições contextuais evitou um clima de anticlericalismo exacerbado, tal como aconteceu no México, por exemplo, e contribuiu na gestação de uma cultura política tolerante à diversidade que perdura até hoje.

Entretanto, no plano da organização da estrutura eclesiástica, a República deu via livre para um rápido desenvolvimento de dioceses, arquidioceses, prelazias e províncias eclesiásticas. "Em 1889, constituía o Brasil uma única província eclesiástica, constando de uma arquidiocese e onze dioceses. Em 1930, havia no Brasil dezesseis arquidioceses, cinquenta dioceses, vinte prelazias"[15] (Lobo; Almeida, 1978, p. 330). Quanto à formação e coesão do clero, também se observou uma evolução considerável. Desatadas as amarras imperiais, a Igreja fez questão de prestigiar a carreira sacerdotal. Elevou a qualidade do ensino e estabeleceu uma rígida disciplina no seio de seus quadros intermediários. Enquanto no final do Império havia nove seminários maiores e onze menores, no começo da década de 30 do século passado, o número de seminários maiores aumentou para quinze e o dos menores para trinta (Bruneau, 1974).

Do mesmo modo, as ordens e congregações religiosas libertaram-se da perseguição da legislação imperial, conseguindo uma expansão considerável pela totalidade do território nacional. Além disso, contingentes de religiosos do antigo continente radicaram-se no Brasil, acarretando uma europeização do quadro católico.[16] Se durante a etapa imperial a liderança católica era quase em sua totalidade brasileira, com o advento da República o quadro mudaria significativamente. Definitivamente, a Igreja brasileira via crescer sua estrutura organizativa com a maior quantidade de dioceses, bispos, padres, freiras, irmãos e seminários.

O ingresso de beneditinos, franciscanos, jesuítas e capuchinhos transformou radicalmente a composição do corpo católico. O aporte estrangeiro contribuiu na conformação de uma equipe de agentes religiosos mais letrada, a qual impulsionou a criação de colégios confessionais, fundamentalmente nas camadas altas e médias, como mecanismo de introjetar os

---

[15] Anos depois da queda de Getúlio Vargas, em 1947, a Igreja contava com dezessete arquidioceses, sessenta e cinco bispados, vinte e cinco prelazias e duas prefeituras apostólicas (Azevedo, 1955).

[16] A porcentagem do clero estrangeiro superava amplamente a dos agentes religiosos nascidos no Brasil. Essa peculiaridade não foi modificada com o decorrer das décadas. Em 1970, as prelazias, que abrangem 61,33% do território brasileiro, contavam com 94,22% de padres nascidos no exterior, enquanto apenas 5,88% eram nativos (Beozzo, 1993). No mesmo ano, mais da metade dos padres, 53,3%, pertencentes ao clero religioso era estrangeiro (Antoniazzi, 1989). Quando analisarmos comparativamente a composição social por origem dos bispos do Brasil e da Argentina na atualidade, será relevante atendermos à questão da nacionalidade, como indicador da continuidade daquela presença estrangeira na estrutura eclesiástica brasileira.

valores católicos nesses segmentos sociais. Aos poucos, a Igreja alicerçava uma base intelectual com quadros eruditos capacitados para entabular uma batalha pela hegemonia ideológica e moral.

As autoridades centrais não apenas acompanharam o processo de institucionalização da Igreja no Brasil, mas também impuseram um viés europeu nessa instância de organização. A maneira como foi abordada a evangelização das camadas médias urbanas, através de agrupamentos de leigos subordinados à autoridade máxima, esteve influenciada pelas diretrizes provenientes de Roma. Enfatizada pelo Concílio Vaticano I, a jurisdição do papa abrangia a Igreja universal. Com o alargamento de um corpo episcopal agora delineado por ela, a Santa Sé visava a moralizar as estruturas da Igreja brasileira e normatizar as práticas dos catolicismos populares via a uniformização do culto. A identidade antiliberal e antimaçônica foram introjetadas na nova geração de bispos. O perfil ultramontano que singularizou o catolicismo naquela época viu-se refletido rapidamente nas orientações da instituição brasileira. A oposição intransigente ao liberalismo e ao positivismo reinante foi o primeiro sinal da virada no comportamento eclesiástico.

Do mesmo modo, o clero viu-se obrigado a se inserir nas pautas da "romanização".[17] Encorajados a desenvolver uma vida sacramental intensa, ficaram restritos a práticas devocionistas e piedosas. Os documentos pastorais foram o instrumento de comunicação e difusão das missivas eclesiásticas.

---

[17] O processo de romanização implicou uma reestruturação do aparelho eclesiástico, no sentido de um fortalecimento da autoridade pontifícia sobre as igrejas particulares. Paralelamente, significou um reforço da autoridade do bispo no contexto das administrações diocesanas. A centralização do poder religioso, disso se tratava, visou a homogeneizar as práticas religiosas, universalizando o modelo teológico e litúrgico do catolicismo romano. A estratégia vaticana de exercer um rígido controle sobre as igrejas no mundo inteiro coincidiu com a hegemonia ultramontana no plano ideológico. O combate à modernidade requeria um catolicismo sólido, uniforme e compacto, capaz entrar em batalha no terreno das ideias, sem nenhum tipo de fissura interna. Nesse esquema, as expressões da religiosidade popular eram atribuídas à ignorância e ao fanatismo das massas, cabendo aos agentes religiosos a responsabilidade de educá-las para elas incorporarem as padronizadas pautas do culto religioso. Em certo ponto, o catolicismo popular subvertia as relações de dominação dentro do próprio espaço, uma vez que a figura do padre nos rituais era dispensada como mediador da salvação.

A participação nos sínodos e a exigência canônica de visitas periódicas às autoridades vaticanas para a prestação de contas de suas gestões visavam a entrosar organizativa e doutrinariamente não apenas a Igreja brasileira, mas também a do resto dos países latino-americanos (MICELI, 1985). Não obstante, as encíclicas da época pouco tinham a ver com a realidade da região. A *Rerum Novarum* de Leão XIII, concentrada no processo de industrialização europeu, não fez referência nenhuma aos processos de expropriação das terras do camponês latino-americano ou a sua incorporação no mercado de trabalho.

As vantagens que a Igreja brasileira recolhia de sua proximidade com o Vaticano devem ser rastreadas na abertura de dioceses e seminários, no aumento das vocações sacerdotais e na moralização e profissionalização do clero. Se, por um lado, viu-se beneficiada pelo crescimento de sua estrutura institucional; por outro, a dinâmica desse processo dotou-se de um alto componente estrangeiro, configurando uma Igreja distante da cultura e da religiosidade da população. Na medida em que o catolicismo brasileiro se "romanizava", mais se desnacionalizava. A importação de congregações religiosas e devoções europeias era acompanhada por um descrédito aos santos tradicionais que eram venerados pela população brasileira. A piedade litúrgica e formal contestava o caráter festivo das celebrações nativas. Em suma, a europeização das fileiras eclesiásticas fez com que a vida religiosa tornasse-se mais clericalizada, ficando a instituição católica brasileira apartada das expressões religiosas do povo.

Liberados do controle monárquico, os bispos assumiram as faculdades correspondentes ao governo de suas dioceses. Passaram a orientar os seminários de formação, arrecadar os recursos financeiros, sugerir nomes na escolha de novos integrantes do episcopado e, de um modo geral, definir a política e o perfil pastoral do território que administravam. Definitivamente, o processo de "romanização" e a concentração das rédeas do mando tendiam à moralização do clero e à institucionalização do espaço católico. Ora, bem, essa sequência não esteve isenta de conflitos no interior da estrutura católica. Os movimentos de Juazeiro, Canudos e Contestado[18] expuseram os desmandos das irmandades e os empecilhos que tiveram os prelados para submeter os múltiplos segmentos do corpo católico à autoridade episcopal. Essas experiências suscitaram a desconfiança e a posterior reação da instituição, desaprovando e punindo os responsáveis.

As experiências religiosas da população eram testemunhas do sincretismo enraizado em sua essência. Crenças herdadas dos indígenas ou trazidas pelos escravos africanos conjugavam-se com o dogma católico. As práticas festivas, as peregrinações alegres e coloridas aos santuários tradicionais, a crença na proteção de padroeiros locais, as superstições e venerações a imagens nem sempre reconhecidas pelo Vaticano evidenciavam um quadro de religiosidade no qual os agentes especializados encontravam dificuldades para impor uma modalidade de culto de dimensões puramente sagradas, pois o próprio monopólio da gestão dos bens de salvação era contestado. Tratava-se de "um culto em grande parte doméstico" e que não se conformava "com o calendário oficial da Igreja nem com as prescrições litúrgicas" (AZEVEDO, 1955, p. 27). Em suma, as manifestações religiosas transcorriam sem as amarras da regulação institucional.

Desprovida dos privilégios imperiais, a Igreja era ciente de que seu capital religioso dependia da conformação institucional e da capacidade de concentrar a representação das preferências religiosas da maioria da população. Nesse sentido, o rigor na imposição da autoridade era condição *sine qua non* na tentativa de conservar um lugar privilegiado no cenário público.

Por outro lado, com a autonomia em face do Estado, a Igreja conseguiu diversificar seu trabalho pastoral e dotou-se de uma maior permeabilidade no que diz respeito aos conflitos da estrutura social. À medida que

---

[18] Tratou-se de experiências espontâneas, próprias da religiosidade popular, alheias ao controle das autoridades eclesiásticas e que, portanto, dispensavam a presença dos ministros sacramentados. Os três movimentos representaram, simultaneamente, sinais de contestação à penetração capitalista no âmbito rural e ao tipo de catolicismo romanizado ministrado por especialistas religiosos estrangeiros que pouco sabiam da cultura nativa.

a sociedade ficava mais complexa – resultado da reformulação do aparelho produtivo –, a Igreja adaptava-se e estendia suas bases, abrindo-se às classes médias e populares. Ora, bem, a criação de organizações leigas possibilitou uma presença católica abrangente, mas também a abertura de espaços de discussão sobre a própria estrutura organizativa da Igreja. Algumas décadas mais adiante, ela seria testemunha de que a maior sensibilidade eclesiástica em relação às contradições sociais viria acompanhada de contradições no interior da própria instituição (LIMA, 1979).

Sem dúvida, a substantiva mudança do mapa político institucional acarretou discussões e dissensões no seio do espaço católico. A lógica do comportamento episcopal brasileiro oscilava entre a disposição a reproduzir o esquema de desenvolvimento anexado aos vaivens do poder político e a posição que salientava a conveniência de transitar por um caminho autônomo em face do Estado. Nessa disjuntiva, decorreria a história eclesiástica durante a Primeira República e em grande parte do século XX.

Uns estavam com saudades do regime monárquico, o qual reservava à Igreja o papel de religião oficial. Conservavam os fundamentos da ideologia monárquica e, portanto, contestavam o materialismo, o cientificismo, o positivismo e o anticlericalismo que acompanhavam os ares da modernização. Defendiam a superioridade do poder espiritual em relação ao temporal e a penetração do sagrado no mundo profano. Nesse sentido, consideravam um retrocesso o curso dos acontecimentos pós-independência. Responsabilizavam a Constituição de 1891 como a fonte de todos os males da sociedade brasileira. A ausência de qualquer menção a Deus no texto final erigia-se como uma questão inconcebível (LUSTOSA, 1990). Como pano de fundo, encarnavam um tipo de catolicismo que Emile Poulat define como "integral", pois defendiam a imutabilidade da posição tradicionalmente dominante da Igreja e rejeitavam qualquer *aggiornamento* das políticas eclesiásticas (POULAT, 1977).

Outros, chamados republicanos, acreditavam na necessidade de se adequar às formas de governo da época. Mais pragmáticos e abertos aos sinais dos tempos, consideravam que a Igreja podia obter benefícios de sua maior liberdade. A separação era preferível, considerando a intromissão estatal do anterior regime. Através do diálogo e de um processo natural de acomodação, a instituição católica estaria em condições de retomar uma convivência sã com as autoridades do poder político. Apesar da condição minoritária destas últimas, a necessidade de um entendimento com o poder secular inclinaria a balança para o lado de um novo acordo entre a esfera católica e a esfera política. De fato, os comunicados pastorais posteriores àquele de 1890 focalizaram a atenção no espírito de cordialidade que regia as relações entre a Igreja e o Estado, postergando qualquer reclamação em face das atribuições do poder temporal na regulação da vida social.

Já no século XX, a articulação entre duas figuras estelares –Sebastião Leme, do campo religioso, e Getúlio Vargas, do campo civil –, solidificou uma aliança que aproximaria novamente a Igreja do Estado, mas numa modalidade diferenciada da traumática experiência imperial. Não obstante, o processo de separação entre ambas as esferas demarcaria um limite estrutural tanto para as tentativas de integração no futuro, quanto para a influência do poder eclesiástico nas classes dirigentes.

No caso argentino, o último quarto do século XIX mostrou uma Igreja com uma consistente política de formação do clero. Abriram-se seminários, colégios religiosos[19] e outros centros de ensino, paralelamente à abertura do Colégio Pio Latino-Americano, em 1858, em Roma. Essa instituição teria significativa importância, pois é nela que irão formar-se muitos bispos argentinos. Inicia-se então o processo ininterrupto de "romanização" da Igreja argentina, cujos principais dirigentes incorporaram uma visão uniforme e "romanizada" da realidade. Como já foi salientado, o Concílio Vaticano I (1870) e o Concílio Plenário Latino-Americano

---

[19] O Colégio e a Universidade do Salvador, em Buenos Aires, e o Colégio da Imaculada, em Santa Fé, fundados pelos jesuítas, contribuíram em grande parte na formação de quadros católicos laicos ao longo da história (AA. Vv., 1992).

(1899) consolidaram uma posição de intransigência em relação aos valores propostos pela modernidade. Do Vaticano foi promovida a centralização das estruturas e a unificação de ritos e devoções para enfrentar os valores modernos, por um lado, e o disciplinamento das rebeldes Igrejas latino-americanas, por outro. Antecipadamente, pressagiavam-se anos de contradições entre as concepções doutrinárias e os interesses do catolicismo e o rumo que a classe política dirigente imprimiu à Argentina em fins do século XIX.

Com o triunfo da burguesia ligada aos movimentos econômicos do porto de Buenos Aires sobre os núcleos de poder do interior, a Argentina avançou para a conformação definitiva de seu Estado nacional. Foi aquele setor social que impôs seus interesses particulares como coletivos, transformando-se de classe dominante em classe dirigente. O modelo de desenvolvimento econômico, político, cultural e social que trouxe consigo foi talvez o primeiro projeto integral e sólido para a nação.

Como no Brasil, o liberalismo constituiu-se no paradigma que forneceu um marco ideológico ao programa do governo nos campos da economia, da cultura e da religião. No terreno religioso, a política do presidente Julio Roca teve um caráter nitidamente secular: em 1881 foi decretada a lei de Registro Civil e, em 1884, a lei 1.420, que estipulava a exclusão do ensino religioso das escolas públicas e assentava as bases da educação comum, obrigatória e laica. Em 1888 foi instaurado o matrimônio civil.[20] A ruptura com a Santa Sé e a expulsão do núncio apostólico Luis Matera eram consequências esperadas.

Os mentores dessas legislações e os principais ideólogos da Geração dos 80 imaginavam a Argentina como um país moderno, onde a religião não podia transcender os assuntos privados dos indivíduos. A Igreja representava o hispânico e o mundo tradicional. Na definição

---

[20] Com esse conjunto de disposições, "os nascimentos, as definições e os matrimônios deixaram de ser momentos de exclusiva competência da Igreja. De fato, foi introduzida, pelo menos no plano jurídico, a distinção entre cidadão e católico" (ZANATTA, 1996, p. 367).

dos campos de ação, ela devia estar excluída de qualquer possibilidade de regulamentar e legislar sobre os âmbitos da vida social. Baseados nas premissas da secularização, sustentavam que as fontes de legitimidade da ordem política surgiam de seu funcionamento interno. O liberalismo e o positivismo se impunham como pensamentos hegemônicos e procuravam penetrar em todos os setores sociais. O crescimento dessas correntes de pensamento constituía a outra face do declínio de todas as instituições ligadas à velha sociedade colonial, entre elas a instituição eclesiástica.

> A Geração dos 80 agrupa-se em torno do positivismo liberal, que deprecia o espanhol, laiciza a escola, fala francês e inglês, permite o ingresso de congregações educativas em colégios destinados a essa classe social e cria uma inteligência positivista em função do poder e do controle social, com instrumentos simbólicos e ideológicos que substituem a linguagem clerical. Definitivamente, o catolicismo não servia para o desenvolvimento liberal (...) (PUGA, 1981, p. 1980).

No entanto, em algum ponto, a presença – relegada, mas de toda forma presença – da instituição eclesiástica revelava sua funcionalidade no projeto oligárquico. Não nos é fácil penetrar na estrutura de pensamento dos ideólogos do liberalismo para encontrarmos as causas que suscitaram tal avaliação. Contudo, o fato de o Estado não ter sancionado a separação formal em relação à Igreja não constitui uma circunstância que deva ser subestimada. Ao não renunciar aos poderes que o sistema de padroado lhe havia conferido, o aparelho estatal preferiu conservar certo grau de ingerência sobre a instituição religiosa. Na mesma linha, cabe interpretar a política estatal de criação e financiamento dos seminários de formação religiosa.[21]

---

[21] Anteriormente à Geração dos 80, os governos liberais de Mitre e Sarmiento fundaram o Seminário de Buenos Aires e o Seminário Conciliar de Paraná, respectivamente (BIANCHI, 1997).

Em compensação, o culto católico não deixou de gozar das prerrogativas estipuladas pela Constituição. Talvez a percepção da utilidade da Igreja como fator de coesão e de controle social tenha contribuído para esse desenrolar dos acontecimentos. Ou, quiçá, tenha sido a herança de um Estado argentino que não conseguiu livrar-se da marca histórica nascida na conquista da América e estendida ao longo dos séculos, a qual mostra uma simbiose entre o poder político e o poder eclesiástico.

> (...) a herança de três séculos de influência da religião oficial era um dado da realidade que deviam considerar. Em lugar de combater um sentimento popular enraizado (...), preferiram ignorá-lo e esperar o enfraquecimento natural (...) (CAIMARI, 1994, p. 36).

A verdade é que a deterioração das relações entre ambas as esferas e o clima de laicidade que se respirava na Argentina nos finais do século XIX em nenhum momento traduziram-se numa ruptura entre a Igreja e o Estado.

A ofensiva anticlerical encontrou uma Igreja católica enfraquecida e com uma estrutura hierárquica ainda não consolidada. O assentamento da Igreja durante o período colonial implementou-se sobre um território desabitado, extenso e pouco integrado, obstáculo à obra evangelizadora e à consolidação institucional.

> Sem clero suficiente – e o pouco que existia com uma formação deficiente e muito pouco apego à disciplina eclesiástica –, a Igreja carecia de uma estrutura institucional adequada, no contexto de formação da nação (BIANCHI, 1997, p. 19).

O respaldo doutrinário da carta pontifícia *Syllabus* não era suficiente para resistir à investida do governo liberal. Em todo esse período, a Igreja viveu uma das etapas mais difíceis no plano do desenvolvimento institucional. Retrocedeu em sua capacidade de influenciar as políticas de Estado e assumiu um comportamento defensivo, além da decidida estratégia de fortalecer suas fileiras em todos os campos. Foi então que se ativaram as organizações laicas, cresceram as associações católicas,[22] fundaram-se os círculos de operários católicos[23] em 1892 e criou-se o partido católico denominado União Católica.

Como resposta à investida estatal, um forte viés antiliberal tingiu as atitudes do catolicismo daquela época. Essa virada repercutiu no interior da estrutura eclesiástica. A inserção e a centralidade dos católicos liberais – talvez em sintonia com as ideias dos chamados republicanos no Brasil – foi decrescendo paulatina, mas ininterruptamente. A leitura que estes faziam da realidade, a qual acompanhou a história argentina desde sua independência,[24] tinha cada vez menos espaço dentro da Igreja. As políticas seculares, implementadas por um Estado em posição ofensiva, enfraqueceram essa corrente católica e permitiram o surgimento e o avanço de outras expressões internas, mais intransigentes e totalizadoras.

A maior inter-relação no contexto internacional ocasionou um fluido trânsito das ideias e pensamentos que circulavam principalmente na Europa. A Argentina foi sensível e receptora das formulações ideológicas que vigoravam no velho continente. No começo do século XX estavam sendo edificados dois sistemas de pensamento totalizadores: o liberal e o comunista. Diante dessa disjunção, os católicos intransigentes gozavam de uma maior legitimidade para estabelecer um terceiro paradigma: o católico, em oposição aos outros dois. Ofereceram a construção de uma comunidade na qual reinasse a harmonia e o bem comum. Buscavam uma terceira via, afastada tanto de um quanto do outro modelo. A sociedade era pensada

---

[22] Em 1883, nasceu a Associação Católica de Buenos Aires e, em 1884, foi inaugurada a Assembleia de Católicos Argentinos.

[23] Os círculos de operários católicos pretendiam organizar os trabalhadores a partir de uma concepção católica, isto é, abordar as relações de trabalho num quadro de harmonia e solidariedade entre irmãos.

[24] Quando se declarou a independência argentina, vários sacerdotes participaram da elaboração da carta. Sua proximidade com os conservadores da classe dominante mostra claramente a influência e a presença do liberalismo católico nos primeiros tempos da República.

como um corpo homogêneo superior a cada indivíduo e não reduzível ao coletivismo de Estado. No marco dessas disputas, o catolicismo integral ganhou relevância central frente a outros setores internos. A Argentina liberal *vs.* a Argentina comunista *vs.* a Argentina católica constituía um sistema de confrontações e concorrências, nos planos ideológico, político e social, de caráter triangular (POULAT, 1977; MALLIMACI, 1988a). Três modelos excludentes, integrais e absolutos para refundar a sociedade. Três modelos de luta pela imposição de sua verdade sobre o homem, a cultura e a sociedade. Três modelos com uma visão própria da religião, do Estado, da família, da ordem e do conflito (MALLIMACI, 1994).

A complexidade e a heterogeneidade crescentes na estrutura social também contribuíram para que o catolicismo perdesse peso específico na sociedade. As ondas imigratórias trouxeram consigo dirigentes anarquistas, trabalhadores com experiência sindical na Europa, grupos pertencentes a diferentes denominações protestantes. Todos eles com grande atividade na sociedade civil. Em sua grande maioria, partidários de uma menor gravitação social da Igreja e incentivadores do casamento civil, do divórcio, da escola laica e, fundamentalmente, da separação entre a Igreja e o Estado. A Igreja católica não somente enfrentava os ataques da liderança política que governava o Estado republicano, como também encontrava concorrência em sua prédica e atuação no seio da sociedade civil. No que tange a sua presença social, pagou com um profundo – ainda que reversível – retrocesso pela demora em adaptar-se às novas circunstâncias históricas e por sua defasagem institucional em relação ao Estado.[25] Era evidente que a estrutura católica acompanhava à distância as profundas mudanças no terreno político, econômico e social que desfiguravam a ordem pós-colonial.

---

[25] Não obstante, a modernização do país que seduziu milhões de estrangeiros paradoxalmente facilitou a organização institucional da Igreja. O paulatino aumento do número de sacerdotes, religiosas, ordens e congregações, devido ao brusco incremento populacional, abriu caminho para a resolução do problema da falta de especialistas religiosos para cobrir a totalidade do território nacional.

De toda forma, o catolicismo jamais aceitou ser reduzido a uma convicção privada. Instalou em suas fileiras uma mística antiliberal fortalecida pelo conteúdo das encíclicas papais. Firmando-se na concepção que situa o catolicismo na base da idiossincrasia que nutre a nacionalidade, em nenhum momento renunciou à batalha pela hegemonia ideológica e moral nem pelos direitos de definir os componentes da ordem social. O seu retrocesso frente às condições políticas adversas deve ser interpretado menos como uma derrota do que como uma estratégia de recrutamento e organização interna que lhe permitisse recuperar sua importância no momento oportuno.

Mesmo por trilhos diferentes, tanto a Igreja argentina quanto a brasileira rejeitaram a divisão do trabalho que o paradigma da secularização estabelecera. Reticentes a se concentrar nas tarefas da sacristia e no plano particular das consciências, a cristianização da sociedade e a materialização de uma presença ativa na cena pública constituíram-se como os propósitos *per se* a ser atingidos no desenho das políticas eclesiásticas. Os processos iniciados a partir da década de 30 do século passado refletiriam o declínio na hegemonia do liberalismo e uma ofensiva católica sobre o Estado e a sociedade civil. A emergência de situações de conflito entre as forças produtivas em auge com o modelo de industrialização, fez com que a Igreja fosse, mais uma vez, valorizada em sua capacidade de contribuir à unidade social. Sabendo das dificuldades de torcer o rumo da cultura secular, na proclamação de uma ética social junto às camadas preteridas da população, a instituição católica encontraria uma nova variante para reproduzir sua presença na realidade terrena. Justamente ali onde mais se patenteava a "queda" da bandeira do progresso içada pela modernidade.

2.3. A institucionalização da Igreja num contexto de novos entendimentos na trama eclesiástica-estatal

A crise mundial de 1929 repercutiu nas economias argentina e brasileira, pois as bases do modelo agro-exportador foram solapadas. A retração econômica nos países centrais dificultou a colocação de matérias-primas no mercado mundial, o que levou as economias periféricas a entrarem em colapso. Derrubava-se assim a ideia do progresso contínuo e, com ela, o Estado de tipo oligárquico. As estratégias produtivas foram redefinidas, orientando-as para o mercado interno. Um esquema de industrialização substitutivo das importações fez-se indispensável nos países subalternos frente à escassez de suas finanças.

As transformações no modelo de acumulação acarretaram mudanças não somente na estrutura de poder econômico, como também nos campos político e religioso que sucumbiram à nova realidade. Com o novo paradigma industrializador, sofreram alterações as relações de força entre os distintos setores de poder. As oligarquias ligadas aos produtos de exportação viram minguar as bases de sua dominação, enquanto a emergente burguesia industrial conquistou um espaço dentro das estruturas do poder. Junto com ela, a visibilidade das classes médias e operárias urbanas evidenciava a complexidade crescente das sociedades da região. A rápida industrialização trouxe consigo uma nova configuração das estruturas sociais. A implantação de fábricas impulsionou a urbanização das principais cidades, ficando no passado o perfil exclusivamente agrário de nação.

No meio operário, o relativo sucesso de anarquistas e sindicalistas deixava transparecer um certo mau humor social na incipiente classe trabalhadora. O modelo agro-exportador tinha exposto contrastes entre as famílias de fazendeiros enriquecidas com o modelo econômico e os nativos e imigrantes pobres que sobreviviam em condições miseráveis. Esse estado de tensões e conflitos não foi alheio à sorte da Igreja católica. Por um lado, um número importante de sacerdotes e religiosos manifestou preocupação com a questão social e a incorporou, pela primeira vez, à agenda de discussão da Igreja; por outro, o perigo que significava um avanço anarquista e socialista levou a classe governante a considerar "as vantagens da influência católica sobre as massas populares" (Aa.Vv., 1992, p. 189). A coincidência de interesses e a disputa com um inimigo comum restabeleceram os contatos entre as autoridades que controlavam as rédeas do Estado e a Igreja católica.

A Revolução de 1930 no Brasil expressou os interesses desses setores em ascensão, liderados pela burguesia industrial. Diante da crise de legitimidade gerada pela ruptura institucional, o respaldo da Igreja tornou-se um bem apreciável para o novo regime. Mesmo sem exteriorizar uma atitude uniforme no que diz respeito aos acontecimentos da revolução, a hierarquia eclesiástica promoveu uma mudança do *status* jurídico da Igreja no sentido de desterrar o esquema ideado pelo liberalismo.

Sob o governo de Getúlio Vargas (1930-1945), o poder político e o poder eclesiástico edificaram um modelo institucional integrado. Foi o momento da reconciliação entre a Igreja e o Estado. Embora juridicamente o catolicismo não fosse reconhecido como religião oficial, na prática era tratado como tal. A colaboração mútua e a justaposição de interesses definiriam os eixos das relações entre ambas as esferas. Declaração de feriados religiosos, atos oficiais precedidos de cerimônias religiosas, imagens religiosas entronizadas nas dependências públicas –tribunais, assembleias legislativas, escolas, hospitais, delegacias policiais –, benções de novos prédios, referências a valores religiosos nos discursos públicos, missões rurais do Ministério de Educação implementadas por agentes das dioceses correspondentes faziam vislumbrar uma mudança de página na história das relações entre o campo católico e o campo político (Azevedo, 1955).

Num contexto de debilidade do novo processo político, a mobilização da militância em virtude da inauguração do Cristo Redentor em 1930, no Rio de Janeiro, capital da República naquela época, apareceu como uma oportunidade inestimável para o catolicismo no intuito de mostrar suas forças às autoridades do governo. As tarefas de beneficência social e a realização de congressos eucarísticos com grande concorrência da população contribuíam na construção de um imaginário no qual a unção católica era capital para a legitimação do regime político (ALVES, 1979). De fato, Vargas lançou mão da simbologia católica como veículo de legitimação do exercício de governo.

O *modus operandi* das autoridades da Igreja refletiu a mesma lógica de ação do episcopado argentino. Estamos nos referindo à estratégia de cristianizar a sociedade civil através da utilização dos recursos do aparelho estatal. Catolizar as estruturas da sociedade política para, desde lá, impor sua visão do mundo e garantir uma presença social estendida. A adesão à administração varguista em troca da aprovação das reivindicações eclesiásticas delineou uma lógica de entendimento entre as esferas política e católica. Devido à natureza das relações entre a cúpula eclesiástica e o governo de Vargas, as consequências da separação entre a Igreja e o Estado pareciam esfumar-se.

A singularidade do catolicismo brasileiro não pode ser assentada apenas naquele processo de diferenciação, uma vez que umas décadas mais tarde a condução eclesiástica reintroduzia o modelo de cristandade como base de sustentação de sua estratégia de colocar a Igreja novamente na cena pública. Não apenas se equiparava à maioria dos episcopados latino-americanos; em certo ponto, reproduzia o comportamento da hierarquia católica brasileira na época da Colônia e do Império. Como contrapartida, o caminho empreendido pelo cardeal Leme se distanciava das experiências vividas pela Igreja católica nos países onde também foi forçada a se retirar do domínio público. O catolicismo cubano, mexicano e francês, por exemplo, "nunca retornou a ele nos mesmos termos (...), desenvolveu novas estratégias e promoveu um modelo diferente de influência" (BRUNEAU, 1974, p. 75).

Inseridos nesse desenho geral, é importante destacar que as relações entre o poder eclesiástico e o governo de Vargas sofreram idas e vindas ao longo de quinze anos. No primeiro momento, atendendo a fragilidade do novo regime, a Igreja assumiu um papel protagonista. Com o florescimento das vocações sacerdotais e a vitalidade das ordens religiosas, o catolicismo desenvolveu um trabalho pastoral sem precedentes. Através da formação de cooperativas de crédito, produção e consumo e da expansão de redes escolares e hospitalares, desafiava até o próprio Estado em sua capacidade de oferecer serviços à sociedade civil (BEOZZO, 1984).

As reformas constitucionais de 1934 evidenciaram o novo mapa das relações de força. Foram incluídas as exigências da cúpula católica na Carta Magna. O texto final invocou a Deus no preâmbulo, e um parágrafo no artigo 17 contemplou a colaboração recíproca entre o Estado e a Igreja em prol do interesse coletivo. Apesar de ter mantido a proibição de subvenções à instituição católica, o Estado foi autorizado a contribuir financeiramente com as obras de assistência social implementadas pelo catolicismo – escolas, seminários, hospitais e atividades de beneficência. O ensino religioso facultativo nas escolas oficiais ergueu-se como outro dos pontos de concessão à reclamação católica. O artigo 153 admitiu a instrução religiosa nos colégios e abriu as portas para o financiamento das escolas confessionais. Mesmo explicitando o caráter secular do matrimônio, concedeu validade civil ao casamento religioso ao preceituar que "o casamento perante o ministro de qualquer confissão religiosa, cujo rito não contrarie a ordem pública ou os bons costumes, produzirá os mesmos efeitos que o casamento civil" (FERNANDES, 1948, p. 850). Definitivamente, a Constituição de 1934 alterou boa parte dos princípios liberais estabelecidos em 1891.

Interessa destacar os procedimentos utilizados na negociação. Levando em conta que o governo tinha ideado um Conselho Legislativo para discutir as leis a serem modificadas, a Igreja "colou" um grupo de trabalho de especialistas e jurisconsultos católicos para que trabalhassem conjuntamente com aquele conselho. O objetivo não era ocultado: pugnar para que os projetos de lei em estado de elaboração levassem o carimbo de sua doutrina. Mesmo com a presença de parlamentares católicos, a hierarquia optou por entabular acordos nas altas esferas do poder para que seus requerimentos fossem garantidos.

Sem dúvida, o balanço para a cúpula eclesiástica foi altamente satisfatório. Mobilizou a opinião pública, acompanhou o debate parlamentar com agentes especializados e lançou mão dos vínculos pessoais com as autoridades do governo. Depois de quarenta anos de ostracismo, a Igreja rearticulava sua ligação com o poder político desde uma posição de forças radicalmente diferente. Preservando sua liberdade, integrava o bloco de poder e fazia uso das estruturas do poder estatal para expandir sua presença na sociedade civil. Da cosmovisão católica, sem dúvidas, a ordem jurídica havia dado um passo fundamental para se adequar à ordem social.

Vargas teve a habilidade de contemporizar os ânimos rarefeitos do período anterior. Embora a disputa pela regulamentação de múltiplos espaços da vida social não tivesse se extinguido, pelo menos foi canalizada e domesticada. A Igreja recobrava o lugar exclusivo na realidade política nacional, mas, à diferença da etapa imperial, dispôs de uma margem de manobra para não apenas defender seus interesses, como também para definir o quadro de referência que orientaria os comportamentos sociais. Por outro lado, o crescimento institucional facilitou o usufruto dos recursos estatais no sentido de espalhar pelo território nacional as iniciativas pastorais no campo da saúde, da educação, das comunicações, do trabalho e da assistência social.

O comportamento da hierarquia católica na etapa varguista, voltado para a recuperação do *status* e das prerrogativas de uma religião oficial, embora a Constituição não contemplasse tal situação, pôs em dúvida a verossimilitude da convicção dos homens da Igreja referida à necessidade de transitar por um caminho autônomo e abriu sinais de interrogação sobre o verdadeiro alcance da separação entre o poder político e o poder eclesiástico. Ralph Della Cava sustenta que "a subsistência do catolicismo na sociedade brasileira é atribuída a sua qualidade de religião oficial de fato do Estado" e que "com exceção do período da República Velha (1889-1930), o Estado brasileiro aceitou esse arranjo e garantiu à Igreja católica um conjunto de privilégios de que nenhuma instituição brasileira particular, religiosa ou de qualquer outro tipo gozou" (Della Cava, 1975, p. 10).

É inimaginável descrever o perfil da Igreja brasileira no período mencionado sem referir-nos à figura excludente de Sebastião Leme, expoente do modelo de neocristandade. A estrutura nacional do catolicismo, construída ao longo dos anos da Primeira República, ganharia com ele uma liderança com legitimidade para centralizar o poder religioso.

Ainda como arcebispo de Olinda, no ano de 1916, Leme deixou assentada sua postura sobre a articulação entre Igreja e Estado no marco da nação católica. Enraizado o catolicismo nas entranhas do ser nacional, interpretava a separação entre o Estado e a Igreja como um afastamento do primeiro em relação aos interesses da nação. Em sintonia com a idiossincrasia dos prelados argentinos, defendeu o papel desempenhado pela instituição eclesiástica no processo de formação da República. Nesse sentido, a tradição, a história e a própria espiritualidade da sociedade legitimavam a pretensão de instaurar o catolicismo numa posição diferenciada dos outros cultos.

Encorajando a mobilização das forças católicas, Leme se perguntava

> que maioria católica é essa, tão insensível, quando leis, governos, literatura, escolas, imprensa, indústria, comércio e todas as demais funções da vida nacional se revelam contrárias ou alheias aos princípios e práticas do catolicismo? (...) chegamos ao absurdo de formarmos uma grande força nacional, mas uma força que não atua e não influi, uma força inerte (Leme, Dom Sebastião. Carta Pastoral dirigida ao povo de Olinda e Recife, 1916. Apud Beozzo, 1984, p. 282).

Na comunicação, Leme exprimia uma estratégia discursiva na qual destacava o papel central do catolicismo na integração da cultura nacional. Como pano de fundo, relutava em aceitar o formato de catolicismo recluso no âmbito da sacristia, tal como estava formulado pelo ideário liberal. Ao mesmo tempo, sem renunciar ao vínculo privilegiado com o poder político, apostava na militância como um novo mecanismo de influência social. Uma presença ativa na sociedade civil somada à pressão sobre as estruturas de governo para conquistar um espaço privilegiado nos negócios públicos era a fórmula proposta para enraizar o catolicismo nos alicerces da cultura cidadã.

Sua ascensão como cardeal-arcebispo do Rio de Janeiro em 1930 salientou o apoio dado pelo Vaticano a sua linha doutrinária e de ação pastoral. Formado no Colégio Pio Latino-Americano, Leme foi um excelente porta-voz das diretrizes romanas. Naquela concentração no Rio de Janeiro por motivo da inauguração do Cristo Redentor, Leme não deixou dúvidas sobre as pretensões eclesiásticas: o laicismo devia ser extinto; ao mesmo tempo, a legislação familiar não podia contemplar as propostas divorcistas, e o ensino religioso devia ser oferecido nas escolas públicas.

Com o rápido desenvolver da trama urbana, a Igreja estava sendo excluída do processo de socialização dos filhos dos trabalhadores, concentrado no aparelho escolar. Daí a insistência da hierarquia católica para reverter o modelo de laicidade estabelecido pelos homens da República na área educacional. Quando em 1934 sua petição foi correspondida, 91% das crianças de escolas primárias passaram a receber a instrução religiosa[26] (Beozzo, 1984).

Na década de 30, as energias eclesiásticas estavam também voltadas para a consolidação da unidade colegial. O Concílio Plenário Brasileiro em 1939 continuou a linha iniciada pela Pastoral Coletiva de 1915

---

[26] O artigo 153 da Constituição desse ano precisou que "o ensino religioso será de frequência facultativa e ministrado com os princípios da confissão religiosa do aluno manifestada pelos pais (...)" (Beozzo, 1984, p. 300).

no que diz respeito à homologação das normas pastorais em todo o país. Por outro lado, deixou as sementes para a futura Conferência de Bispos. Foi a primeira vez que o episcopado se congregava para trocar ideias sobre questões próprias da instituição. O Concílio encarnou as necessidades de convergência e integração das dioceses brasileiras. Em consonância com as políticas de entrosamento institucional, a declaração de Nossa Senhora Aparecida como Padroeira do Brasil apontou para a unificação espiritual da população.

Leme mobilizaria a militância católica e estimularia a criação de uma pluralidade de organizações laicas, com o objetivo de ganhar visibilidade pública. Era partidário de reconquistar os privilégios do passado, mas sem o controle e a ingerência do poder imperial. Focalizando o trabalho pastoral nas camadas médias, a Ação Católica Brasileira – ACB – e o Centro Dom Vital foram núcleos de formação de quadros dirigentes. A primeira delas, fundada em 1929 pelo cardeal Leme como organização de leigos, constituiu-se desde o começo como um corpo subordinado à hierarquia eclesiástica. Já o Centro Dom Vital, fundado em 1922 pelo intelectual Jackson de Figueiredo, reuniria a *intelligentsia* católica e tornar-se-ia um ponto de referência para o apostolado leigo. A revista *A Ordem* expressaria a visão do mundo desses quadros letrados. Se bem se tratava de um instituto pequeno, teve grande influência no envolvimento da Igreja nas questões de ordem política. De fato, o referente dos anos trinta, Alceu Amoroso Lima, participou da formação da Liga Eleitoral Católica.

Ambas as organizações, a ACB e o Centro Dom Vital, tornaram-se peças fundamentais na tentativa de instaurar uma nova cristandade, contribuindo assim na vitalização do catolicismo na cena pública e na conquista de novos espaços institucionais. Com o fortalecimento religioso da população, não era descabelado soterrar o catolicismo de fachada ou inercial. Promotor de um catolicismo integral, capaz de integrar o sagrado e o profano numa ordem econômica, social, política e cultural baseada nos princípios cristãos, Leme expressaria um ativo perfil de Igreja na esfera pública.

O questionamento por igual ao capitalismo e ao socialismo pela primazia outorgada à economia, colocava o catolicismo como uma terceira opção, contestando ambos os modelos de sociedade. A cosmovisão católica fazia vigente o núcleo do pensamento de Leão XIII, que, desde finais do século XIX, definia a ideologia oficial da Igreja. A solução de todos os males da sociedade estava na restauração da ordem social cristã. "Nenhuma ideologia materialista pode ministrar os fundamentos de uma ordem social digna de nossa grandeza" (MANIFESTO DO EPISCOPADO BRASILEIRO DE OUTUBRO DE 1945. *Apud* CAMARGO; SOUZA; PIERUCCI, 1984, p. 349).

O crescimento da classe operária, produto do desenvolvimento industrial nas grandes cidades, despertou a atenção da hierarquia da Igreja. Seguindo as diretrizes da *Rerum Novarum* de Leão XIII e posteriormente do *Quadragésimo Anno* de Pio XI, desenhou um programa de ação nesse segmento social. Contra a alternativa socialista, a Igreja propôs o caminho da cristianização das relações econômicas, subordinando as leis do mercado às prescrições de harmonia e justiça ditadas pela lei divina. A luta de classes era condenada por incitar antagonismos dentro da sociedade. Em contrapartida, promovia-se o equilíbrio e a distribuição harmoniosa da riqueza entre os diferentes segmentos sociais como instrumentos eficazes na construção da paz social. O surgimento dos Círculos Operários Católicos em 1932 veio exprimir a política eclesiástica de inserção no campo trabalhista.

A importância dada às questões do mundo do trabalho naquela época era correspondida com a preocupação outorgada pelo governo de Vargas. A criação do Ministério do Trabalho veio introduzir legislações que visavam a melhorar as condições do regime trabalhista. A hegemonia anarco-sindicalista alertava tanto os homens do poder político quanto os do poder eclesiástico, o que motivou uma decidida intervenção de ambas as esferas.

Também a Liga Eleitoral Católica – LEC –, fundada em 1932, foi funcional ao projeto de instalar o catolicismo em todas as áreas da vida social. A Constituição estava no centro das discussões e a instituição religiosa não podia ficar fora do terreno das negociações. A conformação de um espaço suprapartidário, independente da contenda eleitoral, visava a instruir e congregar o eleitorado católico e apoiar os candidatos de qualquer partido, desde que comprometidos com a defesa dos princípios católicos dentro da Assembleia.[27] Enquanto grupo de pressão, a LEC situava-se acima dos partidos políticos e se reservava o direito de votar ou se opor, conforme a qualidade ética e as clivagens ideológicas dos concorrentes. O lema apontava a acompanhar os candidatos que ao longo de suas carreiras políticas tinham adotado posições concordantes com os princípios da doutrina católica. Em contrapartida, castigar eleitoralmente aqueles com ideias e comportamentos adversos aos valores cristãos.

Ao invés de estimular a criação de um partido confessional, o impulso dado por Leme a esse tipo de estrutura pôs a descoberto o lado mais profundo de sua cosmovisão sobre as relações de mando dentro da Igreja e o lugar que lhe corresponde na sociedade. Um agrupamento político implicava tomar partido por uma parcialidade, enquanto a LEC tinha o propósito de abranger a totalidade do sistema político. Expressão da totalidade, a instituição católica não podia ser confundida com uma parte integrante desse todo. Por outro lado, pela própria dinâmica do campo político, a Igreja corria o risco de o partido confessional se tornar autônomo da ingerência da condução eclesiástica. No caso da LEC, a organização era um braço articulado e dependente do alto clero.

Se no período que acompanhou sua separação em relação ao Estado a Igreja concentrou os esforços no desenvolvimento institucional, com o comando do cardeal Leme suas ações estiveram orientadas à retomada da aliança com o poder político como estratégia de alargamento de sua influência na sociedade. Se bem que a Igreja no Brasil atravessou experiências diferentes das da Igreja na Argentina, justamente por ter vivenciado a si-

---

[27] Faziam parte do programa da LEC os seguintes pontos: promulgação da Constituição em nome de Deus, indissolubilidade do laço familiar, ensino religioso facultativo nas escolas públicas primárias, assistência religiosa facultativa às forças armadas, liberdade de sindicalização, justiça social nas relações de trabalho.

tuação de separação do aparelho estatal, o perfil eclesial predominante em ambos os países durante as décadas de 1930 e 1940 conteve os mesmo registros. O catolicismo integral permeou as visões e os comportamentos do alto clero tanto num país quanto no outro.

A abertura da primeira universidade católica, no Rio de Janeiro, em 1940, foi a confirmação da estratégia católica de se inserir no processo de formação das elites dirigentes e completava o projeto católico de garantir uma presença integral em todos os setores da sociedade civil e política. Não obstante, o alargamento do poder institucional não necessariamente acarretou dividendos no plano estritamente religioso. Durante esse período, a Igreja ampliou o número de seminários, hospitais e escolas sob sua direção, e a legislação nunca esteve tão próxima a suas prescrições normativas, mas não cristalizou esses avanços nas práticas religiosas da população. Para a sociedade brasileira, de um modo geral, o catolicismo estava mais ligado à tradição. Desse modo, ele não conseguia enraizar-se na consciência dos sujeitos.

Por outra parte, os ideólogos católicos do esquema institucional coligado não refletiram em torno do futuro das organizações criadas, uma vez que os objetivos eram cumpridos. De fato, a LEC perdeu a razão de ser quando suas metas tinham sido atingidas. Quanto à ACB, ela sofreu uma profunda mudança em sua configuração. De uma estruturação por gênero, passou a se organizar por setores – juvenil, universitário, operário etc. Note-se que os esforços do alto clero estavam concentrados na promoção dessas estruturas, verticais e sob seu controle, mas não na consolidação de um partido católico. Igualmente ao episcopado argentino e diferentemente do caso chileno, primava a ideia de que um partido confessional não se correspondia com a lógica abrangente e de representação totalizadora da Igreja católica. Em outras palavras, supunha uma proposta parcial que contrariava a universalidade da missão católica. A Igreja representava todos os brasileiros, a religião católica estava enraizada nos cimentos da cultura do povo. Desse ponto de vista, a instituição eclesiástica não podia vincular-se a um grupo ou setor. Por isso, os quadros superiores da Igreja desencorajaram a conformação de um partido confessional como instância de expressão de seus interesses na ordem temporal. A estratégia visou sempre a propagar os valores católicos nos agrupamentos políticos já existentes, a imbuir a cidadania do corpus normativo cristão. A existência de militantes católicos nos principais partidos políticos facilitou esse empreendimento.

Voltando à questão da classe operária, verificam-se os primeiros sinais de confrontação ou de choque de competências entre o Estado e a Igreja. Com o decreto de 19 de março de 1931, que obrigava as associações sindicais a contar nos cargos de chefia com brasileiros ou naturalizados de pelo menos dez anos de residência, o governo estava decepando a liderança radical de origem estrangeira. Apesar de a Constituição de 1934 contemplar a livre sindicalização, a Lei de Segurança Nacional do ano seguinte aboliu na prática a autonomia sindical. Aprofundou-se a perseguição às agremiações operárias de esquerda, e com o Estado Novo e as reformas constitucionais de 1937 até as centrais sindicais foram banidas.

No intuito de organizar um sindicalismo dócil e dependente do Estado, também se privou o acesso da Igreja ao setor ao serem vetadas as organizações confessionais. O poder temporal pretendia monopolizar a representação dos segmentos da população que mais se multiplicavam. A disputa pela imposição dos princípios organizadores da sociedade vislumbrava-se no horizonte. Apesar da coligação de interesses, a cúpula eclesiástica notabilizava uma sensibilidade no que tange ao projeto estatal de se erigir como "fonte suprema da ordem social" (ROMANO, 1979, p. 149). A tentativa varguista de concentrar a direção cultural e política do país denotava a decisão de prescindir da mediação católica na tarefa de integração social. Não obstante, por aquele então, ambos compartilhavam as normas que deviam regular as relações de trabalho: o entendimento entre o capital e o trabalho sob o controle do Estado dentro de um modelo geral de associação corporativa. Os ventos anticomunistas que sobrevoavam o mundo inteiro fizeram aproximar-se a Igreja e o Estado Novo, com o objetivo de preservar a ordem social "ameaçada".

A clausura do Parlamento, o fechamento dos partidos políticos, a intervenção dos governos estaduais, executados por Getúlio Vargas no chamado Estado Novo, tiveram o propósito de reunir todo o poder em suas mãos. No plano constitucional, eliminaram-se as emendas católicas da Carta Magna de 1934, com exceção da referida ao ensino religioso. Mas o subsídio às obras religiosas e a declaração de mútua colaboração entre os dois poderes foram excluídas. Também se eliminou a apelação a Deus do preâmbulo, assim como a faculdade de assistência religiosa às Forças Armadas e a homologação do casamento religioso como civil. Com esse pacote legislativo, o Estado voltou a assumir um viés laico. Não obstante, Vargas fez questão de assegurar ao cardeal Leme que, na prática, nada mudaria nas relações cordiais entre o poder temporal e o espiritual.

Enquanto isso, a inauguração do Pontifício Colégio Pio Brasileiro em 1934 e a realização do Primeiro Concílio Plenário Brasileiro em 1939 consolidariam ainda mais as engrenagens institucionais da Igreja brasileira e abririam as portas para a conformação da Confederação dos Bispos.

Adequada à situação de restrições das liberdades cívicas, a Igreja decidiu não discutir a legitimidade do regime político nem o conteúdo de suas medidas, enquanto fossem respeitadas as normas da moral católica. Em sintonia com a encíclica de Leão XIII *Inmortale Dei* (1885), o organismo eclesiástico não se intrometeu nas orientações do poder secular, desde que sua liberdade fosse respeitada.[28] Em que pese a concepção integralista da hierarquia católica, dessa vez diferenciava-se claramente os âmbitos de ingerência. Não correspondia à instituição religiosa avaliar as políticas do

---

[28] Naquela missiva papal, Leão XIII remarcou a indiferença da Igreja em face de todas as formas de governo enquanto suas liberdades não ficassem restritas. Na prática, não foi apenas o livre poder de agir o que determinou a posição eclesiástica diante de cada forma de governo. Quando expulsa da esfera política, a Igreja reagiu contestando a legitimidade daquele, mesmo conservando uma ampla margem para o desenvolvimento de seu trabalho pastoral.

Estado Novo, por se tratar de questões temporais. Assim, a Igreja evitava pronunciar-se sobre o caráter autoritário daquele e apostava em conservar as relações de amizade com o chefe da República (Beozzo, 1984).

Os anos de 1943 e 1944 marcaram um aumento dos setores opositores ao regime. O formato político cada vez mais excludente gerava o aglutinamento de diferentes segmentos políticos e sociais danificados pela censura do Estado Novo. A Igreja sofreu a morte do cardeal Leme em 1942, e com ele se foi uma das lideranças que mais marcaram a história da instituição. Com a ausência de Leme, o catolicismo careceu de uma figura capaz de congregar a totalidade do campo católico num projeto em comum.

A queda de Getúlio Vargas em 1945 obrigou a uma redefinição das prioridades na ação pastoral da Igreja, de sua relação com as camadas preteridas e com os blocos de poder. Tudo foi colocado no plano da discussão. A renovação litúrgica, o papel do laicato, a validade ou não de um partido confessional, o exercício de autoridade dentro da instituição estavam sob a lente de análise no seio do catolicismo.

A reabertura democrática de 1946 aprofundou o processo de pluralidade religiosa. Com as liberdades restabelecidas, uma variedade de cultos desafiava o catolicismo nas grandes urbes industrializadas. Entretanto, a Igreja reforçava o apostolado leigo e estimulava a sua inserção no mundo operário, agrário, estudantil, empresarial, profissional.

A Constituição de 1946 respeitou o direito religioso de ensino nos estabelecimentos educacionais públicos. Praticamente, não se vislumbram diferenças se compararmos com a Carta Magna de 1934. As reivindicações da LEC eram novamente contempladas. A família era concebida de modo indissolúvel, fechando as portas aos projetos de legislação divorcistas. A Igreja gozava da isenção de impostos e prosseguiu com a tarefa de assistir espiritualmente as Forças Armadas. A equiparação entre seus institutos de ensino e os oficiais conformou as autoridades eclesiásticas. Por último, foi mantida a representação diplomática junto à Santa Sé. A estratégia que combinava táticas de pressão e outras de acercamento amistoso com as autoridades políticas continuava a dar dividendos.

Entre as décadas de 1920 e 1950, o modelo de neocristandade foi hegemônico na instituição eclesiástica. Embora sejam inegáveis as conquistas obtidas no tocante ao ensino religioso nas escolas públicas ou à exclusão legislativa dos projetos divorcistas, a Igreja não conseguiu construir sólidas bases de influência nas práticas religiosas da população. A rápida transformação da paisagem brasileira, com o crescimento das grandes cidades, veio acompanhada por uma erosão do monopólio católico no campo religioso, em virtude da expansão de grupos evangélicos, espíritas e afro-brasileiros. Seria esse processo de mudança o que faria tremer os cimentos do tradicional *modus operandi* católico.

Rumo a sua definitiva institucionalização, a Igreja católica utilizou na Argentina uma série de ferramentas que lhe permitiram assumir um papel protagonista em face da sociedade civil. Os Círculos de Operários Católicos (COC) expandiram-se pelas principais cidades do país com o objetivo de penetrar na classe trabalhadora. Com a difusão de jornais e boletins e a organização de cursos, entre outras atividades, converteram-se em um dos núcleos mais dinâmicos. Sua palavra de ordem de "ganhar a rua" significava, por um lado, neutralizar a influência das correntes ideológicas anarquistas e socialistas sobre os setores operários e, por outro lado, desprezar os princípios liberais que colocavam a religião no contexto da vida individual e privada. Além da disputa no plano das ideias, também promoveram a implantação de leis sociais que beneficiavam os trabalhadores.[29] Os COC reproduziram uma metodologia que seria uma constante na política eclesiástica de catolicizar a sociedade: não criaram novos sin-

---

[29] Seus deputados impulsionaram a legislação do descanso dominical e a regulamentação das condições de trabalho nas oficinas e fábricas, simultaneamente ao desempenho trabalhista dos menores de idade.

dicatos católicos, mas se infiltraram nos existentes e competiram com a hegemonia anarquista e socialista. Uma atitude idêntica foi assumida pela Igreja ante os setores dominantes e a classe política em seu conjunto. Ela procurou inserir-se em suas estruturas e, do interior destas, manejar seus instrumentos para catolicizá-las, em lugar de construir instâncias paralelas a partir das quais viesse a acumular poder e capacidade de convocação. Daí a inexistência de um partido essencialmente católico no sistema político argentino. A dinâmica de crescimento e acumulação de poder real da Igreja católica distinguia-se por essa metodologia de inclusão nas demais estruturas, fossem elas políticas, sindicais ou sociais.

A União Popular Católica Argentina (UPCA) foi ideada para complementar o trabalho de neutralização dos focos anarquistas e comunistas nas organizações dos trabalhadores. Integrada pela Liga de Damas, a Liga da Juventude e a Comissão Econômica Social, teve como principal missão incentivar a independência dos operários diante das ideologias forâneas. Uma grande coleta nacional realizada nesse mesmo ano destinava-se à construção de moradias populares. Toda melhoria para a classe trabalhadora significava um freio das prédicas revolucionárias. Seu propósito de concentrar e unificar a totalidade da atuação católica na sociedade visava a facilitar o controle hierárquico requerido pela Santa Sé.

Em 1922, surgiram os Cursos de Cultura Católica (CCC), com o objetivo de formar uma classe dirigente baseada nos princípios e valores católicos. Eles se dirigiam basicamente aos setores tradicionais dominantes. Essa iniciativa partiu de setores leigos que contavam com o respaldo da hierarquia. Mais uma vez revelava-se um modelo de sociedade católico, irreconciliável com o paradigma liberal e comunista. Em sua base, escondia-se uma concepção de sociedade fortemente hierarquizada que reproduzia esquemas derivados da organização medieval. A ordem divina, custodiada pela Igreja católica, situava-se no cume e se erigia por sobre a ordem terrena, cujo formato de autoridade era dado pelo Estado. A vigência dos cursos possibilitou um maior preparo cultural e teológico na formação do clero.

Por último, a necessidade de difundir os valores do catolicismo junto aos setores que se encontravam ainda afastados da Igreja incidiu no surgimento da Ação Católica Argentina (ACA), em 1931. Apesar de tratar-se de um movimento leigo, como instrumento de catolicização da sociedade guardava estreita relação com a direção eclesiástica e prestava-lhe obediência. Sua organização por setores – mulheres, jovens, profissionais – articulava-se numa coordenação central integrada por uma junta nacional designada pelas autoridades episcopais. O trabalho da ACA se concentrava nas camadas médias e no imenso segmento da população imigrante. Pregava insistentemente o sentimento patriótico reforçado pelos valores católicos.

Em linhas gerais, essas organizações cumpriram com os fins a que se propunham. O catolicismo lutava por sair de uma situação defensiva frente a um Estado liberal expansionista para ingressar em um processo de institucionalização, consolidação e homogeneização de suas estruturas.

O golpe de Estado de 6 de setembro de 1930 significou algo mais do que uma mudança de regime de governo. Foi instituído como um ponto de inflexão para a militarização e catolicização da sociedade. A Igreja católica e especialmente sua vertente intransigente tornaram-se um ator político-social inevitável em todo esquema de poder. A partir de então, todo governo, democrático ou autoritário, não pôde desconhecer o aparelho eclesiástico como fator de poder no traçado de seus programas de gestão. A Igreja iniciava seu tardio, porém definitivo, processo de institucionalização.

A ruptura da ordem política deu lugar à chamada "Década Infame", pois eleições fraudulentas, quebra das instituições democráticas e sucessivas manobras anticonstitucionais marcaram as formas de fazer política naquela etapa. Forças conservadoras, deslocadas das instâncias de poder no período anterior, conduziram esse processo em conjunção com as Forças Armadas. A Igreja, que vira minguar sua influência política durante os cinquenta anos de governos liberais e democráticos, apoiou o assalto institucional e tramou vínculos orgânicos com aqueles setores da classe dominante e com o Exército. O poder militar e o poder eclesiástico tornaram-se as únicas fontes de legitimidade do regime, desalojando o lugar que pertencia ao sistema parlamentar e aos partidos políticos.

A fraude, a corrupção e a sequência de medidas anticonstitucionais foram os denominadores comuns dos governos militares que constituíram a década infame. Fora da legalidade, poucas instituições se propuseram a legitimar sua ação. Careciam de respaldo popular. A força, mais que o consenso, descrevia a forma como se implementavam as políticas de Estado. Diante desse panorama, a condução militar a cargo do governo recorreu à Igreja católica como base de legitimidade. O substrato moral da Igreja substituiria a legitimidade institucional própria dos regimes democráticos. Em retribuição, o Exército assinalaria a construção da "nação católica" e garantiria sua continuidade. A defesa da cristandade formaria parte da segurança nacional.

Do ponto de vista católico, a proposta era sedutora. A utilização do aparelho estatal, sem a concorrência dos partidos políticos, para ampliar sua inserção social e efetivar a missão "restauradora" apresentava-se como uma possibilidade certa que não devia ser desperdiçada. A aliança entre Igreja católica e Forças Armadas permitiria que sacerdotes ocupassem lugares estratégicos no Estado e que leigos com sólida formação católica assumissem cargos ministeriais e dirigissem universidades. Contudo, em troca do apoio ao regime, a Igreja exigiu ao governo militar certa censura à liberdade de imprensa e às cenas e imagens "perturbadoras" do cinema e do teatro. A moralização da sociedade simbolizava o ocaso definitivo da cultura liberal.

Por outro lado, as Forças Armadas estavam em condições de estender a penetração católica nos setores dirigentes, devido aos estreitos laços que as uniam a esse segmento social. A difusão dos valores católicos no Exército constituía outra das vantagens que levavam em conta as autoridades religiosas na hora de definir o papel que jogaria a instituição no processo que havia tido início em 1930. A Igreja, articulando-se com as Forças Armadas, despojava delas qualquer componente liberal. A educação dos militares se inspiraria nos valores de Deus e da pátria. O clero castrense teria um papel cada vez mais importante na formação religiosa dos homens das armas.

No interior do catolicismo, as respostas frente à crise se nutriam integralmente de argumentos e componentes valorativos próprios do catolicismo. O liberalismo e sua consequência não desejada, o comunismo,[30] eram os responsáveis pela crise econômica, política e moral dos anos 1930. Para sair de tal estado de putrefação, um único caminho era concebido: a receita católica, sem concessões nem atenuantes.

Seguindo os mandamentos da Santa Sé, baseava-se em "recristianizar a Argentina – segundo a concepção deles –, restaurar tudo em Cristo, introduzir o catolicismo em todas as esferas da vida pessoal e social, presença pública do catolicismo, reinado social de Jesus Cristo" (Aa.Vv., 1992, p. 259).

Claro está que a crise foi o fator desencadeador para que o discurso dos católicos integrais se estendesse e começasse a ser hegemônico na Igreja católica. Frente a um liberalismo agonizante, a construção de uma "Nova Argentina" era a meta deles. Aquela ideia do catolicismo reservado para as questões privadas, concentrado na sacristia, sem ingerência na sociedade, devia ser enterrada. A religiosidade devia ser exteriorizada integralmente, tanto na vida pública quanto na esfera privada. Para isso, o ativismo militante de leigos e religiosos e todos os instrumentos de socialização religiosa com que contava a Igreja católica – CCC, ACA, COC, a revista *Criterio*[31] – deviam estar a serviço do êxito do projeto integral e sua instauração na sociedade como um todo.

---

[30] A Igreja havia registrado na discussão pública que a abertura da participação política do regime liberal havia gerado as condições para a infiltração de ativistas que traziam ideias revolucionárias da Europa.

[31] A revista *Criterio*, criada em 1928, teve ampla difusão na época. Expressava as principais linhas do pensamento católico integral: antimodernismo, anticomunismo, presença católica em todas as ordens da vida social, pilares do projeto de cristianizar a sociedade.

A luta contra as forças estrangeiras e movimentos forâneos – leia-se elites liberais e grupos comunistas –, fortalecia paralelamente um incipiente sentimento de nacionalidade. Assim, a defesa da nação e dos valores católicos constituíam-se dois ingredientes da mesma causa. Fruto disso, a aliança tecida pelas Forças Armadas e a Igreja católica aparecia como inquebrantável.

Da mesma forma, a transnacionalização da Igreja católica, através da homogeneidade que implicou o cumprimento das decisões das encíclicas papais, e o nacionalismo, como núcleo ideológico de coesão da doutrina, apareceram como dois processos compatíveis no rumo da instituição eclesiástica. A Igreja propôs uma releitura da história argentina, reafirmou sua importância na tradição hispânica como fundamento da identidade nacional. Sobre a base da fusão dos valores católicos com a identidade nacional, lançou as cruzadas contra todas as ideologias importadas que atentavam contra o "ser nacional".

Nesse contexto, vislumbra-se pela primeira vez a sobreposição entre o "ser católico" e o "ser nacional", "entre confissão religiosa e cidadania" (ZANATTA, 1996, p. 12). O influxo que essa equação igualitária trouxe consigo teve reflexos nas mais profundas concepções das sucessivas autoridades da Igreja católica. Os comportamentos do clero em grande medida estão tingidos e determinados por essa visão de catolicismo e de argentinidade. Ante cada conflito que põe em jogo seu capital religioso e social, a Igreja estrategicamente o coloca em termos de nacionalidade. Assim, na discussão sobre a lei do divórcio, o confronto deixa de dar-se entre os que são a favor e os que são contrários a ele, e torna-se um enfrentamento entre estrangeiros e argentinos. A bizantina contenda em torno da ingerência religiosa na educação pública mostra a importância do ensino como instrumento para reproduzir valores cristãos na formação das novas gerações. Aqueles que se opõem, atentam contra a genuína identidade nacional.

Como dissemos, no novo esquema de poder, o catolicismo fez parte do Estado militar. A partir daí, tentou com relativo sucesso penetrar em todas as organizações da vida política e social. O processo de consolidação do aparelho eclesiástico nesse período se evidenciou em uma estrutura e em um formato que, em suas bases, não diferem em demasia do modelo atual. Foi nesse lapso da história argentina que ele mais cresceu em termos de paróquias, capelas e, fundamentalmente, da organização diocesana.[32] Entre 1933 e 1939 foram criadas onze dioceses,[33] o mesmo número que havia até esse momento, o que significa que em cinco anos foram fundadas tantas dioceses quanto no período de 1570 a 1933. Sem dúvida alguma, a Igreja passava por um ciclo de auge e esplendor.[34]

O novo desenho institucional permitiu, por um lado, adequar as províncias eclesiásticas à divisão política nacional. Por outro lado, a ampliação no número de membros da direção eclesiástica modificou tanto a composição social do corpo episcopal quanto o direcionamento da Igreja daí em diante. "Um novo tipo de clérigo, alheio às redes provinciais, subordinado à autoridade e à disciplina vaticanas e identificado com o modelo de romanização" (BIANCHI, 1997, p. 27), definia o perfil do episcopado. Os nexos estabelecidos com os nascentes grupos nacionalistas também eram consequência da renovação dos mais altos dirigentes católicos.

Como matriz cultural dominante, o catolicismo integral buscava estabelecer um clima de religiosidade capaz de idealizar novos imaginários sociais, tingidos dos princípios e valores cristãos. A organização do Con-

---

[32] Para fortalecer o projeto integral, era indispensável a expansão do catolicismo. Foi por isso que diversas ordens religiosas criaram colégios primários e secundários e que foi aumentado abruptamente o número de paróquias. A título de exemplo, em Buenos Aires, entre 1914 e 1939, a quantidade de paróquias passou de 33 para 105, enquanto que o crescimento populacional não chegou a 100%.

[33] Em 1934, a bula *Nobiles Argentina Nationis* de Pio XI confirmava que Azul, Bahía Blanca, Jujuy, La Rioja, Mendoza, Merdeces-Luján, Río Cuarto, Rosario, San Luis, Viedma e Resistencia eram as sedes das novas dioceses criadas. La Plata, Córdoba, Santa Fe, Salta, San Juan e Paraná tornaram-se hierarquia, assumindo o grau de arquidioceses.

[34] A designação do arcebispo argentino Santiago Copello como cardeal fomentou o processo de institucionalização. Foi um prêmio para a "romanização" da Igreja católica argentina.

gresso Eucarístico Internacional de 1934 inscreveu-se nesse quadro estratégico. O ar de catolicidade respirado durante os dias do Congresso afirmou o catolicismo como esteio da argentinidade.

A contundente mobilização popular fortaleceu o projeto integral de situar o catolicismo como pilar da identidade nacional. Tamanha demonstração de força – em dois dias de Congresso 1.200.000 crentes comungaram em Buenos Aires – também continha um alcance político. O governo militar se fez cada vez mais permeável aos condicionamentos do poder eclesiástico. "O ciclo de laicismo oficial praticamente havia terminado" (ZURETTI, 1972, p. 412). Já a classe dirigente argentina, em algum momento familiarizada com os ideais liberais e positivistas, reformulou suas adesões e acompanhou a hegemonia católica. Nesse sentido, o Congresso Eucarístico Internacional teve um efeito multiplicador. Irradiou espiritualidade sobre todas as camadas da sociedade. A Igreja haveria de recuperar a centralidade perdida desde a Colônia.

Por outro lado, o êxito dos resultados desse Congresso religioso reforçou os vínculos entre a Igreja argentina e a Santa Sé. Os organizadores tinham clareza de que o encontro traria relevância para o catolicismo argentino no mundo. Quando ulteriormente o cardeal Pacelli foi designado como Sumo Pontífice, a Argentina, que havia construído uma relação fluida com essa figura, transformou-se numa referência constante do Vaticano como modelo de cristianização (ZANATTA, 1996).

Em todos os segmentos, o Congresso Eucarístico Internacional constituiu-se como "fato marcante" para o posterior desenvolvimento da Igreja católica argentina. Porém, fundamentalmente, a notável manifestação de fé coletiva foi testemunha de que a Igreja havia deixado definitivamente para trás seu estado de pré-institucionalização para converter-se em um fator de poder real no cenário político nacional.

Se a Igreja católica avançou com a organização de sua rede institucional, o que então podemos dizer de quando uma de suas permanentes reivindicações, a educação religiosa nas escolas públicas, se tornou realidade? De fato, logo que o episcopado, inspirado na encíclica papal *Divini Illius Magistri,*[35] declarara em 1936, através de uma carta pastoral, que era imprescindível contemplar dentro da formação educacional o ensino religioso, vários governadores da década infame efetivaram com um decreto aquela "necessidade". Buenos Aires, Córdoba, Santa Fé, Salta, Corrientes e Catamarca deram lugar ao tão desejado objetivo da Igreja. No caso extremo da província de Catamarca, o Conselho Provincial de Educação decidiu junto com o bispo local a designação dos docentes e o conteúdo curricular dos programas de estudos. Em Córdoba, a Constituição Provincial designava o catolicismo como a religião da província (ZANATTA, 1996). A cristianização começava a cobrir toda a trama ideológica nacional. O catolicismo, através do ensino religioso, contribuía para uma formação moral unitária, para um sentimento de nacionalismo uniforme.

Apesar de não ter conseguido inscrever nas páginas da Constituição o caráter oficial da religião católica, sua percepção da cultura e da identidade nacionais como católicas levavam-na a atuar, de fato, como se a religião católica fosse *a religião* do Estado argentino. No plano da realidade, a Igreja católica havia sido capaz de impor com sucesso "um projeto político, social e ideológico alternativo ao liberal" (ZANATTA, 1996, p. 377).

Os benefícios alcançados pela Igreja católica nessa época levaram-na a experimentar um *modus vivendi* na relação com o Estado que perdurou por décadas. Referimo-nos à "proximidade ao Estado como principal eixo de ação", na medida em que se "prioriza o Estado em relação à sociedade, e a 'ordem estatal' à presença no 'conflito social', com o perigo latente de aparecer como 'braço religioso subordinado ao Estado' e não como movimento autônomo" (AA.VV., 1992, p. 282).

Durante a "década infame", pela primeira vez a Igreja se pronunciou explicitamente acerca dos acontecimentos eleitorais. Além do apoio

---

[35] O papa Pio XI fez referência à necessidade de que "todo o ensino e toda a organização da escola-professores, programas e livros, em cada disciplina- estivessem imbuídos de espírito cristão sob a direção materna da Igreja" (ZANATTA, 1996, p. 172).

conjuntural aos candidatos do regime de fato, ao longo da história, convocou os católicos a castigarem, através do voto, os partidos e candidatos propulsores da separação entre o Estado e a Igreja, da escola laica e do divórcio, bem como os partidários de uma vida moderna regida por valores seculares. Daí em diante, a intromissão nas questões políticas seria uma constante nas declarações da Igreja. A cada eleição, circularão cartas pastorais ou outros documentos oficiais que exibirão as posições da instituição e buscarão influir no comportamento eleitoral dos católicos em particular e da sociedade em geral.

Com o desenvolvimento do modelo de industrialização, a incorporação dos trabalhadores ao sistema político constituía o desafio do momento. A Igreja havia adquirido a força suficiente para pressionar a classe política nesse sentido, tornando-se assim intérprete das demandas da maioria carente. O catolicismo havia conseguido penetrar nas camadas dominantes, nos estratos médios, no Exército e nas universidades, e agora procurava expandir-se no coração de uma classe trabalhadora que crescia sob a luz do processo de industrialização. A política social da Igreja era um degrau a mais no projeto de cristianizar a sociedade argentina. Os ideólogos do catolicismo integral, ao incorporar a preocupação com a situação social através de seus quadros jovens, davam mostras de uma leitura adequada aos sinais do momento.

A ascensão do peronismo ao poder em 1946 encontrou o clero castrense, a juventude católica que simpatizava com as ideias nacionalistas e o catolicismo integral imbricados numa rede indissolúvel e dominante. O peronismo incorporou os valores e a cultura que a Igreja solidificou com o Exército em um projeto político. As bandeiras da justiça social e da identidade nacional e as lutas contra o liberalismo e o imperialismo foram herdadas do *corpus* doutrinário católico. Na nova ordem social, os setores hegemônicos do catolicismo viam que suas ideias e sonhos se tornavam realidade. No entanto, a convivência entre peronismo e catolicismo estava longe de ser uma eterna afinidade.

Antes de ser eleito presidente, desde a secretaria de Trabalho e Previdência, Perón dedicou-se à tarefa de definir os direitos dos trabalhadores e melhorar as condições trabalhistas através de múltiplas legislações – 13º salário, férias, redução da jornada de trabalho, salário-família, previdência social. Uma vez no governo, as políticas de moradia, saúde e educação visaram a satisfazer as necessidades dos setores mais carentes da sociedade. Dessa maneira, a inserção dos trabalhadores nas estruturas sindicais foi acompanhada por um respaldo e um compromisso explícito do governo peronista. De fato, os sindicatos operários, junto com o Exército e com a Igreja católica, constituíram um dos pilares que possibilitaram o acesso de Perón ao poder.

O modelo de sociedade que o peronismo propôs na "Comunidade Organizada"[36] nutriu-se de muitos dos fundamentos que o catolicismo integral havia conseguido impor em sua disputa contra os postulados da modernidade. O perfil nacionalista e anti-imperialista se traduzia em um projeto tão distante do capitalismo liberal quanto do coletivismo comunista. A organização dos indivíduos em corporações, o papel do Estado como mediador e conciliador dos diferentes setores sociais e, em termos ideais, o amor ao próximo como valor supremo consolidavam um projeto de sociedade compartilhado por Perón e pela Igreja.

Não eram poucos os argumentos que os católicos apresentavam para sentirem-se identificados com o movimento que nascia.

> A defesa da justiça social, a atenção prestada às classes mais necessitadas, a importância e a orientação nacional imprimidas no mundo operário, a valorização da tradição católica, a proclamação de uma doutrina inspirada nos ensinamentos da Igreja (...) explicam aquela simpatia e justificam seu apoio. (QUARRACINO. La Iglesia en Argentina durante los últimos cincuenta años. Revista Criterio, dez. 1997. Apud CAIMARI, 1994, p. 100).

---

[36] Na "Comunidade Organizada", Perón traçou as principais linhas da Doutrina Nacional Justicialista. As concepções da política, da economia, da sociedade, da família e do homem estavam contempladas nesse revelador livro da ideologia peronista. O forte matiz filosófico deixou entrever a influência na redação de Hernán Benitez de Aldama, sacerdote peronista por excelência.

No entanto, em consequência da eleição que possibilitou a Perón chegar à presidência pela primeira vez, alguns grupos minoritários do catolicismo – democratas e certos grupos do catolicismo social – confluíram na União Democrática, frente eleitoral opositora que reuniu conservadores, radicais e socialistas. O temor das famílias tradicionais dominantes frente ao "avanço das massas" e as políticas populistas em matéria social e trabalhista levaram o setor do catolicismo historicamente vinculado a elas a se solidarizar e marcar uma presença católica diferenciada. Partiam dessa corrente as denúncias contra o peronismo, por suas relações com o fascismo e até com o nazismo, bem como pela utilização e apropriação de simbologia e terminologia católicas para legitimar seus lemas.

Uma vez no exercício da presidência, a forma como Perón definiu seu governo – justicialista, humanista e cristão – não fez outra coisa além de acentuar as afinidades e simpatias com os setores principais da Igreja, aqueles que com mais afinco defendiam a bandeira da identidade nacional e católica. Perón lançou mão das encíclicas papais[37] para delinear seu discurso político e legitimar seu programa de governo. A justiça social, o bem comum, a harmonia entre os diferentes setores sociais, a intervenção do Estado nos pactos entre as corporações do trabalho e do capital, o papel da família como núcleo primordial da sociedade constituíam os pilares básicos da doutrina peronista. Situada numa terceira posição, ela se opunha tanto ao mercado liberal do livre jogo da oferta e da procura quanto à luta de classes apregoada pelo comunismo. Nem é preciso dizer que a instituição católica via refletidos, nas políticas do Estado, seus fundamentos doutrinários mais importantes.

---

[37] Referimo-nos às encíclicas *Non Abbiamo Bisogno, Mit Brennender Sorge, Divini Redemptoris e Rerum Novarum*. Inspirado nelas, Perón concebeu a terceira posição e formulou seus planos na área social.

Eram tempos de entendimentos mútuos e de convergência do peronismo com o catolicismo.[38] O primeiro cristalizava os sonhos da Igreja. A criação do Registro Nacional de Cultos, em 1946, reafirmava a proeminência do catolicismo relativamente aos outros cultos. Esse organismo obrigava todas as confissões, excetuando a católica, a se inscreverem e fornecerem as informações básicas de seu culto, para serem então legalmente reconhecidas.[39] A lei de ensino religioso nas escolas oficiais, aprovada em 1947, realizou finalmente um anseio antigo da instituição religiosa. As generosas contribuições financeiras que o Estado destinou à instituição eclesiástica possibilitaram a constituição de um clero nacional e a construção do novo seminário de Buenos Aires. No conjunto, essas iniciativas tenderam a consolidar as relações com a Igreja católica.

A Igreja, por seu lado, garantia a identidade nacional reivindicada pelo peronismo, impregnando com conteúdos cristãos os programas do governo. Na tentativa de ampliar sua presença na sociedade civil, o catolicismo desenvolveu a Juventude Operária católica; através das tarefas do apostolado social, entrou em contato e se articulou com as organizações de base peronistas.

Naquela época, o peronismo convocou alguns quadros da Igreja para ocupar diferentes secretarias de governo. Desse modo, o espaço legislativo contou com a presença do padre Virgilio Filippo, eleito deputado nacional e nomeado adjunto eclesiástico do presidente. Em vários setores, a instituição católica estava associada aos programas esta-

---

[38] A presença da fórmula presidencial nas missas oficiais da Igreja costumava ser retribuída com celebrações religiosas nos comícios do governo, comemorativos das "datas peronistas". Toda inauguração de escola, bairro, hospital, centro comunitário, recebia a bênção de alguma autoridade católica. A iconografia da Virgem de Luján, objeto de devoção nacional, não faltava em nenhuma estação ferroviária do país (CAIMARI, 1994).

[39] Na prática, os cultos que driblaram as instruções legais não sofreram as sanções previstas. Concretamente, os grupos pentecostais assentados nos setores populares poucas vezes cumpriram ao pé da letra os requisitos para sua admissão e, ainda assim, passaram longe dos rigores da lei.

tais. A colaboração da Igreja com o governo foi inigualável entre 1946 e 1949, se tomarmos como referência a história das relações Igreja-Estado no quadro do sistema democrático.

Em fins da década de 1940, a instituição eclesiástica encontrava-se em excelente posição. Ela contava com os recursos econômicos suficientes para consolidar seu funcionamento institucional, numerosos quadros religiosos estavam inseridos na estrutura do Estado, o peronismo não apenas implementava uma obra social com signo cristão, como também neutralizava qualquer prédica ideológica forânea. O ensino religioso nos estabelecimentos educacionais públicos atribuía à Igreja a função de formar a consciência das futuras gerações. Nada permitia pressagiar o surgimento de conflitos com o Estado peronista. No entanto, a complexidade da harmonia vaticinava ares de instabilidade. Apesar da aparente simbiose, o idílio não seria duradouro.

Com efeito, quando o peronismo avançou para segmentos considerados chaves no projeto de catolicização da sociedade, os conflitos com a Igreja católica apareceram no cenário. A "peronização" da educação[40] e a "politização" das tarefas de assistência social visavam afastar a Igreja de suas áreas "naturais" de incumbência (BIANCHI, 1994). Para além dos modelos societários compartilhados, o peronismo e o catolicismo se posicionavam, cada um por seu lado, como identidades "totalizantes" que, mais cedo ou mais tarde, entrariam em colisão.[41] O grau de preocupação eclesial era diretamente proporcional à ingerência do Estado peronista nas questões de influência tradicionalmente religiosa.

---

[40] A ênfase na revisão e na releitura da história, reivindicando os líderes que o liberalismo tinha desconhecido, e na exaltação da figura de Eva Duarte, esposa do presidente e responsável pelas tarefas de tipo social concentradas na fundação que tinha seu nome, empurraram para um segundo plano as pautas ético-religiosas na formação educativa. De fato, o Poder Executivo controlava a Direção-Geral de Ensino Religioso, órgão encarregado da implementação dos conteúdos da lei (CAIMARI, 1994).

[41] De fato, se considerarmos como referência a variável institucional, destaca-se o fato de que, ao longo de dez anos de governo peronista, quase nenhuma diocese ou arquidiocese foi criada. O controle e a restrição do crescimento institucional da Igreja católica eram vitais para as aspirações hegemônicas do peronismo.

Por outro lado, o desdobramento de toda uma simbologia mítica em torno da figura de Perón enquanto líder carismático e objeto de culto à autoridade despertava suspeitas no seio da instituição eclesial (Dri, 1997). O peronismo utilizava os princípios cristãos para definir sua doutrina, porém incorporando-os numa síntese "superadora", onde a religião era um dos fundamentos, mas não o único. O peronismo também se propunha a regulamentar todos os âmbitos da ação humana. Ainda que no início aparecesse inspirado no cristianismo; com o passar do tempo, ele se apresentou como uma instância superior do catolicismo.

> O episcopado não se encontra mais perante um candidato em busca de simpatias, evocando humildemente a autoridade das encíclicas, mas perante um presidente instalado no poder, disposto a reivindicar ideologicamente o cristianismo, porém numa posição de força, apropriando-se dele (Caimari, 1994, p. 118).

A confusão foi o sintoma geral experimentado pela instituição religiosa. Embora fosse verdade que os ideais religiosos eram transformados em realizações concretas, o catolicismo ficava absorvido pelo imaginário social peronista. Por outro lado, os esforços por unificar e concentrar as estruturas e experiências católicas pareciam estar desaparecendo. Uma quantidade importante de quadros religiosos tinha sido incorporada aos esquemas do governo, e, na medida em que eram anexados à lógica do peronismo, eles se afastavam dos espaços católicos de participação; outros se concentravam no trabalho nos bairros operários, operando com demasiada autonomia em relação à hierarquia eclesial. Vários sacerdotes "convertidos" ao peronismo, entre eles o mencionado Virgilio Filippo e Hernán Benítez de Almada, sacrificaram sua carreira eclesiástica para se dedicar integralmente à causa peronista.

A complexidade da situação não fez senão propagar o estado de deliberação e desorientação no interior da Igreja católica. O peronismo tinha-se apropriado da simbologia católica, conjugando-a com o perfil operário característico do movimento. O "trabalhador sem camisa" – *descamisado* – e o "culto a Santa Evita"[42] faziam parte do imaginário social peronista. Com o passar do tempo, a vocação peronista para regulamentar todos os âmbitos da vida social transpareceu, impondo sua supremacia mesmo naqueles setores tradicionalmente controlados pela instituição eclesial. Concretamente, a influência das autoridades da Igreja na educação religiosa e nas políticas de assistência social experimentou um claro retrocesso, ainda que essas áreas tenham conservado uma marca católica durante a gestão do peronismo.

Definitivamente, duas identidades que se apresentavam como absolutas, "totalizantes" e excludentes, dentro de um mesmo território, não podiam senão entrar num conflito de competências na corrida para se consolidar o único princípio fundador e organizador da sociedade (BIANCHI, 1994). Se aceitarmos essa linha interpretativa, poderemos entender os desencontros sucessivos e as rivalidades crescentes desencadeadas entre o catolicismo e o peronismo, desde 1950 até o golpe de Estado de 1955, que derrubou o governo de Perón.

Por outro lado, o alto grau de personalismo no estilo de condução de Perón incidiu para que as instituições que inicialmente tinham participado de seu governo se afastassem dele, com o passar dos anos. O sentimento comum de exclusão logo congregou a Igreja e o Exército numa frente opositora. A polarização política vivida naquela época provocou uma modificação nos termos da dicotomia: a oposição nacionalismo/liberalismo foi substituída pelo antagonismo peronismo/antiperonismo. Como a filiação ao universo peronista apenas podia ser concebida a partir

---

[42] A doença e a morte prematura de Eva Duarte foram acompanhadas por um conjunto de manifestações religiosas impulsionadas a partir do peronismo. Houve pedidos de rezas por ela e orações por sua saúde; depois de falecida, sua imagem foi associada ao martírio. "A construção de uma mitologia para-religiosa em torno de Eva Perón dificilmente poderia continuar coexistindo com a reivindicação de uma religiosidade institucionalizada e tradicional" (CAIMARI, 1994, p. 224-225).

de uma posição submissa e subordinada, a Igreja católica optou lentamente por se instalar na direção contrária.

Nesse contexto, todas as manifestações, religiosas ou de outros tipos, surgidas nos setores populares, eram potenciadas e incorporadas na estrutura política do peronismo. As tendências burocratizadoras da Igreja, juntamente com as práticas religiosas rotineiras e carentes de misticismo, explicam até certo ponto o fracasso político no âmbito da religiosidade popular e, por isso, sua escassa contribuição à causa peronista, nesse terreno. Por essa razão, não foi surpreendente o estímulo oficial à penetração espírita, primeiro, e à pentecostal, depois, apesar da indignação dos quadros católicos, que exigiram a proibição, pelo Estado, dessas práticas religiosas dissidentes.

Desde a visão eclesiástica, a atuação do peronismo não tinha limites. À sua inserção em temáticas educacionais e tarefas de assistência social, somava-se o avanço no plano religioso. Àquela altura, a Igreja comprovou que a relação com o peronismo tinha se deteriorado até chegar a um ponto sem retorno. Como pano de fundo, o fator explicativo dessas desavenças continuava o mesmo: a hegemonia, disputada por duas identidades com lógicas excludentes entre si. As concepções de totalidade do peronismo e do catolicismo não eram compatíveis. O cristianismo peronista *vs.* o catolicismo institucional compunham a rivalidade do período (Aa.Vv., 1992; Caimari, 1994). A filiação ao peronismo, assim como ao catolicismo integral, supunha uma adesão total, "do conjunto da vida"; a devoção ao peronismo exprimia-se no trabalho, na escola, nas organizações de bairro. De alguma forma, a pessoa convertia-se ao peronismo. Daí a definição deste como religião política. O justicialismo se erigiu como a salvação em face das opções do liberalismo e do comunismo.

Nos últimos anos de Perón no governo, o catolicismo se posicionou declaradamente no espaço da oposição, enquanto os conflitos com o peronismo recrudesciam até derivar em surtos de violência – militantes do movimento político incendiaram várias igrejas[43] e a Cúria Eclesiástica de Buenos Aires, e alguns dirigentes da mais alta hierarquia católica foram expulsos do país. Empurrada pelos acontecimentos, a Igreja se dobrou novamente às estratégias dos setores dominantes. Percebeu que as práticas intimidadoras do peronismo nos últimos anos tinham eliminado qualquer garantia de sua predominância no campo religioso, estipulada pela Constituição Nacional. A procissão de Corpus Christi de 11 de junho de 1955 teve um claro viés político, com a participação de manifestantes dissidentes e contrários ao peronismo.[44] Mesmo como opositora, a Igreja católica ainda manteve uma certa relevância como ator político-social. O golpe de Estado daquele ano mostrou-a novamente ligada ao Exército: os aviões que bombardearam a Casa de Governo traziam inscrito o lema "Cristo Vence".

Como em épocas anteriores, em momentos de crise, o Exército e a Igreja católica se mostraram articuladamente fiadores de uma pátria e de uma argentinidade que, a partir da sua ótica e interesses, estavam em perigo.

2.4. Novas mudanças nos cenários nacionais e internacionais

No começo da década de 1950, o Brasil foi testemunha do predomínio da indústria, com a particularidade de que as empresas entrariam num processo de transnacionalização. Como um estágio embrionário da globalização atual, a economia assumia facetas impensadas no que diz respeito à integração planetária. O progresso tecnológico consolidou um modelo de desenvolvimento que

---

[43] As igrejas de São Francisco, São Inácio, São João Batista, São Nicolau de Bari, São Miguel Arcanjo, Santo Domingo, Nossa Senhora das Mercês, Nossa Senhora da Piedade, Nossa Senhora do Socorro e Nossa Senhora da Vitória foram danificadas pelos ataques dos grupos civis.

[44] Enquanto a procissão transcorria, proibida pelo governo peronista, um grupo de católicos, em aberta declaração de guerra, colocou a bandeira do Vaticano no lugar da Argentina, diante do Congresso Nacional. Além disso, é importante acrescentar que o Poder Executivo expulsou do país os bispos que celebraram a missa de Corpus Christi na catedral Metropolitana.

experimentou um crescimento econômico considerável, mas que por outro lado tornou ainda mais complexa a estrutura da sociedade. A incontestável modernização do sul e do sudeste ampliou as diferenças com as outras regiões do país. O processo de acumulação do capital industrial gerou um empobrecimento da população rural e uma acelerada conformação da traça urbana, porém sem planejamento nem fornecimento de infraestrutura no que tange a rede de esgoto, moradia, serviços de transporte, de educação e saúde. No plano político, pela primeira vez vigorava no Brasil um regime de democracia plena, com um notável engajamento da população nos partidos políticos. Em virtude de um contexto internacional radicalizado – a experiência da Revolução Cubana em 1959 mostrava o socialismo como uma alternativa possível – e de um panorama nacional envolvido na abertura democrática, mas também na maior concentração da renda, as demandas sociais aumentaram.

No campo religioso, o catolicismo sofreu a erosão do monopólio da produção de bens de salvação, a queda nas vocações sacerdotal e uma perda de quadros religiosos. Sua capacidade para estabelecer o conjunto de normas orientadoras das estruturas mundanas não teve a mesma eficácia, evidenciando-se uma defasagem entre as pautas de comportamento prefixadas e os costumes dos fieis. Para uma instituição milenar como a católica, a crise de vocações implica uma quebra na engrenagem da reprodução de seu edifício. Antigamente, a carreira religiosa era um meio de mobilidade social ascendente. Com o desenvolvimento industrial, uma gama de alternativas vocacionais resultou mais atraente do que o ingresso na carreira sacerdotal. Fundamentalmente nas grandes urbes e nas famílias de classe média, a opção religiosa deixou de ser uma escolha de vida. Apenas nos ambientes rurais, seja por tradição ou por continuar a linha empreendida por algum integrante familiar, manteve-se o número de incorporações no seminário religioso.

A propagação do protestantismo, em suas diferentes variantes, acompanhou o processo de urbanização e industrialização. O crescimento das denominações pentecostais encontra uma explicação na estratégia de conformação de comunidades pequenas por parte desses grupos.

A reprodução de uma sociabilidade equivalente à experimentada nos povoados de origem promove sentimentos de pertença e preenche o vazio ocasionado pelo desenraizamento da população migrante, a ruptura dos laços orgânicos e a dificuldade em se adaptar à ética utilitarista e à lógica de consumo que vigora nas grandes cidades. A conjunção entre o vínculo mais direto com Deus e a ênfase nas funções curativas da religião contribuiu no sucesso das experiências evangélicas. O espiritismo e as religiões afro-brasileiras também viveram uma fase de expansão a expensas das adesões católicas. O rápido crescimento dessas denominações religiosas enfraqueceu a presença do catolicismo na sociedade civil e fraturou sua hegemonia no campo religioso.

A crise das vocações e o surgimento de propostas religiosas alternativas solaparam as fontes do poder católico em meados do século XX. Como a Igreja iria reclamar um atendimento privilegiado por parte do Estado se seu tradicional argumento, a "catolicidade" do povo brasileiro, já era motivo de controvérsia? Definitivamente, as rápidas transformações na estrutura econômica, social e urbana junto com a acirrada competência no campo religioso obrigaram a uma reformulação da atuação de uma hierarquia eclesiástica preocupada pela debilidade de sua penetração nas áreas urbanas.

> Numa palavra, se a Igreja começa a mudar nos anos 50, é porque as grandes massas de católicos, ao serem mobilizadas pelo rápido processo de penetração e expansão do capitalismo industrial, começam a passar, visivelmente, da mera passividade a uma certa atividade reivindicativa e passam a ser disputadas por concorrentes ideológicos decididos, não apenas de cunho profano, mas também de caráter religioso (CAMARGO; SOUZA; PIERUCCI, 1984, p. 355).[45]

---

[45] Na Argentina, a incipiente aparição de expressões religiosas não católicas a começos da década de 1950 não constituiu uma ameaça real ao monopólio católico no campo religioso. Até porque o Estado continuava a garantir aquele domínio. Teve de esperar até os anos 1980, com a redemocratização, para o pluralismo religioso se desenvolver com certa dimensão.

A nova realidade desafiava o modelo de neocristandade que o cardeal Leme tinha impulsionado com relativo sucesso na década de 1930. Se a inovação nas estratégias de influência foi coibida pelo perfil do arcebispo do Rio de Janeiro e o retorno da Igreja à esfera pública, a constatação da pobre inserção católica na cultura instava a uma reavaliação do *modus operandi* instrumentado pela liderança católica. As premissas doutrinárias tinham escassa ascendência sobre a cotidianidade da população, e os comportamentos religiosos desta refletiam a combinação sincrética de elementos e crenças de diferentes religiões (Bruneau, 1974).

Só com a multiplicação de esforços na arena social – e com uma virada nas formas de abordar o trabalho nesse campo – a Igreja brasileira conseguiria reverter o estado de estagnação que a envolveu após a morte do cardeal Leme. A presença na luta dos camponeses nordestinos, as iniciativas educacionais nesse setor, o acompanhamento dos conflitos da classe operária e, de um modo geral, a substituição da tradicional caridade cristã pelo engajamento e promoção de uma mudança social colocariam novamente a instituição eclesiástica no primeiro plano da cena nacional.

Novamente uma figura emblemática sintetizará o perfil da Igreja na época. Estamos nos referindo a Helder Câmara, nomeado bispo auxiliar do Rio de Janeiro em 1952. Em boa sintonia com o Núncio Apostólico Carlo Chiari, Helder batalhou para unificar a Igreja de todo o país, articular o disperso trabalho pastoral dos bispos e fornecer uma estrutura de comunicação e integração duradoura entre os prelados. A criação da Conferência Nacional dos Bispos do Brasil – CNBB – no mesmo ano e a designação de Helder como secretário-geral iniciariam uma nova etapa no catolicismo brasileiro. Mesmo com uma competência limitada,[46] a CNBB

---

[46] É importante destacar que as Conferências Episcopais não constituem um órgão superior com atribuições para regular as administrações diocesanas. Tal como estipula o cânone 455 do Código de Direito Canônico, os prelados, por instituição divina, gozam de uma potestade própria, ordinária e imediata sobre suas Igrejas particulares, regulada unicamente pelo Sumo Pontífice. Em outras palavras, a ingerência das Conferências Episcopais não atinge o campo de ação diocesano, sobre o qual o dignitário tem plena autoridade. Enquanto estruturas orien-

tinha entre seus objetivos principais "revitalizar as linhas de comunicação entre os bispos, superar as lacunas individuais dos membros do episcopado (...)" (NOGUEIRA, 1979, p. 28). Primava "um desejo comum de modernizar a administração da Igreja e de alargar sua influência de forma a permitir-lhe fazer face às diversas ameaças que eram intuitivamente detectadas nas mudanças sociais e políticas do país" (ALVES, 1979, p. 66). Também a maior complexidade da sociedade exigiu a conformação de um organismo estável, capaz de articular as gestões diocesanas e difundir as posições da Igreja em relação aos diversos assuntos de relevância nacional.

Liderada pelo grupo de bispos nordestinos, a Conferência Episcopal assumiu uma forte preocupação com os setores marginalizados. A dura realidade social daquela região e a organização de ligas camponesas avessas ao catolicismo inquietaram uma hierarquia eclesiástica perceptiva da possibilidade de perder presença não apenas no terreno urbano, mas também no meio rural. A ameaça de um avanço comunista – latente ou manifesta, pouco importa para a construção de um imaginário de confrontação –, intensificada pela Revolução em Cuba, em 1959, também contribuiu na até então inédita inclinação eclesiástica a favor de reformas na área social.

---

tadas para a ajuda e a coordenação pastoral, não estão facultadas para regulamentar ou modificar as normativas fundamentais da Igreja. A tradução de livros litúrgicos, a promoção e formação de vocações sacerdotais, a elaboração de materiais para catequeses, a tutela das universidades católicas e de outras instituições educativas, o compromisso ecumênico, as relações com as autoridades civis são algumas das funções mais relevantes das conferências de bispos. Trata-se de uma instituição contingente, regulada pelo Direito e desprovida de competências no plano doutrinário.

O Concílio Vaticano II, se bem não modificou o *status* teológico dos colégios episcopais, alargou sua área de competência através do Decreto sobre o ministério pastoral dos bispos *Christus Dominus*. Nesse texto, ressalta a "extrema conveniência que, em todo o mundo, os bispos da mesma nação ou região se reúnam em uma assembleia, em datas previamente determinadas, para que, na comunicação das perspectivas de prudência e da experiência, e na troca de pontos de vista, se forme uma santa união de forças a serviço do bem comum das Igrejas" (BRUNEAU, 1974, p. 201). No entanto, o *Instrumentus laboris* de 1987, elaborado pela Congregação para os Bispos, limitou o campo de ação das Conferências Episcopais, alertou sobre os perigos de se constituírem em órgãos burocráticos decisórios ou reivindicarem uma autonomia perante a Santa Sé e, finalmente, remarcou a total subordinação desses organismos ao magistério da Igreja universal.

A literatura especializada existente é unânime em sinalizar a mudança de rumo da instituição católica nesse período histórico. Ora, porém, poucos aprofundam a questão da gênese desse processo. Apenas Thomas Bruneau, com uma inocultável lógica da causalidade em sua análise, fez questão de ressaltar a "grande correlação entre a reação da Igreja em direção à mudança social e as ameaças de natureza política à geração e exercício da influência" (BRUNEAU, 1974, p. 145). Contudo, não está claro por que as mudanças foram orientadas em um sentido e não em outro. Em outras palavras, se bem pode-se estabelecer uma associação entre o avanço da secularização, o crescimento de outras denominações religiosas e a perda de influência católica nas elites dirigentes e nas populações urbanas com o processo de mudança experimentado pela Igreja nessa conjuntura, não está claro por que a instituição católica assumiu um compromisso de tal magnitude com as camadas mais preteridas da população ao invés de reafirmar sua prática pastoral nos princípios da teologia dogmática. Futuras pesquisas concentradas nessa temática proporcionarão maiores elementos explicativos sobre a guinada nas concepções e comportamentos do episcopado brasileiro.

O certo é que de forma concomitante ao processo de inculturação na realidade brasileira, a condução da Igreja deixava de lado o viés romanizado que a tinha caracterizado desde finais do século XIX. As primeiras declarações e documentos da CNBB abordaram a problemática econômica e social como parte intrínseca do labor pastoral. Os pronunciamentos a favor da reforma agrária testemunhavam essa virada no discurso episcopal. Em 1954, o órgão episcopal declarou que "as exigências de justiça social (...) estão a chamar por uma reforma de base e de métodos no atual sistema de vida rural" (PASTORAL DA TERRA. *Apud* MAINWARING, 1989, p. 73).

Cabe salientar que a estruturação do máximo organismo católico se guiou pelo desenho organizacional das agremiações laicas (Ação Católica, Juventude Operária e Universitária). Não apenas isso, as lideranças dessas organizações acompanharam o processo de fundação da Confederação dos

Bispos. A participação dos bispos nas Semanas Nacionais da Ação Católica iluminou o caminho na geração de um espaço orgânico no episcopado. Os Departamentos Nacionais da ACB que coordenavam diversas áreas pastorais serviram de parâmetro no desenho dos Secretariados Nacionais da CNBB. A mesma relação de continuidade poderia estabelecer-se entre os Regionais da ACB como antecessores dos Regionais da CNBB.

Talvez tenha sido aquela presença do apostolado leigo nas origens da CNBB a que explique a fluida interação entre os prelados e os militantes católicos. Interação que permitiu, de um lado, um maior nível de sintonização do alto clero no que diz respeito às demandas e problemáticas sociais e, de outro, uma ingerência relativa dos quadros leigos no traçado do rumo institucional. De fato, têm participado com certa frequência nas Assembleias Plenárias. A sequência de bispos auxiliares escolhidos para os cargos mais importantes do organismo episcopal, em contraste com a designação majoritária de arcebispos e cardeais no caso da conferência argentina, é outro indicador do perfil menos hierarquizado do alto clero brasileiro. Como pano de fundo, o modelo de aparelho religioso imposto pelo processo de romanização, concentrado no poder da autoridade, mostrava-se, se não contestado, pelo menos reformulado.

A comunicação mais vertical entre os bispos e os fiéis na Argentina e o menor grau de influência destes últimos na tomada de decisões, refletirão um perfil de Igreja mais equidistante e mais entrosado na realidade do poder político do que nas questões sociais. Enquanto o engajamento nas redes organizacionais de base adquiria dimensões nacionais no caso brasileiro; na Argentina, foram alguns bispos, no contexto de suas dioceses, os que manifestariam uma atitude equivalente. Sublinhar essa consideração será de vital importância quando formos analisar o contraste dos pronunciamentos e das práticas pastorais de ambos os episcopados no último quarto do século XX.

A chegada do novo núncio, Armando Lombardi, em 1954 fortaleceu ainda mais o processo de institucionalização do episcopado. A participação do delegado papal nas questões eclesiásticas foi notória. Assistiu às reuniões da CNBB, acompanhou as declarações do episcopado com alto conteúdo social – Campina Grande em 1956, Natal em 1959 e São Paulo em 1960 – e influiu na nomeação de uma nova geração de prelados que conduziria o rumo da instituição nas décadas seguintes. Nos dez anos que esteve como delegado do papa no Brasil, foram criadas 48 dioceses, 11 arcebispados e 16 prelazias. Sob sua gestão, 109 bispos e 24 arcebispos resultaram nomeados (ALVES, 1979). Como poderá advertir-se, o catolicismo brasileiro viu transfigurada sua fisionomia como instituição. Além disso, em virtude da incorporação de padres jovens com um perfil renovador, o episcopado conquistou um dinamismo nunca antes experimentado.

A secretaria comandada por Helder constituiu-se no centro dinamizador da Conferência Episcopal. Assumindo a responsabilidade de se relacionar com as autoridades do poder civil, ele afirmou a disposição de colaborar com o Estado, mas pediu garantias para desenvolver com liberdade o trabalho pastoral em áreas de tradicional influência católica: educação, saúde, comunicação, assistência social. O espírito empreendedor da gestão de Helder tornou sua figura a imagem pública da Igreja. Na cabeça do órgão mais atuante da instituição, sua influência na tomada de decisões foi maior do que a dos próprios cardeais e dos integrantes restantes da Comissão Permanente.

O eixo da ação pastoral girou ao redor da promoção social, deixando num segundo plano as questões de ortodoxia doutrinária. Aos poucos, a Igreja estava mudando o *modus operandi*, a metodologia de agir, em face da sociedade civil. Sensibilizada pelas reivindicações de uma classe operária em crescimento, concentrou a ação pastoral nesse terreno. No entanto, não desprotegeu o vínculo concordatário com o poder político, herdado da época de Vargas e Leme. O Estado continuava a ser um agente indispensável para a mudança social.

Esse perfil da política eclesiástica foi legitimado pelo papa João XXIII, quando afirmou a importância da contribuição da Igreja brasileira na melhoria da qualidade de vida das camadas mais preteridas da sociedade. Nas encíclicas *Mater et Magistra* de 1961 e *Pacem in Terris* de 1963, o Sumo Pontífice atendeu aos problemas das nações subdesenvolvidas e fez referência à questão agrária. Com a significância das alocuções vaticanas como respaldo, o episcopado ensaiou uma reflexão crítica no que tange à propriedade privada, ao lucro desmedido e ao regime de latifúndio e terras improdutivas nas áreas rurais.

A Igreja brasileira entrava assim numa nova fase histórica, entrosada nas necessidades da população e relegando o modelo restaurador que foi hegemônico durante boa parte do século XX. Subordinada ao poder imperial durante boa parte do século XIX e constrangida pelas diretrizes vaticanas na primeira parte do século XX – o viés estrangeiro do clero foi funcional a esse projeto –, a instituição católica exprimia agora uma preocupação em traçar seu próprio percurso.

Uma série de iniciativas que priorizavam mais questões de ética política e menos de assuntos doutrinários e litúrgicos, mostrava com clareza o evoluir das mudanças iniciadas pela hierarquia eclesiástica. Como pano de fundo, afirmava-se uma presença no mundo temporal, como materialização da convicção de que "o plano espiritual abrange o homem todo" (EU OUVI OS CLAMORES DE MEU POVO, 1973). Assim, a missão divina devia concretizar-se na própria realidade terrena. O imperativo categórico da salvação instava a uma ação "aqui e agora".

Se a predisposição a se envolver com o poder e a política não exibia sintomas originais em relação ao passado, o compromisso com a mudança social sinalizava claramente uma ruptura com o *modus operandi* utilizado pela Igreja em face da sociedade civil nas etapas precedentes (BRUNEAU, 1974). O Plano de Emergência de 1962 e especialmente o Plano Pastoral de Conjunto de 1965 implicaram o ponto de partida na mutação da tradicional inserção católica na sociedade. Respondendo ao pedido do papa João XXIII para os bispos desenharem um planejamento pastoral integrado e contínuo, o primeiro plano, de caráter transitório, visou a renovar as estruturas paroquiais. Já o Plano Pastoral de Conjunto, significou a adaptação da Igreja local às conclusões do Concílio Vaticano II,[47] mas repensadas em função da realidade brasileira. A aceitação da pluralidade de engajamentos políticos, sociais e até religiosos como um fato da realidade refletia uma adequação do pensamento católico aos "sinais dos tempos". Ambos os planos testemunhavam a aptidão da cúpula eclesiástica para elaborar um programa de ação social com clareza de objetivos e colegialidade interna.

A experiência do Movimento de Educação de Base – MEB – supôs uma interpenetração eclesiástica-estatal na tarefa de alfabetizar e libertar as comunidades rurais nordestinas de situações de servidão. O Estado aproveitou a implantação e penetração capilar da Igreja no tecido social para executar os planos governamentais – a extensa rede de escolas radiofônicas católicas foi funcional ao projeto –, enquanto a instituição religiosa se beneficiava ao ser ela quem levava as melhorias nas condições de vida daquela população. Mesmo dirigido por um conselho de bispos, a organização e a administração do MEB estavam nas mãos dos leigos. Em virtude daquele empreendimento, ligado ao desenvolvimento das ligas camponesas da cana-de-açúcar no nordeste, ampliou-se a rede de sindicatos e foram formados quadros dirigentes para lutar contra o caráter autocrático do sistema de produção rural. A maior contribuição do MEB visava a conscientizar os camponeses das relações de dominação nas quais estavam inseridos, ultrapassando assim os iniciais objetivos de alfabetização. A organização dos trabalhadores rurais e a educação de base tornaram-se os instrumentos que garantiram a presença da Igreja tanto no meio rural quanto no urbano. Para aquele, então,

---

[47] A Constituição *Gaudium et Spes* deu um marco ao serviço da Igreja no mundo temporal. Colocou a instituição num plano independente das estruturas políticas e reconheceu o valor histórico e, portanto, mutável da cultura. Nesse sentido, a Igreja devia posicionar-se dentro de um universo secularizado, aceitando sua dinâmica autônoma. Por outro lado, o Concílio fez questão de encorajar a missão social católica, ao tempo que valorizou o papel do laicato dentro de uma concepção de Igreja como povo de Deus. Contrária a uma escatologia centrada no além, onde o mundo era considerado um "vale de lágrimas", as orientações conciliares forneceram um embasamento teológico para os sujeitos serem artífices da própria história.

a Igreja se apresentava como a força social mais importante para o novo curso reformista que previa a reforma agrária no campo, a industrialização da região, a elevação dos padrões de vida da população no campo educacional, nutricional, sanitário e habitacional (Beozzo, 1993, p. 47).

O entrosamento entre a Igreja e o Estado no planejamento e na instrumentação de programas sociais atingiu dimensões inéditas. No entanto, a articulação de ambos os campos não implicou um comportamento da Igreja atrelado ao governo. Observava-se um esquema de complementaridade de esforços, mas não de justaposição de funções e legitimidades recíprocas. Entenda-se bem: primava uma coincidência de objetivos entre esferas que se reconheciam separadas, e não uma interpenetração entre as estruturas. Diferente da inter-relação no período de Vargas, sustentada nas relações pessoais entre o presidente e o cardeal Leme e que desembocaram em vínculos entrelaçados; nessa oportunidade, a aliança se fortalecia com ações sociais conjuntas, respeitando-se as incumbências de cada uma.

Outros projetos governamentais, como a Superintendência do Desenvolvimento do Nordeste – SUDENE –, destacaram-se também pelo trabalho integrado. Criada em 1959, tendeu a modernizar a região nordestina, diminuir os desequilíbrios econômicos e sociais do país e, de um modo geral, exteriorizar um acionar estatal promovendo a integração da nação. Por outro lado, a instituição católica obteve financiamento tanto para seus programas de educação de base quanto para as escolas e universidades que ministrava. Sempre atenta às mudanças no campo educacional, a Lei de Diretrizes e Bases da Educação Nacional de 1961 foi o fiel reflexo das concepções da Igreja na matéria. Através da Associação de Educação Católica – AEC –, a instituição religiosa garantiu que seu ponto de vista fosse levado em conta no momento da formulação da nova legislação.[48] Assim, logrou fundos públicos

---

[48] A CNBB sustentou o desempenho da AEC. Reunida em Goiânia, ressaltou a importância do papel da educação na constituição da família. Considerando a religião católica como pilar da estrutura familiar, o Estado tinha obrigação de assistir financeiramente o sistema educacional particular. "Podemos ver aqui uma tentativa bastante clara de usar a cultura católica do país como base de um argumento para alcançar o poder do Estado e assim manter ou aumentar a influência" (Bruneau, 1974, p. 130).

para as escolas particulares, participação nos conselhos de educação e equivalência entre os diplomas dos colégios religiosos e dos públicos.

Naquela época, a efervescência juvenil também atingiu o ambiente católico. O auge dos grupos especializados da Ação Católica (principalmente a Juventude Universitária Católica – JUC – e a Juventude Operária Católica – JOC) correspondia-se com o processo de mobilização dos estudantes franceses e com a aplicação da metodologia "ver, julgar e agir" que eles estavam instrumentando em seu território. As concepções teológicas de Lebret, Chenu e Lubac eram incorporadas por essas organizações e traduzidas em uma pastoral prática engajada com a mudança social. A expansão desses grupos, mesmo subordinados à hierarquia eclesiástica, acarretou no médio prazo uma maior presença e influência do laicato nas decisões tomadas pelo episcopado. O andar do máximo corpo católico nas décadas seguintes revelaria uma particularidade dos prelados brasileiros sem paralelos em seus pares da região: a capacidade para perceber e processar em seu interior a visão secular do mundo dos fiéis e da sociedade em sua totalidade.[49] Essa qualidade terá uma incidência direta na configuração do perfil institucional da Igreja brasileira das últimas décadas do século XX. Como bem sinaliza Ralph Della Cava, essa disposição inscreve-se na lógica milenar da instituição de se *"aggiornar"* para conter e incorporar as inovações provenientes do entorno social (DELLA CAVA, 1975). A Igreja não podia deixar passar o trem da renovação sem o comando do veículo. Assim, a aliança entre os movimentos camponeses e operários urbanos e a direção eclesiástica constituiu-se como uma experiência inédita.

Naquela reunião de Campina Grande, os bispos do nordeste manifestaram com total clareza seu apoio às camadas mais oprimidas da população, ao tempo que denunciaram o caráter injusto do sistema econômico.

---

[49] Nada mais eloquente e pragmático que uma afirmação que circulava por aquela época na CNBB. Estamos nos referindo à inexorabilidade do processo de reforma social, com ou sem o acompanhamento eclesiástico. Só que, no segundo caso, tal processo teria um viés anticatólico. Em conclusão, melhor tomá-lo como próprio e orientá-lo desde os valores cristãos.

O documento foi o pontapé inicial do posicionamento da condução eclesiástica junto aos setores mais pobres da sociedade brasileira. A despeito de condenar o comunismo, os bispos reconheciam a imoralidade do modelo capitalista.[50] Resultado disso, os grupos militantes católicos desdobraram esforços e orientaram suas ações na promoção das Comunidades Eclesiais de Base. Esses agrupamentos populares, sínteses da interseção entre a esfera religiosa e a esfera política, eram pensados como espaços de socialização para uma leitura e reflexão da Bíblia ancorada na realidade do país. Como âmbitos de superação da dicotomia Igreja-mundo, a evangelização e a transformação social faziam parte de um mesmo programa pastoral.

Em sintonia com os planos pastorais de 1962 e 1965, as CEBs tiveram um grande impulso nos anos 1970, quando a luta contra as desigualdades sociais havia adquirido uma dimensão nacional. A estratégia desenvolvida junto às comunidades de base visava a "ultrapassar o Estado na corrida rumo ao domínio das populações marginalizadas pelo processo econômico nacional, no campo e na cidade" (ROMANO, 1979, p. 191). Mais uma vez, as contradições e ambiguidades permeavam a rede de relações entre a Igreja e o Estado, mergulhada em cíclicas situações de complementaridade e de concorrência.

Tanto o encontro de Campina Grande quanto a organização da Semana Nacional da Ação Católica, realizada no Rio de Janeiro, em 1957, foram preparados por quadros leigos, testemunhando "uma nova forma de relacionamento intraeclesiástico entre pastores e fiéis" (CAMARGO; SOUZA; PIERUCCI, 1984, p. 360). Como foi sinalizado, a troca de ideias entre

---

[50] O documento da Comissão Central da CNBB voltaria a essa questão, transmitindo com clareza a posição episcopal diante dos dois modelos de sociedade. "O comunismo ateu explora ativamente a situação [em referência aos processos de concentração econômica e injustiças sociais], enquanto o capitalismo liberal, não menos ateu, se beneficia da agitação comunista. Jamais houve neste país nem maior, nem mais criminoso domínio das forças econômicas, desviadas de seus altos objetivos de prover as necessidades do bem comum pela justa e equânime distribuição das riquezas" (BEOZZO, 1993, p. 54). É interessante sublinhar a ascendência romana na idiossincrasia do episcopado. Tanto o alto clero argentino quanto o brasileiro fizeram repetidas menções de repúdio ao comunismo, acompanhando as denúncias vaticanas. Só que no contexto sul-americano, eram remotas as chances para a consagração de um regime de tais características.

bispos e militantes permitiu não apenas uma maior percepção da realidade por parte dos primeiros, mas também uma real influência dos fiéis no pensamento e na ação da cúpula episcopal. Do mesmo modo, registrou-se uma mudança na metodologia da pregação da doutrina. Aquele catolicismo romanizado, distante da cultura nativa, foi gradativamente perdendo espaço para um universo simbólico enraizado na realidade brasileira, o qual incorporou, processando-os, elementos da religiosidade popular.

Ora, o apoio da CNBB ao programa de reforma agrária e, de um modo geral, o engajamento do órgão com uma mudança radical das estruturas econômicas e sociais motivou a reação de bispos e leigos desconformes. Quanto mais se "politizava" a CNBB, mais desavenças desatavam-se em seu interior. Tal o caso na Bahia, em 1961, quando José Pedro da Costa, bispo de Caitité, chegou a admoestar os sacerdotes, desencorajando-os a se candidatarem a cargos eletivos. Parece-nos que a incursão da instituição a assuntos temporais põe em descoberto as divergências latentes e derruba a unanimidade manifesta no plano espiritual. Como contrapartida, nos períodos que mostraram uma Igreja empenhada no desenvolvimento de sua estrutura institucional, advertiu-se um menor clima de discórdias. Na verdade, o dilema está inserido no núcleo do pensamento católico integralista: como levar a cabo uma estratégia pastoral de penetração das estruturas do mundo temporal e, ao mesmo tempo, filtrar a influência da lógica dessas mesmas estruturas sobre o sistema normativo e as pautas organizacionais do catolicismo? Em outras palavras, como encorajar os sacerdotes a desenvolver uma política de aproximação em face das elites dirigentes e de utilização dos recursos que elas controlam e evitar o envolvimento político desses padres?

> O irregular, mas crescente, envolvimento da Igreja na problemática política do país levou a cisões internas no episcopado, entre os que prosseguiam enfatizando dimensões chamadas "espirituais" e os que valorizavam a responsabilidade "social" do catolicismo (Camargo; Souza; Pierucci, 1984, p. 346).

E não apenas no plano da hierarquia. O processo de "esquerdização" que envolveu as organizações laicais afrouxou o cumprimento das diretrizes da cúpula eclesiástica, gerando um distanciamento das orientações oficiais. A advertência episcopal para os militantes da JUC não se comprometerem com as tendências socialistas[51] foi um eloquente indicador do início das desavenças entre o alto clero e os grupos de fiéis mais radicalizados, o que culminou no afastamento destes últimos das fileiras católicas e na criação de um movimento de vanguarda não confessional. A Ação Popular expressou esse novo espaço militante desligado de qualquer vínculo com a Igreja-instituição. A perda do controle e a radicalização desses segmentos católicos, em algum sentido, deslegitimaram a condução da CNBB. De fato, Helder Câmara foi removido da função de assistente nacional da Ação Católica, e as críticas sobre seu desempenho se sucederam sem solução de continuidade.

Fundamentalmente os bispos dissidentes – Antônio Castro Meyer, da diocese de Campos, e Geraldo Sigaud, da arquidiocese de Diamantina – condenaram o "modernismo", o "progressismo" e as "indisciplinas" dentro da instituição e contribuíram na fundação da Sociedade para a Defesa da Tradição, Família e Propriedade.[52] Acaçapados, esperaram o momento oportuno para reagir contra a direção da Conferência Episcopal. Também o litígio em torno da reforma agrária havia atingido um ponto sem retorno. Junto com o organizador daquela entidade, publicaram um livro intitulado *Reforma Agrária: questão de consciência*, no qual desqualificavam-na ao considerá-la socialista e anticristã (Beozzo, 1993). Mesmo numa desfavorável relação de força no interior do aparelho eclesiástico, não duvidaram em dar

---

[51] As ações da organização universitária estavam, então, engajadas na luta contra o subdesenvolvimento e o capitalismo. A construção de uma sociedade mais justa, segundo eles, não podia ser guiada pelo paradigma tradicional católico da harmonia entre as classes e a solidariedade cristã, e sim pelo marco teórico marxista da luta entre os proprietários dos meios de produção e os despojados desses meios.

[52] Essa organização tinha entre seus principais objetivos combater o socialismo e restituir no funcionamento da sociedade os fundamentos da ordem natural.

a conhecer seu mal-estar.[53] A fé como testemunha do dogma em estado puro ou como expressão inerente à realidade política-social, a intemporalidade ou a historicidade da Igreja: eis o ponto central das dissensões católicas. Como pano de fundo, dissímeis cosmovisões teológicas sustentavam aquela discordância e se materializavam em uma disputa pela hegemonia do máximo órgão de representação católica. No horizonte, assomavam ares ameaçantes à unificação e organicidade conquistada pela CNBB.

> A criação da CNBB perpetuou (e, provavelmente, intensificou) a divisão da hierarquia brasileira. A despeito dos fatores ideológicos, a concentração do poder, recursos e acesso a Roma pelo Secretariado da CNBB, tendeu a excluir e marginalizar a direita católica (DELLA CAVA, 1975, p. 37).

Os setores excluídos do esquema de poder percebiam uma "politização" da estrutura episcopal em proveito de uma parte da população. Lembravam que o serviço da Igreja era universal. O cardeal Eugênio Sales, arcebispo do Rio de Janeiro, salientava que a ênfase da ação pastoral no campo social postergava a essência da missão evangelizadora: a conversão espiritual (ALVES, 1979). Aquele incipiente estado de tensão interna se tornaria mais evidente no ano de 1964, quando vários bispos se pronunciaram a favor do golpe de Estado. Contudo, até esse momento o desenvolvimento da CNBB não se deteve e sua inserção social foi bem sucedida. Quanto ao crescimento institucional, entre 1950 e 1964 foram abertas 62 novas jurisdições, pelo que o episcopado passou de 116 a 178 gestões diocesanas e arquidiocesanas.

Na Argentina, as décadas de 1950 e 1960 foram testemunhas de contínuas interrupções aos governos constitucionais. Ao longo de todo esse período, viveram-se momentos de instabilidade institucional.

---

[53] Exportando os conflitos internos, Geraldo Sigaud exteriorizou sua desconformidade com os procedimentos de eleição dos representantes brasileiros no encontro do Celam em Medellín, viajando por conta própria e repudiando o perfil da Conferência.

Os contínuos golpes de Estado foram seguidos por governos democráticos impregnados de ilegitimidade, devido à proscrição do peronismo. A enxurrada de votos em branco e as múltiplas negociações com os delegados de Perón, para obter o apoio dos trabalhadores, testemunhavam a permanência do peronismo como força política.

Enquanto isso, a Igreja reproduziu sua tradicional estratégia de estreitar vínculos com as autoridades do momento e consolidou sua estrutura institucional. No ano de 1955, foi criada a Conferência Episcopal Argentina – CEA – com o propósito de atender às questões eclesiais de interesse comum. Ensimesmada na articulação e funcionamento interno, pouco teve que ver nesse processo a comunidade de fiéis. A organização de bispos não respondia à necessidade de entabular uma fluidez na comunicação entre os prelados e as bases católicas, e sim à demanda de entrosar a ação pastoral da hierarquia.

Por outro lado, a instituição eclesiástica reafirmou o processo de divisão e abertura de dioceses. Com efeito, os militares autorizaram a fundação de 33 administrações eclesiásticas. A Igreja passou de 23 gestões diocesanas, em 1955, para 56, em 1973, registrando um crescimento de 130%. Com a configuração institucional resultante, a Igreja deu um salto quantitativo significativo. É importante acrescentar que a estrutura atual praticamente não apresenta modificações com relação àquele incremento burocrático.

No entanto, tudo aquilo de proveitoso que a Igreja obteve em função da sua proximidade com o governo militar se desvaneceu no contexto das discrepâncias que começavam a surgir e se generalizar em seu interior. A elite eclesiástica – delineadora do perfil institucional permeável aos interesses dos setores dominantes e propensa a legitimar regimes ditatoriais para receber como retribuição as prerrogativas de toda "religião oficial" – deveu enfrentar numerosos questionamentos internos. De sua base foi emergindo um espírito de ação pastoral renovador, influenciado pelo perfil pastoral do papa João XXIII e o Concílio Vaticano II (Forni, 1988).

A correspondente renovação do clero acarretou uma mudança na atitude com relação ao peronismo, que sobrevivia como identidade política, apesar do exílio do líder, e fundamentalmente com relação a sua base social.[54] A inclinação social de um importante número de sacerdotes e a sensibilidade às necessidades dos setores trabalhadores foram traduzidas em práticas religiosas concretas em favor da promoção humana. O trabalho pastoral em favelas e bairros carentes sintetizou a opção religiosa de numerosos padres jovens.

A politização da sociedade estimulou ainda mais os segmentos do catolicismo que eram ativos no compromisso com os pobres. O agravamento dos conflitos com o governo militar conduziu à tomada de fábricas pelos sindicalistas e à elaboração de planos de luta, contando com o apoio de padres operários e de umas poucas figuras da hierarquia que começavam a se diferenciar de seus pares. Entre eles, o bispo de Avellaneda, Jerónimo Podestá, e o bispo auxiliar de Córdoba, Enrique Angelelli, assassinado durante a mais sangrenta das ditaduras militares, em 1976, quando era bispo de La Rioja.

O Concílio Vaticano II foi um fator catalisador das dissidências e rachaduras no seio da instituição católica. A interpretação de suas conclusões e de sua implementação deu lugar a posicionamentos divergentes dentro da Igreja católica. De acordo com os renovadores, o Concílio apontava um rumo de mudanças na ação pastoral, condensado numa clivagem ideológica cristã e revolucionária. Segundo a interpretação dos refratários ao *aggiornamento* eclesial, o Concílio supunha uma maior pressão no processo de romanização, assegurando o poder na condução da instituição.

---

[54] Os militantes juvenis e católicos da classe média, em consonância com especialistas religiosos dos setores populares, forçaram a aproximação com o peronismo, assim como uma releitura e reinterpretação dessa ideologia. Frustrados com o modelo desenvolvimentista implementado pelas democracias restritas e pelos eficientistas militares, eles se concentraram na formulação de um discurso e na execução de uma ação que privilegiavam o trabalho com os pobres.

Sem dúvida, o Concílio Vaticano II propagou entre os católicos renovadores o "ânimo e a convicção de estarem bem acertados com o espírito dos tempos" (FORNI, 1988, p. 131). Na mesma época, o Conselho Episcopal Latino-Americano (Celam) viu modificada sua composição. A maior importância dos leigos constituiu um indício da renovação teológica e pastoral. Desse modo, permitiu novas compreensões da realidade e estimulou a abertura para o diálogo no campo religioso.

No fim da década de 60, as disputas internas tingiram a dinâmica interna da instituição eclesiástica na Argentina. Em face das correntes renovadoras seguidoras da mensagem conciliar, situava-se uma hierarquia que rejeitava qualquer inovação e desconhecia a missão profética. Tanto umas quanto outras partiam do pressuposto de que a Igreja precisava aprofundar sua inserção na sociedade; diferiam nas características e na metodologia dessa inserção (CAIMARI, 1994).

O crítico "Documento de San Miguel", de 1969, fiel reflexo do encontro de Medellín, realizado no ano anterior, confirmou o caráter irreconciliável entre projetos de Igreja divergentes. Enquanto a declaração convalidava a luta pela libertação nacional, a Comissão Executiva do episcopado questionou duramente seu conteúdo, condenando a violência e pronunciando-se em favor da paz social (FORNI, 1988).

A radicalização nas atitudes de ambos os grupos só conseguiu ser detida com a repressão institucional, desencadeada a partir de 1974, contra as comunidades de cristãos comprometidos. Previamente a isso, seguindo o ritmo do Concílio, os setores renovadores tinham dinamizado as estruturas da Igreja. O Movimento de Sacerdotes do Terceiro Mundo – MSTM –[55] conferiu organicidade a esse segmento católico. Criado em 1968, ele se propôs a tornar realidade as expressões do Concílio Vaticano II e as conclu-

---

[55] Há argumentos confirmando que 10% do clero argentino aderiu ao MSTM. De fato, um em cada dez sacerdotes avalizou com sua assinatura o documento de dezoito bispos para o terceiro mundo, incentivado por Helder Câmara, em 1967 (FORNI, 1988).

sões do encontro dos bispos latino-americanos em Medellín.[56] Respeitando a organização em dioceses, o MSTM, através da pastoral de *villas* (favelas) e das Comunidades Eclesiais de Base, concentrou sua atuação nos bairros castigados pela pobreza e alcançou uma dimensão nacional. Os "padres *villeros*" desse movimento resolveram renunciar ao conforto da vida nas paróquias, estabelecendo-se nas favelas para dividir a pobreza com o povo residente.

A radicalização nos anúncios e nas denúncias levou o movimento ao confronto direto, tanto com o poder militar quanto com o alto clero, embora sem chegar a uma ruptura formal. O assassinato de muitos dos seus líderes pelas forças militares – a morte do padre Carlos Mugica, em 1974, foi uma das de maior repercussão – e a perseguição permanente a seus militantes ocasionaram um desmembramento da organização, até desaparecer depois do golpe militar de 1976.

A direção da Igreja, empurrada pelo clima externo de politização e pelo interno de transformação, cedeu à nova realidade e foi obrigada a não cercear o ambiente participativo dos fiéis. Por essa razão, ela não neutralizou o surgimento dos movimentos especializados que expressavam a nova forma de viver o cristianismo.[57] Não obstante, o ativismo dos setores mais renovadores no seio da Igreja não teve um correlato na estrutura do poder eclesial. A eleição de Adolfo Tortolo, arcebispo de Paraná, como presidente da Conferência Episcopal, explicitou a representatividade dos setores tradicionais e a eficácia da CEA como instância de filtro e isolamento em torno do ambiente mobilizado nas bases.

---

[56] Norberto Habegger sintetizou satisfatoriamente os objetivos do MSTM, destacando as tentativas de "conscientizar e capacitar em todos os níveis relativamente à situação de exploração vivida pela maioria dos nossos povos; denunciar os abusos e as injustiças de uma sociedade sujeita ao capitalismo, ao imperialismo internacional do dinheiro e do neocolonialismo; acrescentar, à urgência das denúncias e das declarações, a força dos fatos, para mobilizar em direção às definições, acelerando as mudanças" (HABEGGER; MAYOL; ARMADA, 1970, p. 175).

[57] Com efeito, a Juventude Operária Católica, a Juventude Universitária Católica, a Juventude de Estudantes Católicos, a Juventude Agrária católica e o Movimento Rural da Ação Católica se ampliaram rapidamente. Esses movimentos partiram, logo de início, do contexto social onde estavam inseridos. Os ensinamentos religiosos e a forma de vida surgiram do próprio meio social, não das dogmáticas Escrituras.

No processo de conformação das conferências de bispos na Argentina e no Brasil, é possível desvendar as origens dos dissonantes perfis adotados por cada um dos episcopados. Limitado desde sua fundação ao segmento hierárquico, no primeiro caso, e alimentado com a participação de quadros intermediários na qualidade de peritos ou simples conselheiros, no segundo caso, a CEA e a CNBB expuseram andares divergentes. As instâncias de interação do máximo corpo católico brasileiro com organizações de leigos ou com teólogos não encontraram paralelos na experiência argentina. A partir de um dissímil traçado organizacional, com um viés vertical e fechado na Argentina, aberto e mais descentralizado no Brasil, a definição das prioridades do trabalho pastoral e mais do que isso, o desenho das políticas eclesiásticas de um modo geral, assumiu um curso divergente.

2.5. Igreja e regimes autoritários

Na década de 1960, produziu-se uma estagnação do desenvolvimento industrial baseado na substituição de importações. Por sua vez, o golpe institucional de 1964 no Brasil abriu as portas para o ingresso do capital estrangeiro na estrutura produtiva e financeira. A concentração econômica e a maior desigualdade na distribuição da renda foram a consequência natural do processo de transnacionalização. O Estado foi gradativamente perdendo o controle das variáveis reguladoras da economia. A paulatina, mas constante, radicação da banca financeira internacional assumiria um papel que, com o decorrer dos anos, tornaria-se determinante na definição do rumo econômico. Na arena política, o autoritarismo garantiu o sucesso desse modelo econômico através da repressão dos setores contestatários. As elites econômicas precisaram recorrer a políticas autoritárias e repressivas para manter o esquema de dominação.

Não foi diferente a experiência vivida na Argentina após 1976. A irrupção militar marcou um ponto de inflexão para a análise política, econômica e social. Anteriormente, as interrupções da democracia executadas pelas Forças Armadas se propunham como meta corrigir o funcionamento considerado inadequado das instituições, para posteriormente entregar o comando aos civis. Nessa ocasião, a estratégia militar se caracterizou por um projeto definido em cada uma das ordens da sociedade. O poder supremo do Estado foi simplesmente "assaltado" pela cúpula militar (CAVAROZZI, 1983). As políticas implementadas na área econômica pelo autodenominado Processo de Reorganização Nacional acarretaram profundas alterações nas relações de força entre o setor industrial e o agro-exportador, e na composição socioeconômica do conjunto da sociedade. A abertura econômica e a reforma financeira derivaram no fechamento e desaparecimento de milhares de pequenas e médias empresas, com a consequente concentração do poder econômico. O tipo de mudança vigente favoreceu os grupos ligados à exportação, castigando duramente as economias provinciais e o mercado interno, devido à invasão maciça de produtos importados.

Porém, os objetivos das Forças Armadas não se limitaram a uma reconversão econômica. Para poder levar adiante os propósitos em matéria econômica, era indispensável conseguir uma disciplina social generalizada. Os passos a serem seguidos foram determinados pela anulação das organizações sindicais e estudantis, dos partidos políticos e de qualquer experiência de base do catolicismo. E não apenas isso, também houve avanços contra as instituições representativas dos interesses dos trabalhadores, sendo abolidas muitas das conquistas operárias obtidas durante a vigência do modelo de industrialização. O processo de desindustrialização e concentração econômica significou, por um lado, a destruição da pequena e da média indústria, com o consequente aumento do desemprego e, por outro, a fragmentação, a depauperação e o aumento da heterogeneidade da classe trabalhadora.

A repressão implantada pela ditadura militar ganhou uma dimensão sem precedentes: a aniquilação de milhares de cidadãos e a destruição do tecido social alteraram radicalmente as bases de funcionamento da sociedade, marcando os caminhos que seriam percorridos pelas gerações posteriores. A Doutrina de Segurança Nacional persistia como marco ideológico legitimador do genocídio. As torturas, os sequestros, os desaparecidos, os centros de detenção e outras formas de violação sistemática dos direitos humanos calaram fundo a sociedade, tingindo de medo e desconfiança qualquer articulação social posterior.

No plano das vinculações entre a Igreja e o Estado no Brasil, a harmoniosa relação que tinham construído no período precedente sofreu uma radical alteração. A autossuficiência das novas autoridades políticas fez com que não procurassem outras fontes de legitimidade, por conter a própria Revolução os fundamentos para governar. Por outro lado, os homens que tomaram posse do governo consideravam que grande parte da liderança eclesiástica fomentava perigosamente a organização de povo em comunidades de base. Segundo eles, as sementes de uma opção revolucionária haviam sido espalhadas com a colaboração de muitas figuras da instituição católica.

No imaginário militar, a natureza da presença da Igreja estava ligada às tarefas de coesão social. A história brasileira testemunhava a eficiência da instituição católica na sustentação desse papel. Mas, nos últimos anos, a vivência de um engajamento nos programas de transformação social significava, na cosmovisão das Forças Armadas, a subversão daquela missão histórica. Por isso, era indispensável a expurgação dos elementos que estavam desviando a Igreja de seu caminho tradicional.

O Ato Institucional n. 5 ergueu-se como o ponto sublime do regime ditatorial ao instalar a tortura como forma institucionalizada de repressão. O Poder Executivo foi investido de plenos poderes tanto para fechar o Congresso e outras Assembleias Legislativas, quanto para eliminar o direito de *habeas corpus*. Produto da ação repressiva, militantes católicos foram presos, numerosos padres expulsos e alguns bispos recusados. O Movimento de Educação de Base, catalogado como subversivo, padeceu a rigorosa punição de seus integrantes e o esvaziamento de sua estrutura. Os sindicatos criados no período anterior sofreram intervenção, e os dirigentes foram removidos. As múltiplas organizações criadas ou vinculadas à CNBB foram literalmente desmanteladas. "Deixando o domínio da religião, a Igreja ficou aberta à fiscalização e ao ataque como qualquer outro grupo secular" (BRUNEAU, 1974, p. 348).

Nesse contexto, produziu-se o levantamento dos setores eclesiásticos que estiveram à defensiva no período anterior, agudizando-se as cisões internas. Assim, um grupo de prelados se dirigiu ao presidente marechal Costa e Silva para denunciar as tendências subversivas dentro da Igreja – inclusive dentro do episcopado – e diferenciar-se dos colegas que tinham criticado ao governo militar. Hegemônicos após as eleições internas de 1965, designaram o episcopado como a única voz oficial da Igreja, cerceando os pronunciamentos do clero e dos dirigentes leigos. Enquanto isso, Helder Câmara era trasladado ao arcebispado de Recife e, dessa forma, afastado dos centros de decisão do país (OLIVEIRA, 1989). A exteriorização dos conflitos intraeclesiásticos alcançava dessa maneira um ponto extremo. Antes do golpe de Estado, aquele conjunto de bispos tinha animado a organização das Cruzadas pelo Rosário em Família. Tratava-se de marchas que mobilizavam a classe média urbana em favor do derrocamento do presidente João Goulart.

Consumado o golpe, alguns acontecimentos, tais como os desfiles em honra da Virgem de Fátima, a presença das máximas autoridades políticas na entrega da Rosa de Ouro papal ao Santuário de Nossa Senhora da Aparecida, a celebração de missas nos aniversários do golpe e a concessão de créditos para a construção da catedral de Brasília, assinalavam o alto grau de entendimento entre os militares e uma considerável parte da hierarquia da Igreja (ALVES, 1979).

Portanto, as discrepâncias no seio do episcopado não estavam concentradas apenas nos eixos do trabalho pastoral; agora, a posição a assumir em face do regime autoritário também era motivo de confrontação. Enquanto alguns exteriorizavam uma atitude de acomodação e até de aprovação, outros relutavam contra a metodologia repressiva do governo militar. Não faltavam os que atribuíam o autoritarismo à personalidade de alguns dos homens que tomaram posse do Estado, livrando de responsabilidades a Força como instituição. A sucessão de declarações parciais, assinadas por alguns bispos e ignoradas por outros, mostrava com clareza o estado de confronto que envolvia o máximo corpo católico.

As dificuldades para a CNBB emitir um pronunciamento coletivo que sintetizasse as opiniões divergentes puseram em evidência em que medida a colegialidade do corpo estava ameaçada. Não obstante, inicialmente, a instituição católica outorgou um crédito ao governo militar, acreditando na intenção manifesta de devolver o controle do poder político após um ordenamento geral tanto da sociedade civil quanto da sociedade política. A Igreja explicitou seu aval de confiança ao reconhecer que diante de situações de crise e de desintegração social os regimes de exceção são inevitáveis.

Contudo, a falta de consensos no seio do episcopado se evidenciou no espírito vacilante da elite eclesiástica no decorrer dos primeiros anos do regime militar. Pareceria então que o nível de ambiguidade nas reflexões do alto clero constituía um sinal relevante na tentativa de descrever o clima que vigorava no interior da Conferência Episcopal. A modo de hipótese, poderíamos afirmar que a contundência no conteúdo da mensagem eclesiástica – resulta indistinta a orientação assumida – transpareceria um maior consenso no interior do colégio de bispos. Em contrapartida, a hesitação e a oscilação nas comunicações do alto clero refletiriam a necessidade de contemplar divergentes clivagens ideológicas e teológicas entre os prelados e, portanto, uma maior diversidade de opções pastorais.

Por aquele então, o Concílio Vaticano II potencializava uma opção pastoral preferencial junto à população mais pobre, assim como novas formas de colegialidade intraeclesiásticas. Sem dúvida, forneceu um embasamento teológico-pastoral para uma renovação da missão do catolicismo. Uma bifurcação de rumos defrontava-se no seio da Igreja brasileira. De um lado, reproduziam-se as Comunidades de Base nas áreas mais pobres do território rural e das periferias urbanas e se vislumbrava um dinamismo nos corpos intermediários da Igreja, mercê ao funcionamento dos conselhos paroquiais e das assembleias diocesanas. De outro, os grupos especializados da Ação Católica reduziram-se à mínima expressão devido à repressão estatal e ao desestímulo de boa parte da hierarquia católica. O estado de confusão generalizada, acrescentado aos remoinhos da efervescência política, ocasionou uma crise interna na estrutura eclesiástica. Sinal do ânimo de desconformidade, o próprio Castro Meyer decidiu não introduzir as reformas litúrgicas sancionadas pelo Concílio no contexto de sua diocese e continuou com a celebração da missa em latim. Numerosos agentes deixaram o ministério, as vocações sacerdotais perderam o ritmo de crescimento e a própria liderança viu-se envolvida em conflitos e disputas pelo controle do aparelho institucional.

Uma CNBB com sintomas de paralisia e perplexidade fez esfumar o impulso inicial que motivou sua fundação. A disjunção se estabelecia entre a renovação radical das estruturas clericais e seu *aggiornamento*, conservando-se o controle episcopal; entre uma pastoral inserida nas camadas populares e deslocada do âmbito das paróquias e aquela que sustentava o caráter não excludente da opção preferencial pelos pobres, mantendo-se abertos os canais de comunicação com os outros segmentos sociais. Produto desse ambiente de deliberação e discórdia, o órgão central dos bispos viu comprometida a uniformidade de critérios de ação e metodologia pastoral. As eleições na condução do organismo após o golpe de 1964 refletiram essa nova realidade. De fato, os bispos que tinham comandado a instituição nos anos precedentes foram deslocados dos cargos mais importantes. A nova liderança encabeçada por Agnelo Rossi, escolhido como presidente da Conferência Episcopal em 1964, propôs-se a manter o equilíbrio dentro do corpo, para o qual desestimulou qualquer tentativa inovadora.

Só no começo da década de 1970, coincidindo com a ascensão de Aloísio Lorscheider à presidência, a CNBB recuperou certa iniciativa com a denúncia dos atos de tortura e a dinâmica autônoma dos Regionais. Foi a ofensiva estatal contra os homens da Igreja que colocou as divergentes posições eclesiásticas em segundo plano (Beozzo, 1979). Já não era a perseguição isolada a um padre ou a um leigo que envolvia a Igreja no conflito. A instituição toda estava acusada de infiltração comunista. Os assassinatos do presbítero Rodolfo Lunkenbein e do Pe. João Bosco Penido Burnier e o sequestro do bispo de Nova Iguaçu, Adriano Hipólito, fizeram prevalecer o espírito corporativo sobre as dissonâncias internas, assumindo a condução eclesiástica uma decidida e inequívoca posição condenatória das práticas utilizadas pelo governo ditatorial. Se num começo eram uns poucos os opositores ao regime, os episódios de violência que atingiram o próprio corpo católico fizeram engrossar a fileira de bispos contrários à administração exercida pelas Forças Armadas. A brutal repressão despertou um *esprit de corps* dentro do alto clero, primando assim uma lógica de preservação da unidade colegial.

Diante do absolutismo do regime militar, que se autoinvestia de excessivas prerrogativas e se colocava acima das instituições do Estado, da sociedade civil e, portanto, também da Igreja, a cúpula católica reagiu contra o governo *de facto*. Ele contrariava os princípios teológicos fundamentais, pois assumia competências para se legitimar, sem contemplar as atribuições do poder divino nesse campo. Ameaçada a essência do papel social da Igreja, o embate contra o autoritarismo militar testemunhou também o instinto de preservação de um espaço conquistado ao longo da história brasileira e já naturalizado.

No ano de 1966, um documento da Ação Católica Operária foi o gatilho que disparou um conflito entre a Igreja e o Estado. A publicação, que levantou uma voz de defesa dos direitos dos trabalhadores do nordeste e contou com a assinatura dos bispos da região, foi interditada pelas autoridades militares. Essa atitude, avaliada em termos de inaceitável ingerência do poder temporal nos assuntos religiosos, fez lembrar as épocas de controle imperial e congregou ainda mais os pontos de vista dos prelados. Se em determinado momento alguns deles propiciaram a colaboração com o regime, a ofensiva militar obrigou um recuo desses posicionamentos, deixando para trás qualquer sinal de apoio.

No ano seguinte, depois de prender quatro jovens vinculados ao bispo de Volta Redonda, Waldir Calheiros, por estarem distribuindo panfletos nas ruas da cidade, a residência do prelado foi invadida por soldados armados a pretexto da existência de material subversivo. O conflito adquiriu rapidamente dimensões nacionais. O bispo recebeu apoio dos diferentes setores da Igreja. O atropelo a um membro da hierarquia eclesiástica, mais ainda, com um perfil moderado, acelerou o processo de convergência e unidade interna.

A condução católica se mostrou coesa na defesa de seus integrantes e contestou o acionar policial por não respeitar os direitos mínimos dos acusados. A Comissão Justiça e Paz em São Paulo concentrou a luta pela defesa dos direitos humanos e se constituiu como um espaço de apoio às famílias atingidas pelos atos repressivos. A denúncia contra a metodologia da violência utilizada pelos órgãos de repressão assumiu um estado público, em contraposição ao caráter reservado das petições do episcopado argentino. Em 1970, a CNBB, através do Documento Pastoral de Brasília, declarou que "apesar dos desmentidos (...), é relevante a incidência dos casos de tortura no Brasil" (Cnbb. Documento *Pastoral de Brasília*, 1970. *Apud* Beozzo, 1993, p. 132). Num contexto de enclausuramento da liberdade de expressão, as declarações eclesiásticas tornaram-se o único canal de comunicação. Por esse motivo, as autoridades católicas foram requeridas pelas famílias das vítimas do regime no sentido de denunciar o terrorismo de Estado. Diferente do episcopado argentino, o alto clero brasileiro não comprometeu sua credibilidade social com atitudes cautelosas. Aos poucos, foi tornando-se "na mais proeminente força de oposição ao domínio militar" (Della Cava, 1986, p. 17).

Enquanto se acentuava o caráter autoritário e repressivo do regime, incrementava-se o tom crítico dos sucessivos pronunciamentos da CNBB. A denúncia da generalização do emprego da tortura era acompanhada pela reclamação do retorno à democracia e da construção de um modelo de desenvolvimento sem exclusão social.

Assim, as acusações não se concentravam apenas nos procedimentos policiais do governo militar, dirigiam-se também contra a estrutura econômica vigente. Concebendo os direitos humanos em sentido amplo, o colégio episcopal não escindiu a luta em oposição à repressão da batalha contra o regime de latifúndio e a opressão das camadas mais humildes da sociedade. A crítica em relação à agudização dos desequilíbrios regionais e ao lucro desmedido das empresas multinacionais a expensas da maior pobreza da população consolidavam o novo perfil eclesiástico. A Igreja teria uma participação ativa no combate ao autoritarismo estatal. Entretanto, as comunicações episcopais revelavam o compromisso do corpo com os setores excluídos da população e com a democracia e reafirmavam a autonomia da instituição católica perante o Estado.[58]

O desenrolar dessa experiência mostra a complexidade e a especificidade das relações intraeclesiásticas. Sua tradição milenar serve de parâmetro na modelação e integração dos posicionamentos extremos. As divergências são processadas no marco da preservação da unidade institucional. Justamente por isso, não deve surpreender a particularidade dos tempos episcopais. A considerada lentidão na implementação de mudanças, quer no corpo doutrinário, quer no plano das políticas eclesiásticas, responde à histórica predisposição de conter e integrar as diferentes correntes internas. Daí a necessidade de compreender as transformações internas do catolicismo como um processo dialético e multifacetado, no qual os diversos enquadres eclesiológicos não respondem a lógicas excludentes e polarizadas, e sim a um esquema circular com vasos comunicantes entre si. As tensões resultantes da luta pelo controle do poder eclesiástico são processadas pelo imperativo categórico da preservação institucional.

---

[58] Estamos nos referindo aos seguintes documentos da CNBB: "Ouvi os clamores de meu povo"; "Uma Igreja na Amazônia em conflito com o latifúndio e a marginalização social", "Exigências cristãs de uma ordem política" e "A missão da hierarquia católica no mundo de hoje". Simultaneamente, os bispos do estado de São Paulo expressaram também o repúdio às formas ditatoriais através da declaração de 1975, "Não oprimas teu irmão".

As dicotomias frequentemente divulgadas, opondo hierarcas "progressistas" e "tradicionalistas", escondem uma composição política muito mais complexa que permite preservar o vital consenso da unidade e abrigar formulações politicamente mais radicais e antagônicas (CAMARGO; SOUZA; PIERUCCI, 1984, p. 377).

Com a promulgação do Ato Institucional n. 5, de 13 de dezembro de 1968, os caminhos da Igreja e do Estado ficaram decididamente distanciados, embora a visualização dessa bifurcação não tenha sido imediata. A instituição católica assumiu uma atitude de franca oposição às arbitrariedades do poder ditatorial. Diante de um aparelho político com inclinações autossuficientes e que se dispunha a "disciplinar" os quadros religiosos "rebeldes" e a censurar qualquer canal de comunicação, a Igreja ganhou autonomia de ação ao se diferenciar do regime.

A dimensão do conflito, assemelhada com os incidentes da Questão Religiosa, denotava a luta da Igreja por definir autonomamente seu papel no contexto de repressão institucional. À diferença daquela colisão, a instituição católica não estava preocupada com sua sobrevivência organizacional, nem com a manutenção do *status* de religião privilegiada como foi o caso da Igreja Argentina quando confrontou-se com o governo de Perón. Nessa oportunidade, a Igreja brasileira defrontava-se com a defesa de sua liberdade de ação e independência para traçar sua linha pastoral (BRUNEAU, 1974).

Enquanto isso, influenciada e legitimada pelos resultados do encontro do Conselho Episcopal Latino-Americano de Medellín, a liderança eclesiástica aprofundou a promoção das Comunidades de Base e a implementação de uma ética política oposta ao sistema de dominação social. A reforma agrária como estandarte, a sindicalização rural e a educação popular conformavam os eixos centrais da política da Igreja. O Conselho Indigenista Missionário (CIMI) criado em 1973 e a Comissão Pastoral da Terra (CPT), formado dois anos depois, tiveram a missão de levar a cabo os programas priorizados pela Igreja.

Em um dos documentos mais contundentes, concentrou o alvo no núcleo do esquema de exploração econômica quando afirmou que "a classe dominada não tem outra saída para se libertar, senão através da longa e difícil caminhada, já em curso, em favor da propriedade social dos meios de produção" (Eu ouvi os clamores de meu povo, 1973). Ratificando uma missão pastoral inserida no mundo terreno, as conclusões da Assembleia da CNBB em 1973 encorajavam a Igreja a "empenhar-se para que as estruturas injustas e as realidades opressivas sejam corrigidas" (Cnbb. *Apud* Della Cava, 1977, p. 107).

No texto "Pastoral Social", difundido em 1975, a cúpula eclesiástica reafirmava seu compromisso com a libertação do povo ao tempo que deixava transparecer seu afastamento em relação aos regimes de governo. "(...) Estamos diante de um processo tendente a promover uma conscientização crescente das bases comunitárias, que prepare o povo para a afirmação de sua liberdade em face do poder, de sua responsabilidade, de sua dignidade e de seus direitos (...). Os sistemas, os regimes, os governos, todos passam, mas o povo fica" (Pastoral Social. *Apud* Pierucci, 1986, p. 77).

Longe das formulações abstratas, nesses pronunciamentos o episcopado brasileiro lançou mão das ferramentas das ciências sociais para assinalar a raiz das desigualdades econômicas. Na realidade, daqui em diante as sucessivas missivas eclesiásticas adotariam uma linguagem franca em contraposição aos enigmáticos discursos do passado. De forma concomitante, uma maior flexibilidade na interpretação da doutrina católica e a renovação das estruturas tradicionais centralizadas na paróquia completavam o processo de reforma pastoral. Já em 1971, a Comissão Representativa da CNBB tinha aprovado a ordenação de homens casados para a distribuição da eucaristia. Por outro lado, além do impulso às CEBs, a integração no diálogo entre a condução episcopal e a Conferência dos Religiosos do Brasil (CRB) destacou a presença ativa dos sacerdotes regulares no desenho do perfil institucional. A inserção da CRB nas tarefas formativas do clero – no Seminário Regional do Nordeste em Recife e, fundamentalmente, no

Instituto de Teologia e Filosofia de Belo Horizonte – sinalizava o nível de entrosamento com alguns integrantes da cúpula eclesiástica, assim como o papel de relevância na engrenagem da mudança.

A Teologia da Libertação conformaria o corpo ideológico de um pensamento religioso-social orientado à promoção da justiça social na América Latina. A utilização do conhecimento científico para a interpretação da realidade social seria uma questão inédita nas formulações teóricas do catolicismo. Naquela época, circulavam entre a militância católica os livros de Ronaldo Muñoz e Gustavo Gutiérrez, os quais faziam questão de ressaltar o objetivo de transformar as estruturas vigentes, assim como desenvolver uma metodologia de ação pastoral que revalorizasse o senso comum e a experiência da vida cotidiana. Sem dúvida, acabou tornando-se num "espaço de referência para os cristãos comprometidos com as lutas populares" (Aa. Vv., 1992, p. 404).

A substituição do cardeal Agnelo Rossi por Paulo Evaristo Arns na cabeça da arquidiocese de São Paulo no ano de 1970 foi um sinal de confirmação do Vaticano no que diz respeito às posições assumidas pela hierarquia em face do governo militar. O novo arcebispo tornou-se rapidamente um dos referentes mais importantes da Igreja brasileira na luta pela defesa dos direitos humanos. Com uma postura mais incisiva do que seu antecessor, não duvidou em denunciar a violência institucional do regime. Arns encarnou o perfil eclesiástico que situou a Igreja perto das demandas da sociedade civil e longe dos privilégios outorgados pelo poder político. O intuito de alargar a influência do catolicismo na população e preservar a integridade da fé como afirmação de sua identidade histórica não diferia das aspirações expressadas por outras lideranças eclesiásticas. A diferença radicava no *modus operandi*. Enquanto em outros momentos históricos a edificação de um esquema integrado ao Estado era condição *sine qua non* para estender sua presença na sociedade; na década de setenta, a independência em torno do poder político e a missão engajada na realidade social erguiam-se como as principais diretrizes de toda a ação pastoral.

Além de qualquer divergência, prevalece no caráter milenar da instituição católica o interesse de reproduzir seu aparelho e estabelecer na sociedade suas pautas normativas como princípios organizadores da vida social. A continuidade na pregação da mensagem religiosa é o elemento chave que obriga o *aggiornamento* da Igreja às diversas conjunturas, uma adaptação seguindo os "sinais dos tempos".

De uma perspectiva de análise institucional,

> podemos compreender as mudanças nas instituições como uma tentativa de defesa de seus interesses e de expandir sua influência. A organização muda principalmente porque seus interesses a obrigam a mudanças que estejam de acordo com as transformações da sociedade como um todo (MAINWARING, 1989, p. 17).

Não obstante, interpretar a metamorfose da Igreja brasileira apenas como resposta de autopreservação chamaria a atenção pelo reducionismo da abordagem. Como dissemos no começo, o catolicismo é um espaço social inserido num contexto e, portanto, permeável às mudanças dele. Se considerarmos que as políticas eclesiásticas estiveram envolvidas na realidade política, resulta compreensível que o desenvolvimento de novas forças sociais e a irrupção de concepções renovadoras nesse campo tenham refletido nas discussões e na definição da própria missão da instituição católica. A interação entre as redes populares e os movimentos de leigos gerou um clima de efervescência na militância que se espalhou por toda a instituição religiosa.

Coincidimos com Antoniazzi quando afirma que

> sem excluir que a Igreja católica também procura a defesa de seus interesses institucionais, é preciso ainda considerar que a mudança por parte da hierarquia da Igreja não foi uma estratégia planejada, mas predominantemente uma consequência ou um reflexo de mudanças sociais mais amplas (ANTONIAZZI, 1989, p. 24).

Nesse sentido, o conceito de interesse institucional não deve ser representado como um elemento reificado. De fato, as diferentes concepções e modelos eclesiológicos no seio da Igreja estariam evidenciando seu caráter histórico e, portanto, mutável. Interesse do catolicismo é a luta contra o comunismo e a favor da justiça social, do domínio de uma ética cristã nas relações familiares e sexuais, da influência sobre as elites dirigentes. "Não existem interesses objetivos que uma Igreja seja obrigada a adotar. Dentro da Igreja há muitas visões conflitantes com os legítimos interesses da instituição" (MAINWARING, 1989, p. 19).

Apesar disso, a história é testemunha de certas constantes nos objetivos últimos perseguidos pelas elites eclesiásticas. Os pontos discordantes se concentraram ao redor das metodologias a utilizar para alcançar aqueles propósitos, embora às vezes o contraste entre os caminhos indicados tenha expressado dissímeis modelos eclesiológicos. Assim, o conflito por estabelecer qual missão da Igreja é a mais apropriada, a luta permanente pela autoridade para legitimar determinadas interpretações bíblicas, desenvolve-se no interior de um consenso ancorado na preservação da engrenagem institucional (POULAT, 1977).

Voltando à década de 1970, a Igreja concentrou as energias do trabalho pastoral tanto na promoção das organizações das populações rurais e da periferia urbana, quanto na contestação da metodologia repressiva do Estado. A defesa da pequena propriedade para o cultivo no campo, a conscientização dos trabalhadores em torno de seus direitos contemplados na legislação trabalhista, o compromisso por melhorar as condições de vida nas grandes cidades – moradia, esgoto, transporte público, hospitais, escolas – e a abertura de canais de denúncia para as vítimas das violações dos direitos humanos refletiam uma *práxis* tendente a erigir a instituição eclesiástica como a portadora legítima da "voz dos que não têm voz". A despeito de promover a mobilização do povo na defesa de seus próprios interesses sem um viés paternalista e estimular uma inserção nas comunidades populares desprovidas das práticas assistencialistas empregadas na primeira metade do século XX, uma análise semiótica daquele lema sublinha a preservação de componentes tutelares na metodologia de ação católica. Sendo a Igreja "a voz dos que não têm voz", ela conserva a representação desses setores sociais.

Não obstante, assim como a República assentou as bases de uma inédita modalidade relacional entre a instituição católica e o Estado, a lógica que forçou a criação da CNBB e a sequência de acontecimentos políticos ditatoriais contribuíram para a Igreja consolidar uma mudança na "sua organização, o seu discurso ideológico e, finalmente, o seu comportamento político" (ALVES, 1979, p. 40). Se durante boa parte da história ela cumpriu o papel de unificar-se e integrar-se culturalmente à população, nessa etapa prestava-se a impulsionar uma transformação profunda da estrutura social brasileira. Os condicionantes externos e internos definiriam o alcance dessa orientação.

Na Argentina, a ditadura militar pôs em prática ações diferenciadas frente aos diversos setores do catolicismo. Concebendo a instituição eclesial como um espaço conflituoso, ela propôs-se depurar suas estruturas pela eliminação da "infiltração de esquerda". Com esse objetivo, fortaleceu o papel da cúpula eclesiástica, com claro viés integral, atribuindo-lhe a missão de legitimar as atuações militares e transformando-a, como no passado, em guardiã dos valores da argentinidade.

Assim, o presidente da CEA, Adolfo Tortolo, exprimiu seu apoio ao golpe de Estado de 1976, mostrando-se solidário com as tarefas de restauração do espírito nacional. O bispo Victorio Bonamín, provigário castrense, não ficou para trás: declarou "a necessidade de que o exército se encarregue do governo, por ser essa a vontade de Deus" (DRI, 1987, p. 180). O arcebispo de Buenos Aires, Juan Carlos Aramburu, se identificou com seus pares, sustentando que a Argentina estava doente, que seus valores fundamentais tinham sido ameaçados e que, por isso, apenas as forças da ordem poderiam dirigir a nação, a partir de uma efetiva recuperação espiritual.[59] As formas de estigmatizar o diferente como ideologia que merecia ser extirpada, por ser forânea, estranha e ameaçadora à tradição argentina, se assemelhavam às construções discursivas elaboradas na década de 1930 pelos militares e católicos para desacreditar os movimentos comunistas e anarquistas existentes na época. Às denúncias de violação dos direitos humanos, provenientes das organizações internacionais, a elite eclesiástica católica respondia dizendo tratar-se de uma campanha de desprestígio contra a República Argentina. Mais uma vez, a condução da Igreja saía em defesa dos militares e procurava comprometer o conjunto da nação pelos ataques externos, quando na verdade tratava-se de críticas apenas contra o governo *de facto*.

A realidade é que a rede de intercâmbios estabelecida com as Forças Armadas repetia os benefícios para ambos os corpos. A simbiose entre a Igreja e o Exército continuava sendo frutífera.

> As mudanças copernicanas provocadas pelo Concílio e Medellín tinham gerado uma forte crise interna na Igreja argentina: elas surpreenderam e ultrapassaram os bispos, que não estavam preparados para encabeçá-las e conduzi-las. Os desenvolvimentos políticos da década de 70 (...) acabaram por assustá-los. Sua única preocupação consistiu então em encontrar a forma de se desvencilhar dos perturbadores e voltar à ordem antiga. Os militares se encarregaram, em parte, de cumprir a tarefa suja de limpar o pátio interior da Igreja, com a aquiescência dos prelados. Essa cumplicidade sinistra explica algo que é difícil de entender (...): a surpreendente passividade de um episcopado que contempla, sem se alterar, como bispos, sacerdotes, religiosos e simples cristãos são assassinados, sequestrados, torturados, aprisionados, exilados, caluniados. As escassas reclamações, nos episódios de maior repercussão, têm um caráter formal e se adiantam na insinuação de desculpas (...)" (MIGNONE, 1986, p. 173).

---

[59] Na lista dos representantes da Igreja que se manifestaram a favor da intervenção militar é preciso acrescentar o núncio apostólico Pío Laghi, que a justificou nos seguintes termos: "(...) o país tem uma ideologia tradicional, e, quando alguém pretende impor um outro ideário diferente e estranho, a nação reage como um organismo com anticorpos face aos germes, gerando-se então a violência". Por isso, ele acrescentou ser preciso "respeitar o direito só na medida em que isso for possível" (LAGHI, 1976. *Apud* Dri, 1987, p. 182-183).

Apesar disso tudo, a Igreja católica, uma das poucas instituições da sociedade civil que não tinha sido banida, transformou-se – para além da indiferença majoritária dos bispos perante as ações repressivas do governo militar – num canal de expressão, não apenas das reclamações econômicas das maiorias excluídas, mas também daqueles afetados pela repressão ilegal.

Essa atitude de indiferença foi acompanhada de uma decidida política de reordenação interna. Os religiosos e os leigos comprometidos com os agentes de promoção pastoral que vinham trabalhando nos bairros populares foram coagidos a abandonar suas tarefas. Aqueles que se recusaram a renunciar a sua opção religiosa passaram a depender da própria sorte. O recurso de isolar os cristãos partidários da Teologia da Libertação possibilitou à hierarquia eclesiástica retomar as rédeas da instituição. O MSTM sofreu um processo de desintegração, pela perseguição e desaparecimento, ou pelo desencanto, de seus dirigentes e militantes.

Em definitivo, à diferença do episcopado brasileiro, as autoridades eclesiásticas argentinas não se solidarizaram com as vítimas do terrorismo nem saíram em sua defesa. Alguns padres participaram dos campos de concentração, pedindo aos prisioneiros que se confessassem e delatassem outros companheiros de suas organizações, apelando para o dever perante Deus.[60] Para a maioria dos prelados, a violência instaurada na sociedade era produto de um afastamento da palavra de Deus.

---

[60] A presença dos funcionários religiosos nos centros clandestinos de detenção fez parte da rotina daquela época. A assistência aos repressores ou a imposição moral utilizada nos interrogatórios de todos aqueles que posteriormente seriam fuzilados demonstraram o grau de concordância das autoridades do catolicismo com o regime militar. Fundamentalmente os capelães militares se dedicaram a sustentar espiritualmente os torturadores e quebrar emocionalmente os civis capturados. Em seu relatório "Nunca Más", a Comissão Nacional sobre o Desaparecimento de Pessoas (CONADEP) certificou esses e outros atos protagonizados por integrantes da Igreja católica (AA.Vv., 1992). Por exemplo, o arquivo de detidos e desaparecidos do vicariato castrense (DRI, 1987). O *Diario del Juicio a las Juntas Militares* cita o uso de rosários pelos torturadores nos centros de detenção e reproduz a frase do capitão "Tigre" Acosta, do Centro Clandestino da Marinha, explicando a conivência católico-militar: "Esta guerra é justa, Jesus Cristo está do nosso lado" (DIARIO DEL JUICIO A LAS JUNTAS MILITARES. *Apud* DRI, 1987, p. 292).

Muito poucos se fizeram ouvir com reclamações e acusações contra o sistema repressivo. Apenas quatro, entre mais de oitenta bispos, enfrentaram frontalmente o regime militar: Enrique Angelelli, bispo de La Rioja, assassinado pelas Forças Armadas, embora oficialmente tenha se dito que ele morreu num acidente na estrada, em 4 de agosto de 1976;[61] Jaime de Nevares e Miguel Hesayne, respectivamente de Neuquén e Viedma, integrantes da Assembleia Permanente dos Direitos Humanos; e Jorge Novak, bispo de Quilmes e integrante do Movimento Ecumênico em Favor dos Direitos do Homem.

A sucessão de cristãos desaparecidos[62] obrigou a Conferência Episcopal Argentina a emitir um comunicado onde solicitava ao poder militar uma revisão de suas políticas e a avaliação de possíveis "excessos".[63] O documento visava mais a satisfazer um certo grau de inconformismo interno do que a questionar a metodologia militar. Independentemente disso, na lógica de funcionamento da cúpula católica, tinha prioridade a sobrevivência institucional, garantida apenas pela convivência, evitando-se confrontos com o governo *de facto*.

A visita do papa João Paulo II, em 1982, abonou o papel desempenhado pela Igreja no transcorrer da ditadura. Se por um lado deu a comunhão à Junta Militar, por outro ignorou o tema dos desaparecidos. A corrente hegemônica do episcopado se sentiu fortalecida com as atitudes do Sumo Pontífice durante sua estada em solo argentino. E ainda mais

---

[61] Diversos testemunhos certificam que, no momento de sua morte, em viagem de El Chamical para La Rioja, Angelelli possuía documentos sobre a morte de diversos sacerdotes, envolvendo seriamente alguns quadros superiores da ditadura militar.

[62] Os casos mais reveladores, com repercussão na opinião pública internacional, foram: o já mencionado bispo de La Rioja, Angelelli; o bispo de San Nicolás, Carlos Ponce de Leon; o "cura *villero*" Carlos Mugica; os sacerdotes Gabriel Longueville e Carlos de Dios Murias; o sacerdote capuchinho Carlos Bustos; além das freiras francesas Alice Domond e Léonie Duquet e dos padres palotinos Alfredo Leaden, Pedro Dufau e Alfie Kelly.

[63] Trata-se da carta pastoral de 15 de maio de 1976, intitulada "A Igreja e os direitos humanos". É preciso observar que a referência aos direitos humanos foi genérica, não se baseou em casos particulares, e que o documento não foi do conhecimento do público, tendo caráter reservado (DRI, 1987).

com a designação papal dos novos bispos para as sedes vagas. O perfil dos novos prelados coincidia com o dos detentores do poder eclesiástico.

A adesão da Igreja católica à irresponsável decisão militar de invadir as Ilhas Malvinas, em poder da Grã-Bretanha, merece um parágrafo à parte. Na homilia de Páscoa de 11 de abril de 1982, em pleno estado de guerra, o cardeal primaz Juan Carlos Aramburu fez referência à unidade de sentimentos e à adesão às Forças Armadas na hora de defender a soberania nacional. O episcopado acompanhou o enganoso clima triunfalista que os militares haviam instalado na sociedade. Sequer o posicionamento papal em favor do cessar-fogo foi motivo de divergências na associação católico-militar.

2.6. A Igreja na transição democrática

Durante o período da transição democrática, iniciado com a presidência de Ernesto Geisel em 1974, a instituição católica brasileira aprofundou a linha pastoral iniciada décadas atrás. Levando em conta a agudização dos conflitos pela terra e a sequência de assassinatos de integrantes do Movimento dos Trabalhadores Rurais Sem Terra, não interrompeu a realização das Campanhas da Fraternidade, começadas em 1964. Essas missões evangelizadoras nasceram com o Concílio Vaticano II e refletiram um perfil institucional voltado para o diálogo ecumênico e para a atenção das problemáticas políticas e sociais.

Entretanto, os militares iniciaram uma devolução lenta e gradual do poder político. Controlada a "linha dura" das Forças Armadas, a política de distensão do regime deu espaço para as primeiras greves dos operários da indústria automobilística que adquiriram uma dimensão nacional. Com o aumento do petróleo em 1974 e a perda do poder aquisitivo dos salários, o descontento da classe média contribuiu à aceleração da retirada militar (Della Cava, 1986).

Nesse contexto, a cúpula eclesiástica desempenhou um papel ativo em prol do restabelecimento das instituições democráticas. Por um lado, autorizou que as reuniões sindicais se realizassem nas próprias instalações da Igreja. Por outro, o Conselho Indigenista Missionário e a Comissão da Pastoral da Terra articularam-se com as organizações que emergiam na sociedade civil – o movimento do custo de vida na periferia de São Paulo foi um caso exemplificador – na luta pela abertura política.

No entanto, na prática, as autoridades militares não demonstravam a disposição a se desprender do poder que sustentavam com seus discursos. Com a lei dos novos partidos, procuraram dividir o espaço oposicionista nas eleições legislativas de 1982. E diante da impostergável convocação de eleições executivas, promoveu um sistema de votação indireto através da figura do colégio eleitoral. Claro que na estratégia traçada pelos estadistas militares não estava contemplada a possibilidade de milhões de pessoas invadirem as praças das principais capitais dos estados, reclamando "direitas já".

Como veremos logo, a última etapa do século XX encontrou uma Igreja brasileira desprovida das interferências do poder civil, mas com uma clara intervenção da Santa Sé. A pressão para modificar o perfil hegemônico se condensou sobre os principais pilares: a CNBB e os seminários de formação religiosa. A autonomia e a independência do catolicismo brasileiro ver-se-iam mais uma vez comprometidas. É evidente que com a nomeação de bispos alinhados ao poder vaticano, a pressão sobre teólogos e a desaprovação das práticas eclesiásticas orientadas ao envolvimento com as organizações de base, a Santa Sé desenvolveu uma estratégia no sentido de desencorajar o engajamento da instituição nas demandas de apenas uma camada da sociedade, lembrando do caráter universal da missão católica.

Por outro lado, com o retorno da democracia, os partidos políticos, sindicatos e movimentos sociais deixaram de precisar o abrigo da instituição católica para seu normal desenvolvimento. Assim, um setor importante da CNBB passou a considerar desnecessário o envolvimento direto da Igreja nas lutas políticas e sociais, levando em conta que os canais formais de participação política da sociedade civil estavam restabelecendo-se. A retirada da instituição católica do campo político e a insistência do magistério ético como principal eixo da ação pastoral contribuiria no fortalecimento da unidade episcopal. No entanto, outro grupo de bispos fez questão de salientar a indissolubilidade entre a missão da Igreja e a construção de uma sociedade com justiça social. Desse ponto de vista, a plena vigência das regras democráticas potencializava o comprometimento da instituição católica com a libertação do povo oprimido. Uma detalhada análise institucional do catolicismo brasileiro nas décadas de 1980 e 1990 permitir-nos-á avaliar o nível de eficácia da ofensiva vaticana para modificar as relações de força dentro da CNBB e para fixar o rumo a seguir pela condução da Igreja.

A derrota nas Ilhas Malvinas repercutiu profundamente na situação político-institucional argentina. A Junta Militar viu minadas as bases de legitimidade do regime e teve que empreender a retirada. A convocação de eleições para fins de 1983 significou uma vitória para aqueles cidadãos que, mesmo no contexto da repressão, lutavam pelo restabelecimento do sistema democrático. Na última fase da ditadura, as organizações da sociedade civil recuperaram uma certa visibilidade pública. Tanto os sindicatos quanto os partidos políticos pressionavam o poder militar com o objetivo de pôr fim ao governo *de facto*. Enquanto isso, o episcopado assumia como sua a tarefa de reconciliação, já superada a batalha contra a subversão.

De fato, o tema central na época girou em torno da transição à democracia. A negociação, a mediação ou a intransigência em face desse processo acarretaram comportamentos distintos na maioria das instituições, entre elas a Igreja católica. A hierarquia defendeu o esquecimento do passado e a retomada da vida democrática sem rancores. Para isso, legitimou a Lei de Autoanistia, com a qual os militares pretenderam neutralizar qualquer tentativa de julgar sua atuação, autodesculpando-se pelos crimes cometidos. Na mesma linha, a Comissão Executiva da CEA "foi o único setor social (...) que justificou o denominado 'Informe Final', no qual a ditadura declarava mortos por decreto os desaparecidos e considerava 'atos de serviço' os crimes atrozes e aberrantes que tinha cometido" (Aa.Vv., 1992, p. 430).

Antonio Quarracino, naquela época bispo de Avellaneda – na década de 1990, seria designado como arcebispo de Buenos Aires e eleito presidente da CEA –, inicialmente seguidor das proclamações do Concílio Vaticano II e de Medellín, depois fiel defensor da ortodoxia doutrinária, estendeu ao conjunto da sociedade a culpabilidade pelo acontecido nos anos da ditadura, considerando portanto desnecessário julgar apenas um setor. A "Lei do Esquecimento" sugerida por ele pretendia o fechamento de uma fase dolorosa e o começo de uma outra, fundada na paz social. Juntamente com Juan Carlos Aramburu e Raúl Primatesta, os três constituíram um bloco hegemônico no episcopado argentino.

Outros setores da instituição religiosa também consideraram o perdão como uma estratégia de reconciliação da sociedade com suas Forças Armadas, indicando que a Igreja deveria ser a encarregada de mediar e conduzir o processo de pacificação. Ainda que fosse acompanhado de um gesto de remissão, o próprio fato de perdoar pressupunha a aceitação dos atos de terrorismo cometidos.

Um grupo minoritário dentro da Igreja incentivou a aceleração do processo de transição para a plena vigência do estado de direito. Com esse objetivo, ele animou todas as iniciativas populares em prol da democratização. A respeito da atuação militar, esse grupo se pronunciou de forma intransigente contra a impunidade, mobilizando-se para que o rigor da justiça recaísse sobre os responsáveis pela repressão ilegal. Devido à reticência da cúpula, na maioria dos casos foi preciso canalizar suas atividades fora da esfera eclesiástica. Em nenhuma oportunidade aquela minoria foi suficientemente preponderante para influenciar as decisões do conjunto da CEA.[64] Ainda mais: toda as vezes em que um bispo levantou a voz contra o conteúdo dos documentos episcopais,[65] Quarracino encarregou-se de esclarecer que "os protestos individuais de alguns bispos argentinos (...) não podem ser considerados como opinião da CEA" (QUARRACINO, Antonio. *Clarín*, 2 maio 1983. *Apud* DRI, 1987, p. 263).

A despeito das posturas divergentes no interior do catolicismo, que acarretaram divisões e disputas pela hegemonia, o comportamento da Igreja como instituição perante a retirada militar foi determinado pelas atitudes do episcopado, controlado pelos setores que conservavam um perfil institucional em continuidade com o passado, "de aliança com o poder durante as ditaduras e de confronto corporativo com os regimes constitucionais", na tentativa de defender as "prerrogativas institucionais da Igreja" (AA.VV., 1992, p. 435).

A estratégia discursiva da liderança eclesiástica se baseou na promoção da atitude evangélica do perdão como caminho da reconciliação da sociedade com suas Forças Armadas. Os sucessivos documentos emitidos pelo corpo episcopal a partir de 1980 contribuíram para gerar espaços de diálogo das Forças Armadas com os partidos políticos e as forças sindicais. Especificamente, as cartas do episcopado intituladas "Evangelio, diálogo y sociedad", "Orientaciones para el diálo-

---

[64] Contudo, com o processo de democratização já avançado, algumas autocríticas relacionadas ao papel desempenhado pela Igreja católica na fase escura da ditadura surgiram desse setor e foram assumidas pelo conjunto da CEA.

[65] Esse foi o caso do bispo de Quilmes, Jorge Novak, que ressaltou não se sentir representado pelas definições do episcopado sobre a "guerra suja" nem compactuar com as manifestações que declaravam mortos os desaparecidos, apresentadas como se fossem um relatório jornalístico, sem as denúncias pertinentes. Na ocasião, Jaime de Nevares, bispo de Neuquén, apontou que uma reconciliação verdadeira devia ser baseada na verdade e na justiça, não no silêncio nem no esquecimento. Por outro lado, Miguel Hesayne reprovou todos aqueles que, confessando ser católicos, tinham participado, com diferentes graus de responsabilidade, nos crimes perpetrados.

go" e "Iglesia y Comunidad Nacional" estabeleceram pontes para uma comunicação fluente entre os diferentes atores sociais. Além delas, os documentos "Camino de reconciliación" e "Principios de orientación cívica para los cristianos", redigidos em 1982, inscreveram-se nas políticas de pacificação nacional (DRI, 1987).

A substituição de Pío Laghi por Ubaldo Calabresi como núncio apostólico consolidou a linha de reconciliação impulsionada pela Igreja. Graças aos contatos assíduos com líderes políticos e sindicais, a Igreja se posicionou de forma mais equidistante, afastando-se relativamente do regime militar. O harmonioso deslocamento da hierarquia para uma posição de expectativa, no momento da transição para a democracia, deveu-se menos a uma autocrítica do que à necessidade de se adequar e melhorar o posicionamento no novo cenário político nacional. Definitivamente, o *aggiornamento* exibido pela Igreja face à mudança de governo teve a ver com uma atitude de conveniência mais do que de convicção.

Com o retorno das instituições democráticas, os diferentes atores procuraram redefinir suas posições no cenário político nacional. Apesar dos esforços católicos para interpretar as denúncias, contra muitos de seus membros, por cumplicidade com a ditadura como um ataque contra a "alma" e a história nacional (DRI, 1987), a sociedade não aceitou essa leitura. O descrédito da Igreja católica refletiu-se não apenas na avaliação social da atuação católica nos anos anteriores, mas também no retrocesso da instituição católica no cenário político nacional e em sua efetividade no estabelecimento de normas e condutas reguladoras da ação humana. Nesse contexto, a Igreja católica não teve outro remédio senão aceitar a concorrência de outras instituições capazes de influir nas diferentes esferas de desenvolvimento da sociedade, inclusive aquelas pertencentes ao campo religioso.

Num futuro próximo surgiriam vozes reivindicando uma revisão do entralaçado vínculo com o poder político. O duro golpe que a Igreja católica recebeu por seu comprometimento com a ditadura militar abalou seus quadros e dirigentes, que aspirando recuperar seu papel preponderante na sociedade começaram paulatinamente a traçar um novo perfil institucional, caracterizado por maior autonomia frente aos âmbitos de poder. Mas, para chegar a esse estado de coisas, foram necessários vários anos de vida democrática.

2.7. Resumo histórico geral

Fizemos até aqui um percurso pela história da Igreja católica no Brasil e na Argentina. Ainda que sem nos determos para empreender uma análise exaustiva de cada período, demos conta de algumas constantes na lógica do funcionamento da hierarquia católica, detectadas em todos os processos históricos.

As tentativas de conclusões que apresentaremos agora remetem à dinâmica geral da instituição eclesial. Essa abordagem unificadora não ignora a lógica interna da Igreja católica, caracterizada pela pluralidade de correntes e perfis que lutam por estabelecer a supremacia de seus valores e cosmovisões. Ao longo deste capítulo, consideramos ter apresentado em pormenor as diferentes vertentes que nutriram a história do catolicismo em ambos os países.[66] Como fechamento, é preciso retomar uma análise da totalidade que explicite os fios condutores permanentes do comportamento eclesiástico.

Do lado brasileiro, poderíamos afirmar que a Igreja manteve, nos tempos do Império, a mesma estrutura eclesiástica da Colônia. Sob o regime do padroado, o Estado brasileiro exercia sua autoridade sobre a institui-

---

[66] De fato, a diversidade inocultável dentro da homogeneidade superestrutural remete à dimensão da Igreja enquanto espaço social, apresentada no início do trabalho. A partir desse enfoque, abordamos a instituição religiosa como uma instância de discussão, onde os discursos e as práticas entram em concorrência, procurando conquistar a legitimidade e o reconhecimento da hierarquia e do conjunto da comunidade (POULAT, 1977).

ção católica, sem interferências do Vaticano. Apesar da independência em relação à Coroa portuguesa, a situação não mudou com Dom Pedro I e II. A Igreja continuava a ser um órgão da administração pública.

Com a conformação da República em 1890, extinguiu-se a figura jurídica do padroado, o que supôs a separação formal entre a Igreja e o Estado. Assim, o poder político e o poder eclesiástico caminharam por trilhos diferentes. Diante de uma instituição fraca e desarticulada, o Vaticano assumiu a condução da Igreja e impulsionou um perfil de intransigência frente ao modernismo e liberalismo reinante.

A emergência de governos de orientação popular na década de 30 precisou da legitimidade eclesiástica para reforçar suas bases de sustentação. Gerou-se uma nova aproximação entre o poder temporal e o poder espiritual. O pacto estatal-religioso se inscreveu na lógica da mútua colaboração. A estruturação e mobilização de agremiações laicas e a organização de atos públicos vieram garantir uma presença católica estendida na sociedade civil. O integralismo, hegemônico na época, tornou o catolicismo uma força político--social-religiosa visível e ativa. A Constituição de 1934 refletiu a capacidade de influência da instituição católica sobre as decisões das classes dirigentes.

Com os golpes institucionais cristalizados em governos ditatoriais, a condução episcopal adotou uma atitude de oposição e orientou suas ações no fortalecimento das redes da sociedade civil. Soltadas as amarras que a sujeitavam ao Estado, a instituição católica executou seu trabalho pastoral sem necessidade de utilizar os recursos do aparelho estatal. A mudança na lógica do comportamento eclesiástico concretizou-se numa maior autonomia na pregação e ação. Ora, o questionamento da ordem econômica--social e o espírito inovador que envolveu as estruturas organizacionais e as produções teológicas, consequência desse processo de renovação, despertaram resistências e curtos-circuitos com o poder vaticano, a partir da ascensão de João Paulo II como Sumo Pontífice. Uma análise sistemática e focalizada nas últimas duas décadas do século XX nos permitirá realizar um balanço mais acabado do modelo eclesial que foi hegemônico no catolicismo brasileiro – embora com algumas interrupções – desde a fundação da CNBB. Do mesmo modo, estaremos em condições de traçar linhas de tendência e cenários tentativos em termos do rumo institucional predominante para as primeiras décadas do século XXI.

Para o caso argentino, ficou evidente, ao longo da história, o anseio da Igreja católica por retornar ao regime da cristandade, no qual ela exercia sua supremacia no mundo espiritual e temporal, guiando ao mesmo tempo o destino do Estado e o da sociedade civil. Ainda que, com o advento da modernidade, ela tenha precisado renunciar a uma série de funções que passaram a ser controladas pelas organizações do poder mundano, isso não a impediu de conservar seu papel de guardiã nas áreas consideradas chaves para garantir a influência religiosa na regulamentação dos comportamentos sociais. A educação, a ética e a moral familiar são três componentes essenciais que a cúpula eclesiástica não consegue imaginar fora de seus campos de ação e ingerência.

Em cada período histórico, tanto as orientações ideológicas dos diferentes governos quanto as relações de força entre o poder político e o poder eclesiástico determinaram experiências variadas na efetividade da interferência da Igreja nos assuntos do Estado. A Geração de 1880 imprimiu com sucesso um perfil liberal ao Estado daquela época, ante uma estrutura eclesiástica débil e escassamente institucionalizada, que pouco conseguiu influenciar as decisões do governo. Em contrapartida, a década infame conjugou um regime *de facto* conduzido por autoridades militares partidárias da justaposição eclesial-estatal, com uma instituição católica em auge e expansão.

Para além desses cenários, a verdade é que a Igreja católica, fiel seguidora das instruções papais, desatendeu as disposições do Concílio Vaticano II que reconheciam a autonomia entre o campo temporal e o campo espiritual. Sua matriz intransigente, dotada de um sistema doutrinário a--histórico, não reconheceu a independência dos campos.

Ora, o almejo restaurador que impregnou as cosmovisões e as atitudes da Igreja argentina não deve ser interpretado a partir da imutabilidade de seus princípios. A lógica do funcionamento católico singularizou-se também pelo dinamismo nas relações com o poder político e pela adequação às situações de mudança. Uma Igreja permeável e receptiva às transformações do contexto está longe do estereótipo que a define como fechada e anacrônica. Deve-se entender bem: o *aggiornamento* do comportamento eclesial, ou seja, sua adaptação aos diferentes processos políticos, econômicos, sociais e culturais, não se contrapôs à rigidez e inalterabilidade de seus fundamentos; pelo contrário, ele veiculou a presença relevante da Igreja católica no cenário político nacional durante boa parte da história. As contínuas referências a um mundo passado ideal têm o propósito de reafirmar uma linha de memória que remete a uma tradição (HERVIEU-LÉGER, 1996b). Mas nessa reinterpretação da história, a Igreja faz uma reestruturação permanente de sua linha de crença, confrontada com a modernidade e o pensamento secular. Daí, a capacidade católica de conjugar a fundamentação divina com uma *práxis* intramundana.

A aspiração integralista de catolicizar a sociedade, de "sermos católicos no conjunto da vida", supôs, implicitamente, o monopólio católico não apenas no campo religioso, mas também em todas as ordens da vida social. Por isso, para a Igreja era natural sua intromissão na legislação matrimonial, a determinação dos conteúdos do ensino ou a demarcação do que seja moral ou imoral na sociedade (DRI, 1997). Identificando o "ser nacional" com o "ser católico", a Igreja argentina reclamou historicamente para ela mesma o poder sobre os assuntos essenciais que guiam e prescrevem o desenvolvimento da vida social. Por derivação lógica, o *modus operandi* que corresponde àquela matriz de pensamento destacou-se pela edificação de uma trama de relações com o Estado baseada em compromissos mútuos e legitimações recíprocas.

De um modo geral, tanto no Brasil quanto na Argentina, o permanente interesse católico de reproduzir uma presença pública obteve mais dividendos no plano das influências sobre as decisões do poder político.

E muito menos na diminuição da brecha existente entre seu aparelho burocrático e as práticas cotidianas da cidadania. Se por um lado a Igreja soube sedimentar acordos com as autoridades governamentais, seja para garantir o ensino religioso nas escolas oficiais, seja para frear projetos de lei sobre o divórcio; por outro, encontrou sérios empecilhos para impor seu sistema normativo como princípio regulador da sociedade. Ela agiu *como se* a cultura da população fosse integralmente católica e dessa posição de poder interpelou o poder do Estado. A afirmação de Flávio Pierucci sobre a Igreja brasileira bem pode ser pertinente à da Argentina. "A Igreja no Brasil (...) olha-se especularmente como povo, e em nome desse fala e pressiona" (Pierucci, 1996, p. 79). Com exceção de alguns períodos, suas demandas foram satisfeitas. Sua participação no momento da conformação da nação e a herança de um *modus vivendi* definido por um esquema de mútua legitimidade garantiram a atenção da liderança política às requisições católicas.

Ora, o transcorrer histórico entre a Igreja e o Estado refletiu um caráter complexo e, porque não, contraditório nas relações entre as duas esferas. Na justaposição entre uma gênese intrinsecamente a-religiosa do Estado e a procura de legitimidades extrapolíticas para assegurar a governabilidade do regime político, localizaremos o nó das desavenças e conivências entre os dois campos. Porque "dizer que as duas instituições são irredutíveis não implica, de modo nenhum, afirmar o seu total isolamento recíproco" (Romano, 1979, p. 20-21).

Uma análise em profundidade sobre essa questão não pode estar permeada por abordagens simplificadas, seja aquela que considera o órgão eclesiástico como mero aparelho ideológico do poder secular, seja a que sustenta uma supremacia da ordem espiritual. Ao longo da história, pôde-se apreciar inúmeras situações em que a Igreja utilizou as estruturas estatais para reproduzir seu aparelho burocrático e estender seu programa pastoral no conjunto da sociedade. Só quando as elites do governo desenharam políticas ativas nas áreas de tradicional influência católica, foi irremediável o confronto pela demarcação dos campos de ingerência de cada esfera. Por outro lado, quando os processos políticos ostentaram debilidades em sua base de sustentação, a procura de "outras" fontes de legitimidade tornou--se uma modalidade corrente. Em síntese, os arrebatamentos recíprocos testemunham o perfil ambíguo, variável e errático da interação entre Igreja e Estado.

> Do sucesso ou fracasso [de cada esfera], de sua capacidade em mobilizar recursos a cada momento preciso e da maior ou menor resistência da sociedade a ambos os tipos de dominação, é que se poderá vislumbrar se realmente a burocracia secular é nosso destino, como diz Weber, ou se em última instância ela necessita do poder espiritual (ROMANO, 1979, p. 227)

O que deparou a reabertura democrática dos anos 1980 nas relações entre a Igreja e Estado será o foco de análise daqui em diante. Independentemente de qualquer hipótese de mudança na metodologia de ação, o certo é que tanto a Igreja argentina quanto a brasileira jamais aceitarão ser reduzidas ao âmbito do privado. Sob a hegemonia do catolicismo integral ou sob a opção preferencial pelos pobres, elas não renunciam a construir o Reino de Deus na realidade terrestre. É a natureza plural do espaço, registrada na tradição milenar, a que contempla a coexistência de dissímeis interpretações teológicas – desde que respeitados os mitos fundamentais – como mecanismo de contenção de um amplo leque de cosmovisões. De fato, a convivência entre os diferentes tipos de catolicismos está ancorada na historicidade da instituição. Toda vez que as mudanças contextuais desafiaram a plausibilidade do sistema católico (OLIVEIRA, 1999), elementos inovadores no plano das ideias, da organização e das práticas religiosas foram assimilados e logo normatizados pelas autoridades da Igreja universal.

3. Continuidades e mudanças: os episcopados do Brasil e da Argentina na democracia do fim do século XX

Com papéis diferenciados nos anos mais virulentos da ditadura militar, a CNBB e a CEA transitaram o processo de democratização por veredas divergentes. Enquanto o alto clero brasileiro desempenhou um papel ativo em prol da recuperação das instituições democráticas, a cúpula eclesiástica argentina se dispunha a acompanhar a lei de autoanistia, com a qual os militares pretenderam neutralizar qualquer tentativa de julgar sua atuação, autodesculpando-se pelos crimes cometidos. O perdão foi estratégia discursiva utilizada pela condução católica para reconciliar a sociedade com as Forças Armadas. Nesse caminho, cabia à Igreja a responsabilidade de mediar e conduzir o processo de pacificação.

Iniciaremos aqui um acompanhamento da presença pública da CNBB e da CEA na transição e na consolidação da democracia nas últimas duas décadas do século XX. Não é de nosso interesse empreender um estudo exaustivo dos acontecimentos históricos, e sim analisar os posicionamentos dos episcopados diante dos sucessivos fatos de relevância nacional no período em questão. Falamos de posicionamentos em plural, porque entendemos que não é uniforme a percepção da realidade no interior de cada corpo eclesiástico. As eclesiologias construídas no capítulo anterior servirão de marco interpretativo para compreender e desentranhar mais claramente a diversidade que vigora nos quadros episcopais.

3.1. O caso brasileiro

No começo da década de 1980 do século passado, a "opção preferencial pelos pobres" e a "libertação total do homem" foram definidas como bases da ação pastoral da Igreja brasileira. Na realidade, o propósito era aprimorar a linha pastoral que estava em andamento desde a década anterior. Apesar do lento caminho de recuperação democrática, a justificativa do continuísmo passava pela conservação intacta das estruturas econômicas e sociais que reproduziam as situações de pobreza extrema e marginalização social. Por aqueles tempos, a pastoral social constituía uma das colunas da ação evangelizadora da Igreja. Embora fosse reconhecida a natureza eminentemente pastoral de sua missão, os problemas sociopolíticos não eram desatendidos, uma vez que eles apresentavam uma dimensão ética.

Naqueles anos, a CNBB autorizou que as reuniões sindicais se realizassem nas próprias instalações da Igreja, apoiando assim as greves dos metalúrgicos do ABC paulista. As notas emitidas pela Comissão Episcopal de Pastoral se solidarizavam com o que consideravam justa reivindicação dos trabalhadores. Por outro lado, o Conselho Indigenista Missionário (CIMI) e a Comissão da Pastoral da Terra (CPT) articularam-se com as organizações que emergiam na sociedade civil – o movimento do custo de vida na periferia de São Paulo foi um caso exemplificador – na luta pela abertura política. Essa linha de ação mostrava a continuidade de certa lógica no comportamento episcopal. Os bispos estimulavam "uma caminhada mais atuante" da parte de todas as estruturas da instituição católica. Ao tempo que denunciavam os mecanismos geradores de pobreza, manifestavam um compromisso eclesial com a militância dos indígenas, operários, lavradores e desapropriados. A promoção das Comunidades Eclesiais de Base como espaço de participação e vivência comunitária do povo completava o projeto de construção de uma sociedade justa e solidária. No marco do processo de inculturação, buscava-se que o conteúdo da doutrina católica atendesse a especificidade do contexto cultural brasileiro. A catequese não era concebida sem uma ligação estreita com a realidade social.

Sobre certos pilares se consolidou a ação pastoral denominada "evangelização libertadora". A reforma da estrutura fundiária foi, sem dúvida, um dos mais importantes. No documento "A Igreja e os problemas da terra", de 1980, a CNBB exprimiu com precisão qual seria sua linha de conduta:

> A CNBB apoia os esforços do homem do campo por uma reforma agrária autêntica que lhe possibilite o acesso à terra e condições favoráveis para seu cultivo, porque enquanto estiver a favor dos lucros do pequeno número de capitalistas, e enquanto o modelo educacional servir de instrumento para a manutenção desse sistema (...), então não terá solução verdadeira a situação de injustiça e exploração do trabalho da maioria (CNBB, D17).

A situação no nordeste foi também uma das principais preocupações eclesiásticas. Além de uma missão evangelizadora específica, as denúncias lançaram luz sobre a essência do problema endêmico da região. Ao invés de concentrar as críticas no elemento climático – a questão da seca –, incriminavam a estrutura política-econômica como a principal responsável pela aguda desigualdade social.

> As causas da precariedade da situação do nordeste devem ser procuradas, antes de mais nada, na história socioeconômico-política do Brasil, no contexto da economia mundial. Portanto, não são o resultado da fatalidade, do destino, da natureza, mas o resultado da ação ou omissão política dos homens e da forma através da qual se apropriam e usam dos recursos naturais e estabelecem relações entre si. Nesse sentido, o seco e pobre nordeste é, sobretudo, uma produção política (...). A seca não explica todas as mazelas e o atraso do nordeste. Existe uma estrutura nacional que o mantém numa situação de dependência e subordinação (CNBB, D31).

Sem tapulhos, condenava-se a concentração da propriedade, o sistema de latifúndio, o paternalismo político e o assistencialismo social enquanto dimensões que visavam a reforçar a estrutura de dominação vigente. E voltava-se à questão da reforma agrária como mecanismo de justiça.

A problemática da fome e a defesa dos direitos humanos completaram os eixos prioritários do desempenho episcopal. As críticas ao Fundo Monetário Internacional por causa das políticas de juros que condenavam à miséria os países do terceiro mundo e as denúncias pela não punição dos responsáveis dos assassinatos de líderes indígenas e camponeses e pelas ameaças e prisões sofridas por lavradores e padres no interior do país[1] orientavam as linhas de ação sobre esses tópicos. Esse posicionamento colocava a nu os desencontros entre o poder eclesiástico e o poder político. O confronto com diferentes órgãos governamentais como o Incra e o Ministério para Assuntos Fundiários agravava-se de maneira diretamente proporcional ao ascendente espiral de violência no meio rural.

No ano de 1980, o documento mencionado, "Igreja e Problemas da Terra", firmou os princípios da instituição eclesiástica sobre a destinação social dos bens, atribuída ao direito natural. A comunicação destacava a concepção da terra do ponto de vista do trabalho e, nesse sentido, a possessão correspondia a quem nela trabalha. As fundamentações, baseadas na Sagrada Escritura e na Doutrina Social da Igreja, partiam da consideração de que "sobre toda propriedade particular pesa uma hipoteca social" (CM, n. 329, p. 87). Diante de um estado geral de exploração e especulação, o apelo visava fortalecer o conjunto de lavradores como setor organizado. A solução passava por uma mudança das mentalidades e das estruturas político-econômicas.

---

[1] O caso mais emblemático foi a prisão de treze posseiros e dos padres Aristides Camio e Francisco Gouriou em São Geraldo do Araguaia (PA), em 1981.

No entanto, alguns bispos não concordavam com a "inspiração marxista" do texto e consideravam-no um atentado contra o legítimo direito de propriedade. Segundo dom José D'Ângelo Neto, a qualificação de "terra de negócio", contraposta à "terra de trabalho", não reconhecia a função produtiva dos sítios e fazendas, para além do tamanho de cada um deles. Já dom Antônio de Castro Meyer, não compartilhava a associação linear que se estabelecia entre a grande propriedade e sua utilização nociva. A influência dos assessores na redação final do documento também era motivo de crítica. Apesar dessas divergências, o documento finalmente aprovado confirmou a direção da linha pastoral em favor dos trabalhadores e pequenos arrendatários.

Os conflitos relacionados com a terra também foram abordados no ano seguinte. Um comunicado da Presidência e da Comissão Episcopal de Pastoral rejeitou as acusações contra a Igreja como promotora da invasão de terras. Os bispos chamaram a atenção para a injusta estrutura fundiária e o lucro desmedido das grandes empresas como causadores do estado de colisão. E recalcaram que a Igreja estava comprometida com a luta dos posseiros, sem por isso incitá-los à violência.

Lá pelo ano de 1981, a presença e o papel dos presbíteros, assessores e peritos na Assembleia dos Bispos já aparecia como um eixo que cristalizava diferenças nas opiniões dos prelados. Do mesmo modo, o relacionamento dos organismos anexos com a Conferência Episcopal. A condução da CNBB estimulava a participação deles apelando à construção de um espírito de colegialidade e corresponsabilidade. Os prelados com maior sintonia com o poder central da Igreja ressaltavam a necessidade de um momento mais espaçoso para as privativas dos bispos, sendo que por lei divina tinham a potestade de levar a administração da instituição. Como sucessores dos apóstolos, constituíam o princípio e o fundamento visíveis de cada Igreja particular, que por sua vez se deviam à Igreja universal, una e única. Quanto aos organismos anexos, observavam uma interferência sobre as pastorais diocesanas e um uso indevido do nome da CNBB por parte deles, decorrência da indefinição de sua conceituação jurídica.[2] A discussão, que perduraria através dos anos, seria um dos pontos principais nas reformas estatutárias de 2002.

O Congresso Eucarístico foi outro disparador para o debate. Na 19ª Assembleia Geral do mesmo ano, dom Luciano Duarte se manifestou em favor de que os temas de convocação fossem da ordem espiritual e não sociológica. Como contrapartida, dom Helder Câmara destacou que a opção preferencial pelos pobres exigia a presença da dimensão social. Já dom Avelar Vilela se inclinou pela integração do espiritual e do social, uma vez que a Eucaristia se projetava na vida pessoal, comunitária e social. Três visões sobre uma realidade que nos remetem às eclesiologias traçadas no capítulo anterior. Mesmo colocados no plano típico-ideal, é possível advertir a proximidade entre os modelos eclesiológicos e as cosmovisões dos bispos.

A catequese, assunto da mesma Assembleia, também despertou pontos de vista contrastantes. Para alguns, não era concebível uma cristologia separada da sociedade. Nesse sentido, a vivência da comunidade conformava o quadro de referência da prática catequética. Para outros, essa abordagem corria o risco de relativizar a fé. Levando em conta a eternidade da palavra de Deus, seu anúncio não podia estar submetido a condicionamentos históricos. Pelo contrário, o povo devia ser ajudado para formar uma opinião e adotar um comportamento conforme a doutrina da Igreja.

O celibato completou a pauta de discussões daquela reunião de 1981. Dom Luciano Duarte fez questão de salientar o acatamento das orienta-

---

[2] Criticava-se especialmente a CPT, por seu andar autônomo com relação às Igrejas locais e por desatender às orientações da CNBB. Em mais de uma oportunidade, elegeu vice-presidentes evangélicos, o que motivou a repreensão enérgica dos bispos. A reação dos prelados pôs a nu o alcance do pluralismo como prática episcopal. Em 1989, a 22ª Reunião do Conselho Permanente transmitiu por escrito à diretoria da CPT a não aceitação da resolução adotada e a necessidade de definir o Estatuto Canônico para enquadrar o organismo dentro da normativa católica.

ções da Santa Sé e a urgência de uma educação para a castidade como expressão da consagração total a Deus e como resposta à exaltação moderna do hedonismo. dom Antônio Fragoso sugeriu uma consulta a todas as Igrejas do mundo sobre o celibato opcional, a ordenação de homens casados e a reinserção no ministério dos padres casados que foram dispensados. Para dom Vital Wilderink, o acento devia colocar-se no valor humano e pastoral do celibato e não tanto na questão disciplinar. Embora as discrepâncias tivessem aflorado em sua real dimensão, trata-se de um tema tabu que não tem sido tratado em toda sua amplitude.

Em 1982, "o solo urbano" foi abordado como o tema central da Assembleia Geral. Semelhante ao processo do solo rural, a ocupação das áreas urbanas era guiada por uma lógica econômica de exclusão. A conformação de favelas nas periferias das cidades e, de um modo geral, as desumanas condições habitacionais emergiam como a principal consequência desse modelo de distribuição espacial. O direito de propriedade aparecia, mais uma vez, no centro do debate entre os bispos. Para dom Antônio Miranda, o texto para o debate colocava uma dicotomia entre opressores ricos e oprimidos pobres e utilizava uma terminologia pouco pastoral. No ângulo oposto, dom Cândido Padin frisava a importância da presença da Igreja no ordenamento de um relacionamento justo entre os homens. Nesse sentido, o aprimoramento da Pastoral de Favelas era indispensável para um trabalho evangelizador junto às bases. E uma declaração a respeito do solo urbano, denunciando o modo de vida do povo nas periferias das grandes cidades, definiria o posicionamento da instituição católica diante de um assunto de suma relevância.

Para além da discussão pontual, interessa sublinhar que no momento de sugerir temáticas para a conformação da pauta das Assembleias ou dos Conselhos Permanentes os bispos ostentam sensibilidades variadas, segundo as perspectivas eclesiológicas a que adscrevem. Por exemplo, na 10ª Reunião do Conselho Permanente, em 1983, dom Eugênio Sales colocou o acento nos assuntos relacionados com a aplicação da doutrina pontifícia. Já dom Angélico Sândalo outorgou uma ênfase maior à discussão sobre a construção de uma sociedade justa e fraterna. De um modo geral, os dignatários mais identificados com a ortodoxia romana tendem a propor questões de estrita ordem religiosa. O problema das seitas, o conteúdo da formação sacerdotal, o problema das vocações sacerdotais, as políticas de planificação familiar e os valores que vigoram nas sociedades contemporâneas eram apresentados com apoios variados para a inclusão na pauta. Por sua parte, os prelados próximos à eclesiologia do enraizamento social inclinam-se por enunciar assuntos vinculados à conjuntura política e social. Os caminhos para a institucionalização política, o problema da terra, os direitos humanos e o modelo econômico prevaleceram no decorrer das reuniões episcopais. No entanto, a lógica integracionista faz com que as temáticas de índole "interna" da Igreja também tenham seu espaço no encontro dos bispos.

As Assembleias eletivas têm, por indicação estatutária, a tarefa de fazer um balanço sobre a caminhada da Igreja e estabelecer as diretrizes para os quatro anos seguintes. O objetivo do trabalho pastoral para o quadriênio 1983-1987 girou em torno da necessidade de

> evangelizar o povo brasileiro em processo de transformação sociocultural-econômica, a partir da verdade sobre Jesus Cristo, a Igreja e o homem, à luz da opção preferencial pelos pobres, pela libertação integral do homem, numa crescente participação e comunhão, visando à construção de uma sociedade mais justa e fraterna, anunciando assim o Reino definitivo (Cnbb, D31).

Enquanto figuras que fazem da palavra uma das fontes de sua legitimidade, não foi menor a preocupação pela semântica. A proposta original falava de uma evangelização *a partir* da opção preferencial pelos pobres. O enunciado finalmente aprovado, menos determinista, pregava uma evangelização *à luz* da opção preferencial pelos pobres.

Na prática, o objetivo se operacionalizava na organização de uma pastoral engajada nas lutas do povo; na descentralização do poder de decisão na Igreja, hierarquizando as assembleias paroquiais; na denúncia profética dos casos de injustiças e na atuação no campo da educação política como contribuição para uma maior democratização social (*Folha de S.Paulo*, 20 mar. 1983). Ficava explícito que a ideia de libertação integral devia materializar-se "aqui", no mundo terreno. A tomada de consciência da dimensão social e política da fé era o veículo para a transformação das estruturas injustas.[3]

A discussão em torno do destaque outorgado às Comunidades Eclesiais de Base na avaliação da caminhada pastoral da CNBB colocou a nu um dos pontos mais álgidos das controvérsias no seio do episcopado naquela época. Enquanto dom Afonso Gregory visualizava as CEBs como o "espaço onde se realiza de forma admirável o ideal de comunhão e participação", dom Eusébio Scheid não as considerava como um novo modo de ser Igreja (Cm, n. 366, p. 206). Se de um lado, advertia-se a intenção de privilegiar as CEBs como âmbito de articulação dos leigos; de outro, incentivava-se os movimentos de leigos com perfis mais intimistas, dotados de uma maior eclesialidade e alheios a qualquer envolvimento político.

A renovação de autoridades no organismo episcopal em 1983 significou uma confirmação da pastoral empreendida. Dom Ivo Lorscheiter e dom Luciano Mendes de Almeida foram legitimados nos cargos de presidente e secretário-geral, respectivamente. Apenas houve uma alteração na

---

[3] As mensagens emitidas pelas Assembleias dos Regionais sintonizavam-se com as diretrizes gerais da CNBB. Em 1984, com a presença de bispos, sacerdotes, religiosos e leigos, o Regional do Nordeste 3 definia sua linha pastoral: "promover, orientar e acompanhar as Comunidades Eclesiais de Base; dar continuidade à pastoral rural e apoiar a Comissão da Pastoral da Terra; dar continuidade ao trabalho de educação política e desenvolver uma pastoral que promova a organização do povo, visando à conquista de seus direitos e justas reivindicações" (Cm, n. 384, p. 1.192). No mesmo ano, a Assembleia das Igrejas do Estado de São Paulo enviou uma comunicação aos presidentes dos Regionais e aos membros do Conselho Permanente da CNBB. Nela, frisava que "um dos problemas mais graves do país é o desemprego, fruto do sistema de exploração (...), bem como a crescente concentração fundiária. A solução só virá mediante a conscientização e organização da classe trabalhadora" (Cm, n. 384, p. 1.194).

vice-presidência, uma vez que dom Clemente Isnard foi substituído por Benedito Ulhoa Vieira.[4] A prorrogação dos mandatos indicava, por um lado, a continuidade de uma determinada linha eclesial iniciada havia doze anos; por outro, sinalizava um apoio ao desempenho da liderança católica durante a ofensiva do poder militar. Apoio que era maciço, mas não unânime. A permanente preocupação pela metodologia da eleição e a tentativa de evitar que as divisões aflorem no processo eleitoral refletem a diversidade de perspectivas que circulam no interior do episcopado. A desaprovação da conformação de chapas e a proposta de realização de prévias[5] tenderam a descomprimir qualquer clima de tensão.

O fato é que os prelados mais próximos à eclesiologia da ortodoxia romana questionavam a constituição de uma suposta "Igreja popular" e antropocêntrica, paralela à Igreja oficial, teocristocêntrica. Caracterizavam esse perfil eclesiástico alternativo pela utilização de elementos marxistas na reflexão teológica, pela centralidade outorgada ao homem ao invés de a Deus e a Jesus Cristo e pelo exclusivismo na opção pelos pobres. A pobreza, definida em termos sociológicos, abrangia apenas dimensões materiais. Portanto, tratava-se de uma opção de índole classista. A condenação seguia as diretrizes vindas do Vaticano. O então prefeito da Congregação para a Doutrina da Fé, hoje papa Emérito, Joseph Ratzinger, qualificava de "inaceitáveis as teologias da libertação que reduzem a fé a uma dimensão política e utilizam a análise marxista como instrumento de interpretação não só da história e da realidade social, mas inclusive da Bíblia e da mensagem cristã" (O Globo, 21 abr. 1984). Dom Luciano Cabral Duarte, arcebispo de Aracaju, e dom Eugênio Sales, arcebispo do Rio de Janeiro, eram os principais referentes dessa linha de denúncia. O próprio cardeal do Rio de Janeiro advertia que "pobres são todos, ricos ou desprovidos de

---

[4] Dom Clemente Isnard tinha sido eleito como vice-presidente do Conselho Episcopal Latino-Americano (Celam).

[5] Para cada cargo, os bispos deviam escolher três nomes. Os mais votados eram selecionados para a posterior eleição geral.

Deus" (Jornal da tarde, 9 abr. 1983). Para ele, a causa da pobreza estava no egoísmo e na perda dos valores evangélicos. Para revertê-la, era mister uma virada no campo da conversão espiritual.

Naquele momento, as adesões a esses postulados estavam longe de serem majoritárias no seio da CNBB. A maioria silenciosa, com tendência à integração entre a missão religiosa e o engajamento social, optava por legitimar uma condução que ostentava um dinamismo na elaboração inicial dos documentos a serem discutidos nas Assembleias Gerais e um entrosamento com o amplo leque dos organismos anexos do episcopado. Assim, os cargos superiores eram ocupados por bispos identificados com os princípios da eclesiologia do enraizamento social, ratificando sua hegemonia na instituição eclesiástica. Além dos postos da presidência, naquela eleição de 1983, eles obtiveram a maioria dos representantes na Comissão Episcopal de Pastoral, encarregada da execução das resoluções da Assembleia. Embora não constituíssem uma maioria numérica, mostravam-se ativos, articulados e dotados de quadros com dons de liderança. A capacidade de gerar estratégias de política eclesiástica permitiria-lhes gozar de uma supremacia no controle da entidade católica por vários quadriênios.

No texto-base para a Campanha da Fraternidade de 1984, os bispos reconheciam os passos dados para a abertura política, mas denunciavam a continuidade da Lei de Segurança Nacional e "os principais mecanismos de controle criados para manter (...) esse modelo político-econômico anti-democrático" (Estado de S. Paulo, 29 maio 1983).

Ora, se por um lado a Igreja brasileira testemunhava uma atitude expressiva em favor de uma democracia com justiça social e uma prática enraizada nas redes da sociedade civil; por outro lado, o posicionamento diante da temática de planejamento familiar evidenciava uma rijeza e intransigência doutrinária. Recusava-se a aceitar qualquer tipo de controle de natalidade, ao considerar inalienável o direito dos pais a decidir nesse campo. Ao longo dos anos, a trama discursiva do episcopado transitaria por essa senda paradoxal. Heterodoxia diante do Vaticano no traçado das prioridades pastorais, ortodoxia no que tange às questões de moral familiar. As evidentes divergências entre os bispos no plano da vinculação com a política se diluíam na hora de condenar o aborto, a pornografia e o permissivismo moral.

A posição da CNBB no que tange à educação religiosa também conteve certo viés de intransigência. Não foram poucos os bispos que apresentaram emendas nas Constituições Estaduais para que fosse reconhecido o ensino confessional e exigido o credenciamento dos professores de religião por parte das autoridades eclesiásticas. Se bem que alguns prelados optaram por defender um ensino interconfessional, a pressão sobre o poder político para incluir a instrução religiosa na estrutura curricular das escolas públicas contou com o apoio maciço da Conferência Episcopal. Do mesmo modo, a petição para que as escolas confessionais e filantrópicas fossem mantidas com recursos estatais.

O ano de 1984 envolveu a discussão sobre as eleições, com as "diretas já". Partindo da premissa de que o episcopado não podia ficar alheio à realidade política e social, o assunto não passou inadvertido nas reuniões da CNBB. No intuito de contribuir na educação política da população, prima na conferência dos bispos a vontade de emitir sempre uma palavra oficial sobre assuntos de conjuntura, presentes na opinião pública. "Faz parte da missão da Igreja e o povo espera uma palavra de seus pastores como orientação (...)" (Cм, n. 433, p. 1188). Diferente postura veremos no caso do episcopado argentino, que tende geralmente a evitar uma exposição pública quando se trata de temáticas controversas.

Mesmo com uma atitude de cautela e moderação, a liderança eclesiástica brasileira salientou o cumprimento do primeiro artigo da Constituição, o qual faz referência ao poder emanado do povo. Mas diferentemente do papel ativo desempenhado com relação às problemáticas rurais, a Igreja mostrou um acompanhamento pastoral "na retaguarda" das inéditas mobilizações populares em favor do direito de escolher seus representantes.

No plano discursivo, a cúpula episcopal advertiu enfaticamente sobre uma possível ruptura nos laços entre a sociedade civil e a sociedade política, decorrente do divórcio entre as aspirações populares das "diretas já" e as manobras do Congresso Nacional para empantanar o processo (FOLHA DE S.PAULO, 25 abr. 1984). Paralelamente, avaliava a transição democrática de modo ambíguo, uma vez que a incipiente democratização política não vinha acompanhada de uma democratização econômica e social e a Lei de Segurança Nacional continuava em vigência.

Na 22ª Assembleia Geral da CNBB, os bispos incorporaram na pauta a redação e o envio de um telegrama aos deputados e senadores. Embora não houve referências apoiando as eleições diretas, remarcou-se que a frustração e a decepção seriam generalizadas se a resolução do Congresso não fosse no mesmo sentido das expectativas da cidadania. No entanto, as autoridades do governo não demonstravam uma disposição a se desprender do poder que sustentavam com suas proclamações. Diante da impostergável convocação de eleições executivas, promoveram um sistema de votação indireto através da figura do colégio eleitoral. A emenda que restabelecia as diretas na eleição do presidente acabou não sendo aprovada no Parlamento.

Aproveitando o envio dos telegramas, os prelados também fixaram posição referente às propostas legislativas que visavam modificar o artigo 175 da Constituição, suprimindo a ideia do matrimônio como única instância fundacional da família. Segundo os bispos, as tentativas de reforma contribuiam à desagregação da família brasileira. Paralelamente, reprovavam o projeto de descriminalização da prática do aborto, por considerá-la uma violação aos direitos humanos do nascituro (O GLOBO, 5 maio 1984).

Diante dos fatos consumados do colégio eleitoral como mecanismo de escolha dos governantes, a Igreja instou a eleger aquele que estivesse "empenhado na definitiva democratização do país" (ESTADO DE S. PAULO, 26 out. 1984). E mesmo salientando que uma expressiva maioria da população tinha-se manifestado pelas eleições diretas, cabia nesse momento o respeito intransigente das normas estabelecidas para a eleição do presidente. Ao mesmo tempo, sugeriu que uma condução ética assumisse o compromisso pela transição às eleições diretas. E propôs o pacto social como única saída para a reconciliação entre o povo e as classes dirigentes.

Na medida em que a abertura política se consolidava, começava a emergir nos corredores dos palácios eclesiásticos o debate sobre o papel da instituição católica no contexto do regime democrático.

Levando em consideração que os partidos políticos, sindicatos e movimentos sociais tinham deixado de precisar do abrigo da Igreja para seu normal desenvolvimento e que os canais formais de participação política da sociedade civil estavam se restabelecendo, os bispos mais próximos à eclesiologia da ortodoxia romana consideraram desnecessário o envolvimento direto da Igreja nas lutas políticas e sociais. "Que se deixe aos sindicatos, aos partidos de oposição (...) a tarefa de fiscalizar as ações e intenções do governo. A tarefa do governo se refere às estruturas da sociedade; a da Igreja, às pessoas", sinalizava dom Cristiano Krapf (Cm, n. 378, p. 445).

Em verdade, a crítica apontava ao ativo papel desempenhado pela instituição eclesiástica na promoção das Comunidades de Base, priorizando a missão política em relação a religiosa. E ao perfil dos documentos da CNBB, concentrados nos aspectos negativos das políticas governamentais. Quando algumas CEBs expressaram seu apoio ao nascente Partido dos Trabalhadores (PT) e as fronteiras entre o catolicismo e a política ficaram definitivamente difusas, a condenação se tornou mais exacerbada. Eugênio Sales, arcebispo do Rio de Janeiro, alertava sobre os riscos desse *modus operandi*:

> Grave seria a perda de identidade se, a pretexto de atuar na sociedade, a Igreja se deixasse dominar por contingências políticas, se ela se tornasse instrumento de certos grupos ou pusesse seus programas pastorais, seus movimentos e suas comunidades à disposição ou a serviço de organizações partidárias (Sales. *Apud* Della Cava, 1986, p. 31).

Ora, além das alocuções esgrimidas, a proposta de desengajar a Igreja da política não deve ser interpretada como uma virada ao âmbito da sacristia. Apenas a reformulação de sua presença na cena pública. Resulta inconcebível desde uma idiossincrasia antiliberal e antimoderna, herança da formação ultramontana, que a instituição católica renunciasse a sua missão de regular os princípios organizadores da sociedade. O questionamento à inserção nas organizações sociais de base promovida pela condução da CNBB não implicava de jeito nenhum um afastamento da Igreja da realidade temporal. Partidários de uma retirada da instituição católica do campo político ressaltaram o magistério ético como principal eixo da ação pastoral. Nessa linha se inscreviam as alocuções do então núncio apostólico, Carlo Furno. Na abertura das Assembleias Gerais, o delegado do papa chamava a atenção para a formação presbiteral, a secularização, a dissolução da família, o vazio de valores e a proliferação das seitas como principais preocupações a serem abordadas.

No entanto, o grupo de prelados identificado com a liderança da CNBB, fez questão de salientar a indissolubilidade entre a missão da Igreja e a construção de uma sociedade com justiça social. Enquanto perdurassem as estruturas de iniquidade, a instituição católica não podia abrir mão do engajamento nas organizações da sociedade civil. O comportamento eclesiástico não diferiria então das etapas anteriores. A plena vigência das regras democráticas potencializava mais do que limitava o comprometimento da instituição católica com a libertação do povo oprimido.

> A Igreja participa assim ativamente do atual momento brasileiro, como uma das instâncias não partidárias que defendem os requisitos éticos da nação brasileira (...), na direção da plena restauração da democracia (CNBB, D22).

> A ação pastoral, cuidando de não substituir as iniciativas do povo, estimulará a participação consciente e crítica dos trabalhadores nos sindicatos, associações, comissões e outras formas de cooperação, para que sejam realmente organismos autônomos e livres, defendendo os interesses e coordenando as reivindicações de seus membros e de toda sua classe (CNBB, D17).

Nesse sentido, promovia-se uma maior participação do laicato nos afazeres da política nacional. Mas longe do desentendimento, cabia à Igreja a tarefa de acompanhar e assistir o ativismo das organizações civis. Apesar da pretensão de prolongar a atuação nas questões sociais, havia uma preocupação por não monopolizar a voz dos leigos.

Não faltava quem interpretasse a missão da Igreja como evangelizadora e de natureza eminentemente pastoral. Entretanto, essa condição não significava a omissão dos problemas sócio-políticos do país, na medida em que a dimensão ética atravessava os grandes assuntos nacionais. Naquela etapa de abertura política, os dignatários de perfil integracionista se preocupavam pela responsabilidade da Igreja no que diz respeito aos valores da liberdade e da justiça, da verdade e da honestidade.

Apesar das perspectivas discordantes, a opção pela democracia é uma constante no discurso do amplo leque de bispos. Como veremos na sequência, no episcopado argentino primou uma postura de maior neutralidade diante dos diferentes regimes políticos. A discussão sobre o papel da Igreja e, relacionado com isso, o eixo das prioridades pastorais, continua até hoje no seio da CNBB. Interessa salientar que a coexistência entre as diferentes linhas eclesiais confirma a diversidade de catolicismos que convivem no interior da instituição milenar. Diversidade que era interpretada como "pluralismo sadio" por quem conduzia as rédeas da conferência. A liderança da CEA, mesmo com um perfil eclesiástico diferente do da CNBB, lançava mão de idênticas estruturas discursivas. Os dirigentes de ambas as instituições faziam questão de ressaltar que no essencial, na fé católica, não havia diferenças. As eleições internas, segundo eles, eram apenas um momento de decisão para escolher o grupo de bispos que exercerá as funções que a Assembleia delega a eles. As apelações para conservar a unidade e intensificar a comunhão entre os bispos tornaram-se repetitivas no decorrer das Assembleias Gerais.

3.1.1. A tensão entre a Cúria Romana e a condução da CNBB

Enquanto a Igreja brasileira consolidava uma missão pastoral das características já descritas e ganhava autonomia na determinação do rumo institucional, o poder católico mundial e continental colocava a ênfase nas questões doutrinárias, impulsionava uma ética reguladora das relações familiares e sexuais e visava restaurar a concepção de Igreja como corpo hierárquico em detrimento da definição da Igreja como povo de Deus. Se de um lado a liderança da CNBB era partidária de uma maior descentralização e hierarquização das Conferências Episcopais; de outro, a Cúria Romana tendia a limitar o espaço de ação delas, centralizando as decisões pastorais e estabelecendo um relacionamento direto entre o bispo diocesano e a direção da Igreja em Roma. O alongamento da brecha entre os dois modelos eclesiais acarretou, de um lado, uma subterrânea discordância no campo da liturgia, da formação sacerdotal, da definição dos fundamentos teológicos das Conferências Episcopais e do papel da Igreja na sociedade; por outro, ocasionou uma série de desencontros da organização católica brasileira com o Celam[6] e o Vaticano.

Na tentativa de modificar a fisionomia institucional da Igreja no Brasil, várias das iniciativas de seu episcopado foram reprovadas pela Santa Sé. A ordenação de homens casados para que prestassem serviços pastorais motivou a repreensão de Roma. Não prosperou o pedido da CNBB para que o Vaticano deferisse processos de padres que deixaram o ministério, contrariando a disciplina do celibato obrigatório. A recomendação para a

---

[6] Como presidente da entidade, o colombiano Alfonso López Trujillo lançou uma grande cruzada contra a Teologia da Libertação, o que desencadeou uma sequência de atritos com a CNBB. O mais importante aconteceu em torno do documento final da Conferência de Puebla em 1979. Os bispos brasileiros haviam tido, durante a Assembleia, uma participação ativa nas orientações do escrito. No entanto, após a revisão dada pelas autoridades do Celam à versão provisória, o texto final já não correspondia àquele que tinha sido entregue. Dom Ivo Lorscheiter exemplificou as mudanças: "Na edição provisória afirmava-se que a doutrina de segurança nacional opõe-se a uma visão cristã do homem. A redação final [dizia] que a doutrina de segurança nacional não se harmonizaria com uma visão do homem" (FOLHA DE S.PAULO, 4 nov. 1984).

volta ao uso da batina e dos hábitos religiosos sinalizava a preocupação por certo relaxamento no comportamento dos agentes religiosos.[7]

A organização das Jornadas Internacionais por uma sociedade superando as dominações também recebeu a desaprovação por parte das autoridades vaticanas. As Jornadas pretendiam compartilhar ações e preocupações das Igrejas de todo o mundo sobre diferentes tipos de dominação. Censurada pela tentativa de autonomizar a atuação das Conferências Episcopais – da ótica vaticana, abria-se um precedente de uma conferência assumir uma ação internacional –, a CNBB foi instada a limitar o projeto ao plano nacional.

Na mesma linha, o arcebispo de São Paulo, Paulo Evaristo Arns, foi "convidado" a retirar o apoio que tinha brindado ao IV Congresso Internacional Ecumênico de Teologia (Beozzo, 1993). A posterior subdivisão dessa arquidiocese tornou possível o ingresso de novos bispos em sintonia com o poder vaticano. A decisão foi tomada apesar dos pedidos para que não se criassem dioceses dentro de um mesmo município – onde os centros de decisões políticas, econômicas e educacionais são as mesmas para todos os bairros – sem uma consulta prévia ao presbitério.[8] Aliás, o assunto foi tratado na Assembleia Geral de 1988 e vários prelados propuseram buscar outros caminhos de organização da Igreja nas grandes metrópoles.

Um novo diretório para missas com grupos populares, que incorporava as vivências e os modos de expressão do povo, nunca foi autorizado

---

[7] Diante do hábito dos bispos e padres brasileiros de usar apenas uma cruz na lapela, o poder central da Igreja exigiu o retorno do uso da batina ou do *clergyman* – uniforme eclesiástico com terno e colarinho. O problema ia além da questão da vestimenta. A discussão denotava diferentes pontos de vista sobre o modo de interpretar o vínculo com as realidades locais. A CNBB, seguindo o artigo 284 da legislação complementar do Código do Direito Canônico, considerava que o hábito eclesiástico devia identificar-se com os costumes de cada região. Já para o Vaticano a distinção do agente religioso tinha a ver com sua própria investidura.

[8] Dom Antônio Gaspar, então bispo regional de Santo Amaro, chamou a atenção para a rejeição da população da região a se constituir como município independente de São Paulo. E acrescentou: "acredito que se o povo de Santo Amaro fosse consultado a respeito da criação de uma nova diocese, menos de 5% aceitaria. Que esse fato nos ajude a escutar o povo, para só decidir com ele e para ele" (CM, n. 420, p. 425).

pela Congregação para os Sacramentos e o Culto Divino, a qual instava o episcopado brasileiro a utilizar a liturgia oficial para atender às questões pastorais. A decisão de celebrar as missas dos "Quilombos" e "da Terra sem males", que visava posicionar a Igreja na defesa das terras indígenas e impulsionar uma integração com a cultura negra, foi recusada pela Congregação para os Sacramentos, por distorcer o espírito de toda celebração eucarística, centrada na ressurreição do Senhor e não na reivindicação de um grupo humano ou racial em particular. A liturgia deve descer ao povo ou o povo deve subir à liturgia? A celebração da missa tem repercussões políticas ou apenas oferece uma mensagem evangélica? Eis o nó das desavenças entre a concepção da liderança episcopal do Brasil e a posição do Vaticano.

A exclusão da cúpula eclesiástica brasileira no processo de consulta prévia a respeito da Instrução sobre a Teologia da Libertação era mais um indicador do nível de tensão no relacionamento entre a Cúria Romana e a CNBB. Simultaneamente, estabeleciam-se comunicações diretas entre os homens do vaticano e os prelados comprometidos com as diretrizes do poder central. Dom Eugênio Sales integrava a Congregação para os Bispos e a Comissão de Comunicação Social e Cultura, entre outros organismos. Ele se autodenominava o xérox do papa e converteu a arquidiocese do Rio de Janeiro no laboratório dos projetos do vaticano (FOLHA DE S.PAULO, 4 nov. 1984). Inclusive, todo ano organizava cursos para os bispos no Centro de Estudos e Formação do Sumaré, com a presença de oradores trazidos de Roma. Daí, a acusação de presidir uma Igreja paralela à CNBB.[9]

A discussão a respeito do *status* teológico das Conferências Episcopais despertou novos atritos entre a liderança eclesiástica brasileira e a Santa Sé. Preocupava o Vaticano a possibilidade de uma tendência monopolizadora

---

[9] É importante salientar que também os bispos alinhados à eclesiologia do enraizamento social e ligados ao Centro Ecumênico de Serviços à Evangelização e Educação Popular (CESEP) fazem um curso anual, contando com a participação de assessores, prelados de outros países da América Latina e líderes protestantes. A existência de um e outro evento reflete o caráter notório da diversidade no catolicismo brasileiro.

das Conferências, em detrimento da liberdade de ação do bispo em cada Igreja particular. Nesse sentido, avaliava como inconveniente a ampliação das competências do corpo no campo doutrinário, litúrgico, disciplinar e pastoral. Do ponto de vista das autoridades religiosas brasileiras, as particularidades das realidades locais exigiam uma maior margem de manobra das Conferências Episcopais.[10] E mais do que a consagração episcopal de cada bispo, sublinharam a importância da consagração dentro da comunhão hierárquica como cimento da colegialidade dos pastores. Embora não tivessem uma natureza de ordem divina, tratava-se de estruturas que não contradiziam as previsões de Jesus Cristo.

Quanto à formação do clero, a CNBB promoveu nos institutos de pastoral a participação de leigos nos cursos de filosofia e teologia. Com ênfase nas ciências sociais e no diálogo com o mundo, o conteúdo do ensino diferia do tradicional currículo centrado estritamente nas questões doutrinárias. No Sínodo sobre a formação sacerdotal, a delegação brasileira propôs modificações ao documento elaborado pelo Vaticano, no sentido de dar maior destaque à preparação para a atuação junto à sociedade.

As normativas romanas na matéria estavam endereçadas na direção oposta. Priorizavam a ação religiosa, reivindicavam a filosofia pura, distinguiam o seminário religioso dos cursos de formação para agentes laicos e não prescreviam uma articulação entre o conhecimento da teologia com o campo das ciências humanas. Tamanhas dessemelhanças motivaram a inspeção do Vaticano nas casas de formação e faculdades religiosas do país. Esse processo de fiscalização ocasionou o fechamento do Seminário Regio-

---

[10] As palavras de dom Cândido Padin refletiam com clareza a posição da liderança da CNBB: "o processo de inculturação da fé (...) deve também incluir uma adaptação das próprias instituições eclesiásticas de modo a permitir que seu funcionamento tenha expressão inculturada. Nesse sentido, deve-se afirmar a necessidade de garantir que as conferências episcopais tenham a legítima autonomia para tomar decisões diferenciadas para seu ordenamento pastoral, evitando a imposição de modelos uniformes a partir de uma visão romana e europeia" (CM, n. 463, p. 1212-1213). Como contrapartida, dom Eugênio Sales sustentava que "os católicos não estruturam uma Igreja própria, mas obedecem à que foi fundada por Jesus Cristo e confiada a Pedro" (O GLOBO, 20 maio 2000).

nal do Nordeste II e do Instituto de Teologia do Recife (fundados por dom Helder Câmara), devido a não oferecerem as condições mínimas para a instrução sacerdotal, segundo a avaliação da Congregação para a Educação Católica do Vaticano.

Como pano de fundo, vislumbrava-se a intencionalidade de imprimir uma nova orientação no catolicismo mundial. A abordagem da Igreja como construção humana, derivada do Concílio Vaticano II, tinha motivado um pluralismo teológico e, com ele, um afrouxamento da disciplina e das normas litúrgicas. A reafirmação da autoridade de Roma, a restauração da ortodoxia doutrinária e a uniformidade teológica conformavam os eixos prioritários no endereçamento do caminho da instituição. Nesse contexto, a Teologia da Libertação e as Comunidades Eclesiais de Base foram o alvo de um ataque externo que foi intensificado com as eleições de Lopes Trujillo na presidência do Celam e do papa João Paulo II. As orientações práticas daquela doutrina tinham levado, segundo a visão da Santa Sé, a uma generalizada discórdia e radicais enfrentamentos entre diferentes segmentos sociais. O encontro do Celam em Puebla em 1979 ilustrou a retomada do controle do poder vaticano sobre as igrejas periféricas. Os delegados do papa tomaram posse da reunião e definiram tanto os assuntos sujeitos a discussão quanto a metodologia da assembleia.[11]

> Buscava-se (...) identificar as CEBs com a Igreja "popular", entendendo-a como oposta à hierarquia; o trabalho de inserção dos religiosos/as e a reflexão teológica que o acompanhava, como magistério paralelo ao dos bispos; a opção pelos pobres, como a introdução da luta de classes na Igreja e oposta à sua missão de salvação universal; a teologia da libertação como ideologização e politização da fé (...) (BEOZZO, 1993, p. 225).

---

[11] Seguindo a linha conceptual de Pio IX, o desafio da evangelização foi circunscrito à batalha contra a cultura moderna e secular e o avanço das seitas. Partindo da premissa de que o continente tinha um substrato católico, o "ser católico" ancorado no "ser nacional", o ecumenismo não fazia parte das resoluções tomadas no congresso de Puebla.

Simultaneamente ao processo de repreensão das CEBs e de intervenção de algumas ordens religiosas – jesuíta, carmelita, dominicana e franciscana –, houve um estímulo vaticano à expansão de novos movimentos de leigos de caráter internacional, vinculados diretamente às autoridades da Igreja universal e promotores de uma ética pastoral voltada para o indivíduo – comunhão e libertação talvez seja o de maior transcendência (Della Cava, 1990).

Enquanto isso, no contexto do colégio episcopal brasileiro, os bispos alinhados com o poder vaticano cobraram maior visibilidade pública. As novas designações e transferências de bispos e a subdivisão de algumas dioceses foram as ferramentas utilizadas desde Roma para interferir nas relações de força dentro da CNBB. Os cardeais Sebastiano Baggio, ex-núncio apostólico no Brasil e titular da Congregação dos Bispos no Vaticano; Lucas Moreira Neves, secretário do mesmo dicastério; e Agnelo Rossi, ex-arcebispo de São Paulo e prefeito da Congregação para a Evangelização dos Povos, constituíram o trio articulador da política de moderação dos ares renovadores que sopravam na CNBB. A Congregação dos Bispos era estratégica nesse sentido, pois compete a ela a seleção dos futuros candidatos à consagração episcopal, entre os quais o papa toma a decisão final.

Sem dúvida, a condução da Igreja brasileira não foi indiferente à ofensiva vaticana. A carta que o Sumo Pontífice endereçou a cada bispo em 1980, expressando sua reserva à atuação da instituição, patenteou a diferença de critérios no que diz respeito ao conteúdo pastoral. Além de solicitar uma adesão às normas e organismos da Santa Sé, o papa advertiu sobre o risco de perder a identidade e o caráter essencialmente religioso da missão da Igreja com o pretexto de atuar na sociedade. Dois anos depois, a Congregação Vaticana do Clero divulgou uma missiva que proibia o envolvimento de agentes religiosos em associações políticas e sindicais.

Entretanto, a visita da autoridade máxima do catolicismo ao Brasil em 1980 potencializou uma sequência de atritos espalhada pelo corpo episcopal. Na Assembleia Geral do ano seguinte, dom Luciano Duarte, arcebispo de Aracaju e vice-presidente do Celam, como porta-voz do setor dissidente da CNBB, propôs a renúncia da condução do organismo por não contar com a aprovação do Vaticano. Mesmo sem conseguir sucesso em sua petição, o fato de colocar tamanha proposição deixava transparecer o estado de tensão que reinava no colégio dos bispos. Por outro lado, refletia o entrosamento desse grupo de prelados com o poder romano, a partir do qual foi possível modificar as relações de força e entabular uma disputa pela hegemonia da Conferência Episcopal.

As novas nomeações tenderam a contrabalançar o rumo institucional que se iniciou com a criação da CNBB e foi potencializado, apesar de alguns vaivens, com o Concílio Vaticano II. A transferência de alguns prelados para arquidioceses chave se inscrevia na mesma estratégia de modificação do perfil hegemônico da CNBB. O núncio adquiriu um papel fundamental no processamento das escolhas propostas pelos regionais e a posterior apresentação dos nomes à Santa Sé. A despeito de as Conferências Episcopais disporem do direito de sugerir nomes para futuras designações; na prática, suas propostas foram desconsideradas. Outros canais de consulta prevaleceram na tomada das decisões. Entre os candidatos selecionados, as autoridades romanas se inclinaram por aqueles que não tinham manifestado uma posição favorável à ordenação de homens casados para o ministério presbiteral. Em outras palavras, deram preferência àqueles que se identificavam plenamente com o perfil doutrinário traçado pelo papa, em detrimento do clero mais propenso a concordar com as premissas sustentadas pela condução da CNBB. Como consequência disso, várias das designações foram contestadas pelos agentes religiosos das dioceses em questão, exteriorizando-se um conflito sem precedentes.[12] Além disso, no próprio episcopado surgiu a proposta de debate sobre o processo de no-

---

[12] Tal foi o caso da nomeação de Eugênio Sales como arcebispo do Rio de Janeiro. Falecido o cardeal Jaime de Barros Câmara, o núncio convocou o clero para sugerir um substituto. Aloísio Lorscheider concentrou as preferências dos consultados. No entanto, Eugênio Sales acabou ocupando a arquidiocese vacante, apesar do protesto de alguns padres dos subúrbios do Rio (ALVES, 1979).

meação e transferência dos bispos do Brasil. Definitivamente, os curtos-circuitos entre a Santa Sé e a Igreja brasileira provocaram uma erosão da unidade eclesial e do sentido da autoridade.

Em 1985, o chamado ao silêncio e a posterior punição do teólogo franciscano Leonardo Boff pelo conteúdo de seu livro *Igreja, carisma e poder* significou um sinal de advertência para o restante do campo católico brasileiro. A atitude da Congregação da Doutrina da Fé pareceu estar mais motivada pela escolha de um bode expiatório como lição de disciplina para o conjunto de bispos e religiosos. A resposta de boa parte da CNBB, em defesa do teólogo e em contestação da determinação vaticana, abriu mais ainda as brechas que separavam ambos os corpos. A cúpula eclesiástica brasileira reclamou pelo desrespeito ao princípio de subsidiariedade, previsto no Código do Direito Canônico, segundo o qual as Conferências Episcopais deviam atuar sempre em primeira instância diante de qualquer problema pastoral ou doutrinário. A interferência do Vaticano ter-se-ia antecipado à busca das soluções por parte do episcopado.

A inédita reunião entre o papa, os prefeitos dos principais dicastérios romanos, o presidente da CNBB, os cinco cardeais brasileiros e presidentes dos então 14 regionais da CNBB, convocada em 7 de março de 1986 para refletir sobre as relações entre a Santa Sé e a Igreja brasileira, denotou a preocupação geral pelo curso dos últimos acontecimentos. Aclarando os atritos do passado, tentou-se reduzir os decibéis das recíprocas desconfianças. O Vaticano era ciente do prejuízo que ocasionaria um confronto aberto com a instituição que alberga a maior população católica no mundo (MAINWARING, 1989). No entanto, da ótica romana, a promoção de uma linha pastoral "regional" em discordância com a necessária "universalidade" da teologia católica continuava a causar certo mal-estar. Por sua parte, a cúpula da CNBB reclamava pela continuidade da fluida rede de contatos entre as congregações romanas e as dioceses e arquidioceses afins, desconhecendo os canais de comunicação oficiais. Assim, originava-se uma distorção na apresentação dos fatos ao poder vaticano e uma imagem negativa da Igreja brasileira em Roma.

De um lado e de outro, o crédito estava esgotado. Apesar disso, fruto daquele encontro de emergência e tentando distender a situação, a CNBB foi reconhecida como órgão interlocutor da Igreja do Brasil com o papa e o Vaticano, enquanto se comprometia a dar maior prioridade às principais preocupações vaticanas como a Pastoral da Família, a formação dos padres nos seminários e a catequese. Os bispos brasileiros foram instados a acentuar os aspectos religiosos e espirituais em sua ação e a evitar qualquer discurso de caráter radical.

Na transição desse processo de tensões e distensões entre a liderança episcopal brasileira e o poder central da Igreja católica ainda aberto, observam-se situações paradoxais. Bispos eleitos por seus pares para os cargos mais relevantes da CNBB foram preteridos pelo Vaticano – tal o caso de Ivo Lorscheiter, duas vezes presidente e outras duas secretário-geral; ou de Luciano Mendes de Almeida, também titular do máximo organismo católico, designado como responsável da distante diocese de Mariana. Auxiliares de prelados "conflituosos" dificilmente foram elevados à categoria de coadjutores, apesar dos pedidos dos titulares das mesmas dioceses. Em contrapartida, candidatos derrotados nas eleições da CNBB eram escolhidos pelo papa como delegados brasileiros nos sínodos. Entretanto, dignatários sem consenso dentro do corpo episcopal resultaram galardoados ao serem designados como arcebispos. Tal os casos de Cláudio Collings e Clóvis Frainer, que passaram a chefiar as arquidioceses de Porto Alegre e Manaus, respectivamente. Mas o caso paradigmático se localizou no arcebispado de Recife. Uma lei tácita, porém com uma alta porcentagem de corroboração, indica que as substituições no alto clero se levam a cabo com o estilo sigiloso e prudente que caracteriza a instituição católica. Sem produzir mudanças altissonantes, conservando uma continuidade com a linha pastoral precedente. No entanto, a nomeação de José Cardoso Sobrinho como sucessor de Helder Câmara em 1985 – tinha atingido o limite de idade segundo as disposições canônicas –, na mencionada arquidiocese, chamou a atenção pela marcante mudança do perfil eclesiástico. Disposto a desmantelar os programas pastorais de seu antecessor e afastar os agentes religiosos engajados nesses planos, o novo arcebispo viu-se envolvido em contínuos conflitos com o clero da jurisdição.

Como poder-se-á advertir, adquire uma importância capital para nossa análise o confronto das figuras que foram escolhidas pelos bispos para ocupar os cargos de direção da Conferência Episcopal, com os prelados promovidos pela autoridade romana. Do mesmo modo, rastrear as transferências de dignitários e as subdivisões das dioceses. Esse conjunto de variáveis ergue-se como um bom termômetro para medir o grau de coincidência ou de desavença entre a Igreja brasileira e a Santa Sé.

De toda forma, a abordagem não pode responder apenas a um esquema bipolar que concebe bispos "vaticanistas" por um lado e "autonomistas" por outro. Até porque, na participação nos regionais e na mesma CNBB, os prelados atravessam um processo de simbiose, no qual incorporam sentimentos de pertença e colegialidade episcopal.[13] As tensões manifestas, sinais da vitalidade eclesial, são atribuídas aos diferentes ângulos com que se analisa a realidade, a partir dos diversos contextos em que os bispos estão inseridos.

A busca de uma síntese e o processamento das dissidências fazem parte da singularidade na lógica de funcionamento de uma Conferência Episcopal. Em 1985, quando os bispos trataram o conflituoso assunto da liberdade cristã e da libertação, observou-se com clareza o equilíbrio dis-

---

[13] Já desde a formação nos seminários religiosos, tende-se a edificar uma moldura idiossincrática homogênea entre os futuros quadros especializados. O ingresso à carreira sacerdotal implica um corte com a biografia familiar e social para passar a pertencer a uma instituição integral que modela, com suas diretrizes e cosmovisões, a estrutura de pensamento dos integrantes. As divergentes procedências de sangue, classe e região se reduzem – embora não desapareçem – em virtude da fixação de uma cultura religiosa e organizacional, recebida ao longo do processo de instrução. A conclusão dos estudos religiosos em alguma universidade italiana consolida ainda mais o sistema de lealdades perante as autoridades pontifícias. Talvez como nenhuma outra profissão, o processo formativo penetra profundamente na estrutura de personalidade do agente religioso e marca a fogo uma maneira particular de expressar-se, de comportar-se e de transmitir opiniões. Daí a relevância no controle da orientação curricular dos seminários religiosos.

cursivo alcançado: "nem só pecado individual, nem só pecado social; nem só dimensão vertical, nem só dimensão horizontal; nem só ortodoxia, nem só ortopráxis; nem só dimensão espiritual, nem só dimensão sócio-política; nem só conversão do coração, nem só transformação das estruturas" (ESTADO DE S. PAULO, 20 abr. 1985).

Por outro lado, as visitas *ad limina*[14] contribuem na coesão entre as Igrejas locais e a Igreja universal. Uma realidade complexa envolve a dinâmica das relações de ambas as entidades e mesmo no interior de cada uma delas, o que nos obriga, desde um olhar sociológico, a não cair em enfoques simplificadores.

3.1.2. A Igreja e o processo de reforma constitucional

A reforma constitucional de 1988 não passou inadvertida pela elite eclesiástica brasileira. O assunto começou a ser tratado já na Assembleia Geral de 1985. Desde o início, a Igreja orientou uma política de proposição de emendas a serem incluídas na Carta Magna, por um lado, e de estímulo à população na participação do processo constituinte, por outro. Não figurava no horizonte católico o projeto de contar com representantes próprios na hora das decisões através de uma contenda eleitoral. No entanto, diferente do discreto papel desempenhado na luta pelas "diretas já", a liderança eclesiástica assumiu uma atitude ativa em prol de uma Constituição democrática e soberana. Primava na concepção dos bispos a ideia de que se estava diante de um momento propício para atingir uma república

---

[14] A *visita ad limina apostolorum*, como se denomina a peregrinação à tumba dos Apóstolos Pedro e Paulo conforme os cânones 399 e 400 do CDC, fortalece a comunhão hierárquica entre os bispos e o papa e consolida a unidade entre as Igrejas locais e a Igreja universal. A cada cinco anos, os integrantes das Conferências Episcopais apresentam um relatório sobre suas gestões à frente das dioceses e recebem instruções do Sumo Pontífice sobre as tarefas a seguir, do mesmo modo que São Paulo visitou Pedro em Jerusalém para assegurar-se de que o Evangelho que estava pregando coincidia com o dos demais Apóstolos de Jesus.

com sólidos cimentos democráticos. A aspiração de influenciar no ordenamento da vida social respondia a uma histórica modalidade de presença pública da Igreja brasileira. O papel de consciência crítica e de educação política para uma nova prática democrática reclamava uma participação do catolicismo muito além da responsabilidade pelo magistério ético. Era impensável então ficar ausente da nova fase política do país.

A convocação de especialistas para assessorar a CNBB na tomada de posições diante dos variados assuntos a serem tratados pelos constituintes e a conformação de uma comissão especial[15] encarregada da articulação com as organizações de base, da apresentação de emendas e da negociação com a classe política foram as primeiras estratégias adotadas na tentativa de ter ascendência no texto final da nova Constituição.

Naquela reunião de 1985, 23ª Assembleia Geral da CNBB, os bispos deixaram assentada sua postura ao respeito. Em primeiro lugar, esclareceram que não era competência da CNBB a apresentação de um projeto de Constituição, o que não a impedia de encorajar os leigos a exercerem sua missão como cidadãos. Portanto, a Igreja assumia o papel de colaborar na formação de quadros intermediários da sociedade civil. Em segundo lugar, os prelados se reservavam o direito de apresentar um conjunto de proposições na linha do expressado no documento "Exigências Cristãs de uma Ordem Política"[16], de 1977 (JORNAL DO BRASIL, 17 abr. 1985).

A vigia sobre certos tópicos de alta sensibilidade eclesiástica conduzia a Igreja a testemunhar um posicionamento de alerta para que o conteúdo final seja "um reflexo autêntico das aspirações nacionais" (ESTADO DE S.

---

[15] A Comissão Episcopal de acompanhamento ao Congresso Constituinte estava integrada pelos bispos Cândido Padin, Benedito Ulhoa Vieira e Francisco Austregésilo de Mesquita Filho.

[16] Sinteticamente, o documento aludia ao problema da marginalização, à necessidade da educação do povo para sua participação ativa na ordem política, ao desenvolvimento, à liberdade religiosa e, de um modo geral, aos princípios éticos que deviam orientar as ações de governo. Como pano de fundo, colocava-se a fé como ordenador das atividades humanas, inclusive as políticas. O texto reconhecia, ainda, a legítima autonomia das realidades terrestres. Nesse sentido, a incumbência da Igreja não estava no plano da ação sobre as estruturas, e sim na iluminação da consciência dos homens (CNBB, D10).

Paulo, 1º ago. 1985). Coincidindo aqui com o episcopado argentino, ninguém melhor do que ela para interpretar a autenticidade das aspirações da sociedade como um todo. Mesmo sem o substrato nacionalista que tinge as convicções dos prelados argentinos, está presente na trama discursiva do alto clero brasileiro a consideração da CNBB como máximo intérprete e representante do extenso segmento da população excluída. Mas em contraste com o *modus operandi* da elite eclesiástica do país vizinho, essa caracterização não a torna um fator de poder.

Ao invés de interpelar os constituintes reivindicando questões do interesse próprias da instituição eclesiástica, a Igreja brasileira alçou sua voz para reclamar que o novo pacto social fosse precedido de "uma ampla mobilização, através de assembleias consultivas e eleições de delegados", com o intuito de alcançar um consenso nacional (Folha de S.Paulo, 2 ago. 1985). Ao mesmo tempo, deu apoio ao projeto de iniciativa popular, o qual contemplava que entidades com 30 mil sócios e grupos de 30 mil cidadãos pudessem apresentar propostas à Constituinte. No fundo, pugnava pela participação do povo na elaboração da Carta Magna, indo além do debate fechado entre especialistas na matéria.

Em 1986, o tema central da Assembleia Geral foi "Exigências Cristãs de uma Nova Ordem Constitucional". Na cartilha "Igreja e Constituinte: subsídios para reflexão e ação pastoral", que a CNBB divulgou logo após o encontro, a entidade exortou que a Carta Magna estivesse centrada na defesa dos direitos humanos e na construção de uma ordem econômica e social justa. A mobilização desde as Comunidades Eclesiais de Base até as congregações religiosas e a conscientização para o engajamento da população na luta por uma sociedade democrática e participativa foram salientadas mais uma vez. Na mesma linha, no documento "Por uma nova ordem constitucional: declaração pastoral", do mesmo ano, os bispos ressaltaram a ideia de "um Brasil novo, moderno e igualitário" (Cnbb, D36). Dentre as exigências colocadas, sobressaíram a primazia do trabalho sobre o capital, a fixação de um limite ao lucro, a liberdade e a autonomia sindical, o direito de greve, a reforma agrária e a demarcação das terras indígenas, a defesa do meio ambiente, a livre opção de concepções religiosas e o ensino básico obrigatório e gratuito para todos[17] (O GLOBO, 19 abr. 1986). À tradicional apelação aos princípios cristãos como marco referencial da Constituição – o pedido pela invocação a Deus no Preâmbulo –, a CNBB acrescentou questões sociais como eixos de suas demandas. Tratava-se de requisitos básicos em formato de propostas a serem contempladas no novo texto.

Simultaneamente, a CNBB traçou o perfil ideal do candidato à Constituinte. Nele, destacou o histórico honesto, a coerência com os valores cristãos, o compromisso com a luta pela justiça e com a causa dos marginalizados e a independência e respeito aos grupos de poder econômico. Diferentemente do episcopado argentino, que antes de cada processo eleitoral instou a votar em candidatos afins à normativa católica sobre a moral familiar e o ensino religioso; o alto clero brasileiro salientou aspectos de natureza política e social como dimensões a levar em consideração no momento da votação.

Sinal da importância dada ao processo de convocação à Assembleia Nacional Constituinte, as autoridades católicas brasileiras emitiram mais uma mensagem no final de 1986. Em "Esperanças e Ansiedades", a Igreja afirmou sua preocupação por uma Assembleia soberana, distante das pressões corporativas. Aos pontos a serem levados em conta já mencionados, adicionou mais um: a intransigente defesa da vida humana desde a concepção. Para o acompanhamento dos trabalhos dos constituintes, assessores e bispos das diferentes pastorais seguiram de perto o dia a dia da elaboração da nova Constituição.

As relações entre o poder eclesiástico e o poder político ficaram mais distantes, uma vez que os agentes religiosos observavam certo recuo do

---

[17] Sobre a questão educacional, era também interesse da Igreja que a escola confessional fosse subsidiada com recursos estatais e o ensino religioso se incluísse nas escolas públicas. O texto constitucional aprovado atendeu parcialmente às preocupações eclesiásticas na matéria. Embora não tenha havido referências ao ensino confessional, foi reconhecido o direito dos alunos, de seus pais ou responsáveis, de exigir uma formação religiosa no horário escolar.

governo na convocação da Assembleia Constituinte por conta da perpetuação do quadro político, econômico e social. Boa parte da condução católica expressou a oposição à tentativa de conformar uma Constituinte a partir dos representantes do Congresso Nacional. Consideravam que as atividades de elaboração da nova Carta Magna nada tinham a ver com os afazeres da legislação ordinária.

O Conselho Permanente da CNBB analisou no fim de 1986 o resultado das eleições de 15 de novembro. Embora tenha destacado o amadurecimento da consciência política da população, não deixou de considerar a grande atuação do poder econômico, canalizada através de "coronéis" e "caciques eleitorais" (CM, n. 406). As críticas se estendiam ao processo de transição democrática e revelavam um sentimento de frustração pelo rumo que tinham tomado os acontecimentos. Na própria Constituinte, exortou os legisladores a votarem de acordo com a necessidade da população e o bem comum, deixando de lado os interesses corporativos.

Mais uma vez, a aproximação ao campo político fez com que a Igreja se defrontasse com sua própria diversidade. Enquanto o arcebispo de João Pessoa, dom José Maria Pires, transmitia sua desilusão devido a que "não pode existir 'Nova República' com uma classe política velha"; o arcebispo de Brasília, dom José Freire Falcão, qualificava as críticas de improcedentes, pois "o governo Sarney está fazendo o que é possível, politicamente". Na mesma linha, o arcebispo de Porto Alegre, dom Cláudio Colling, advertia que era "mais fácil julgar do que fazer" (FOLHA DE S.PAULO, 1 nov. 1985). Parece que quanto mais a Igreja se insere nas questões mundanas, mais afloram as diferentes perspectivas eclesiológicas.[18] Quanto mais se concentra nos assuntos de índole espiritual, mais adormecidas se encontram aquelas.

---

[18] Indicador disso é o fato de a Arquidiocese do Rio de Janeiro ter decidido não acompanhar as orientações da CNBB relativas à Campanha da Fraternidade de 1988, cujo tema era o negro. Dom Eugênio Sales optou pelo lema "muitas raças, um só povo" (ESTADO DE S. PAULO, 5 ago. 1987).

Para além das propostas eclesiásticas, interessa ressaltar também qual era a recepção daquela ingerência católica por parte dos atores políticos. Por seu peso institucional e sua presença social, indubitavelmente a Igreja gozava de um alto reconhecimento como interlocutor válido. Parlamentares de todos os partidos transitaram pela sede da CNBB para atenderem as petições das autoridades religiosas sobre a nova Constituição. Assim, legitimavam-na como um canal de comunicação entre os constituintes e a população.

Assumindo esse papel, a Igreja apresentou quatro emendas à Constituinte referentes a planificação familiar, liberdade religiosa, educação e modelo econômico. Tratava-se de iniciativas que contemplavam o amplo leque dos perfis episcopais. A incorporação das sugestões de bispos de diversas linhas eclesiológicas fez com que a instituição católica defendesse em bloco, sem fissuras, o conteúdo de seus projetos. Na emenda sobre a família, insistia-se sobre a preservação da vida desde a concepção e em todas as fases da existência e desaprovava-se o aborto e a eutanásia. Sobre a liberdade religiosa, proclamou-se que a Constituição fosse promulgada sob invocação do nome de Deus e houve um pedido de garantias para a livre manifestação religiosa. Na questão educativa, a apelação foi no sentido de exigir o financiamento das entidades educacionais não lucrativas por parte do Estado. Por último, a CNBB fez uma defesa da reforma agrária e afirmou a primazia do trabalho sobre o capital.

Como balanço do texto final, a entidade eclesiástica salientou como positivo a invocação a Deus, a explicitação do objetivo de erradicar a pobreza e a marginalização, a afirmação de direitos fundamentais da pessoa humana, o reconhecimento dos direitos dos índios, dos trabalhadores, o incentivo à participação popular. A ecologia também ocupou um lugar expressivo. Quanto ao direito à educação, ele foi ampliado, garantindo o ensino religioso. A CNBB também destacou a parceria com outras entidades para apresentar emendas constitucionais.[19] Entre elas, ressaltou o artigo 231 que reconhecia aos povos indígenas o direito a sua identidade étnico-cultural e a terras que tradicionalmente ocupavam.

Os aspectos negativos, segundo a avaliação dos bispos, estiveram ligados à falta de efetivação da reforma agrária e de definição de um limite máximo quanto à extensão da propriedade da terra, ao não reconhecimento do direito à vida desde a concepção e da instituição familiar enquanto baseada no casamento, ao invés de na simples união estável entre o homem e a mulher.

3.1.3. Eleições que garantem a continuidade de uma marca registrada

Uma lei tácita, mas não por isso menos efetiva, indica que o secretário-geral da CNBB substituirá o presidente da conferência, não estando este em condições de repetir seu mandato.[20] Levando em consideração que o estatuto impedia uma segunda reeleição de dom Ivo Lorscheiter – ocupou a presidência entre 1979-1983 e 1983-1987 –, dom Luciano Mendes de Almeida tornou-se o candidato natural a conduzir a instituição no quadriênio 1987-1991.

Apesar de as relações de força contarem, como em qualquer outra estrutura coletiva, historicamente prevalece entre os bispos a ideia de estabelecer, na eleição dos cargos representativos, um equilíbrio em função das diferentes regiões e sensibilidades pastorais, ideológicas e doutrinais. A preservação de unidade predomina por sobre qualquer outra consideração. Quando surgem tendências he-

---

[19] A CNBB entrou no *Guinness Book* por ter recolhido 2.105.412 assinaturas como petição para incluir temas sociais na Constituição.

[20] Essa norma foi cumprida com dom Aloísio Lorscheider e dom Ivo Lorscheiter.

gemônicas muito marcantes, os próprios prelados geram mecanismos de dissuasão.

Foi isso o que aconteceu no processo eleitoral de 1987. Após a eleição de uma presidência monocolor – ainda que com diferentes estilos, Luciano Mendes de Almeida, Paulo Eduardo Ponte e Antônio Celso de Queiroz, presidente, vice-presidente e secretário-geral respectivamente, eram continuadores da linha de evangelização libertadora e da integração entre a fé cristã e o compromisso sócio-político –, no momento da escolha dos membros da Comissão Episcopal de Pastoral, uma expressiva quantidade de votos em branco como forma de protesto paralisou a sequência das eleições. Os bispos não alinhados com o perfil episcopal hegemônico não constituíam um bloco suficiente para impor um candidato, mas reuniam as condições para turbilhonar o processo eleitoral.

Diante do risco de cisão, o conjunto dos prelados decidiu mudar a lógica das chapas como prática eleitoral. Delegou-se aos Regionais a sugestão de nomes para o preenchimento dos cargos a serem renovados. Ao invés do critério de seleção segundo a pertença a cada bloco, as reuniões por regiões garantiram uma composição mais plural, a qual refletiu uma integração das diversas realidades pastorais e tendências ideológicas. A discussão a respeito da metodologia de eleição na CNBB e o pedido de reflexão para um maior entendimento fraterno entre os bispos, presentes em reiteradas oportunidades no seio das Assembleias, são bons sinalizadores dos momentos de alta tensão no corpo episcopal. Tensão que se operacionaliza entre os anseios de unidade e a constatação do pluralismo. Paralelamente, desse processo constante de deliberação sobre o modo de funcionamento das Assembleias Gerais – número de reuniões privativas, presença dos assessores, metodologia para a sugestão e aprovação de assuntos a serem incorporados na pauta, agrupação dos bispos para o trabalho nos Regionais etc. – emergem azeitados mecanismos de decisão que fazem com que os documentos finais sejam sempre consensuados por todos.

Não podemos soslaiar o fato de que dom Luciano Mendes de Almeida era ainda bispo-auxiliar quando eleito presidente. Sem antecedentes no mundo católico, o detalhe não passaria inadvertido pela Cúria Romana. Uns anos depois, pressionou a CNBB para modificar os estatutos. O requisito de bispo diocesano foi introduzido para todo candidato à presidência e à vice-presidência da entidade.[21]

Nessa mesma 25ª Assembleia Geral, a pauta contemplou quatro temas prioritários: a elaboração da nova Constituição, o papel dos leigos na Igreja e no mundo, a situação da educação católica no Brasil e o desafio pastoral dos novos movimentos religiosos (FOLHA DE S.PAULO, 21 abr. 1987). O objetivo geral para o seguinte quadriênio não foi modificado em sua essência. Apenas se introduziu a palavra "política" quando se fazia menção à necessidade de evangelizar o povo brasileiro em processo de transformação sócio-econômica e cultural, e o termo "evangélico" ao falar da opção preferencial pelos pobres.

Apesar disso, a avaliação global da caminhada da Igreja no Brasil foi motivo de debate. Enquanto dom Eusébio Scheid pediu maior empenho na Pastoral da Família, dom Karl Romer exprimiu sua preocupação pelas "lacunas" da CNBB no campo da evangelização e pelo "desvio" das práticas pastorais de certos organismos vinculados à instituição eclesial. Dom Silvestre Scandian destacou que a consideração das CEBs como prioritárias[22] significou, ao mesmo tempo, um esquecimento dos movimentos de leigos orientados aos sacramentos e à profundidade da oração. Como pano de fundo, todos eles questionavam a desatenção para com a deserção dos fieis das fileiras da Igreja católica.

---

[21] Em 1991, a 28ª Assembleia Geral votou o acréscimo ao artigo 9 do Estatuto Canônico, proibindo aos bispos auxiliares serem eleitos para os cargos de presidente e vice-presidente da CNBB. A decisão, que atendia uma determinação da Santa Sé, teve 34 reprovações de um total de 204 votantes.

[22] A visualização das CEBs como "novo modo de a Igreja ser" era contestada por seu caráter exclusivista. A CEB não podia ser considerada como o único modelo válido de organização dos leigos, outras entidades laicas deviam ser reconhecidas e incentivadas com idêntica intensidade.

Entretanto, emergia no seio do episcopado a preocupação pela perda de terreno no campo religioso. O mundo protestante, com suas correntes pentecostais e neopentecostais, ganhava espaço não apenas no plano da adesão dos fiéis, mas também na visibilidade na esfera política. A Constituinte contou com quase trinta representantes identificados como evangélicos. A presença cada vez mais marcante nos meios de comunicação completava o quadro da "ofensiva" protestante.

Para os bispos mais próximos à eclesiologia da ortodoxia romana, esse estado de situação era consequência da despreocupação da parte espiritual na demarcação das prioridades traçadas pela CNBB. O discurso político se mostrava alheio e não conseguia responder às buscas de sentido da população. A forte identidade doutrinária dos novos grupos religiosos contrastava com a crescente indefinição doutrinal e disciplinar da Igreja brasileira. A retomada de uma pastoral que acolhesse os aspectos da subjetividade e a renovação da ação litúrgica, esquecidas por quase duas décadas, tornava-se imprescindível para recuperar terreno no campo religioso. A inadequação entre a linha defendida pela cúpula da instituição e as necessidades espirituais dos católicos faziam com que estes emigrassem insatisfeitos para outros grupos religiosos.

Já para os prelados que marcavam as diretrizes dentro da Igreja brasileira, o problema estava ligado a um processo global, decorrente da modernidade, e não podia ser atribuído ao perfil menos "espiritualista" da CNBB. Por outro lado, para além da questão do incremento ou perda de fiéis, a CNBB, como entidade com reconhecimento social, não podia abrir mão de seu tradicional emblema: o enraizamento com as organizações da sociedade civil. "O homem só existe e se pode realizar pela dimensão social. A sua vida religiosa não pode realizar-se com autenticidade sem uma encarnação nos problemas da sociedade" (Cm, n. 410, p. 395). Assim, a celebração litúrgica não podia estar escindida do contexto social e aquela valorização da subjetividade devia estar inserida no âmbito das comunidades. Integrando ambas as visões, outros bispos eram partidários de uma articulação entre o micro e o macro, entre a missão espiritual e o compromisso social.

Dotada de uma permeabilidade capaz de detectar o clima social em cada conjuntura, o discurso eclesiástico foi-se endurecendo na medida em que os governos democráticos não conseguiam responder às expectativas da população. Se em um começo os pronunciamentos denotavam algum sinal de apoio e compreensão pela própria situação de transição, com o decorrer dos anos os mesmos assumiram outro cariz. Diante da crise generalizada no campo da economia e da ética, as críticas e o desencanto preencheram as páginas das mensagens episcopais. Nesse ponto, foi unânime a resposta dos bispos. Quer pela preocupação pela desagregação familiar e a perda dos valores morais, quer pela corroboração do agravamento da situação social, as reclamações diante do rumo adotado pela "Nova República" soavam em uníssono.

Lá por 1988, a Igreja qualificou o momento político como de "extrema gravidade". Assim como na época da ditadura militar, a CNBB passou a denunciar o rumo da política oficial por conta da "avalanche de desconfiança, descrédito e decepção" que se estava espalhando na cidadania (FOLHA DE S.PAULO, 14 abr. 1988). A Igreja revoltava-se diante da erosão dos valores morais e da crise social, decorrência do individualismo exacerbado e do lucro desmedido. Ao mesmo tempo, solicitava a aplicação de um plano de emergência para resolver a situação rural, salarial e da saúde pública. Se as relações da Igreja com o governo se definiam pelo atendimento ao povo, como gostavam de dizer as autoridades eclesiásticas daquela época, a ausência de uma política habitacional e da reforma agrária fez com que a Igreja levantasse uma voz crítica. A través do texto "Igreja, Comunhão e Missão", a CNBB ratificou sua presença no campo do trabalho, da política e da cultura.

Um ano depois, no documento "Exigências éticas da ordem democrática", a entidade religiosa condenou a corrupção que se tinha enquistado em todos os níveis do poder. A deterioração das instituições democráticas e a falta de efetivação das conquistas populares estabelecidas na nova Constituição erguiam-se como germes de um estado de descrédito generalizado.

O episcopado fazia uma afirmação explícita sobre a necessidade de completar o processo de redemocratização. Ao mesmo tempo, a comunicação encorajava a participação da cidadania na transformação profunda das estruturas sociais. Considerava-se intolerável "que o povo de maior número de católicos no mundo (...) se reconheça incapaz de construir uma sociedade justa e fraterna" (Cnbb, D42).

Face às eleições presidenciais de 1989, os bispos aproveitaram a oportunidade para exigir aos aspirantes um posicionamento em favor da reforma agrária. Caso contrário, não mereciam o voto do eleitorado católico. Se bem que os aspectos de planificação familiar não faltaram na orientação para a escolha dos candidatos – não deviam ser votados "aqueles que não se pejam de legitimar o inominável crime do aborto ou que aprovem o divórcio" –, a CNBB colocava como principal critério de escolha a primazia de "uma ética e uma prática social e política comprometida concretamente com a luta pela justiça e com a causa dos marginalizados, empobrecidos e oprimidos" (*Apud* Silva, 1989, p. 363). Não valia apenas a proposta do candidato, mas sobretudo seu histórico diante das "grandes causas" do povo.

Em agosto de 1989, o Conselho Permanente lançou um pronunciamento validando as comunicações individuais. Além de salientar que a Igreja "não tem partido, nem indica candidato", destacou oito requisitos para ser eleito: "a execução de uma reforma agrária justa e eficaz; garantir a justa distribuição social do solo urbano; defender a preservação e renovação do meio ambiente; apoiar a luta dos trabalhadores pela justiça social (...); incentivar a participação dos trabalhadores nos sindicatos e na gestão das empresas; defender medidas que garantam a função social da empresa; realizar uma auditoria pública para investigar a dívida externa brasileira e assegurar os direitos das populações indígenas à uma vida digna e à própria cultura" (Folha da Tarde, 26 ago. 1989). Para os bispos, a consolidação da democracia passava pela inclusão da população marginalizada dentro das margens da cidadania. Como veremos na sequência, outros eram os critérios de escolha indicados pelo episcopado argentino diante de cada processo eleitoral.[23]

Com o triunfo de Fernando Collor de Mello sobre Luis Inácio Lula da Silva no segundo turno, nada mudaria nas relações entre o poder eclesiástico e o poder político. A independência e a voz crítica continuaram a ser os eixos do comportamento episcopal. No entanto, os planos governamentais para controlar a inflação acarretaram divergentes pontos de vista dentro da instituição católica. Enquanto a Pastoral Operária, a Comissão Pastoral da Terra e o Conselho Nacional de Leigos denunciavam o rumo da economia e o perfil tecnocrata do governo, alguns prelados reconheciam a inviabilidade da implementação de outra política diante daquela conjuntura. Desde arcos distantes, tanto o secretário-geral, dom Celso Queiroz, quanto o arcebispo de Brasília, dom José Freire Falcão, sublinharam a importância do Plano Collor no combate à inflação. Com sinais de cautela e compreensão, a CNBB optou por não emitir uma comunicação coletiva que avaliasse as medidas econômicas.

Esse espírito de moderação não se prolongaria no tempo. Com efeito, no final de 1990, o Conselho Permanente, no documento "Sim à vida, não à morte", delatou que "as exigências do bem comum são frequentemente ignoradas, em benefício de interesses corporativistas de classes e grupos que têm maior acesso ao poder" e requestou uma solução urgente sobre os problemas da reforma agrária, de moradia, saúde e educação (O Globo, 24 nov. 1990). Em sintonia com seu discurso, deu apoio às greves e outras manifestações das organizações sociais, incentivando-as

---

[23] Vale esclarecer que as recomendações emitidas por alguns bispos brasileiros, no contexto de suas dioceses, distavam das estabelecidas pela CNBB, ou, pelo menos, colocavam a ênfase em outras questões. Por exemplo, dom Eugênio Sales prescrevia que "nas eleições, o católico deve examinar o procedimento do candidato em relação às normas da Lei de Deus e da Igreja", e concluía: "a escolha de candidatos que sejam fiéis aos ensinamentos da Igreja em matéria de fé, moral e doutrina social" (O Globo, 22 jul. 2000). Bem diferente da posição de Dom Jayme Chemello: "A religião não é o ponto determinante (...)", e sim o "agir pelo bem do povo" (Jornal do Brasil, 1 jan. 2000).

a participar para mudar o *status quo*. Alguns meses depois, na 29ª Assembleia Geral, Collor de Mello foi questionado por governar através de medidas provisórias, impondo assim um perfil autoritário a sua gestão. A corrupção generalizada nas estruturas do poder levou a Igreja a impulsionar uma campanha para a apuração e punição dos culpados. Simultaneamente, o presidente do CIMI condenou "a política indigenista genocida", sendo que, no ano de 1990, "treze índios foram assassinados" sem a apuração correspondente (O Globo, 14 abr. 1991). Mais longe ainda foi a declaração da 28ª Assembleia do Regional Nordeste III. Apontou que "não há possibilidade de uma verdadeira democracia, enquanto não se realiza uma política agrária que garanta a permanência do pequeno agricultor no campo, bem como a execução de uma reforma agrária justa e eficaz" (Cm, n. 446, p. 1.600).

A radicalização da posição hegemônica dentro da CNBB motivou a réplica dos setores que não olhavam com bons olhos a persistência da presença da Igreja nas questões políticas. Instando a uma maior neutralidade, dom Eugênio Sales sugeriu que fossem convocados especialistas de todas as tendências para o tratamento de assuntos ligados à conjuntura nacional nas assembleias dos bispos. Dom Vital Wilderink esclareceu que não era competência da Igreja opinar sobre os planos econômicos. Por sua parte, dom Boaventura Kloppenburg, bispo de Novo Hamburgo, questionou com dureza o conteúdo do texto da Campanha da Fraternidade de 1991, cujo lema era "Solidários na dignidade do trabalho". O prelado da cidade gaúcha não se sentiu identificado com o documento, o qual rotulou de esquerdista. Segundo ele, a missiva introduzia a luta de classes ao invés da harmonia social pregada pelo Evangelho. Além disso, condenou o acompanhamento dado pela condução da CNBB às greves e às ocupações de terra. Enquanto considerava a greve como último recurso, definia a ocupação de terras como um "gesto de hostilidade", pouco fraterno (Folha de S.Paulo, 15 fev. 1991). Mais uma vez observamos que, quando a Igreja assume uma presença pública e define uma postura determinada, as eclesiologias, construídas no plano ideal, passam a se materializar em alta magnitude. Prioridades na ação evangelizadora, a questão da terra, o atendimento privilegiado a uma classe social ou à sociedade em seu conjunto aparecem como grandes dimensões que despertam dissímeis sensibilidades pastorais.

Diante das divergências, a dinâmica episcopal promove pontos de integração. Quiçá por isso, a mesura e a prudência caracterizaram o posicionamento da CNBB a respeito do *impeachment* de Collor. Alertando sobre o perigo do linchamento, alentando a busca da verdade dentro das instituições democráticas. Por outro lado, o dissenso eclesial não era generalizado nem abrangia todos os tópicos. No debate sobre a posição da CNBB diante do programa de alfabetização nacional, foi unânime a visão sobre o papel que devia assumir a Igreja católica. Longe de substituir o papel do Estado, cabia-lhe uma função subsidiária. Os bispos esclareceram que a responsabilidade pela alfabetização da população era, na íntegra, do governo. O valor da autonomia erguia-se como um estandarte defendido por todos. Os vínculos estreitos e as fronteiras difusas entre o poder político e o poder eclesiástico na Argentina motivaram episódios de mútua instrumentalização, o que acarretou contínuas discussões no seio do episcopado sobre a natureza da relação Igreja-Estado. Esse não era um problema para o episcopado brasileiro, talvez porque a discussão foi saldada nos primórdios do século XX.

As eleições para os cargos representativos da CNBB em 1991 não ocasionaram grandes mudanças, mas os bispos mais sintonizados com as diretrizes romanas começaram a ganhar maior visibilidade como grupo. Em um futuro próximo, sua conformação como espaço no interior da entidade episcopal se traduziria em conquistas concretas nos postos de liderança. Atendendo à especificidade dos tempos católicos, esse processo foi paulatino e quase imperceptível.

Naquele ano de 1991, dom Luciano Mendes de Almeida obteve a reeleição como presidente da CNBB, mas precisou de três votações para conseguir o objetivo.[24] Dom Lucas Moreira Neves encabeçou a outra chapa e forçou o terceiro escrutínio. Sua derrota não impediu que seu candidato à vice-presidência, dom Serafim Fernandes de Araújo, vencesse o candidato da situação e até então vice-presidente, dom Paulo Ponte. Dom Celso Queiroz, reeleito como secretário-geral, completou o mapa da presidência da CNBB. Mapa que evidenciou uma composição mais plural, decorrente das lentas mudanças na correlação de forças. A nomeação por parte de João Paulo II de bispos alinhados ao poder vaticano começaria, aos poucos, a dar seus frutos.

Ficaria aberta a discussão eleitoral para 1995. Com o segundo mandato, dom Luciano estava fora da carreira. E, dessa vez, o candidato "natural", o então secretário-geral, Celso Queiroz, estava impossibilitado estatutariamente, por conta da modificação que inabilitava um bispo-auxiliar a ocupar o cargo de presidente. Uma nova engenharia eleitoral devia ser montada pela situação para tentar conservar a liderança da instituição.

No mesmo ano de 1991, a presença de bispos designados por João Paulo II na Assembleia da CNBB já era significativa. O debate sobre a atualização da ação evangelizadora conteve orientações para retificar o trabalho em andamento. Se por um lado foram recomendadas celebrações menos formais; por outro, se aconselhou um atendimento maior ao misticismo e às confissões individuais. As falências da ação pastoral nas grandes cidades, reconhecidas por todos, colocavam em discussão a viabilidade das estruturas paroquiais como centro nevrálgico do trabalho religioso.

Por aquele então, o tema da vida integrou a pauta da Assembleia dos bispos. Interessa sublinhar como a defesa da vida, unânime, era abordada desde diferentes tópicos, segundo as cosmovisões de cada prelado. A defesa da vida era entendida como oposição intransigente ao aborto e a qualquer método anticoncepcional em consonância com as diretrizes papais. A euta-

---

[24] Lembremos que os estatutos exigem maioria de dois terços nos primeiros dois escrutínios e maioria absoluta na terceira votação.

násia e a esterilização eram consideradas crimes contra a vida. Essa posição, reivindicada por todos com maior ou menor ênfase, resultava incompleta para os prelados identificados com a eclesiologia do enraizamento social. A defesa da vida implicava também a denúncia da violência no meio rural, a exploração dos trabalhadores e a injusta distribuição da renda. Assim, diante do pedido papal de enviar sugestões para a redação de um documento a respeito da "ação em favor da vida", o aborto e a fome foram colocados num plano de igualdade como atentados contra a vida. Na prática, enquanto alguns bispos colocaram a ênfase em neutralizar os projetos de despenalização do aborto, outros participaram do Movimento pela Ética na Política, que tinha o objetivo de defender a vida na linha da erradicação da miséria.

Com o maior peso específico dos dignatários próximos aos postulados vaticanos, novas discussões assomavam nos encontros dos bispos. A questão da modernidade era uma delas. Para alguns, a modernidade desenvolveu "uma racionalidade cultural e política que valoriza a dignidade humana e sua exaltação de liberdade contra todas as tutelas e dominações, com repercussões na libertação de povos colonizados e a luta pelos direitos humanos" (CM, n. 450, p. 485). Além disso, não devia ser interpretada de forma unívoca, mas como fenômeno complexo. Para outros, a autonomia do sujeito proclamada pela modernidade acarretou uma autossuficiência do homem e um afastamento do transcendente. A cultura moderna era associada ao individualismo e à ética do prazer e do hedonismo. O clima aético e amoral reinante era decorrente do desconhecimento e desrespeito à imagem de Deus. Essa dissímil observação derivava numa dissímil definição das prioridades evangelizadoras: mais voltadas para as realidades mundanas para os primeiros, concentradas em reforçar a transmissão do mistério da fé para os segundos.

Como foi ressaltado anteriormente, em certos assuntos, os integrantes do episcopado brasileiro fecharam a questão para defender determinadas bandeiras institucionais e lançaram mão de práticas próprias de grupos corporativos. Levando em conta a iminente votação da Lei de Diretrizes e Bases para a educação pela Comissão Parlamentar, o Conselho Permanente da CNBB não titubeou em enviar uma carta a cada deputado, lembrando do direito à educação religiosa nas escolas públicas. Tratava-se de uma matéria sensível para a qual os bispos se mostraram dispostos a utilizar o peso institucional da Igreja católica com o intuito de influenciar sobre as decisões do Poder Legislativo.

De fato, a educação foi o tema central da Assembleia Geral de 1992. À clássica argumentação de que a família tinha o direito de optar por uma forma de educação compatível com seus princípios e valores de vida, sem qualquer discriminação de caráter econômico ou social, considerou-se a educação como condição básica para o desenvolvimento pessoal e exercício da cidadania. Como poderá advertir-se, as reclamações pelo ensino religioso nos colégios públicos não postergavam as reivindicações a favor de um sistema educacional universal e gerador de igualdade de oportunidades.

Nesse aspecto, o diferencial da CNBB com relação a outros episcopados – entre eles, o argentino – não estava associado às formas de proceder, mas à concepção da educação como instrumento de liberação do sujeito. No documento "Educação, Igreja e Sociedade", a ideia de educação evangélico-libertadora aparece em toda sua dimensão: "A educação está a serviço da liberdade. Ela é libertadora (...) enquanto visa a plena liberdade do educando como pessoa. Seu objetivo é o de ajudá-lo a libertar-se dos condicionamentos e dominações que dificultam seu desabrochar efetivo e a assumir, como sujeito, seu crescimento pessoal" (Cnbb, D47). Em outras palavras, visualizava-se a educação a partir de uma função crítica e conscientizadora.

3.1.4. Cristalização das divergências com Santo Domingo como pano de fundo

Diante da IV Conferência Geral do Episcopado Latino-americano (Santo Domingo, 1992) e da proximidade da celebração pelos 500 anos do Brasil, os bispos se aprestaram a empreender uma revisão da caminhada histórica do catolicismo no país. Os prelados identificados com os postulados da eclesiologia do enraizamento social propuseram uma comemoração sem sinais de triunfalismo. O reconhecimento dos erros e omissões no passado e a renovação do compromisso cristão com o povo oprimido não podiam estar ausentes da avaliação dos cinco séculos de atuação missionária. O ato penitencial consistia em uma interrogação sobre os serviços prestados pela Igreja à diversidade de culturas, em que medida se opôs a seus destruidores, até que ponto elas foram abafadas.

Sessenta contribuições foram apontadas ao documento do Celam "Elementos para uma reflexão pastoral em preparação da IV Conferência Geral do Episcopado Latino-Americano". De um modo geral, o texto teve uma acolhida crítica. Em primeiro lugar, foi questionada a mudança do eixo em relação a Medellín e Puebla. Posto de lado o tom profético que envolvia a preocupação pelo social, a ênfase de Santo Domingo se localizava na evangelização da cultura. Se a opção pelos pobres era relegada, esfumava-se o traço distintivo da Igreja na América Latina. Por outro lado, qualificava-se de reducionista a visualização do "substrato católico" como alicerce da identidade da região, motivo de celebração dos bispos identificados com a ortodoxia romana. Para a liderança da CNBB, essa perspectiva de análise desconhecia a diversidade étnica e cultural do continente. Sobre o enfoque intraeclesial também se levantaram questões. Centrado na instituição hierárquica, não contemplava a experiências das CEBs e de outras organizações laicas. Em síntese, para esse setor do episcopado, maioria entre os delegados eleitos para a Conferência, o documento de Santo Domingo devia reafirmar as diretrizes colocadas em Medellín e Puebla e pronunciar-se a favor do sistema democrático, estimulando os movimentos de luta pela terra, pelos direitos indígenas, ecológicos, de libertação da mulher etc. Ao mesmo tempo, o questionamento ao neoliberalismo não podia ser esquecido.

Embora hegemônica, essa linha de argumentações não era a única. Para dom Boaventura Kloppenburg, por exemplo, o eixo central da evangelização não passava pela opção pelos pobres, e sim pelo indiferentismo religioso. Daí a importância outorgada à cultura, mais precisamente à "restauração" da cultura cristã. Na mesma direção, dom Fernando Figueiredo salientava que a nova evangelização devia acentuar o mistério trinitário. E Dom Lucas Moreira Neves ampliava os campos que exigiam uma nova evangelização. O secularismo, o sincretismo e o atentado contra a vida conformavam as prioridades para o arcebispo da Bahia.

A CNBB esteve representada por 49 delegados – 9 participantes *ex officio* (5 cardeais, 3 membros do Celam e o presidente do episcopado) e 40 escolhidos na 30ª Assembleia Geral. Entre os primeiros, havia uma supremacia de bispos com estreitos vínculos com o poder vaticano. Lembre-se de que os cardeais são nomeados pelo papa. Os representantes eleitos pela Assembleia conformavam um mapa plural no que diz respeito a cosmovisões ideológicas e a distribuição geográfica, com uma hegemonia dos prelados identificados com a eclesiologia do enraizamento social.

O balanço do encontro diferiu entre um participante e outro em função das expectativas criadas por cada um. Para dom Cândido Padin, sinalizou um grande vazio decorrente da ausência de uma integração latino-americana. Por sua parte, dom Serafim Fernandes de Araújo e dom Eugênio de Araújo Sales remarcaram os desafios traçados em Santo Domingo: a diversificação dos ministérios, a educação como ideia globalizante e a formação dos seminaristas. Desprovidos de um espírito de crítica, instaram a aplicá-los à realidade eclesial do Brasil.

3.1.5. Sensibilidades contínuas

Em 1994, o Brasil estava prestes a passar por uma renovação das autoridades políticas; entre elas, a do presidente. Em consonância com o passado recente, a CNBB alçou sua voz para influir na eleição presidencial. Através do texto "Brasil: alternativas e protagonistas", propôs o fim da democracia de elites e incentivou uma revanche, utilizando o voto para condenar os políticos que traíram o mandato popular. O documento, imbuído de um alto conteúdo político, fez também referência à construção de um projeto de país a longo prazo. Previamente, identificou cinco problemas nacionais: concentração de renda, concentração política, concentração da terra, apartação social e violência. E sinalizou as áreas prioritárias que requeriam ações de governo imediatas: reforma agrária, reforma urbana, educação, saúde, meio-ambiente, dívida externa, Mercosul.

Fiel a sua tradição, a CNBB esclareceu que "ao propor essa iniciativa (...) a Igreja não quer substituir a nenhuma instância política organizada da sociedade. Nem muito menos apresentar soluções acabadas ou modelos prontos. Consciente da sua responsabilidade histórica, fruto de sua participação intensa na vida nacional e instada a marcar presença neste ano decisivo para o Brasil, a Igreja percebe que tem uma contribuição indispensável a dar" (VALENTINI, 1994). Se comparada com a CEA, o episcopado brasileiro se mostra mais ativo no campo das comunicações em virtude da premissa da necessidade de manifestar o seu ponto de vista diante de assuntos de relevância nacional. Como veremos adiante, o corpo eclesiástico argentino exibe a prudência como valor supremo que faz com que apenas se expresse publicamente em casos pontuais e com uma retórica dotada de um maior nível de abstração.

No mesmo ano, o Conselho Permanente da CNBB emitiu um novo comunicado, destinado fundamentalmente aos governantes e intitulado "Eleições, compromisso e oração". Nele, exigiu a elaboração de um programa de governo que garantisse uma mudança de estruturas. Afirmou ainda a necessidade de fortalecer o exercício da cidadania por meio do voto consciente e responsável.

Na hora de traçar o perfil ideal do futuro presidente, já no plano individual, os bispos brasileiros apontaram um leque de atributos a serem cumpridos: a ética, a capacidade, a inteligência, a formação educacional e o compromisso social, entre outros. Assim, as preferências estiveram repartidas entre o doutor Fernando Henrique Cardoso e o sindicalista Luiz Inácio Lula da Silva. Um, com uma sólida formação intelectual; outro, com uma evidente trajetória de militância sindical. Quando a CNBB precisou entre os critérios de escolha que um político "não se improvisa, precisa de conhecimento e prática" e que "políticos com caráter e com carisma, mas sem competência, podem ser um alto risco para os eleitores, para o futuro do país", muitos interpretaram com um apoio do corpo à candidatura de Fernando Henrique Cardoso (FOLHA DE S.PAULO, 20 abr. 1994). Era ele que se mostrava intelectualmente preparado e com certa experiência na função pública. Dom Luciano Mendes de Almeida tentou neutralizar aquela leitura quando indicou que o futuro presidente devia ter experiência de organização e de administração, mas também conhecimento das necessidades do povo. Em síntese, diferentemente de 1989, quando houve uma opção preferencial tácita da maioria da CNBB por Lula; nessa oportunidade, o episcopado "optou" por uma sadia prescindência. Apenas algumas vozes altissonantes, como a de dom Pedro Casaldáliga, saíram dessa postura. O bispo espanhol disse naquele momento que Lula se enquadrava no perfil de candidato ideal da CNBB e, referindo-se diretamente a Fernando Henrique, esclareceu que "competência não se ganha só com doutorado" (FOLHA DE S.PAULO, 21 abr. 1994). No outro extremo, dom Boaventura Kloppenburg expressava seu desagrado com Lula, porque "não é intelectualmente brilhante e ainda carrega a bandeira do socialismo" (FOLHA DE S.PAULO, 24 abr. 1994).

Apesar de dita prescindência, a organização dos bispos não ficou ausente do processo eleitoral. No marco da Segunda Semana Social Brasileira e com a premissa de cumprir com sua função de formar e iluminar as consciências, realizou um encontro com os presidenciáveis, que tiveram que responder a quinze perguntas de trabalhadores rurais sem-terra, desempregados, indígenas, populações ribeirinhas e prostitutas.

O Brasil, desde a Primeira República, viu sentenciada a separação entre a Igreja e o Estado. Não obstante, esse formato institucional não impediu o fluxo de interferências entre a esfera política e a religiosa. O Partido dos Trabalhadores era a favor da descriminalização do aborto e do reconhecimento dos direitos previdenciários de casais homossexuais. Quando dom Luciano Mendes de Almeida noticiou sua preocupação pelas posições petistas e afirmou que a defesa dos direitos humanos começava pela defesa do nascituro; Lula, no meio da campanha eleitoral, decidiu varrer aquelas duas reivindicações do seu programa de governo.[25] Contra suas próprias convicções, a reação contrária dos setores católicos foi chave na decisão tomada pelo candidato presidencial. Mas é importante ressaltar que o fluxo de interferências é de mão dupla. Naquele evento com os candidatos a presidente, a CNBB retirou do debate as perguntas que incomodavam a Lula – a legalização do aborto e dos casamentos entre homossexuais. Na maranha de pressões recíprocas, também os bispos tiveram de modificar certas decisões.

No foi apenas o aspirante do PT o único que absorveu as opiniões provenientes da Igreja católica. Fernando Henrique Cardoso reuniu-se com o presidente da CNBB, dom Luciano Mendes de Almeida, com o objetivo de reduzir a identificação da cúpula do episcopado com a candidatura de Lula. Fernando Henrique ainda lembrava a negativa repercussão de sua ambiguidade diante uma pergunta sobre sua crença em Deus, durante a campanha eleitoral para prefeito de São Paulo em 1985. Depois de ter perdido a eleição para Jânio Quadros, naquela ocasião não queria deixar nenhum flanco enfraquecido que pudesse comprometer sua performance na carreira à presidência.

---

[25] Finalmente, por conta de pressões internas do partido, o programa de governo do PT manteve a referência ao aborto, sem menção à despenalização. Quanto à proposta para os homossexuais, foi retirada a moção sobre a união civil, mas conservou-se os benefícios previdenciários.

A questão é que os prelados não são interpelados e "ouvidos" na condição de cidadãos, mas como integrantes de uma força institucional externa aos domínios da política. Levada a um extremo essa modalidade de ação política, corre-se o risco de socavar as fontes de legitimidade do próprio campo político, de sua soberania, tornando-o vulnerável de variáveis alheias às lógicas intrínsecas de seu funcionamento. O certo é que o imperativo católico de permear a sociedade com os valores cristãos faz com que a Igreja não abdique de sua tentativa de ocupar um lugar exclusivo na formulação das políticas no plano da economia, da cultura, da planificação familiar, da educação. Daí sua reação quase instintiva contra as leis que criam programas de planejamento familiar baseados, segundo os bispos, em métodos não naturais de contracepção. Diante das propostas que estabeleciam a distribuição gratuita de contraceptivos e a realização de laqueadura e vasectomia – processos cirúrgicos de esterilização – em São Paulo, a CNBB não duvidou em pressionar os senadores para que não aprovassem o projeto enviado pela Câmara ou o próprio presidente para vetar uma possível sanção da lei. De onde resultou sua apelação para que a delegação brasileira na Conferência Mundial sobre População e Desenvolvimento no Cairo fosse fiel aos valores éticos, se posicionasse em defesa da vida humana desde a concepção e rejeitasse o aborto de forma inflexível.[26]

As sensibilidades eclesiásticas não se concentraram apenas nas temáticas de saúde reprodutiva. A questão social continuou a ser uma das principais preocupações da liderança católica. Mais ainda com as revelações formuladas pelo IBGE, que indicavam que entre 1980 e 1991 tinha aumentado em 2 milhões o número de crianças e adolescentes –de 0 a 17 anos – no Brasil que viviam em domicílios chefiados por pessoas que

---

[26] Os representantes do governo brasileiro tiveram um papel muito mais equidistante do que seus pares argentinos, que se tornaram porta-vozes da posição do Vaticano.

ganhavam até 2 salários mínimos – considerados em situação de pobreza.[27] Outros dados com o mesmo teor alarmavam os bispos. De um lado, que 7.470 indígenas foram encontrados trabalhando em regime de escravidão em 1993. De outro, que o índice de homicídios contra índios dentro do território brasileiro tinha crescido de 13 para 43 ao ano nos últimos três anos – aumento de 230%. No Estado de Roraima, a presença católica do bispo e dos missionários era visualizada como fonte de conflito entre os índios e os ocupantes das terras. A CNBB negava essas acusações ao sustentar que toda sua práxis enquadrava-se dentro da lei e inspirava-se pelo ditame da Constituição de 1988, que reconhecia o direito à demarcação do território indígena.

O Plano Real, lançado em 1º de julho de 1994 para estabilizar monetariamente o país, também mereceu a atenção dos prelados. Um acompanhamento crítico caracterizou o posicionamento da CNBB. Ainda que reconhecendo a importância da contenção da inflação, preconizou sua ampliação para pôr fim à exclusão social. Houve um destaque aos esforços para o saneamento da moeda, mas também à necessidade de colocar a ética por cima das leis do livre mercado.

A CNBB seguiu de perto também a revisão constitucional e a aprovação da Lei de Diretrizes e Bases da Educação no Brasil. Embora os membros do episcopado dissentissem sobre o caráter confessional ou interconfessional do ensino religioso, todos aderiram a uma perspectiva de uma antropologia aberta ao transcendente e partiram da necessidade de um referencial básico no processo de instrução, constituindo a religião como uma dimensão fundamental da educação integral. No estado de São Paulo, por exemplo, houve desavenças entre a Igreja e os governos por questões educacionais em mais de uma oportunidade. Em 1995, diante da revogação da resolução que previa a implementação do ensino religioso nos colégios públicos, dom Amaury Castanho, integrante da comissão de bispos

---

[27] Em 1980, o número era de 30 milhões de pessoas e passou a 32 milhões em 1991.

designada para discutir o assunto com o governo estadual, apelou ao governador daquela época, Mário Covas, para resolver o problema. A iniciativa deu certo, uma vez que meses depois o mandatário garantiu que 6.800 escolas da rede estadual teriam o ensino religioso dentro dos currículos.[28]

No plano interno, as CEBs receberam sugestões para aprimorar suas atuações. Concretamente, foram intimadas a reforçar a parte espiritual e a evitar o que se qualificava como excesso de racionalismo. Mas a propagação da Renovação Carismática Católica (RCC) despertou o interesse da Assembleia dos bispos. Determinadas práticas do movimento – o batismo no Espírito Santo, a glossolalia e a cura –, assim como a falta de organicidade das Pastorais Diocesanas, foram motivo de inquietação. A preparação de um documento com normas e orientações foi a primeira iniciativa da CNBB visada a enquadrar a RCC dentro dos padrões doutrinários e organizacionais da instituição católica. O texto fez ênfase na pertença eclesial, na inserção na pastoral e na comunhão com os pastores. Os dignatários mais identificados com as Comunidades Eclesiais de Base expressaram um questionamento mais agudo do movimento carismático. A intervenção de dom Tomas Balduino na Assembleia Geral de 1994 tentou distinguir a autonomia das realidades seculares da autonomia referida ao ministério da catequese e da formação bíblica. Para ele, a RCC era testemunha de uma pastoral paralela. Para remediar essa situação, dom Cândido Padin propôs que os grupos carismáticos fossem animados a assumir projetos de promoção humana e social com os pobres e marginalizados. Na outra vereda, dom Eusébio Scheid lembrou que já os papas Paulo VI e João Paulo II apontaram aspectos positivos do movimento, tais como o valor dado à Bíblia, o espaço para a oração e o clima de espiritualidade. Resgatando o

---

[28] No entanto, o conflito não parou por aí. O artigo 210 da Constituição Estadual prescreve que o ensino religioso facultativo deve ser ministrado em horários normais. Com base nesse ditame, a CNBB exortou o governo a contratar os professores dessa disciplina. Como o artigo não fala do financiamento estatal, as autoridades políticas recusavam de assumir essa despesa. E fundamentavam sua posição com o artigo 19, que proíbe o governo de subvencionar os cultos religiosos.

aporte da RCC à Igreja católica, manifestou que os possíveis desvios deviam ser corrigidos através do diálogo entre os bispos e os coordenadores do movimento.

De um modo geral, os movimentos de leigos têm gerado certa perplexidade no seio do episcopado. Por um lado, eles contribuíram para aproximar setores sociais que a Igreja não estava conseguindo atingir por causa do processo de urbanização. Por outro, exteriorizam certa dificuldade a se adequarem às linhas pastorais marcadas por cada bispo no contexto das dioceses.

3.1.6. Mudança de nomes... mudanças de rumo?

Ao longo de seu pontificado, o papa João Paulo II nomeou uma média de quase 10 bispos brasileiros por ano. Assim, entre 1978 e 1995, foram 160 os novos integrantes da CNBB. Apesar da diversidade nos perfis desses agentes religiosos, prevaleceu a designação de presbíteros alinhados com os grandes pensamentos da Cúria Romana. Diferentemente do papa Paulo VI, os religiosos promovidos tinham uma trajetória mais espiritual, voltada para os aspectos internos da Igreja. Indubitavelmente, cedo ou tarde, a nova composição do alto clero brasileiro modificaria a correlação de forças existente no seio da Conferência Episcopal. Mais ainda, porque muitos dos que conduziam as rédeas da instituição deviam renunciar a suas respectivas dioceses por terem chegado ao limite de idade e porque não surgiram novas figuras com o mesmo porte.

O processo de mutação no interior da CNBB não pôde explicar-se apenas pela política vaticana. O contexto cultural da época, voltado mais para a realização do indivíduo e menos para a transformação social, também não ajudava à preservação da linha hegemônica. No perfil dos seminaristas brasileiros já se tinha detectado uma mudança considerável. O Centro de Estatística Religiosa e Investigações Sociais revelou que, entre

1982 e 1994, caiu pela metade o interesse em trabalhos conjuntos com as CEBs. "Em 1982, entre as seis primeiras opções, três tinham vínculos diretos com a ação social da igreja. Em 1994, os cinco trabalhos preferidos pelos seminaristas estão ligados a funções tradicionais dos sacerdotes – vigário de paróquia, pastoral com jovens, atividade missionária, animação litúrgica e formação de seminaristas" (FOLHA DE S.PAULO, 16 abr. 1995).

Nesse cenário, não surpreenderam as palavras de dom Lucas Moreira Neves, um dos prelados que melhor sintonizava com o poder romano. "A Teologia da Libertação baseada em uma análise marxista da sociedade entrou no crepúsculo (...). Os seminaristas têm consciência de que, se os padres não exercerem suas tarefas de liturgia, de formação de espiritualidade, ninguém as fará em seu lugar. Isso não representa uma alienação, mas o exercício de sua tarefa para bem formar o leigo" (FOLHA DE S.PAULO, 17 abr. 1995). A repercussão de seu discurso mostrava que novos ventos pairavam sobre a CNBB.

Os bastidores do processo eleitoral para renovar as autoridades da instituição católica brasileira em 1995 refletiam um estado de situação diferente ao habitual. O fato de alguns bispos se manifestarem a favor da continuidade do rumo traçado desde há um longo tempo só exprimia que essa continuidade era posta em discussão. A procura de um consenso entre as chapas demonstrava, de um lado, que a lógica integracionista permeava qualquer batalha pelo poder eclesiástico; mas, de outro lado, que os bispos mais identificados com as bandeiras romanas tinham cobrado uma visibilidade inédita. Sem ser contra a política de acordos, dom Pedro Casaldáliga advertia: "não vejo inconveniente nos conchavos e consensos, mas não podemos abrir mão do que é básico" (FOLHA DE S.PAULO, 30 abr. 1995). Traduzindo, "o básico" era a tradicional preocupação da CNBB com os direitos humanos e a opção preferencial pelos pobres.

O pretenso consenso consistia numa divisão de cargos. Os prelados próximos à eclesiologia do enraizamento social aceitavam "entregar" a secretaria-geral para algum bispo integracionista ou mesmo da ortodoxia romana, desde que conservassem a presidência da entidade. Desde a década de 1970, esses postos, os de maior relevância para definir a política institucional, estavam nas mãos dos dignatários que enfatizavam o trabalho social e político. Vale lembrar que, ao contrário de outras sucessões, dessa vez o secretário-geral não podia ascender à presidência. O Vaticano tinha imposto que o presidente de uma Conferência Episcopal devia ter a titularidade de uma diocese. Dom Celso Queiroz, então secretário-geral, era bispo-auxiliar de São Paulo.

Com a disputa em suspenso, dom Amaury Castanho, um dos mais ativos articuladores da oposição, enviou meses antes da eleição uma carta a cerca de 200 bispos, propondo uma mudança de rumo e, por conseguinte, o nome de dom Lucas Moreira Neves para a presidência da CNBB. A estratégica ofensiva de dom Amaury obteria bons resultados.

Finalmente, o augurado consenso não prosperou. Dom Jayme Chemello foi o candidato à presidência pela situação, acompanhado por dom Marcelo Carvalheira para vice-presidente e por dom Geraldo Lyrio Rocha para secretário-geral. Por sua parte, a chapa da oposição era encabeçada por dom Lucas Moreira Neves, secundado por dom Cláudio Hummes e por dom Raymundo Damasceno Assis. Se levarmos em conta que dom Lucas foi secretário durante oito anos da Congregação para os Bispos e, portanto, se constituiu como uma engrenagem chave no processo de promoção de padre a bispo de mais de um terço dos que naquele momento deviam escolher a nova direção da entidade episcopal, entenderemos o resultado da eleição com uma lente mais clara.

Sem dúvida, o triunfo de dom Lucas Moreira Neves significou um ponto de inflexão no andar da CNBB, embora as mudanças de rumo não se cristalizassem de forma imediata. Sabemos que a instituição eclesiástica é portadora de seus próprios tempos, que transita a um ritmo compassado. Se uma parte do episcopado brasileiro pensou que com sua vitória a Igreja se voltaria instantaneamente para as questões de índole religiosa e privilegiaria mais o anúncio do que a denúncia, esqueceram-se de que a CNBB, como toda instituição, é portadora de uma memória histórica – nesse caso, de várias décadas –, que condiciona e delimita as margens de sua práxis. Por isso, não devemos achar contraditório que a definição dos eixos da ação pastoral tenham continuado a ter um alto conteúdo social.

Dom Lucas Moreira Neves tinha sido vice-presidente do Conselho Pontifício para os Leigos entre 1974 e 1979 e secretário da Congregação para os Bispos e do Colégio Cardinalício entre 1979 e 1987, no Vaticano. Na Cúria Romana, também tinha sido consultor do *Consilium de Laicis* (1971-1974), membro do Comitê para a Família (1971-1976), membro do Conselho do Sínodo dos Bispos (1976-1977), membro da Comissão "Justiça e Paz" (1976-1981), consultor da Congregação para a Doutrina da Fé (1978-1987), membro da Pontifícia Comissão para a Pastoral da Migração e do Turismo (1980-1987), membro da Pontifícia Comissão para a América Latina (1980-1987) e membro do Comitê para os Congressos Eucarísticos Internacionais (1982). Sua inserção nos dicastérios romanos era mais que evidente. Retornou ao Brasil em 1987, como arcebispo de Salvador, tendo-se tornado cardeal um ano depois. E voltaria a Roma em 1998, quando foi designado prefeito da Congregação dos Bispos, cargo que teve até setembro de 2000, quando renunciou por motivos de saúde.

Apesar do dito mais acima, a eleição de dom Lucas marcou um antes e um depois para a CNBB. Sua escolha significou o anelo dos bispos de pacificar as relações com a Santa Sé. Marcou o fim de um ciclo de desentendimentos entre a cúpula eclesiástica brasileira e o Vaticano. Por outro lado, influenciou daqui em diante os critérios de escolha da máxima autoridade do episcopado. Antes, um bispo-auxiliar era eleito sem discussão nenhuma. Agora, a investidura de cardeal passou a ser considerada relevante no momento das preferências. E, obviamente, encarnou a quebra de uma hegemonia de vinte e quatro anos no controle da instituição.

Dom Lucas resultou airoso na terceira rodada de votação, pois não tinha conseguido os dois terços das adesões. Com 145 votos, venceu os

112 sufrágios de dom Jayme Chemello. O mesmo dom Jayme foi eleito vice-presidente como sinal de recuperação do consenso perdido. Na carreira para a secretaria-geral, o candidato da situação também foi derrotado. Dom Raymundo Damasceno foi escolhido na primeira rodada de votação.

Como contrapartida, a composição do Conselho Episcopal de Pastoral não sofreu mudanças de perfil. Seis dos nove integrantes estavam na chapa da situação. Perdida a presidência, o grupo de bispos que vinha detendo o controle do episcopado passou a priorizar a conquista do maior número possível de vagas da CEP. Com essa finalidade, propôs figuras de longa trajetória e com grande prestígio. O objetivo visava tanto a não perder terreno nos cargos representativos quanto a exercer influência sobre a gestão de dom Lucas Moreira Neves. Lembremos que a CEP tinha a função de executar os trabalhos pastorais da CNBB e, junto com a diretoria desta, conformava o espaço de mais alto poder da entidade. Por outro lado, a conservação da CEP permitia manter o vínculo com os organismos anexos e com os assessores do corpo. Com o sucesso da estratégia – também conquistaram a maioria da Comissão Episcopal de Doutrina e o cargo de representação no Celam –, materializou-se um equilíbrio de forças entre os diferentes setores da CNBB. "Mudaram a placa, mas o carro continua o mesmo", asseverou dom Demétrio Valentini. "Quem dirige o carro é quem está ao volante", respondeu dom Amaury Castanho (FOLHA DE S.PAULO, 18 maio 1995). Para além da contenda discursiva, é claro que ter a posse da presidência supõe uma vantagem significativa na carreira para definir o rumo institucional. Mas, como dissemos anteriormente, as estruturas contam com uma história e um esquema de funcionamento que permeia a atuação do máximo dirigente.

No primeiro anúncio como presidente, dom Lucas destacou o papel da evangelização, colocou a ênfase nas tarefas missionárias e não prognosticou mudanças substanciais, mas atualizações nas linhas diretrizes. Ao tempo que remarcou sua fidelidade com o então papa João Paulo II, em um tom de conciliação, manifestou sua aprovação para a continuidade do trabalho na área social. E esclareceu que a evangelização tem duas faces, a da promoção religiosa, que é primordial, e a da promoção humana. Ele avaliou sua vitória como consequência de um novo momento da Igreja católica no Brasil, mais preocupada com os valores espirituais e religiosos.

Na mesma Assembleia eleitoral, os bispos reunidos aprovaram as novas Diretrizes Gerais. Reflexo de um equilíbrio entre propostas de trabalho social e espiritual, a Igreja elegeu a acumulação de bens materiais e a degradação moral como principais alvos de sua ação pastoral para os dois seguintes anos. Além disso, houve intervenções pedindo voltar a olhar para a pessoa de Cristo e priorizar a preparação da comemoração pelo terceiro milênio. Quanto ao pronunciamento sobre a conjuntura nacional, ficou mais claro o maior peso específico dos prelados mais moderados. Se bem que a comunicação continha críticas pontuais ao governo, a linguagem era menos radical e mais conciliadora. Em vez de se concentrar nos questionamentos, optou por enfatizar a esperança como valor supremo da nação.

Independentemente da discussão sobre as prioridades pastorais –mais voltadas para as problemáticas sociais ou para as demandas espirituais –, a própria conjuntura nacional obrigou a Igreja a não desatender os conflitos que se apresentam no dia a dia da sociedade brasileira. O massacre ocorrido contra famílias de agricultores sem-terra em Corumbiara, estado de Rondônia, não passou desapercebido pelo Conselho Permanente da CNBB. Em nota divulgada, declarou seu repúdio e foi mais longe quando afirmou que "os acontecimentos de Corumbiara mostram com clareza que a terra não pode continuar objeto de cobiça dos poderosos para agravar a escandalosa concentração da riqueza em nosso país" (FOLHA DE S.PAULO, 26 ago. 1995). Inserida numa realidade social com grandes problemas de desigualdade e de direitos humanos, a instituição católica não tinha muita opção no momento de definir quais eram ás áreas mais sensíveis para exercer sua missão pastoral.

Pese às mudanças na CNBB, a Pastoral Social conservou a linha de denúncias e organizou, para o Dia da Independência, o Grito dos Excluídos na cidade de Aparecida, estado de São Paulo, e em outras cidades do país. A origem do Grito teve uma conotação exclusivamente religiosa. Em 1987, aconteceu a Romaria do Trabalhador em Aparecida. Com esse antecedente, os organizadores lhe adicionaram um conteúdo político. A iniciativa significava um protesto contra o neoliberalismo reinante e contra a falta de atenção para com os setores mais preteridos da sociedade. O novo presidente da Conferência Episcopal expressou seu temor a que a manifestação fosse instrumentalizada por grupos e partidos alheios aos objetivos do catolicismo. No entanto, precisou que o Grito era uma voz a favor da vida, e não um ato contra o governo. De toda forma, resolveu não celebrar a missa no evento. Já dom Eugênio Sales, na reunião do Conselho Permanente da CNBB, disse que "não participaria do Grito por causa da participação de entidades como a Central Única dos Trabalhadores" (Folha de S.Paulo, 26 ago. 1995).

O Grito dos Excluídos, apesar do anúncio de dom Lucas, resultou claramente em um ato contra a política econômica do presidente Fernando Henrique Cardoso. A reforma agrária foi colocada no primeiro plano. Dom Angélico Sândalo Bernardino, ligado à Pastoral Operária, relacionou durante a celebração o massacre de Corumbiara com a destinação ao lucro e não à produção da terra no Brasil. No meio das quase 45.000 pessoas presentes, as bandeiras do Partido dos Trabalhadores e do Movimento dos Trabalhadores Sem Terra tornaram evidente o perfil do encontro. Enquanto uns falavam de manipulação política partidária, os organizadores visualizavam uma genuína mistura entre a fé e a militância.

Enquanto isso, Fernando Henrique Cardoso assumiu a estratégia de fazer "suas" as críticas que insistentemente a CNBB pronunciava contra o neoliberalismo e a globalização, mesmo quando mencionavam os cortes em investimentos sociais por conta da aplicação do modelo.

Em repetidas oportunidades, o porta-voz da Presidência, Sérgio Amaral, transmitiu a concordância do presidente com as palavras da Igreja. Com essa tática, o presidente buscava desviar o alvo dos questionamentos e colocar-se do lado dos que condenavam um sistema que vigorava na ordem internacional. O Brasil, inserido nesse mercado mundial, era apenas vítima de decisões tomadas em outras partes do planeta. De toda forma, havia resoluções de responsabilidade nacional. E a CNBB fez questão de ressaltá-las. Classificou de roubo a utilização do dinheiro público para salvar o sistema financeiro. Em nota divulgada, afirmou que é injusto que se "roube o pouco dinheiro dos pobres aposentados, dos pequenos produtores e dos trabalhadores em geral para injetar no sistema financeiro, salvando quem economicamente já está salvo ou já acumulou ingentes – enormes – riquezas através da fraude e do roubo" (FOLHA DE S.PAULO, 1° mar. 1996).

Com dom Lucas na presidência da CNBB, se acirraram as discussões sobre a Campanha da Fraternidade. Dirigida à sociedade toda e não apenas aos cristãos, historicamente os temas de convocação eram de índole social. Com a novo panorama eclesiástico, apareceram pressões no sentido de trabalhar sobre assuntos próprios da instituição, tais como a identidade sacerdotal, a formação dos seminaristas, a relação com os pastores. A Campanha de 1996, definida na gestão anterior, girava em torno do elo entre a fraternidade e a política. O texto inicial fazia referências ao neoliberalismo, ao domínio das regras do mercado e ao processo de globalização. Sem perder a essência, algumas modificações foram incorporadas.

Na mesma linha, as comunicações do CIMI e da CPT, tempo atrás aprovadas por uma expressiva maioria, não conseguiram passar na votação do Conselho Permanente de novembro de 1995. Essa decisão fez com que dom Erwin Krautler, bispo de Xingu e vinculado a ambas as organizações, chamara a atenção para o risco de omitir assuntos de extrema relevância, como a violência no campo ou os direitos dos povos indígenas. Um ano depois, o mesmo conselho se opôs à proposta de dom Demétrio Valentini de convidar os próprios atores para escutar o estado da reforma agrária. Nove contra sete, a moção foi rejeitada. O presidente da entidade eclesiástica acrescentou que o Conselho Permanente não tinha o caráter de fórum de debate. E, em 1997, a própria Assembleia dos Bispos não autorizou o envio de uma comissão para acompanhar a chegada da Marcha Nacional pela Reforma Agrária, Emprego e Justiça a Brasília.[29] Apesar de se mostrar inalterável o compromisso e a sensibilidade da CNBB com essas problemáticas, começaram a serem questionadas as metodologias utilizadas pelos organismos anexos à CNBB.

Concretamente, a invasão de terras promovidas pelo MST, com estreita vinculação com a CPT, dividiu as opiniões dos bispos. Alguns acompanhavam a radical atitude do movimento por conta da ausência de uma política governamental na matéria. Outros compreendiam a necessidade de uma reforma agrária, mas reprovavam qualquer medida que violasse a Constituição Nacional. O presidente do episcopado repetiu as palavras do papa, tentando esclarecer a posição da entidade: "A igreja não pode estimular, inspirar ou apoiar as iniciativas ou movimentos de ocupação de terras, quer por invasões pelo uso da força, quer pela penetração sorrateira das propriedades agrícolas". E acrescentou ainda que "a invasão de terra não é solução, porque pode ser somente provocação para uma espiral de violência". Sua elucidação tornava-se sombria com as asseverações de certos prelados. Para dom Pedro Casaldáliga, "se o governo não faz a necessária reforma agrária, o povo tem que fazer". Já dom Demétrio Valentini foi mais longe quando expressou que "o direito de ocupação das terras improdutivas é uma doutrina antiga da Igreja, anterior ao próprio papa" (FOLHA DE S.PAULO, 27 abr. 1996). Com o decorrer dos anos e a agudização do conflito, a organização dos bispos se viu envolvida em um debate de delicada definição.

---

[29] A mobilização, organizada pelo MST, contava com o apoio da CPT.

O documento-base de discussão da Assembleia Geral de 1996 refletia já o novo leque das preocupações eclesiásticas. Ele encorajava a Igreja católica a sair da passividade e partir para uma ofensiva na missão evangelizadora e na conquista de fiéis. Instava a enfrentar o processo da modernidade e o avanço das "seitas", em momentos que se difundia os resultados do Censo de 1991, que testificavam a queda do catolicismo na população brasileira – de 88,9% em 1980 para 84% em 1991.[30]

O assunto principal dessa Assembleia era a preparação do Jubileu do ano 2000 e o início do terceiro milênio. Fiel a sua lógica de agregação e não de fragmentação, as questões sociais não foram esquecidas pela CNBB. O texto de discussão reafirmava a opção preferencial pelos pobres e estimulava o fortalecimento das pastorais sociais.

Sobre a questão agrária, a entidade católica anunciou uma pesquisa para revelar a extensão de suas terras e o destino das mesmas. Os terrenos improdutivos seriam doados para a reforma agrária. A finalidade do estudo visava contestar um argumento muitas vezes utilizado pelas autoridades civis: a falta de legitimidade da Igreja católica de se pronunciar sobre o assunto, uma vez que é proprietária de grandes frações de terras. Para além da pesquisa "Terras da Igreja no Brasil", a CNBB esclareceu que a maioria de suas propriedades tinha menos de 10 hectares, tamanho considerado mínimo para um lote orientado ao trabalho produtivo. Além disso, eram destinadas a finalidades religiosas. No entanto, decidiu doar 38.000 dos 253.794 hectares espalhados nas dioceses do país.

Resultado do encontro de 1996, os bispos divulgaram o documento "Exigências Cristãs para a Paz Social". Nele, denunciaram que o governo de Fernando Henrique Cardoso privilegiava o ajuste econômico, em detrimento das áreas sociais. Mais uma vez, valorizaram o controle da inflação, mas apontaram a sua insuficiência para garantir o bem-estar social. A pri-

---

[30] O Censo de 2000 mostrou a mesma tendência: o catolicismo passou a representar 73,7% da população, enquanto que as adesões evangélicas continuaram em ascensão. A pluralidade de adscrições religiosas já era um dado incontestável da realidade brasileira.

mazia dos interesses do sistema financeiro também foi alvo de críticas. "As altas taxas de juros (...) têm inviabilizado o funcionamento de muitas empresas, principalmente de micro e médio porte, com o consequente agravamento do desemprego" (CNBB, D58). Própria da retórica eclesiástica, a comunicação deixou um sinal de esperança, quando prognosticou que "com ampla mobilização da sociedade, conseguir-se-á percorrer o caminho que conduz à justiça social e chegar ao dia em que todos os brasileiros gozem, efetivamente, dos direitos fundamentais de cidadania, como alimento, moradia, educação, saúde e trabalho com remuneração condigna" (CNBB, D58).

A educação voltou a chamar a atenção dos prelados. Aproveitando a reunião de todos os prelados, a CNBB organizou o envio de cartas para todos os deputados e senadores do Congresso Nacional, solicitando que os professores de ensino religioso das escolas públicas continuassem a ser pagos pelos estados. Cada bispo colocou sua assinatura naquelas que seriam enviadas para os deputados de sua região. Diante do rumor da aprovação do Projeto de Lei de Diretrizes e Bases da Educação com a inclusão do inciso que estabelecia que o ensino religioso não teria ônus para os cofres públicos, os dignitários lançaram mão de sua rede de influências para varrer essa disposição da futura normativa. Desde todos os segmentos eclesiológicos houve uma defesa ao ensino religioso como "parte integrante do processo de educação global" (CM, n. 500, p. 589).

As campanhas que incentivavam o uso do preservativo para evitar a difusão do vírus de HIV não passaram despercebidas pela cúpula da CNBB. Seu presidente questionou sem sutilezas as aulas de educação sexual propostas pelo Ministério da Educação para os estudantes do primeiro e do segundo grau de todo o país. Segundo dom Lucas, "o problema não é instruir meninos e meninas sobre o ato sexual, mas educar para o amor, para o relacionamento" (FOLHA DE S.PAULO, 27 jul. 1996). Do mesmo modo, manifestou sua oposição à aprovação do Projeto de Lei n. 20-A, que autorizava o Sistema Único de Saúde a fazer o aborto nos casos de perigo de vida da mãe e de estupro. O secretário-geral do episcopado, dom Raymundo Cardeal Damasceno Assis chegou a animar a desobediência dos agentes de saúde ao cumprimento da lei.[31] O discurso dos religiosos, de ordem moral, supunha uma correspondência entre as prescrições católicas e as práticas cotidianas da cidadania. Nas sociedades contemporâneas, os indivíduos, mesmo reconhecendo-se católicos, não orientam suas pautas de conduta pelas normativas doutrinarias. Observa-se um descompasso entre umas e outras. Daí a improdutividade de insistir numa campanha moralizadora sobre doenças que requerem soluções urgentes.

Enquanto isso, duas sucessões chave mobilizaram os quadros mais ativos dentro do episcopado. Dom Eugênio Sales, arcebispo do Rio de Janeiro e autodefinido como "xérox do papa", e dom Paulo Evaristo Arns, arcebispo de São Paulo e identificado com a Teologia da Libertação, completaram os 75 anos. De acordo com a legislação canônica, tinham a obrigação de apresentar a renúncia. Quando aceita, tornam-se automaticamente eméritos. A substituição não necessariamente devia ser imediata. De fato, dom Eugênio Sales havia renunciado em 1995, mas foi confirmado no cargo até 2001. Geralmente, a palavra do renunciante é tomada em consideração pelas autoridades vaticanas na hora de escolher o substituinte. No entanto, no caso de dom Paulo Evaristo Arns, tudo indicava que suas sugestões não teriam eficácia. As vozes do próprio Sales e do presidente da CNBB, Dom Lucas Moreira Neves, escutavam-se com mais atenção na Cúria Romana. Por isso, a vontade de Arns, de ver como seu sucessor dom Celso Queiroz ou dom Luciano Mendes de Almeida, não tinha muitas possibilidades de ser levada em conta. Finalmente, dois bispos alinhados à ortodoxia romana ocuparam o cargo dos renunciantes. Em 25 de maio de 1998, dom Cláudio Hummes, outrora mais ligado ao setor tradicionalmente hegemônico do episcopado brasileiro, assumiu a titularidade do arcebispado de São

---

[31] A estratégia eclesiástica não ficou por ali. Programada a visita do papa para outubro de 1997, a Igreja aproveitaria a situação para pressionar a Câmara a rejeitar o projeto.

Paulo. Três anos depois, em 25 de julho de 2001, dom Eusébio Scheid foi nomeado arcebispo do Rio de Janeiro para dar continuidade ao trabalho desenvolvido por seu antecessor. Essa tardia designação indica que dom Eugênio Sales permaneceu no cargo quase 6 anos mais após ter apresentado a renúncia. Aos 80 anos, e depois de 30 anos de comando da arquidiocese, João Paulo II aceitou a demissão de um dos religiosos brasileiros de maior influência na Santa Sé.

As substituições não ficariam por aí. Dois bispos auxiliares de São Paulo com alto perfil na gestão de dom Paulo Evaristo Arns foram transferidos para dioceses do interior. Dom Celso Queiroz, ex-secretário geral da CNBB, foi enviado para Catanduva-SP. Por sua vez, dom Angélico Sândalo Bernardino, fiel orador na missa do Grito dos Excluídos, assumiu a diocese de Blumenau-SC. O afastamento de dois prelados engajados na conjuntura política e social da capital paulista achanou o caminho para dom Cláudio Hummes imprimir um novo perfil pastoral à arquidiocese paulistana.

Na segunda metade da década de 1990, a Comissão Nacional de Justiça e Paz, um dos órgãos ligados à CNBB, assumiu uma alta visibilidade pública por conta de iniciativas no plano político. Em primeiro lugar, organizou um seminário para debater a privatização da Companhia Vale do Rio Doce. O ministro das comunicações, Sérgio Motta, acusou alguns bispos de serem contra a privatização porque recebiam dinheiro da empresa. Isso motivou uma resposta compacta da instituição católica. Ela esclareceu que os benefícios concedidos pela companhia eram destinados a programas sócio-culturais. A discussão levou a entidade eclesiástica a emitir uma comunicação na qual expressou sua oposição à privatização e listou exigências éticas para serem levadas em conta no assunto. A mais importante, instava a considerar a questão da soberania nacional, segundo os bispos, em risco pela venda da Companhia. Por outro lado, a Igreja pretendia a suspensão do leilão para possibilitar uma discussão no Congresso com a participação das organizações da sociedade civil.

Por aquela época, o conflito fundiário adotou uma espiral crescente. A CPT divulgou um relatório sobre os fatos de violência no âmbito rural.[32] Nele, informou que 54 trabalhadores foram assassinados em 1996 por disputa pela terra – 13 mais do que o ano anterior –, o que colocava a nu que a dinâmica das políticas oficiais de assentar famílias não estava conseguindo pacificar a situação no campo. Enquanto a CNBB denunciava a inércia do governo para resolver a problemática, o MST decidia invadir prédios públicos além de terrenos improdutivos. A falta de acordos entre o ministro de política fundiária, Raúl Jungmann, e a organização dos sem-terra fez com que os representantes do governo apelassem para o capital social acumulado pela instituição religiosa. Concretamente, a sabendas do respeito e da legitimidade que gozava diante da militância do MST, o ministro convocou a CNBB a intermediar na negociação entre as partes. O convite se renovaria ano após ano por conta da dificuldade de encontrar consensos entre o governo e a organização dos sem-terra.

Simultaneamente, o Pontifício Conselho de Justiça e Paz do Vaticano publicou o documento "Para uma melhor distribuição da terra: Desafio para a reforma agrária". Com um forte conteúdo ético, enfatizou a apropriação indébita e a concentração da terra. A máxima autoridade do organismo, Roger Etchegaray, chegou inclusive a legitimar as invasões em casos extremos. Rápido de reflexos, o presidente do INCRA – Instituto Nacional de Colonização e Reforma Agrária –, Milton Seligman, transmitiu que o governo brasileiro compartilhava o diagnóstico feito pela comunicação vaticana. E acrescentou que, desde sua óptica, tratava-se de uma mensagem que não tinha um destinatário em particular: "É um documento genérico, não trata de nenhum país em especial. Nada tem a ver com o governo brasileiro" (FOLHA DE S.PAULO, 14 jan. 1998).

---

[32] Segundo o organismo da CNBB, o número de mortos no campo nos últimos quinze anos do século XX era quatro vezes maior do que o dos mortos e o dos desaparecidos durante o período da ditadura militar.

Para dom Demétrio Valentini, o relatório foi inspirado na situação brasileira. Havia referências das terras indígenas e das ocupações, próprias da realidade brasileira. Mais diplomático, dom Lucas afirmou que o texto não estava direcionado só ao Brasil.

Por outro lado, a crise social se intensificava nas áreas atingidas pela seca. No dia 16 de maio de 1998, em Afogados da Ingazeira (PE), 400 indivíduos invadiram um armazém e levaram produtos de alimentação. Os saques a supermercados por pessoas famintas receberam a compreensão do amplo arco do episcopado e a reação do governo, que condenou em termos de irresponsabilidade e demagogia a atitude dos bispos. Dom Tomas Balduino tinha precisado que a doutrina de São Tomás de Aquino contemplava o roubo com a finalidade de comer. Nessa vez, coincidiu com ele dom Amaury Castanho, que relatou um diálogo que tinha tido com uma fiel: "Há pouco tempo, eu recomendei a uma doméstica, que me disse no confessionário que tinha quatro filhos passando fome, que pegasse o que precisasse para a sua família da despensa do patrão" (FOLHA DE S.PAULO, 25 abr. 1998). Com um tom mais moderado, o presidente da CNBB explicou que, para a Igreja, o furto famélico não era pecado, mas isso não significava incitar os saques. Além do apoio, a CNBB organizou uma campanha nacional de arrecadação de alimentos e dinheiro para atender aos danificados pela seca. Para isso, mobilizou 8.000 paróquias de todo o país.

Apesar das mudanças no perfil da condução do episcopado, os pronunciamentos deste e de seus organismos anexos não abandonaram a linha crítica. O IBRADES – Instituto Brasileiro de Desenvolvimento Social – arremeteu contra o governo de Fernando Henrique Cardoso. Condenou o não cumprimento das metas na área social, o retraso no valor do salário mínimo, o desemprego e a privilegiada atenção para com a bancada ruralista no Congresso. Já o documento do episcopado, "Vida com dignidade", voltou a atacar a política econômica em um tanto responsável pela concentração de renda. Mais uma vez, o ministro das comunicações entrou em controvérsia com os bispos. Retrucou deslegitimando as acusações por supostas intencionalidades políticas como pano de fundo. "Gostaria de ver a ficha de filiação partidária de todos. Aliás, nem preciso ver para saber qual é" (Folha de S.Paulo, 16 abr. 1997).

Por aquele então, as relações entre o poder político e o poder eclesiástico passavam por um dos piores momentos. Os bispos identificados com a eclesiologia do enraizamento social levantavam insistentemente a voz contra o modelo neoliberal, a primazia da economia, a indolência com a reforma agrária e a impunidade nas chacinas contra lideranças indígenas. Por sua vez, os prelados próximos à eclesiologia da ortodoxia romana expressavam um descontentamento com as campanhas referidas à saúde pública e com a resistência governamental ao financiamento estatal dos professores encarregados de ministrar o ensino religioso. Em verdade, o episcopado como um todo mostrava uma unidade no que diz respeito a esse conjunto de tópicos. Só que os dignatários enfatizavam diferentes pontos, segundo as diversas sensibilidades e realidades de cada um.

O próprio Fernando Henrique entrou na contenda rebatendo o que ele qualificava de "ingerência" da CNBB em assuntos que não eram de sua competência. Precisamente, para o presidente, o comentário negativo sobre a privatização da Vale do Rio Doce não era matéria da instituição religiosa. Rapidamente houve respostas das fileiras eclesiásticas. Para os bispos, as declarações de máximo mandatário se assemelhavam às das autoridades militares, quando compeliam os agentes religiosos unicamente a rezar. Como para agravar o estado de situação, o presidente manifestou seu apoio ao projeto de lei que autorizava os hospitais credenciados ao Sistema Único de Saúde a atender solicitações de aborto nos casos permitidos pelo Código Penal – estupro e risco de vida da gestante. Essa declaração veio após a mensagem do ministro da saúde, Carlos Albuquerque, que tinha exprimido sua objeção por razões éticas e religiosas. Interessa sublinhar aqui como as valorações religiosas se tornam decisivas nos posicionamentos dos homens públicos. Deputados, senadores, ministros e presidentes não abrem mão de suas convicções religiosas no momento de legislar ou de traçar políticas de Estado.

Diante da iminência da aprovação do projeto pela Câmara, a CNBB divulgou a nota oficial "Declaração da CNBB a favor da vida e contra o aborto". Além de remarcar a inconstitucionalidade do projeto por ferir o artigo quinto da Carta Magna, que fala da inviolabilidade da vida, sugeriu aos bispos e às organizações de leigos católicos a entrarem em contato com os deputados federais para instá-los a votarem contra a norma. Mais uma vez, esfumaçavam-se as fronteiras entre a política e a religião. Celso de Mello, presidente do Supremo Tribunal Federal, pretendia que o governo não se deixasse influenciar pelas vozes eclesiásticas, "uma vez que o Estado brasileiro é laico". O presidente da CNBB, porém, lembrava que "a Constituição começa com a palavra Deus" (FOLHA DE S.PAULO, 30 ago. 1997).

Nesse clima de mútua hostilidade, a Pastoral Social, junto com a CUT, o MST e outras entidades sociais, organizou o 3º Grito dos Excluídos. Constava na programação a "aplicação" de um cartão vermelho à fome, à dívida externa, à corrupção, ao modelo neoliberal, às privatizações e também ao presidente da República. Os pronunciamentos tornaram-se mais agudos do que nos protestos anteriores. Dom Angélico Sândalo não poupou críticas ao governo: "A nação assiste, escandalizada, a atos como a compra e venda de votos e outras espúrias barganhas", e as "autoridades dobram os joelhos diante do bezerro de ouro, sorrindo satisfeitas para a nação, salvando a moeda e os banqueiros, enquanto milhões de pessoas perdem o emprego e estão esmagadas sob os escombros da saúde e da educação sucatadas" (FOLHA DE S.PAULO, 8 set. 1997).

Quer por discussões nas áreas da saúde e da educação, quer por comprometimento com as problemáticas sociais, o certo é que a Igreja católica gozava de um alto posicionamento e visibilidade na esfera pública. Distante, se exibia do papel de instituição recluída na sacristia. E sua inserção na ordem mundana, às vezes, ultrapassava os limites nacionais. Em sintonia com as conclusões do Sínodo de Bispos de 1997, com alocuções papais a favor do perdão da dívida externa, a CNBB decidiu pedir ao Tribunal Internacional de Justiça em Haia, Holanda, um julgamento sobre a moralidade de dita dívida nos países da América Latina. Tratava-se de uma iniciativa ousada da cúpula eclesiástica brasileira, que buscava criar um clima de reflexão sobre o assunto no contexto internacional.

Com o intuito de aprimorar e tornar transparente o processo eleitoral dentro da CNBB, o Conselho Permanente de outubro de 1997 resolveu a habilitação de livres apresentações de nomes e chapas antes e durante a Assembleia eletiva. Recomendou uma fraterna troca de ideias sobre critérios para os diversos cargos e a genuína expressão de todos os bispos no marco de comunhão e corresponsabilidade (CM, n. 515). Do mesmo modo, promoveu a organização de debates entre os postulantes. A mudança nas regras aproximou, de certa forma, a normativa da prática, porque nos bastidores das eleições sempre apareciam diferentes chapas com candidatos. "Vamos abrir a caixa-preta das eleições da CNBB. Agora elas terão transparência total", comentava dom Serafim Fernandes, após a confirmação das modificações por parte da Assembleia dos Bispos (FOLHA DE S.PAULO, 3 maio 1998). É importante lembrar que as constantes discussões no que diz respeito à dinâmica do funcionamento institucional[33] se inseriam num clima de fraternidade e unidade episcopal, para além das divergências de perspectivas. A natural aceitação da diversidade, inclusive dentro da Conferência Episcopal, faz com que seja possível a transparência no processo de resolução das dissidências. Diferentemente do alto clero argentino, para o qual as discrepâncias entre as opiniões dos bispos são consideradas como sinais de fraqueza e, portanto, não merecem ser públicas.

Sem perder de vista as questões sociais, os assuntos internos da Igreja começaram a cobrar mais força na CNBB. Na pauta da 36ª Assembleia Geral de 1998, o tema central foi a missão e o ministério dos leigos na

---

[33] A natureza da CNBB e a participação dos assessores e dos representantes dos organismos subsidiários à Conferência Episcopal também faziam parte da troca de ideias. A tendência de incrementar os dias das reuniões privativas dos bispos, em detrimento da presença daqueles, era visualizada por alguns prelados como um retrocesso na história de comunhão e corresponsabilidade que a Igreja brasileira vinha praticando. Uns anos depois, essa questão tornar-se-ia central diante da proposta de reforma dos estatutos.

perspectiva do Novo Milênio. A perda de fiéis para outras religiões erguia-se como uma das principais inquietações da Conferência Episcopal.[34] Tornava-se necessário desenhar uma estratégia para neutralizar esse processo. Uma nova evangelização, com uma maior participação dos leigos, era a ideia concebida a partir da exortação apostólica *Christifideles Laici*, de João Paulo II (1988), e do legado do Sínodo da América de 1997. Nessa linha, foi realçada tanto a tarefa das CEBs quanto a dos novos grupos de oração como a RCC. O ardor e a festividade dos rituais, desde que não desbordados, começaram a ganhar força de aceitação em boa parte do episcopado brasileiro. Os movimentos de tipo emocional passaram a ser visualizados em termos instrumentais. Para dom Cláudio Hummes, "esses movimentos leigos (...) estão trazendo de volta a grande maioria dos católicos afastados" (FOLHA DE S.PAULO, 26 dez. 1999).

As homilias do Núncio Apostólico, dom Alfio Rapisarda, reforçavam uma guinada nas prioridades pastorais da CNBB. "A nova evangelização não pode ser somente uma ação dirigida ao exterior, mas deve compreender antes de mais nada a vida pessoal de todos os crentes. E isto porque não podemos esquecer de que se deve procurar no interior da pessoa humana a raiz de todo mal que impede a libertação integral do ser humano" (CM, n. 520, p. 370).

A saída de dom Lucas Moreira Neves da Presidência da CNBB a meados de 1998 – nomeado prefeito da Congregação para os Bispos em Roma –[35] e a designação como seu substituto do até então vice-presidente dom Jayme Chemello – candidato derrotado à presidência pela outra chapa em

---

[34] Embora utilizando outros termos e conceitos, os bispos introduziam-se na discussão sobre a secularização, o desencantamento e um possível reencantamento do mundo. O crescimento de múltiplas denominações evangélicas, a irrupção de grupos orientais e mesmo de novas religiões despertaram a atenção dos prelados. Ciente de que estes temas são relevantes do ponto de vista do debate acadêmico e foram abordados superficialmente ao longo da pesquisa, sublinho a necessidade de um aprofundamento sobre o assunto, como certos pesquisadores vêm fazendo: PIERUCCI; PRANDI, 1996 e PIERUCCI, 1997 e 2003.

[35] A Congregação para os bispos tem a responsabilidade de criar e fusionar dioceses e, fundamentalmente, participar do processo de designação dos prelados.

1995 –, por parte da Comissão Episcopal de Pastoral, não implicariam uma nova virada no rumo da CNBB. Apenas o adiamento do processo de aprofundamento do caminho iniciado com Dom Lucas.

3.1.7. A lei dos bispos

Em 1998, a cidadania seria convocada novamente para ir às urnas, e a corrupção eleitoral era uma matéria que causava preocupação entre os bispos e os quadros ativos do catolicismo. A Comissão Brasileira de Justiça e Paz tinha realizado uma pesquisa a respeito. A partir dos contundentes resultados sobre a troca de presentes – cestas básicas, remédios, sacos de cimentos – por votos, tomou a iniciativa de organizar uma campanha para modificar o código eleitoral. A coleta de um milhão de assinaturas[36] contou com 60 patrocinadores, mas a organização esteve sob a responsabilidade da Comissão de Justiça e Paz. A CNBB promoveu o empreendimento. A capilaridade e a trajetória da Igreja católica no terreno social seriam decisivos para cumprir com o requisito das firmas.

A proposta visava acrescentar um mecanismo para que as pessoas que venderam o voto pudessem denunciar o "comprador", sem que fossem acusadas também de corrupção. Além disso, encurtariam-se os prazos de julgamento, possibilitando que os autores fossem punidos no período eleitoral ou antes de tomar posse no cargo almejado.

No lançamento da campanha de assinaturas, o novo presidente da entidade eclesiástica denunciou o enraizamento na cultura brasileira da compra e venda de votos. Simbolicamente, as duas primeiras firmas foram do presidente do Tribunal Superior Eleitoral, ministro Ilmar Galvão, e do presidente da Ordem dos Advogados do Brasil, Reginaldo Oscar de Castro.

---

[36] A legislação brasileira permite que um projeto de lei da sociedade civil seja votado pelo Congresso Nacional, desde que se reúna a assinatura de 1% do eleitorado nacional, distribuído em, pelo menos, 5 estados, com não menos de 0,3% dos eleitores de cada um deles.

A iniciativa surgiu fundamentalmente a partir da comprovação da lacuna existente na legislação eleitoral. Em primeiro lugar, não ficavam explícitos os fatos abusivos. Portanto, não abundavam as penas de inelegibilidade ou de cassação do registro do candidato. A lei 9.504/97 prescrevia sobre o controle de gastos da campanha, mas era brando o castigo a quem transgredia a norma. Quanto à compra de votos, ela assumia a figura de crime no artigo 299 do Código Eleitoral, mas não cabia uma sanção imediata a quem cometesse essa infração eleitoral. "A condenação criminal definitiva só viria depois de anos, encontrando o candidato já possivelmente eleito e empossado" (FOLHA DE S.PAULO, 1º out. 1998).

O projeto pretendia ampliar a lei ordinária 9.504/97, sem necessidade de mudar a Constituição. Concretamente, instava a reformular o parágrafo 5º do artigo 73. Com sanções mais rigorosas e céleres aos agentes públicos no período de campanha eleitoral, pretendia desestimular os atos de doação, os oferecimentos de trabalho e as promessas de vantagem ao eleitor. Em outros termos, gerava os mecanismos para que a Justiça pudesse caçar o registro do candidato que cometesse atos de corrupção. O juiz da região eleitoral do acusado teria as condições de julgar a denúncia de compra de votos em apenas treze dias.

Em 21 de setembro de 1999, com o requisito das assinaturas cumprido – foram coletadas 1.390.000 firmas –, a Câmara aprovou o projeto de iniciativa popular de combate à compra de votos nas eleições. Com o consentimento do Senado dois dias depois e a sanção do presidente da República em 28 de setembro do mesmo ano, a chamada "lei dos bispos", de n. 9.840, começou a reger as eleições municipais de 2000. Para além dos efeitos práticos da legislação na cultura política do Brasil,[37] o certo é que, pela primeira vez, desde sua contemplação na Constituição de 1988, o Congresso teve de discutir um projeto de lei que nasceu de uma iniciativa

---

[37] O primeiro caso de sentença aconteceu com o prefeito de Reriutaba-CE, que buscava a reeleição quando teve o registro de candidato cassado, por uso da máquina administrativa.

popular. Com o intuito de acompanhar no dia a dia as restrições legais, a CNBB lançou uma campanha de conscientização da população. Comitês de fiscalização espalharam-se por todo o país. Além disso, tanto os documentos divulgados pela entidade quanto as cartas pastorais dos Regionais e inclusive das dioceses sintonizavam o lema "voto não tem preço, tem consequências".

3.1.8. Reeleição e consolidação do papel crítico

Dizíamos que, em 1998, a cidadania brasileira tinha sido convocada novamente às urnas. As declarações da CNBB diante do processo eleitoral apontaram a se diferenciar da atuação de outras instituições religiosas. O Conselho Permanente precisou o papel da Igreja: "Não se pretende ajudar a eleger este ou aquele candidato, como se a Igreja fosse uma organização de governo ou um partido com bancadas nos parlamentos" (CM, n. 523, p. 1.369). Na mesma comunicação, enumeraram-se os grandes desafios que deveria defrontar a classe política do Brasil: dívidas sociais, globalização, pobreza e corrupção eleitoral.

Em verdade, naquela época, a CNBB concentrou sua atenção no envolvimento político partidário dos sacerdotes. Além de esclarecer que se tratava de um campo específico dos leigos, lembrou as prescrições do Código do Direito Canônico: "Os clérigos são proibidos de assumir cargos públicos que implicam participação no exercício do poder civil" (CÓDIGO DE DIREITO CANÔNICO, n. 285, p. 3). "Os clérigos (...) não tenham parte ativa nos partidos políticos e na direção de associações sindicais" (CÓDIGO DE DIREITO CANÔNICO, n. 287, p. 2). Só em casos excepcionais, quando o bem comum corresse sérios riscos, era autorizada a participação de padres nesse terreno. Primava a ideia de que a Igreja como tal tem a responsabilidade de velar pela unidade de seu rebanho. Portanto, o partido supõe uma divisão dele. Daí a recomendação a todos os clérigos de se abster de envolver- se em qualquer mecanismo de divisão da população. No entanto, aumentava o número de presbíteros que se dispunham a candidatar-se a cargos eletivos.

Com o triunfo de Fernando Henrique Cardoso e a continuidade do modelo econômico, a CNBB manteve o mesmo tom crítico. O secretário-geral dom Raymundo Damasceno, em oportunidade do lançamento da Campanha da Fraternidade de 1999, "Fraternidade e Desempregado", condenou os juros altos que prejudicavam o crédito e o emprego. E aderiu à proposta de taxação sobre as grandes fortunas. De um modo geral, reiteravam-se as críticas às políticas neoliberais pela ausência de freios éticos e pelo valor supremo do lucro. O texto da Campanha da Fraternidade referia-se à redução da jornada de trabalho na tentativa de diminuir o desemprego.[38]

Nesse mesmo 1999, a renovação de autoridades guiou as atividades da Assembleia Geral. Por aquele então, 199 dos 298 bispos em condições de votar tinham sido designados por João Paulo II. Duas chapas, encabeçadas por dom Jayme Chemello e por dom Cláudio Hummes, disputaram de maneira aberta os cargos de representação na Conferência Episcopal. A primeira, integrada por bispos identificados com a linha do enraizamento social; a segunda, mais próxima à ortodoxia romana. No entanto, muitos nomes figuravam em ambas as listas, fundamentalmente aqueles de perfil integracionista. Enquanto isso, dom Luciano Mendes de Almeida surgia como uma terceira opção, de consenso entre os dois grupos.

No entanto, finalmente a eleição ficou entre os primeiros dois. Dom Jayme foi eleito presidente no terceiro escrutínio com 146 votos contra 122 de dom Cláudio. Apesar do perfil da chapa que integrava, dom Jayme apresentou um discurso mais moderado. Inclusive, manifestou certa distância com os saques e as invasões: "Em princípio eu não gosto de saque nem de invasão de terra. Isso ocorre porque a gente não toma as medidas

---

[38] Segundo o IBGE, desde o Plano Real, o desemprego passou de 3,42% em 1994 para 7% em 1998.

necessárias. Mas, quanto menos saque e menos invasão tiver, melhor" (Folha de S.Paulo, 20 abr. 1999). Dom Demétrio Valentini, integrante de sua mesma chapa, sintetizou bem o perfil do presidente da CNBB: "Ele representa uma vida intensa dentro da Igreja – destacou-se na direção do setor de Vocações e Ministérios – e, ao mesmo tempo, a abertura para os problemas sociais" (Estado de S. Paulo, 20 abr. 1999).

A chapa ganhadora também conseguiu colocar o vice-presidente – Marcelo Carvalheira – e 5 dos 9 integrantes da Comissão Episcopal de Pastoral. Perdeu, porém, a disputa da secretaria-geral. Após a derrota em 1995 para dom Lucas Moreira Neves e diante de sua partida para o Vaticano, aquele grupo de bispos recuperava uma presença expressiva nos postos de comando da entidade. Não seria por muito tempo...

Nessa assembleia, a análise de conjuntura feita pelos assessores da CNBB colocou a nu a interferência de grupos financeiros internacionais nas decisões da política econômica brasileira. Essa posição despertou uma reação do presidente, que aconselhou a Igreja a não dar palpites sobre os assuntos da economia, uma vez que ele não falava de questões do dogma católico. A espiral de respostas veio com dom Ivo Lorscheiter, que vinculou as afirmações de Fernando Henrique às de Emílio Garrastazu Médici. O presidente militar, em diálogo com a Igreja, disse: "se vocês continuarem a cuidar dos assuntos do governo, eu vou começar a dar catequese". Dom Mauro Morelli qualificou as palavras de Fernando Henrique como imaturas e autoritárias. Em sua opinião, "proibir a Igreja de se manifestar sobre a situação do país é negar um direito de cidadania que os bispos e os padres têm, como brasileiros" (Jornal do Brasil, 17 abr. 1999). Não obstante, nem todas as vozes eram críticas ao presidente. Dom Cristiano Krapf frisou a incompetência técnica da Igreja para falar de temáticas políticas e econômicas e discordou da classificação de neoliberal dada ao governo de então. Na tentativa de amenizar as relações com o poder político, dom Jayme transmitiu ao presidente a predisposição colaboracionista da Igreja, sem abrir mão de sua liberdade e direito à crítica. E esclareceu que "os bispos não eram movidos por razões ideológicas quando fazem reparos à administração" (Jornal do Brasil, 24 abr. 1999).

Outros temas foram abordados no encontro dos bispos. Como a cada 4 anos, as Diretrizes Gerais da Ação Evangelizadora foram atualizadas. Quanto ao ministério dos leigos, os prelados os colocavam no plano da corresponsabilidade pela missão da Igreja, mas reafirmando que o centro de atuação deles estava no mundo. A problemática da Amazônia, com a devastação das florestas, o descumprimento da lei, a pesca predatória, a poluição das águas e a dilapidação da riqueza mineral, também concentrou a atenção dos dignatários.

A iniciativa de *impeachment* contra Fernando Henrique Cardoso, impulsionada por partidos de oposição e organizações da sociedade civil, foi acompanhada, nos finais de agosto de 1999, por um protesto em Brasília, a Marcha dos 100 mil. Apesar de não participar do evento, a CNBB, através de seu presidente, apontou que se tratava de um recado para o governo e recomendou uma revisão da política econômica. Os bispos, aproveitando a reunião do Conselho Permanente, divulgaram um documento pessimista sobre a situação geral do país. Em primeiro lugar, expuseram sua decepção diante dos resultados do julgamento dos oficiais da Polícia Militar do Pará, acusados do massacre de 19 sem-terras em Eldorado do Carajás, em abril de 1996. Os comandantes das operações foram inocentados por falta de provas. Por outro lado, chamaram a atenção para o desgaste da credibilidade das instituições políticas por conta das inúmeras promessas descumpridas. O programa de privatização das empresas estatais não tinha trazido os benefícios sociais anunciados. Pelo contrário, gerou um aumento da concentração de renda e agravou as condições de pobreza. A primazia da lógica do mercado e o viés excludente do processo de globalização também foram mencionados.

Por todo isso, o Grito dos Excluídos de 1999 teve uma conotação mais política ainda do que as vezes anteriores. Criado em 1994 pela Pastoral Social da CNBB, cinco anos depois ele era reproduzido em dez capitais da América Latina. A participação ativa da cidadania na resolução dos problemas cotidianos era o fim último da iniciativa. Assim como o grito do Ipiranga significou a conquista da independência nacional, o Grito dos Excluídos visava a construir uma sociedade com justiça e igualdade social.

Embora a CNBB negasse o caráter político da manifestação, reconhecia que o evento servia como advertência para o governo. O documento elaborado em torno do Grito, mais uma vez, arremeteu contra o modelo econômico e insistiu com a revisão do acordo com o Fundo Monetário Internacional, a suspensão das privatizações, a redução dos juros e o crescimento do orçamento para planes sociais. O padre Luiz Bassegio, orador enviado pela CNBB, advertiu que "ou o governo muda a política econômica, ou nós mudamos o governo" (Folha de S.Paulo, 7 set. 1999).

Simultaneamente, os organizadores lançaram um plebiscito sobre o pagamento da dívida externa. Em verdade, os coordenadores da Terceira Semana Social Brasileira decidiram criar o Tribunal da Dívida Externa. Do encontro do Tribunal, surgiu a ideia de pressionar para exigir uma auditoria do endividamento externo e organizar o plebiscito sobre o mesmo assunto. Já o papa, na carta apostólica "*Tertio Millennio Adveniente*" de 1994, tinha condenado o ônus que a dívida representava para os países pobres do mundo. Três anos mais tarde, em "*Ecclesia in America*", voltou a insistir no perdão da dívida externa. Com esse respaldo, a Igreja brasileira se encorajou em relação ao assunto e encaminhou a consulta para setembro de 2000. Previamente, um evento central concentrou as atenções do campo católico.

3.1.9. 500 anos do descobrimento do Brasil: comemoração ou autocrítica?

Olhar para o passado ou para o futuro? Reivindicar as gestas históricas ou realizar um exame de consciência sobre a primeira evangelização? Ter um enfoque triunfalista ou crítico? Eis os dilemas com que se defrontava a CNBB na virada do século XX.

O certo é que, em 1999, a Conferência Episcopal tinha resolvido realizar a Assembleia Geral de 2000 em Santa Cruz Cabrália, Porto Seguro, Bahia. Nesse local, o frei Henrique Coimbra celebrou a primeira missa no Brasil, em 26 de abril de 1500, após o desembarque de Pedro Álvares Cabral quatro dias antes. Também foi definido que, após a abertura das celebrações pelos 500 anos, 16 réplicas da cruz que permaneceu sobre o altar na primeira missa e que se encontra na diocese de Braga em Portugal fossem entregues aos presidentes dos 16 Regionais que integravam a CNBB – na atualidade, são 17. A escolha da cruz como símbolo da celebração tinha a ver com a significação da mesma, como luta e sofrimento do povo ao longo desses 500 anos.

Dom Eugênio Sales se manifestava em favor de uma grande comemoração. Para ele, com a presença cristã nasceu a experiência civilizadora brasileira. "Não é possível traçar o perfil histórico deste país sem reconhecer, desde o início, a presença benéfica da Igreja católica" (O GLOBO, 20 maio 2000). Subjaz na cosmovisão do cardeal a igualação entre a identidade nacional e a identidade católica.

"Nem tudo foi glorioso nesses 500 anos", respondia dom Jayme Chemello. Com a preservação de uma lógica integracionista, a celebração da Igreja católica pelos 500 anos do descobrimento exaltou o trabalho de evangelização, mas ao mesmo tempo reconheceu erros no passado. O pedido de perdão a índios e negros pelas injustiças cometidas contra eles no período colonial se inscreviam nessa avaliação crítica.

De toda forma, a preparação do evento evidenciou que se tratava de uma questão delicada no seio da CNBB. Dom Affonso Gregory sugeriu que fossem ouvidos a pastoral afro-brasileira e o CIMI, como sinal da importância dos negros e dos índios. Além disso, a celebração de Porto Seguro tinha que contemplar gestos e símbolos de perdão para com eles. Outros bispos eram partidários de não perder a essência da reunião episcopal. A presença do Legado Pontifício exigia uma programação ordenada, onde estivesse ressaltada a figura do enviado papal. A discussão reportava às considerações sobre a noção da Igreja, se ela era visualizada em termos de povo de Deus ou se devia reafirmar-se o papel hierárquico da Conferência Episcopal. Para os primeiros, a incorporação das demais categorias dentro da Igreja era indispensável na celebração. Já os segundos, pretendiam concentrar uma parte das comemorações no âmbito mais exclusivo dos bispos.

No começo de 2000, a CNBB elaborou um documento dirigido à sociedade toda. Intitulado "Carta de Santa Cruz Cabrália e Porto Seguro", o texto refletia o pensamento dos prelados que promoviam um retrospecto crítico. De fato, dom Luciano Mendes de Almeida, dom Aloísio Lorscheider e dom Marcelo Carvalheira figuravam entre os redatores. Na missiva, pedia-se perdão pelos abusos cometidos pela Igreja católica contra os índios e os negros durante o processo de colonização do país, assim como se reconhecia a existência de falhas e ambiguidades na evangelização do país. Entre elas, a obrigação de adotar uma religião e hábitos diferentes, o desenraizamento dos costumes dos povos índios e negros e o desrespeito às culturas nativas.

Mas a comunicação não fazia referências apenas ao passado. Analisando a situação presente, o documento mencionou a desigualdade social e os juros altos, o desemprego, a reforma agrária e a demarcação das terras indígenas. Assuntos todos eles que, sem solução de continuidade, faziam parte da agenda eclesiástica. A Igreja católica expressava sua corresponsabilidade na construção do Brasil como um país desigual. Assim, o pedido de desculpas não apenas abrangia o passado, mas também o presente. Não obstante, o balanço geral ponderou por igual os pontos positivos e negativos do processo de evangelização. Vale acrescentar que o pedido de perdão se inseria na proposta de João Paulo II de efetuar um exame de consciência dentro do Ano do Jubileu. Através do documento "Memória e reconciliação: a Igreja e os erros do passado", o Sumo Pontífice pediu perdão pelas divisões internas dentro do cristianismo, o uso da violência e as incorreções com os judeus.

Se de um lado a CNBB prescindiu da presença do sacerdote carismático Marcelo Rossi na missa de abertura para "não privilegiar determinado ramo do catolicismo", segundo as palavras de dom Marcelo Carvalheira, organizador do evento (FOLHA DE S.PAULO, 25 fev. 2000); de outro, programou uma procissão de índios, negros e representantes de países europeus como sinal da integração de raças. A participação de referentes de religiões evangélicas, afro-brasileiras, indígenas, budistas e do judaísmo também esteve contemplada. Quanto ao legado papal, o cardeal Ângelo Sodano, Secretário de Estado do Vaticano, presenciou a celebração.

Paralelamente, a Campanha da Fraternidade do ano 2000 assumiu um caráter ecumênico pela primeira vez em seus 37 anos de existência. Com o lema "A dignidade humana e a paz hoje – Um milênio sem exclusões", a Campanha foi preparada em conjunto pela Igreja católica e algumas igrejas evangélicas, como a Metodista, a Presbiteriana, a Luterana e a Anglicana. O Conselho Nacional de Igrejas Cristãs (CONIC) participou do lançamento desta, cujo objetivo era resgatar a dívida dos cristãos com os povos indígenas. Da Campanha, surgiu a iniciativa de constituir um fundo ecumênico de solidariedade para auxiliar as famílias da região semiárida.

Voltando ao evento de Porto Seguro, uma série de discordâncias entre os organizadores e o Vaticano pairou sobre a preparação. O poder central da Igreja, por intermédio do cardeal Sodano, decidiu vetar cantos e trechos da missa de abertura da celebração dos 500 anos de evangelização do Brasil. A CNBB acolheu as indicações e reelaborou o roteiro da cerimônia, excluindo as partes discursivas mais críticas.[39] Na versão definitiva, as alusões ao presente praticamente foram varridas e apenas duas frases fizeram menção aos índios e aos negros: "Senhor, te pedimos perdão pelos pecados cometidos contra nossos irmãos e, em particular, contra os índios, cujos direitos nem sempre foram respeitados. (...) Senhor, te pedimos perdão por não termos sempre respeitado a dignidade de filhos de Deus de nossos irmãos e irmãs negros" (FOLHA DE S.PAULO, 26 abr. 2000).

---

[39] No entanto, na missa do trabalhador que a CNBB promoveu dias depois foram incluídas as canções "Pão em todas as mesas" e "Glória das comunidades", vetadas pelo Vaticano na cerimônia inaugural.

As turbulências não ficaram por aí. No sábado, 22 de abril, as comemorações oficiais pelo descobrimento do Brasil finalizaram-se com fatos de violência. Cento e quarenta e um manifestantes foram presos e houve trinta feridos num enfrentamento entre os índios e a polícia. Os manifestantes foram impedidos com bombas de efeito moral de se aproximarem do ato do governo federal. Para evitar uma situação semelhante, o secretário-geral da CNBB, dom Raymundo Cardeal Damasceno Assis, dava o aviso de que a celebração da missa era um momento para rezar, e não para se manifestar. Portanto, não se permitiriam expressões políticas durante a solenidade. No entanto, as coisas transitaram por outros trilhos.

O índio pataxó Jerry Adriani Santos de Jesus, conhecido como Matalauê, discorreu com um tom contundente contra Fernando Henrique Cardoso durante a celebração católica. Exteriorizou sua indignação com o governo do presidente, "que nunca respeitou os direitos das minorias, principalmente os dos índios". E acrescentou:

> Quinhentos anos de sofrimento, de massacre, de exclusão, de preconceito, de exploração, de extermínio de nossos parentes, aculturamento, estupro de nossas mulheres, devastação de nossas terras, de nossas matas, que nos tomaram com a invasão. Hoje, querem afirmar a qualquer custo a mentira, a mentira do descobrimento. Estamos de luto. Até quando?. (...) Isso é nossa terra. Onde vocês estão pisando vocês têm que ter respeito, porque essa terra pertence a nós. Vocês, quando chegaram aqui, essa terra já era nossa (ESTADO DE S. PAULO, 27 abr. 2000).

Na contramão das orientações vaticanas, o evento teve uma alta conotação política. Junto com Matalauê, outros quarenta índios reclamaram pelos atropelos cometidos contra eles ao longo da história. Eles exibiram uma faixa preta, como sinal de luto pelos cinco séculos de exclusão. Se bem que o protesto indígena tinha sido autorizado, a ideia era que ele não acontecesse no momento da missa, e sim antes dela. A irrupção no altar alterou a programação, previamente aprovada pelo Vaticano.

Por sua vez, as declarações do legado papal não satisfizeram um segmento da CNBB. Ângelo Sodano, com um enfoque reivindicativo da evangelização, tinha ressaltado o trabalho missionário na tarefa de civilizar as populações indígenas e amalgamar as populações dispersas. Ele fez uma veemente defesa do papel do catolicismo na formação da identidade brasileira. Para os bispos alistados na eclesiologia do enraizamento social, as palavras do cardeal italiano exprimiam a perspectiva do colonizador, que desconsiderava a riqueza das culturas locais. Para o presidente do Conselho Indigenista Missionário, dom Franco Masserdotti, "o espírito do Senhor já havia semeado valores do Evangelho na história dos povos indígenas. Nesse ponto, o cardeal se omitiu. (...) O grande erro (...) é pensar que a nação brasileira começou com a vinda dos portugueses. Parece que a história do Brasil começou em 1500 e que antes só havia pré-história" (FOLHA DE S.PAULO, 1° maio 2000). Ele e outros quatro prelados[40] não participaram da celebração eucarística presidida por Sodano, em solidariedade com os índios reprimidos pelas forças policiais.

O incidente vivido pelo discurso do índio pataxó causou constrangimento dentro da CNBB. Enquanto uns tentaram se desculpar diante do representante papal, outros visualizaram o acontecimento como um ato espontâneo, sem afrontas para a Igreja católica. Concretamente, o bispo de Eunápolis – à qual pertence Porto Seguro –, dom José Edson Santana Oliveira, pediu perdão a Ângelo Sodano pela ofensa causada pelo índio. Esclareceu, ainda, que "aquela cena foi imprevista. Pensávamos que ocorreria antes da celebração. Diante da presença dos índios, o melhor foi deixá-los se manifestar". Como pano de fundo, cabiam suspeitas sobre a suposta espontaneidade da invasão dos indígenas. Já dom Franco Masserdotti qua-

---

[40] Além do presidente do CIMI, Dom Pedro Casaldáliga, Dom Apparecido José Dias, Dom Erwin Kratler e Dom Tomás Balduíno optaram por se reunir numa capela à parte. "Não me achei em condições, como defensor que sou da causa indígena, de participar da celebração no mesmo lugar onde pouco tempo antes havia sido derrubada uma cruz de madeira, erguida pelos pataxós", esclareceu Erwin Krautler (ESTADO DE S. PAULO, 28 abr. 2000).

lificou as expressões de Matalauê como "um importante desabafo" (FOLHA DE S.PAULO, 28 abr. 2000). O clima de mal-estar era inevitável. A sensação de que parte do episcopado teria apoiado o protesto dos índios preocupava à cúpula católica, entre outras coisas, pela imagem da Igreja brasileira que se estava transmitindo ao enviado papal. Embora com sutilezas, as interrogações de dom Eugênio Sales transpareciam o ânimo de desconfianças que se havia instalado dentro da entidade religiosa.

> Não pensais que na celebração dos 500 anos da evangelização do Brasil tenha prevalecido algum aspecto político sobre o sentido eclesial? Somos fiéis às diretrizes do legado do papa João Paulo II ou apoiamos a solução dos problemas pelo conflito? Seguimos as orientações de Jesus (...) ou preferimos as ideologias rotuladas com o título de mensagem evangélica? (O GLOBO, 20 maio 2000).

Não era a pluralidade da CNBB o que amedrontava o representante vaticano, mas as inclinações autonomistas de parte do alto clero. Inclusive, chegou a comparar a instituição eclesiástica com uma orquestra sinfônica. Tanto numa quanto na outra, as vozes e os instrumentos deviam obedecer ao maestro, "que no caso da Igreja é o papa" (ESTADO DE S. PAULO, 27 abr. 2000).

A mensagem definitiva divulgada pela CNBB foi outro ponto de conflito com a Cúria Romana. Em sintonia com o Vaticano, um grupo de prelados questionou a retórica negativa e panfletária do texto. Na versão preliminar, havia críticas às atuações dos padre Manuel de Nóbrega e José de Anchieta, missionários da ordem jesuíta que se desempenharam na época colonial. Ao analisar o processo de catequização dos índios, as condutas dos dois sacerdotes em aldeias eram discutidas pela metodologia de imposição e de fixação da nova religião às comunidades nativas. Para chegar a um documento de consenso, foram necessários quatro rascunhos e várias horas de debate. Na carta final, aquelas referências foram suprimidas. Também foram excluídas as menções sobre o desemprego e a reforma agrária. As análises sobre o passado e o presente foram relegadas à mínima expressão. Explicitou-se o pedido de desculpas aos índios e negros pelo desrespeito às culturas deles, resgatou-se a independência diante do poder político que vinha caracterizando a posição da Igreja católica, como contrapartida dos favores e benesses que gozava na época do padroado, o que a teria tornado mais próxima ao povo. Apesar dessas alusões, a ênfase esteve colocada no futuro, desde uma perspectiva otimista. O próprio título mostrou o perfil da comunicação: "Brasil 500 anos: diálogo e esperança". Com menor teor político, se focalizou na questão pastoral e espiritual, com destaque para a conversão individual, a santidade e o zelo missionário. Se no passado a Igreja foi reconhecida pelo papel desempenhado no processo de democratização política do Brasil, primou a ideia de que, na atualidade, o que a sociedade espera dela é uma mensagem de esperança.

O encontro de Porto Seguro cristalizou todas as dissidências no interior da CNBB e de um setor desta com o Vaticano. A data dos 500 anos não fez mais do que despertar todos os quesitos não resolvidos. Às desavenças relatadas, somou-se mais uma. A Pastoral Social da entidade episcopal distribuiu um relatório inusitado. Estamos referindo-nos ao documento chamado "Jubileu 2000: uma nova civilização". Com uma dureza e frontalidade poucas vezes lida nos escritos eclesiásticos, o texto condenava a estrutura rígida e hierárquica da Igreja católica e denunciava que a democracia constituía uma exceção dentro dela. Assim mesmo, exclamava a falta de participação feminina no exercício do ministério. Sem dúvida, o exame de consciência estimulado por João Paulo II significou na Igreja brasileira um disparador para a discussão dos grandes temas tabu do catolicismo.

3.1.10. Intensificação da presença pública

A Assembleia de Porto Seguro tinha finalizado, mas o engajamento na realidade social parecia cobrar mais força. O alto clero decidiu apoiar a proposta da Comissão Pastoral da Terra de limitar todas as propriedades ao tamanho de 35 módulos fiscais.[41] Isso implicava que muitas terras produtivas também seriam desapropriadas para a reforma agrária. Não se tratava apenas de uma declaração de princípios. Junto com outras entidades, a Igreja católica participou da coleta das assinaturas, requeridas para que o projeto fosse discutido no Congresso sob a emenda constitucional de iniciativa popular. O alarmante dado de que 1% da população detinha uma riqueza superior à de 50% dos brasileiros, exigia, segundo a avaliação dos bispos, medidas contundentes visadas a reverter o quadro de desigualdade.

Lembremos que, por aquele então, outra campanha contava com a CNBB como uma das organizadoras. Entre 2 e 7 de setembro de 2000, a Igreja convocava a população a um plebiscito, previsto no artigo 14 da Constituição, para definir se o Brasil devia ou não suspender o pagamento das dívidas internas e externas. A data coincidia com uma nova edição do Grito dos Excluídos; 50 mil urnas, espalhadas em 3 mil municípios, foram instaladas em paróquias, sindicatos, escolas e em associações comunitárias. Os bispos estavam cientes da inexistência de um efeito prático da iniciativa. Buscavam, porém, levar o debate à opinião pública e alertar sobre as consequências da dívida para a sociedade brasileira.

Nem todos os bispos impulsionaram o referendo em suas dioceses. Por exemplo, a arquidiocese do Rio de Janeiro fez questão de salientar sua oposição a ele. Reflexo de uma perspectiva eclesiológica divergente, o responsável pela imprensa notificou que "a Igreja não é perita em assuntos de economia, e sim, espirituais" (Folha de S.Paulo, 3 set. 2000). Desde a órbita governamental, o ministro da fazenda, Pedro Malan, acusou a Igreja de propiciar um calote e considerou a iniciativa "fora de lugar, fora de seu tempo e fora de foco" (O GLOBO, 14 set. 2000).

Na consulta popular, 3 pontos foram interrogados: se o governo brasileiro devia manter o acordo com o FMI, se o Brasil devia continuar

---

[41] A CNBB justificou sua posição com base na informação disponível. Dos imóveis rurais, 62% eram minifúndios e ocupavam 7% da área total. Os latifúndios representavam 2,8% dos imóveis, mas 56,7% da área total.

a pagar a dívida sem realizar uma auditoria pública do valor e se os governos federal, estadual e municipal deviam prosseguir com a utilização do orçamento público para pagar a dívida interna. A própria formulação das perguntas induziam a respostas negativas. Com o lema do plebiscito, "A vida acima da dívida", a posição da liderança eclesiástica não era difícil de se imaginar. Nos cinco anos anteriores, o governo brasileiro havia pago U$ 126 bilhões, em conceito de juros e amortizações. No ano 2000, o país devia U$ 235 bilhões. Para dom Luciano Mendes de Almeida, "o endividamento externo [significava] a perda da soberania com submissão às estratégias internacionais do capital financeiro" (Folha de S.Paulo, 26 ago. 2000).

Finalmente, o número de votantes – 5.476.115 – ultrapassou as expectativas prévias, segundo os coordenadores do plebiscito. Quase 90% votaram contra o pagamento da dívida externa sem realização prévia de uma auditoria pública, contra o acordo com o FMI e pelo não comprometimento do orçamento para o pagamento da dívida interna. Com os resultados da consulta, a cúpula eclesiástica tinha a expectativa de forçar uma virada na política econômica do governo, resgatando a dívida social. Sinal de sua relevante visibilidade pública, o presidente do Partido dos Trabalhadores, deputado José Dirceu, apresentou um projeto de lei na Câmara propondo um referendo oficial sobre a manutenção dos acordos com os organismos internacionais de crédito.

A ousadia nas propostas não ficava por aí. Em junho de 2000, religiosos e leigos reuniram-se nas instalações onde geralmente se desenvolvem as Assembleias Gerais. Se bem que a presença episcopal foi mínima, chamou a atenção o conteúdo das conclusões do encontro. Sustentados na teoria do mal menor, assumiram uma posição tolerante com relação ao preservativo. Ainda que reconhecendo a transgressão aos dogmas católicos, achavam o uso do preservativo um mal menor, se comparado com o contágio pelo vírus HIV. Tanto a CNBB, quanto o Vaticano vinham afirmando a fidelidade matrimonial e a castidade como melhores antídotos contra a doença.

A cúpula episcopal reagiu contra essa postura, reafirmando os princípios da sexualidade responsável. Por conveniência ou convicção, o certo é que não estava disposta a ocasionar um novo atrito com o poder central da Igreja. De fato, no passado recente, um folheto da Pastoral da Saúde da CNBB tinha destacado o comportamento ético como a melhor forma de se evitar contrair o HIV, com a ressalva de que "se você não aceita esses ideais, ou tem dificuldade de vivê-los, as recomendações da medicina são: evitar o uso comum de seringas, evitar relações sexuais sem preservativo e evitar transfusões sem conhecer a procedência do sangue" (FOLHA DE S.PAULO, 16 jun. 2000).

As recomendações do padre Valeriano Paitoni, pároco da Igreja de Nossa Senhora de Fátima, na zona norte da cidade de São Paulo, trouxeram sérios contratempos à liderança eclesiástica. O sacerdote aconselhou o uso e distribuiu preservativos, mesmo para a comunidade católica. Em consonância com o pedido de perdão nos tempos de Jubileu, advertiu que, "no futuro, teremos de nos desculpar de novo pelos enganos cometidos em relação à AIDS" (FOLHA DE S.PAULO, 2 jul. 2000). E afirmou que a rijeza da CNBB na matéria tinha a ver mais com as pressões do Vaticano do que com a própria opinião dos bispos.

A hipótese do agente religioso encontra certo grau de veracidade se analisamos as declarações de dom Mauro Montagnoli: "Todos nós sabemos e temos que respeitar a posição do Vaticano, mas este é um assunto que está sendo discutido cada vez mais dentro da igreja por teólogos e moralistas. Cada um age como manda sua consciência. Deus respeita a consciência de cada um" (FOLHA DE S.PAULO, 13 jul. 2000). As palavras do bispo deixam transluzir a política da CNBB de não se enfrentar o Vaticano por esse assunto. No entanto, essa estratégia não esconde a existência de opiniões diversas no seio do episcopado. "O sexo com camisinha (...) desperta uma esperança que multiplica a promiscuidade sexual. Para nós, católicos, nenhum preservativo é lícito. A lei da abstinência é lei natural", dizia dom Eugênio Sales (O GLOBO, 15 jul. 2000).

O arcebispo de São Paulo, dom Cláudio Hummes, com o aval do arcebispo do Rio de Janeiro, repudiou a atitude do padre Valeriano, instando-o a corrigir o comportamento. Caso contrário, seria punido e suspenso em suas funções. Como poder-se-á advertir, resulta altíssimo no mundo católico o custo da dissidência, mais ainda se provem de estratos hierárquicos inferiores. Isso apesar de qualquer retórica pluralista. Porque, quando é um bispo quem discorda, as admoestações não passam do plano verbal. De fato, dom Pedro Casaldáliga também manifestou sua aprovação ao uso da camisinha nas relações sexuais, contrariando a diretriz vaticana. Para além da falta de simpatia das autoridades romanas para com o prelado espanhol, não houve nenhuma repreensão pública sobre ele.

Enquanto isso, recrudescia o conflito entre o MST e o governo. A organização dos sem-terra deu lugar a uma nova onda de protestos. Invadiu prédios públicos e instalou uma vigília frente à fazenda Córrego da Ponte, propriedade dos filhos do presidente em Buritis-MG, por conta da não liberação de créditos agrícolas e da falta de vontade política de concretizar a reforma agrária.

Como resposta, o poder político optou por levar o problema ao campo judicial. Entrou com ações penais contra o MST e pediu a prisão dos líderes das invasões. Como sinal do endurecimento, também suspendeu a liberação dos créditos para os participantes das invasões. O ministro de desenvolvimento agrário, Raúl Jungmann, fez questão de precisar que o governo não iria negociar sob pressão. Para além da disputa política, uma questão pontual tinha sido o disparador da discórdia. Os sem-terra pretendiam juros de 1,15% ao ano para o pagamento dos empréstimos. O governo tinha fixado a taxa de juros em 4%.

Nesse contexto, a CPT aproveitou para divulgar o aumento dos conflitos de terra, uma vez que passaram de uma média de 367 casos por ano, entre 1992-1994, para 667 casos anuais, entre 1995-1999. Todavia, constatou a existência de trabalho escravo, exploração da mão de obra indígena e infantil, espancamentos e ameaças de morte.

Mais uma vez foi necessário apelar ao "crédito" social da CNBB para encontrar um caminho de acordo. Com efeito, mercê à intermediação do secretário-geral, dom Raymundo Cardeal Damasceno Assis, e do presidente da Ordem dos Advogados do Brasil, Reginaldo de Castro, as partes voltaram a se sentar numa mesa de negociação. Com a desmobilização dos militantes da fazenda mencionada, o diálogo foi restabelecido. A concessão do governo veio pelo lado dos juros. O ministro Jungmann admitiu a possibilidade de uma redução nos juros dos financiamentos e a renegociação das dívidas não pagas devido a problemas na safra. Mesmo assim não aceitava a proposta do MST de outorgar empréstimos para 110 mil famílias, com juros de 1,15%. Nesse ponto, não houve conformidade. Os representantes não conseguiram solucionar as divergências sobre a linha de crédito para os assentados. Por esse motivo, dom Jayme Chemello optou por recorrer ao presidente para flexibilizar a posição do governo. E conseguiu manter em suspenso as mobilizações do MST até a resposta do mandatário.

A reunião entre os referentes eclesiásticos e Fernando Henrique Cardoso teve lugar no Palácio da Alvorada em 1º de outubro de 2000. O governo insistiu nas condições de empréstimos com 4% de juros, mas contemplou descontos e bônus para os adimplentes. Diante desse impasse, a CNBB decidiu encerrar a mediação. Em nota oficial, questionou a intransigência do poder civil. Alguns dias depois, o presidente do episcopado colocou reparos na faixa fixada para o salário mínimo, uma vez que o superávit primário era destinado ao pagamento de juros ao sistema financeiro.

A estratégia de pressão sobre propriedades rurais de personalidades públicas se prolongou durante o ano de 2001. Em abril desse ano, o MST invadiu a fazenda Renascença em Uruana-MG, do embaixador do Brasil na Itália, Paulo Tarso Flecha de Lima. Embora a organização dos sem-terra recebesse o acompanhamento da CNBB na ocupação das terras improdutivas, a utilização da invasão como pressão sistemática sobre o governo não era bem vista pelos homens da Igreja. O presidente da entidade católica, Dom Jayme Chemello, justificava a primeira metodologia, mas colocava reparos na segunda modalidade de ação.

> Que uma ou outra vez o movimento dos sem-terra mostre ao governo que há propriedades não produtivas e de repente invada (...) não é tão grave, porque terra improdutiva não devia ter também. (...) Vamos supor que o povo, para comer, comece a invadir sistematicamente todos os lugares de venda de comida. Vai acontecer o caos no país, um caos antidemocrático, perigosíssimo (FOLHA DE S.PAULO, 3 abr. 2001).

Um novo assunto, de que foi cobrando força no cenário político nacional, despertou o interesse dos bispos. A possibilidade da conformação de uma área de livre comércio das América (ALCA) foi visualizada pelas autoridades católicas como uma maior submissão do Brasil e da América Latina aos Estados Unidos. Assim como noutras oportunidades, promoveram uma consulta popular para a primeira semana de setembro de 2002. A aprovação da ALCA significava para os homens da Igreja a consolidação do processo de globalização do mercado, o qual teria acarretado um aumento das desigualdades sociais, uma concentração da riqueza e uma degradação da natureza.

O plebiscito foi organizado pela Pastoral Social da CNBB junto com outras 40 entidades – entre elas, a Central Única dos Trabalhadores, o Movimento dos Trabalhadores Sem Terra e a União Nacional dos Estudantes. A cédula da consulta contou com três perguntas: se o governo brasileiro devia assinar o tratado da ALCA, se devia continuar participando das negociações da ALCA e se devia entregar a Base de Alcântara para o controle militar dos Estados Unidos.

Ao redor desse eixo girou o Grito dos Excluídos de 2002. Sob o lema "soberania não se negocia", a concentração reuniu cerca de 150 mil pessoas. Durante a celebração, o cardeal dom Aloísio Lorscheider instou o Brasil a se tornar livre das grandes potências. Quase por unanimidade, as mais de 10 milhões de pessoas – 8,8% do eleitorado – votaram negativamente às três perguntas do plebiscito. Os resultados foram entregues à embaixadora dos Estados Unidos no Brasil, Donna Hrinak. Utilizada como ferramenta de pressão, os bispos sabiam que a consequência prática da consulta era nula.

3.1.11. A Reforma do Estatuto como materialização de uma nova correlação de forças

Apesar do perfil das políticas eclesiásticas, decorrentes de 50 anos de presença pública, o processo de mudança na Igreja do Brasil, no sentido de afiná-la com as diretrizes do poder romano, não se deteve.

Naquela Assembleia de Porto Seguro, se autorizou a Comissão de Revisão do Estatuto a reformar o regimento e o regulamento da Assembleia Geral, seguindo as prescrições enviadas pela Santa Sé.[42] A própria natureza da Conferência Episcopal e o grau de influência dos assessores, assuntos de debate com data de longe, exigiam maiores níveis de precisão. Para os setores mais harmonizados com Roma, os padres, religiosos e leigos que participavam da CNBB, faziam parte, na prática, da direção da entidade. Por esse motivo, consideravam indispensável assegurar no novo estatuto que o planejamento das atividades da conferência estivesse exclusivamente nas mãos dos bispos.

Mas a discussão ao redor do estatuto ia mais longe. Para referentes desse grupo de bispos, era a oportunidade de ocasionar uma guinada nos eixos das prioridades da Igreja no Brasil. Dom Amaury Castanho refletia as expectativas de mudança:

---

[42] Em 1998, o papa, através da carta apostólica *Apostulos Suos*, fez referências à natureza teológica e jurídica das Conferências Episcopais e exortou os episcopados do mundo inteiro a reformarem os estatutos. No caso brasileiro, o Estatuto vigorava desde 1971, apesar das modificações introduzidas em 1980 e 1986.

Acredito que o espírito das reformas caminha na direção de uma CNBB muito mais preocupada em evangelização do que em denúncias e política. Cristo não disse aos apóstolos: vocês vão construir casas, vão solucionar o problema de água e esgoto. Nós, bispos, temos outra missão: pregar os valores do Evangelho (FOLHA DE S.PAULO, 1 maio 2001).

Na vereda oposta, alguns testemunhos exprimiam uma perspectiva de análise bem diferente. Dom Moacyr Grechi não percebia "nenhuma possibilidade de a CNBB, em suas orientações, voltar atrás no que se refere à dimensão sociopolítica da fé. Um ou outro bispo, individualmente, pode mudar de ponto de vista. A instituição, porém, manterá a coerência e não sairá da rota". Já para dom Mauro Morelli, "os altos índices de credibilidade que a igreja goza junto à opinião pública de nosso país se devem, em grande parte, à CNBB, uma estrela que indica o caminho da paz que passa pelas periferias e favelas, fábricas e roçados, por acampamentos dos sem--terra ou sem-teto e pelas tabas indígenas".

A CNBB, ao longo de sua história, produziu uma rica coletânea de documentos, estudos e subsídios. Sem assessoria e sem organismo de articulação, como pretender que a evangelização seja nova em conteúdo, métodos e dinamismo? Uma CNBB que dispense a colaboração da assessoria da própria Igreja tornar-se-á uma CNBB irrelevante para a missão evangelizadora e para a cidadania do povo brasileiro (FOLHA DE S.PAULO, 1 e 8 maio 2001).

Os bispos sintonizados com a eclesiologia do enraizamento social visualizavam na reforma estatutária uma tentativa de reforçar a estrutura canônica da CNBB, em detrimento da estrutura pastoral. Para eles, a vitalidade da Igreja brasileira, mercê à complementação entre o clero e o laicato, e a capilaridade, conseguida com a presença atuante das comunidades, estavam seriamente ameaçadas.

Como poder-se-á advertir, o que estava em jogo na discussão não era apenas uma modificação formal dos estatutos, mas o controle e a direção do time eclesiástico. Dois modelos de Igreja confrontavam entre si. De um lado, aqueles que valorizavam o papel da hierarquia e o poder centralizador do papa; de outro, aqueles que pugnavam por uma CNBB mais autônoma e mais entrosada com as igrejas locais e com as organizações de leigos. Daí, o enrijecimento do debate. De fato, a reforma de alguns artigos não iria transformar o sentido das engrenagens institucionais. Mas a capacidade de estabelecer – ou não – mudanças na regulamentação da organização evidenciaria um novo quadro na correlação de forças entre os diferentes segmentos no interior da CNBB.

Diante de pontos de vista contrapostos, a CNBB reage com tendências centrípetas, integracionistas. Um prelado moderado, dom Geraldo Majella Agnelo, foi o responsável pela comissão encarregada de fazer a revisão dos estatutos. Ainda que reconhecendo a introdução de modificações na metodologia de trabalho interno dos bispos, fez questão de ressaltar a preservação das orientações pastorais e o compromisso social da entidade. A fidelidade ao Vaticano e sua aceitação generalizada dentro da CNBB credenciariam o arcebispo de Salvador e primaz do Brasil, dom Geraldo Majella Agnelo, como um dos nomes mais relevantes da Igreja brasileira. A ligação com João Paulo II datava da década de 1990, quando esteve na Cúria Romana como secretário da Congregação para o Culto Divino e Disciplina dos Sacramentos. Sua nomeação como cardeal influiria ainda mais para ser cotado entre uns dos presidenciáveis da CNBB. Sem abafar o engajamento social, sua ascensão expressaria um maior equilíbrio entre as preocupações políticas e as espirituais no seio da entidade eclesiástica.

A Assembleia Geral de 2001 teve, como pauta principal, a vida e a organização da CNBB. Após uma longa discussão, finalmente a proposta de reformas estatutárias foi aprovada quase por unanimidade –duas abstenções e duas rejeições – e enviada a Roma para sua ratificação – *recognitio*. Pela regulamentação, a responsabilidade dos bispos passou a ser maior, diminuindo o papel dos assessores. A presidência assumiu uma função dirigente, além da meramente executiva. Os Conselhos Episcopais Regionais resultaram fortalecidos, assim como o Conselho Permanente, que aumentou o número de reuniões anuais. As Comissões Episcopais Pastorais passaram a ser conformadas por uma equipe, junto com o presidente eleito pela Assembleia Geral. Por outro lado, os órgãos anexos à CNBB, como as congregações de presbíteros e diáconos, deixaram de fazer parte da instituição eclesiástica, embora mantivessem o vínculo com ela.

As atribuições e o espaço dos assessores também foram especificadas no novo Estatuto. Eles seriam convocados segundo os temas da pauta da CNBB. Em termos formais, sua participação ver-se-ia reduzida. Como contrapartida, prescrevia-se uma ampliação das reuniões privativas dos bispos. Uma carta de João Paulo II enviada em 19 de dezembro de 2000 ao presidente da CNBB havia norteado a decisão dos prelados: "Nutro a viva esperança de que também essa conferência (...) chegue à aprovação dos novos Estatutos, para assegurar que a direção das atividades da Conferência Episcopal esteja real e diretamente nas mãos dos bispos" (CM, n. 552, p. 803).

Dom Odilo Scherer sintetizou a nova configuração episcopal:

> A CNBB tinha antes dois poderes: a presidência, que tinha uma função mais administrativa, e a CEP, que tinha um cargo pastoral. Hoje, existe a presidência, que com o novo Estatuto ganhou outras atribuições, não só as administrativas. Ela é a presidência geral da Conferência no sentido pastoral. E existe o CONSEP – Conselho das Comissões Episcopais de Pastoral. Agora está formado por dez comissões que, com a presidência, têm a responsabilidade de gerir toda a pastoral. A presidência coordena esse trabalho pastoral com essas dez comissões. Pouco a pouco, vai aparecer naturalmente uma nova configuração da CNBB (SCHERER, 2003).

3.1.12. A confirmação das mudanças postergadas

Se nos guiarmos pelas comunicações divulgadas pela CNBB, o processo de transformação suscitado em seu interior pareceria imperceptível. Diante das eleições presidenciais de outubro de 2002, a entidade eclesiástica, mais uma vez, alçou sua voz. Uma campanha de orientação à cidadania foi aprovada pela 48ª reunião do Conselho Permanente nos finais de 2001. Longe da abstrata retórica eclesiástica, recomendou a escolha de candidatos comprometidos com uma política econômica oposta à que vinha desenvolvendo Fernando Henrique Cardoso. "(...) Que privilegie os investimentos sociais e a distribuição de renda. Cabe redirecionar a atual política econômica, voltada para o serviço das dívidas interna e externa, em detrimento dos investimentos sociais" (FOLHA DE S.PAULO, 1º dez. 2001). A proposta era o fim do continuísmo. A missão de formação das consciências e a contribuição para o exercício do voto responsável motivaram a comunicação dos prelados, a qual também fez alusões ao flagelo da fome, à violência e ao terrorismo internacional.

Depois de três derrotas consecutivas, o candidato do Partido dos Trabalhadores, Luiz Inácio Lula da Silva, aparecia com reais possibilidades de ser o vencedor das eleições. A "afinidade eletiva" entre o PT e as organizações de base do catolicismo eram evidentes. De fato, as Comunidades Eclesiais de Base desempenharam um papel relevante na fundação e no crescimento do PT. O próprio candidato, de perfil cristão, detinha estreitos vínculos com um número importante de bispos. Embora não houve uma campanha explícita pela candidatura de Lula, ninguém desconhecia as proximidades entre o pensamento da cúpula eclesiástica e o programa de governo do PT.

Com o triunfo de Lula, em nota da presidência da CNBB, a Igreja transpareceu sua posição: "O recado dos eleitores questiona (...) a onda globalizante (...), a economia de mercado. A eleição de um novo presidente do Brasil (...) representa o encontro com os sonhos de novos tempos" (CM, n. 565, p. 1.986).

Uma vez tendo tomado posse do governo em 1º de janeiro de 2003, várias iniciativas oficiais tiveram inspiração nos projetos católicos. Prévio ao lançamento do programa "Fome Zero", a Igreja divulgou o documento "Exigências evangélicas e éticas de superação da miséria e da fome", do qual surgiu a ideia de organizar, junto com outras entidades religiosas e organizações da sociedade civil, um mutirão nacional que estimulasse a ação solidária e despertasse o Estado para erradicar a pobreza no Brasil.

No entanto, algumas orientações do PT preocuparam a cúpula eclesiástica. Entre elas, a aliança com o Partido Liberal, que contava entre suas fileiras com dirigentes ligados à Igreja Universal do Reino de Deus. O companheiro de chapa de Lula, eleito vice-presidente, José Alencar, era um deles. A profissionalização do partido e o afastamento dos movimentos sociais acarretaram certo grau de perplexidade nos quadros militantes da Igreja católica.

A experiência do plebiscito sobre a ALCA, impulsionada pelas pastorais da CNBB nas vésperas das eleições presidenciais de 2002, revelou mais uma desavença entre a instituição religiosa e o PT. A liderança do Partido dos Trabalhadores, com receio de transmitir uma imagem avessa aos Estados Unidos, tinha optado por não aderir ao evento. Essa guinada de atitude – nas outras consultas populares, o partido havia dado seu apoio – deu lugar aos primeiros questionamentos públicos por parte de alguns prelados. Dom Demétrio Valentini disse que "o PT perdeu coragem, consistência, ousadia" (FOLHA DE S.PAULO, 11 ago. 2002).

Entre a cooperação e a distância, entre o acompanhamento crítico e a cobrança, a CNBB defrontar-se-ia com um governo próximo que impulsionaria um leque de políticas nem sempre do agrado dos homens religiosos. Como evitar a cooptação pelo poder político, mas apoiar os projetos em sintonia com os da Igreja? Como questionar as políticas que não coadunavam com a visão católica sem quebrar um vínculo construído desde a gênese do PT? Trata-se de uma história presente aberta com um final inconcluso.

No plano interno, as eleições de 2003 rubricaram o processo de mudança iniciado em 1995 com o triunfo de dom Lucas Moreira Neves, mas adiado com sua saída da CNBB. Os postos mais importantes da entidade foram ocupados por uma nova geração de bispos, afinados com o poder vaticano. Dom Geraldo Majella Agnelo, arcebispo de Salvador e ex-secretário da Congregação para o Culto Divino e Disciplina dos Sacramentos em Roma, foi eleito como presidente, após vencer dom Cláudio Hummes no terceiro escrutínio. Apesar das duas chapas, dom Geraldo surgiu como um nome de consenso entre os diferentes segmentos do episcopado. Tanto um quanto o outro tinha o grau de cardeal. Para além do resultado, o certo é que prevaleceu o critério de Roma de escolher os dignatários com maior *status* hierárquico.

O segundo cargo em importância, a secretaria-geral, ficou nas mãos de outro bispo com passado em Roma: dom Odilo Scherer, quem tinha recebido a ordenação episcopal somente um ano antes.[43] Apenas a vice-presidência foi para um histórico da CNBB: Dom Celso Queiroz. Os prelados embandeirados com a ortodoxia romana conquistaram a maioria da representação no Conselho Episcopal Pastoral (CONSEP), inclusive conseguiram colocar dom Aldo di Cillo Pagotto como responsável da Pastoral Social, tradicionalmente, a principal voz crítica da Igreja brasileira. Se comparada com a composição das diretorias precedentes, o perfil desta adquiriu uma mutação expressiva.

Decorrente dessa alteração na correlação de forças, o maior destaque outorgado ao indivíduo, à família e à espiritualidade como alvos da evangelização nas Diretrizes Gerais parecem indicar uma virada na definição dos principais eixos da política eclesiástica.

Tempos de transição definem o andar da instituição católica brasileira na atualidade. Independentemente de qualquer hipótese sobre o perfil que adotará no futuro imediato, resulta difícil pensar num cenário de interpenetração Igreja-Estado como o visualizado no século XIX e em alguns períodos do século XX ou em uma reclusão do catolicismo

---

[43] Dom Odilo desempenhou a função de oficial da Congregação para os Bispos durante oito anos.

no âmbito da sacristia. As instituições são portadoras de uma memória histórica que condiciona e delimita as margens de suas práxis. Conforme for o resultado da negociação com essa memória histórica, o caminho a seguir pela Igreja brasileira se tornará mais inteligível.

3.2. O caso argentino

Em 1983 se produziu um ponto de inflexão na recente vida política argentina. As Forças Armadas, após a derrota militar nas Ilhas Malvinas, iniciaram sua retirada. Ficavam para trás sete anos marcados pelo terror, o medo e a repressão. A volta à democracia veio acompanhada por uma efervescência na participação política. Múltiplos atores e instituições se mobilizaram com o propósito de intervir com suas demandas na nova agenda social e política. A Igreja católica, que tradicionalmente manteve um relacionamento conflituoso com a democracia, esteve longe de se recluir ao campo religioso. Seu peculiar protagonismo institucional se encontrou com novas legitimidades para a resolução das políticas públicas. Com a plena vigência das instituições, o Congresso Nacional, âmbito de representação cidadã por excelência, ativou as engrenagens que possibilitaram a colocação em funcionamento dos mecanismos decisórios próprios de um regime democrático. Momento oportuno, então, para nos concentrarmos na lógica predominante do comportamento eclesiástico diante do novo contexto político.

3.2.1. Um documento crucial: Igreja e Comunidade Nacional

Como foi exposto no capítulo histórico, o papel da liderança católica durante o governo militar, com algumas exceções, se singularizou pela gestão privada em relação à cúpula das Forças Armadas, reclamando pelos desaparecidos. A sucessão de cartas solicitando respeito pela justiça e pelos direitos humanos não foi suficiente para impedir a generalizada imagem colaboracionista com o regime de fato que a Igreja evidenciou.

É nesse contexto que o documento episcopal "Igreja e Comunidade Nacional" deve ser interpretado como um fato extraordinário. Cuidadosos com os termos, nos vimos tentados a qualificá-lo como uma guinada no pensamento episcopal. Mas, seguindo o curso da história, fundamentalmente na atitude exteriorizada diante do indulto aos militares processados pela Justiça em 1990, essa consideração resulta inapropriada. Seríamos injustos também se o definíssemos como um parêntese no comportamento da Igreja. A importância desse documento, um dos mais relevantes em toda a história do episcopado, revela sua envergadura e peso, o que estaria refutando a apreciação de mera interrupção na linha argumental. Por isso, nos inclinamos a julgá-lo em termos de extraordinário, não marcado por uma conotação positiva, mas justamente por seu caráter transcendente.

Na XLII Assembleia Plenária, realizada entre 4 e 9 de maio de 1981, a CEA aprovou dito documento após vários rascunhos e extensas discussões. Motivou a redação do material, uma avaliação da situação histórica desde a ótica pastoral. Insistindo na essência cristã e católica que assentou as bases da cultura latino-americana e argentina desde a evangelização, a novidade dessa publicação centralizou-se na reflexão em torno da democracia:

> A dupla aspiração à igualdade e à participação trata de promover, na época moderna, um tipo de sociedade democrática (...). Em um primeiro momento, a Igreja teve de discerni-lo da filosofia liberal que o impulsionou (...), resgatando com plena claridade o núcleo mais profundo e autêntico do movimento democrático: a prioridade, em sua ordem, da pessoa humana sobre o Estado. Princípio que implicava o respeito dos direitos fundamentais do homem, a participação dos cidadãos na vida e na organização política da nação (...) (CEA, 1981, p. 41-42).

O pronunciamento pela normalização da vida política, inédita até esse momento, esteve acompanhado por um esboço de crítica ao comportamento militar. Em sintonia com o discurso de João Paulo II ao presidente das Filipinas em fevereiro de 1981,[44] advertiu-se que, "em nome do Evangelho e da razão, reiteramos nossa condenação mais firme a quem busque estabelecer uma pretensa ordem sacrificando a norma ética que nos impõe o respeito às pessoas e à vida (...)" (CEA, 1981, p. 49).

Sem mencionar nomes próprios, tal discurso poderia ter como destinatários tanto a chamada subversão, como as Forças Armadas. Pelo contexto de sua enunciação, quando as segundas praticamente haviam exterminado a primeira e se dispunham a perpetuar-se no poder, não é absurdo afirmar que a citação estava dirigida principalmente ao governo militar.

A declaração episcopal esteve impregnada pela letra de Justo Laguna, presidente da Comissão de Teologia, e contou com as contribuições de Estanislao Karlic e de Carmelo Giaquinta, expoentes em matéria teológica. O produto final apresentado aos seguidores em particular e à sociedade em seu conjunto, apesar de sua unicidade, não oculta a diversidade de ideias, lógica em um corpo coletivo, que atravessa seu conteúdo. Fundamentalmente nos pontos que aludem à identidade nacional e à relação Igreja--Estado, percebe-se um amálgama e uma sobreposição de pareceres que desembocaram em propostas certamente ambivalentes.

Por um lado, se afirma que a nação é a expressão de "uma idêntica concepção do homem e do mundo, que se traduz em atitudes, costumes e instituições comuns", responsabilizando o Estado na conservação dessa

---

[44] Nessa oportunidade, o Sumo Pontífice opinava que "mesmo em situações excepcionais (...), não se pode jamais justificar violação alguma da dignidade fundamental da pessoa humana ou dos direitos básicos que salvaguardam sua dignidade" (CEA, 1981, p. 48). Note-se uma continuidade entre as prescrições vaticanas com as do episcopado argentino, o que será uma constante na relação entre ambos os organismos. Não é demais recordar que a Igreja católica reconhece a democracia como o regime político mais adequado para que reine nas sociedades o bem comum, a partir da mensagem natalina em 1944, de Pio XII.

identidade contra outros modelos de vida (CEA, 1981, p. 30). Por outro, se endossa a ideia de "um pluralismo de opções de vida, cuja escolha está subordinada à liberdade dos indivíduos" (CEA, 1981, p. 31).

Aceita a bifurcação de caminhos que tomaram a Igreja e a sociedade civil, cada uma com seus órgãos de representação e decisão, mas se impulsiona a penetração do espírito do Evangelho em todas as estruturas temporais. Por último, se autorrecomenda não ter acesso a uma posição de privilégio no poder, "nem mesmo com a boa intenção de valer-se dela para pregar o Evangelho" (CEA, 1981, p. 32), como aconteceu em tantos momentos da história argentina. No entanto, anuncia que a disposição de autoridade de todo governo procede de Deus.

Definitivamente, a pluralidade de óticas que se reflete em alguns fragmentos da instrução episcopal, sobretudo naqueles relacionados com os modos de interpelar o mundo temporal, é "processada" em termos agregadores como produto de uma negociação obrigada. O que se quer manifestar é que a síntese final do documento, que recebeu o conforme de pelo menos dois terços[45] do máximo corpo católico, evidenciou mais uma justaposição de perspectivas que uma integração coerente destas. Essa consideração não turva a declaração a favor da vida democrática. A meditada prudência, característica nas práticas e nos discursos episcopais, nessa oportunidade foi deixada de lado.

Nesse mesmo 1981, chegaria à Argentina um novo núncio apostólico. A presença de Ubaldo Calabresi seria de vital relevância por sua influência sobre os grandes traços das políticas eclesiásticas e por sua ascendência na designação dos novos bispos. Mais ainda se reparamos que, durante os quase vinte anos em que exerceu funções no país, foram nomeados mais de cinquenta prelados. Afastado da sutileza dos hábitos diplomáticos, o

---

[45] Recordemos que tanto a aprovação dos documentos episcopais como a eleição das autoridades da CEA exigem o consentimento de dois terços dos presentes.

núncio apareceu envolvido na política local em mais de uma oportunidade. Sua capacidade para decifrar os recursos do poder político permitiu-lhe deter um vínculo estreito com as autoridades governamentais durante a década de 1990. Desde esse lugar, conseguiria posicionar-se como um ator gravitante na hora de definir o rumo hegemônico que assumiria a Igreja argentina nos umbrais do século XXI.

3.2.2. Litígio de influências: as relações entre o poder eclesiástico e o poder político durante o governo de Raúl Alfonsín (1983-1989)

O imaginário social da União Cívica Radical, partido do presidente Raúl Alfonsín, aponta o laicismo como um dos valores primordiais do componente ideológico dessa organização centenária. Apesar de muitos de seus dirigentes se reconhecerem como católicos e de em várias províncias sob seu domínio as relações com a Igreja católica serem fluidas e cordiais, o perfil partidário se circunscreve às ideias aparentadas com a modernidade. Como dados a levar em conta, é imprescindível considerar que nos quatorze anos de governo radical no começo do século XX (1916-1930) nenhuma diocese foi criada. E que, diante de uma controvérsia entre o presidente radical Marcelo Torcuato de Alvear e a Santa Sé pela nomeação de um bispo, o núncio Beda Cardinale teve de abandonar a Argentina em 1925. Antecedentes todos esses que a liderança episcopal tinha bem presente.

Motivada pelo retorno do Estado de direito em 1983, a Igreja decidiu explicitar alguns princípios orientadores da etapa que se abria no país. Em sintonia com o documento "Igreja e Comunidade Nacional", a reflexão pastoral "Democracia, responsabilidade e esperança", de 1984, ressaltou o apoio ao sistema democrático sem deixar de advertir os compromissos e obrigações que o poder civil e a sociedade em seu conjunto deviam assumir. Repassando os conceitos expressos naquele documento, se insistiu no valor da Constituição Nacional como norma de convivência cotidiana. Reiterando a condenação à chamada subversão e ao sistema ilegítimo de repressão, se exortou à unidade e à reconciliação nacionais. O conceito de democracia atou-se intimamente à justiça social e à ideia de nação. Nesse sentido, apesar de reconhecer a pluralidade emergente, salientou o selo cristão presente na cultura cidadã. Entre as obrigações dos governantes, se incluiu a defesa e preservação da identidade nacional, assim como o respeito pelo direito dos pais a escolher o ensino formal para seus filhos. Cultura e educação, dois tópicos de alta conflituosidade com o governo de Alfonsín, como veremos em continuação. O documento concluiu com um chamado à unidade e à reconciliação nacional para alcançar uma autêntica liberdade. E antecipou que "a verdadeira reconciliação não está somente na verdade e na justiça, como também no amor e no perdão" (Dea, 1984, p. 87). Essa afirmação, colocada no contexto do processo dos responsáveis pela violação dos direitos humanos durante a última ditadura militar, adquiriria uma conotação especial.

Sob o governo de Alfonsín, as relações entre o poder político e o poder eclesiástico sofreram contínuos tropeços. Alguns acontecimentos impulsionados pelas políticas oficiais geraram receio e desconfiança na hierarquia católica. Especificamente sobre quatro núcleos de alta sensibilidade religiosa se desataram os conflitos: a moral familiar, a educação, a reforma constitucional e os valores culturais. Vejamos o conteúdo de cada um deles.

A lei de divórcio vincular: como em outras ocasiões, a cúpula eclesiástica tentou, dessa vez sem sucesso, apresentar suas bandeiras particulares como sendo as do conjunto da nação. Interpretou a lei de divórcio como um dano ocasionado ao conjunto do povo argentino, na medida em que estaria violando a indissolubilidade "natural" do matrimônio, com as perturbações acarretadas para a moral pública e a família. Estipulava-se que o destino da pátria estava unido à sorte da instituição familiar. Qualquer atentado contra esse pilar da sociedade supunha uma grave agressão à nação.

Nessa linha, Emilio Ogñénovich, então bispo de Mercedes e titular da Comissão Episcopal para a Família da CEA,[46] sustentou que

> existe uma campanha (...) divorcista, totalmente estranha a nossa tradição argentina. A Igreja, ao defender a indissolubilidade do matrimônio, serve irrefutavelmente aos mais altos interesses da comunidade nacional e ao próprio devir da pátria. Nenhum representante do povo pode sentir-se habilitado a modificar sem haver recebido um mandato expresso para esse objeto – nenhum o pôs na plataforma, ninguém lhes deu mandato para isso ao elegê-los. Desde Luján partirá a cruzada do Rosário permanente, que nos nutrirá de fé, esperança e coragem na luta se o inimigo abrir fogo (Bo-Aica, n. 1431).

Visto e considerando que o matrimônio estava sendo alvo de um ataque sistemático, a resposta episcopal não se fez esperar. Um primeiro documento "O matrimônio indissolúvel" da Comissão Permanente da CEA (1984) se propôs a socializar os pontos fundamentais da doutrina católica a respeito. Ao conceber a indissolubilidade do matrimônio como valor humano natural, o homem se encontra inabilitado para modificá-la. Nem a majoritária opinião da cidadania está em condições de revogar uma instituição – o matrimônio – doada por Deus. Trata-se de um princípio moral que transcende as atribuições do poder civil, que não é suscetível de ser modificado pelo consenso popular, já que se situa sob o domínio do Ser Superior. A Igreja, como expressão da divindade na ordem temporal, assume com naturalidade a defesa das leis que emanam de Deus. O próprio Ogñénovich instava a "demonstrar com firmeza e estar dispostos a sair à rua para que não pisoteiem nossos direitos" (Bo-Aica, n. 1438).

---

[46] Indicador da importância dada pelo episcopado à temática do divórcio, a 52ª Assembleia Plenária da CEA resolveu hierarquizar o Secretariado para a Família, transformando-o em Comissão Episcopal (Clarín, 18 abr. 1986).

Na prática, a Comissão Episcopal para a Família encarou a "cruzada divorcista", sem contemplar instâncias intermediárias de negociação. O resguardo dos direitos fundamentais da pessoa não podia estar sujeito a pactos de nenhum tipo. Acusou-se de desestabilizadores do sistema democrático os legisladores que propiciavam uma lei não incluída nas plataformas eleitorais, como resposta à idêntica imputação com que o radicalismo incriminava a Igreja. O ponto mais álgido da confrontação esteve relacionado com a "Marcha da Família" realizada na Praça de Maio em 5 de julho de 1986. Emilio Ogñénovich, envolvido com os princípios da eclesiologia da neocristandade e titular da diocese onde se encontra a basílica de Luján, decidiu transportar uma imagem da Virgem até o lugar da concentração para que presidisse a cerimônia. Como dado anedótico, mas indicador da diversidade episcopal, Justo Laguna, bispo de Morón e envolvido com os postulados da modernidade, ressaltou que o evento não era organizado pela Igreja em seu conjunto. A jurisdição que preside, a meio caminho entre Buenos Aires e Luján, é percorrida obrigatoriamente para quem vai em um ou em outro sentido. No entanto, o itinerário seguido por monsenhor Ogñénovich no dia da marcha evitou, com um percurso zigue zagueante, o território de Laguna (LA NACIÓN, 4 jul. 1986).

Esse ato público, junto com as homilias que se pronunciavam contra o divórcio e outras concentrações disseminadas pelo interior do país, revelaram um estilo em nada recatado na estratégia de disputa. Com o objetivo principal de pressionar os legisladores[47] para que não sancionassem a lei e, depois, para denunciar o alcance negativo da legislação no desenvolvimento da vida

---

[47] Quando o projeto de lei do divórcio já tinha a meia sanção da Câmara de Deputados e se dispunha a ser tratado pela Câmara de Senadores, o Secretariado Permanente para a Família, sob a tutela da Comissão Episcopal para a Família, recorreu à probidade desse corpo como metodologia para evitar que a legislação se aprovasse. Qualificou o Senado como "Câmara tradicionalmente moderadora e expressão autêntica de nossa consciência federal, com seus destacados representantes da cátedra universitaria, a jurisprudência e a experiência política, que não deixará de ver os erros que cometeram os deputados" (CLARÍN, 11 fev. 1987). Desconhecemos as considerações daquele organismo, uma vez que o Senado deu visto favorável e sancionou a lei em questão.

familiar e social, a Conferência Episcopal Argentina publicou os seguintes documentos: em 1984, "A indissolubilidade matrimonial" e "O matrimônio indissolúvel"; em 1985, "Em defesa do matrimônio indissolúvel"; em 1986, "O projeto de lei de divórcio vincular"; em 1987, "A nova lei de divórcio vincular"; e, em 1988, "Guia para a preparação do expediente matrimonial". As argumentações centrais visavam a enfatizar a essência natural do casamento indissolúvel. Como instituição criada por Deus, não era pertinente seu julgamento por uma opinião majoritária conjuntural.

Por outro lado, os tempos para a definição parlamentar foram extremamente lentos. Essa demora deveu-se menos à riqueza do debate que à observação dos movimentos da Igreja. Levando em conta a proximidade da visita papal, a classe política que auspiciava a aprovação dessa legislação optou por postergar o tratamento parlamentar e evitar, dessa maneira, alusões contra si da parte do máximo mandatário da Igreja católica. Em um contexto de plena autonomia de esferas entre o político e o religioso, não aparece como uma razão válida a vinda do Sumo Pontífice para o adiamento da disposição divorcista. Unicamente em um esquema institucional integrado, com legitimidades recíprocas entre o poder político e o poder eclesiástico, aquele motivo ganha sentido. Perceba-se a propensão da liderança política para monitorar o ânimo da entidade religiosa frente a diversas temáticas, independentemente de que as resoluções posteriores se sintonizem ou não com o parecer eclesiástico.

Finalmente, quando a lei do divórcio foi sancionada em 3 de junho de 1987, alguns bispos tentaram excomungar de suas dioceses os deputados que tinham votado a favor. O desconhecimento da autonomia da ordem temporal e a exacerbada exigência de uma ética familiar, subjaziam a tamanha disposição. As reações díspares que se suscitaram entre os bispos[48] motivaram uma recomendação da Comissão Perma-

---

[48] Desiderio Collino em Lomas de Zamora, Horacio Bózzoli em Tucumán, Juan Laise em San Luis e Raúl Casado em Jujuy "aplicaram a pena de excomunhão aos deputados que votaram a favor da lei de divórcio" (DRI, 1997, p. 64). O primeiro deles explicava os motivos: "por haver

nente do episcopado: "Sugere-se aos senhores bispos em cuja jurisdição residam deputados nacionais de religião católica que tenham votado afirmativamente pela sanção da lei de divórcio vincular que se façam presentes pela palavra, pessoalmente, ou por escrito, aos senhores deputados que provocaram grave escândalo e que para participar da Sagrada Eucaristia em diante deverão previamente fazer retratação pública do pecado cometido. De modo algum a medida episcopal significa uma excomunhão mitigada. Trata-se de recordar uma obrigação da consciência de reparar" (Cp-Cea; Bo-Aica, n° 1557).

Embora cada prelado tivesse liberdade de ação para avaliar em sua jurisdição se os legisladores católicos haviam contrariado com seu voto o magistério da Igreja, a contundência daquela inclinação desnuda uma concepção muito arraigada na idiossincrasia de boa parte do episcopado: as questões vinculadas à moral familiar são de estrita ordem privada; disso se depreende que nem o Estado nem qualquer corpo político estão em condições de regulá-las. Qualquer legislação nesse sentido implica um avassalamento dos direitos humanos. A família, anterior ao Estado, goza de direitos sobre os quais este não tem ingerência.

O papa João Paulo II, em visita à Argentina, em 1987, avalizou os documentos episcopais, condenando o divórcio e igualando-o a outros males como o aborto, o terrorismo e as drogas, todos eles produto da secularização. Como partidário da tutela eclesiástica sobre esses âmbitos, ele instou a Igreja argentina a redobrar seus esforços para fazer prevalecer, na sociedade, os valores do Evangelho acima dos valores da modernidade.

---

dado seu voto positivo à lei de divórcio vincular, cometeu um erro grave; por ser público e notório prejudicou gravemente a comunidade eclesiástica. Esse erro grave o exclui da recepção dos sacramentos da Igreja e não poderá ser admitido como padrinho de batismo ou crisma. Pública e notória deverá ser sua retratação a fim de poder ter acesso aos sacramentos" (Bo-Aica, nº 1559). Em troca, Jaime de Nevares, bispo de Neuquén, esclareceu que "a sugestão não é obrigatória", pois "não foi adotada pelos dois terços da Assembleia, nem referendada por João Paulo II" (La Razón, 22 set. 1986. *Apud* Dri, 1997, p. 67). O presidente da CEA, Raúl Primatesta, com espírito mediador, sintetizava a postura oficial: "cada bispo tem a autonomia para tomar decisões e responder por elas diante da Santa Sé" (La Razón, 22 ago. 1986). Recordemos que, juridicamente, o episcopado não tem poder sobre as decisões adotadas pelos bispos.

A educação sob o atento olhar eclesiástico: a preocupação da Igreja durante o período alfonsinista sobre as temáticas educacionais esteve concentrada em vários níveis.

Por um lado, o governo convocou por meio da lei 23.114 o Congresso Pedagógico Nacional, com a finalidade de debater uma reforma educacional no país. Acabavam-se de cumprir 100 anos do Congresso Pedagógico de 1882, por meio do qual tinha-se sancionado a lei 1.420, que estabelecia a obrigatoriedade, gratuidade e laicismo do ensino escolar.

A Igreja, historicamente orientada para o gerenciamento da educação, no primeiro momento rejeitou a convocação. Arguiu-se que, com tal iniciativa, se buscava retornar ao modelo de fim do século XIX. Mas logo mudou de estratégia e decidiu simplesmente "tomar posse" do Congresso. Aproveitou a oportunidade para conscientizar os pais de família da necessidade de interessar-se do ensino educativo de seus filhos. O conteúdo da educação, o lugar do estudo da fé e da transcendência, a função subsidiária do Estado e a liberdade de ensino religioso nas escolas públicas constituíam um pacote de questões sobre as quais a instituição católica tinha um posicionamento assumido, o qual estava disposta a defender. A Igreja apelava à educação em um sentido integral. Esta não se limitava a uma formação científica, também contemplava as dimensões da moral e do espírito. Desde esse ponto de vista, promovia-se um sistema educativo aberto em matéria religiosa, independentemente do caráter estatal ou privado dos estabelecimentos.

Dando mostra da coordenada estrutura institucional, paróquias, colégios, sacerdotes, religiosas e leigos participaram ativamente das comissões de discussão e das assembleias de base, conseguindo neutralizar a política laica promovida pelo governo. Quando este percebeu o "cerco" católico do Congresso e decidiu suspender as assembleias de base, já era demasiado tarde. A instituição religiosa continuou com o desenvolvimento dele e imprimiu uma dinâmica difícil de sustentar para qualquer outra associação civil. A distribuição estratégica dos quadros eclesiásticos nos âmbitos de discussão e de decisão do Congresso foi crucial para alcançar a meta traçada: as propostas finais responderam quase integralmente às tradicionais posturas católicas no assunto.[49] O capital acumulado nesse campo e a mobilização de sua estrutura haviam garantido a conservação do papel fundamental da Igreja no plano educacional.

Por outro lado, as inexistentes consultas à máxima hierarquia católica nos momentos de substituição dos ministros de educação também gerou inquietações no seio do episcopado. Diante de uma área de sensibilidade "especial", a instituição religiosa não concebe ficar à margem das decisões, mais ainda daquelas que determinarão as linhas educativas a seguir. A liderança católica acompanhou as designações de Julio Rajneri e Jorge Sábato[50] à frente dessa pasta através dos meios de comunicação. Sua es-

---

[49] A seguir, expõem-se as conclusões mais significativas da Assembleia Nacional do Congresso Pedagógico e das Assembleias Jurisdicionais da Capital Federal e província de Buenos Aires, extraídas de BO-AICA, nº 1619, 1620-21 e 1634.

Assembleia Nacional:

a) "A educação deve partir de uma visão do homem que é uma pessoa humana, desde o mesmo momento de sua concepção, como unidade bio-psicosocial e espiritual, aberta às transcendências nas diversas dimensões, cultural, social, histórica e religiosa."

b) "A educação argentina deve procurar a formação de pessoas, no sentido de que deve ser um processo de desenvolvimento integral que considere todas suas dimensões constitutivas."

c) "Os pais têm o direito de que seus filhos recebam na escola pública de gestão oficial educação religiosa ou moral segundo suas convicções."

d) "O Estado deverá respeitar e apoiar os esforços da iniciativa privada que garantam o bem comum a fim de possibilitar melhores serviços educativos em todos os âmbitos."

Assembleia Jurisdicional da Capital Federal:

a) "Direito intransferível dos pais a escolher a educação de seus filhos."

b) "O ensino estatal deve incluir entre seus conteúdos mínimos a formação religiosa dos educandos, conforme a comunhão de cada um deles, considerando-se as religiões reconhecidas pelo Estado."

c) "Se sustenta o princípio de subsidiariedade."

d) "Toda educação tem caráter público."

Assembleia Jurisdicional da província de Buenos Aires:

"O Estado moderno não deve intervir burocraticamente frente à criatividade da sociedade civil. Tampouco pode renunciar a seus próprios fins. Se marca assim a função subsidiária – nunca prescindível – do Estado em matéria educativa. Fica descartada qualquer pretensão autoritária direta ou encoberta sob a máscara do regulamentarismo."

[50] A preocupação em torno de Sábato foi maior, já que, diante da instância de seu juramento, optou por uma fórmula que não mencionava Deus nem os Santos Evangelhos (ÁMBITO FINANCIERO, 28 set. 1987).

cassa influência sobre tais nomeações contrastará, como veremos, com a sustentada sob o governo de Carlos Menem.

Por último, os esboços de políticas de educação sexual foram recusados por tratar-se de um avanço do Estado sobre um direito natural dos pais. Em um ambiente caracterizado por contínuos atentados contra a moralidade pública, entre os quais se assinalavam a liberação sexual, a pornografia e a proliferação de drogas, a difusão generalizada desse ensino ocasionaria graves transtornos para a convivência social.

A reforma constitucional: a discussão frente a uma eventual reforma da Carta Magna, incentivada pelo Conselho para a Consolidação da Democracia, que funcionava como órgão assessor de Alfonsín, repercutiu rapidamente no seio da Igreja. Alguns, como os membros da Comissão Nacional de Justiça e Paz, dependente do episcopado, se pronunciaram a favor de uma independência entre a Igreja e o Estado e contra a discriminação religiosa para os candidatos à presidência. Outros, como o bispo de San Isidro, Jorge Casaretto, apelaram à consolidação do ideal democrático e à chancela da Justiça como eixo central regulador da sociedade argentina. Os demais insistiram no perigo que significava modificar o *status* institucional da Igreja. O antecedente da reforma da Constituição da província de Jujuy, que livrou o Estado da obrigação de sustentar o culto católico, servia como parâmetro para perceber a direção da proposta oficial. O bispo de Catamarca, Pedro Torres Farías, resumia: "não pode aceitar-se que se esvazie totalmente de conteúdo religioso o Estado civil, formado por católicos". Apesar disso, era consciente da inexistência de "argumentações válidas para impedir que um cidadão de outra fé religiosa ocupe a presidência da nação" (LA NACIÓN, 31 out. 1986). O cardeal Raúl Primatesta, arcebispo de Córdoba e presidente da CEA naquela oportunidade, se apoiava na dimensão histórica para afirmar que a Carta Magna "não pode ser ateia (...) nem negar ou prescindir de Deus (...). Nós somos historicamente católicos, muito antes de ser propriamente argentinos" (LA RAZÓN, 27 jan.

337

1987). A modo de "sugestões", vários prelados exortaram os constituintes provinciais a não "cair no erro de impor formas de vida (...) impregnadas de um liberalismo não alheio ao ateísmo" (La Razón, 21 fev. 1987).

Embora finalmente não se tenha chegado a realizar a eleição dos constituintes que se encarregariam de modificar a Constituição – sim, houve a nível provincial –, o debate público que se viveu durante 1986 e 1987 colocou em evidência, uma vez mais, a divergência de opiniões no interior da Igreja nos assuntos referentes à ordem terrena.

A política cultural modernizante: o Programa Nacional de Democratização da Cultura, na visão da Igreja católica, aspirava a secularizar e dessacralizar a sociedade e, nessa medida, atentava contra as raízes católicas da cultura nacional (Dri, 1997). A programação televisiva, controlada pelo Estado, era impugnada pela difusão generalizada de "obscenidades" que atentavam contra a moral pública no contexto de uma desenfreada libertinagem. Um comunicado da Comissão Permanente da CEA em 8 de agosto de 1984 refletia prematuramente a disputa nesse plano. Sob o título "Transmissões televisivas inaceitáveis", o material repudiou o "avanço intencional e progressivo da imoralidade no campo dos Meios de Comunicação Social (...) que irrompem contra os padrões morais vigentes na sociedade argentina" (Dea, 1984, p. 183). O consumismo degradante e expansivo, alentado pelo governo, estava atentando contra as bases da ordem moral objetiva. Na mesma linha, "O pudor, defesa da intimidade humana" enfatizou a profunda crise moral a partir da generalizada oferta de sexo e erotismo. A perda ou retrocesso no sentimento do pudor, qualificado como dom natural, também constituía uma ofensa contra Deus. Sob o pretexto da liberdade de expressão, se vulnerava um valor essencialmente relacionado com a dignidade humana. Essas experiências reafirmavam no corpo dirigente católico uma visão compartilhada acerca do caráter restrito do conceito de liberdade. "A liberdade não é um valor absoluto e um direito ilimitado, mas sim uma riqueza orientada para o bem comum" (Dea, 1984, p. 234)

A orientação das políticas públicas em matéria comunicativa, somada ao levantamento das audições católicas na rádio estatal, criaram, sempre desde a ótica católica, uma atmosfera carregada de hostilidade e menosprezo em relação aos valores religiosos e ao sentimento mais profundo da população. Em 1987, o comunicado da Comissão Episcopal de Meios de Comunicação Social, "Os relaxados do rei", circunscreveu a crítica a "uma minoria, com importante poder de manejo na comunicação social, que insiste em fazer da Igreja católica Apostólica e Romana, com exclusividade, o alvo de suas zombarias e ofensas" (DEA, 1986/1987, p. 127).

Concluindo, o polêmico projeto de lei sobre o divórcio, finalmente aprovado, evidenciou a autonomia relativa – sublinhamos o relativa – da política como esfera que encontra suas bases de sustentação em sua própria dinâmica de funcionamento. A pressão sobre os legisladores, as mobilizações públicas e as reuniões reservadas com o presidente Alfonsín para que desista primeiro e modere depois tal iniciativa não chegaram a bom termo. A política havia decidido legitimar sua ação apelando ao ditame da cidadania sem as mediações ou intromissões das organizações intermediárias. O testemunho de um alto líder do governo refletia o significado que teve para o imaginário da classe política a sanção dessa legislação: "A lei de divórcio, a qual mais que uma legislação é um símbolo da independência do sistema da democracia, com esses governantes que se animam a confrontar as corporações" (ARRECHEA, 1988).

De modo diferente se desenvolveram os acontecimentos no Congresso Pedagógico Nacional. Além da ausência de inovações teóricas, a orientação institucional em relação ao encontro indicou, por um lado, a pregação dos princípios doutrinários em lugar da imposição impiedosa destes. Por outro, a participação ativa do laicato em todas as instâncias do Congresso. Assumindo as regras de jogo da democracia, a Igreja fez valer o peso de sua organização institucional através da mobilização de seus quadros que demonstraram uma reconhecida capacidade de convencimento. O dinamismo militante, mais que a pressão corporativa, foi a tática utilizada nessa ocasião, somado ao estilo de diálogo expressado na figura de Emilio Bianchi Di Cárcano, presidente da Comissão Episcopal de Educação Católica e bispo de Azul. Com um rotundo êxito, os resultados finais do evento foram recebidos no campo católico, o que deixa clara a eficácia dos procedimentos utilizados.

Do lado do governo de Alfonsín, a predisposição ao diálogo institucional sem as esperadas complacências e a instrumentalização de políticas de fatos consumados, como as designações de ministros ou a repentina decisão da Suprema Corte de Justiça de autorizar os divorciados a contrair novos matrimônios em pleno processo de discussão da lei,[51] terminaram por aumentar a desconfiança inicial dos bispos. Quando os líderes radicais acusaram a liderança católica de promover a desestabilização do sistema democrático, as relações entre o poder político e o poder eclesiástico assumiram traços definitivamente conflituosos.

Dois novos acontecimentos, ao final da administração radical, suscitaram controvérsias de dimensões inesperadas.

Em 2 de abril de 1987, o vigário castrense José Medina se dispunha a celebrar uma missa com a presença do presidente. Quando em sua homilia definiu "a delinquência, as quadrilhas, o suborno, a negociata, a injustiça, o consumo de drogas (...)" como sintomas do esvaziamento da pátria, em um episódio sem precedentes, Alfonsín irrompeu no púlpito e exortou o prelado e todos os assistentes a tornar explícitas e concretas as acusações de subornos e negociatas (CLARÍN, 3 abr. 1987).

No ano seguinte, o documento episcopal "Somente Deus é o Senhor" denunciou a angustiante situação social que se estava vivendo, a corrupção generalizada em diferentes esferas e a decadência moral, repercutindo profundamente nos homens do governo. Sentindo-se especialmente aludidos,

---

[51] Em 27 de novembro de 1986, esse organismo declarou a inconstitucionalidade do artigo 64 da lei 2.393 de matrimônio civil, introduzindo de fato o divórcio vincular (BO-AICA, n. 1563).

estes qualificaram de atentado contra a democracia a proclama da Igreja. Na verdade, embora a contundência de alguns fragmentos desse material fosse inegável, o conteúdo da crítica não necessariamente tinha como destinatários os que exerciam o poder civil. O documento questionava o avanço do secularismo na sociedade, a idolatria ao dinheiro, ao sexo e ao poder como consequência da exclusão de Deus na vida do homem e de uma moral totalmente desvirtuada. O projeto católico estava orientado para uma disputa contra o ambiente cultural que a modernidade havia implantado com sucesso. O radicalismo, funcional nesse modelo, era visualizado apenas como a encarnação conjuntural dele mesmo. Não obstante, as desconfianças entre a Igreja e o governo, incrementadas em espiral, converteram aquela exortação episcopal no detonador de um novo atrito.

De pouco havia servido o gesto presidencial de organizar um desjejum de oração, em paralelo à convocatória de João Paulo II em Assis para rezar pela paz. Pelo conteúdo das iniciativas oficiais que passamos em revista, "Alfonsín representava para o imaginário eclesiástico o pior da modernidade: laicismo, lei de divórcio, anticlericalismo, permissividade para tudo o que fosse pornografia (...)" (Dri, 1997, p. 145).

A explosiva combinação entre ingenuidade e soberba que expressou o radicalismo, em contraste com a dificuldade de boa parte da liderança eclesiástica para conceber as regras do jogo em uma sociedade pluralista, terminou por esboçar um estado de permanentes desavenças entre a Igreja e o poder político durante todo o período. Para a instituição eclesiástica, o governo de Alfonsín procurava desarraigar os valores religiosos da sociedade. Para ele último, a Igreja se intrometia em assuntos fora de sua competência. Nessa disjuntiva, as colisões se tornariam iniludíveis.

Apesar disso, a Igreja argentina reafirmou o compromisso com a democracia que havia expressado no documento de 1981. Frente aos sucessivos levantes militares que puseram em questão a estabilidade do regime político, Raúl Primatesta, em seu caráter de titular do episcopado, declarou "a suprema dignidade da nação, o império da Constituição e das leis (...)

que estão acima de nossa particular dignidade (...)" (PÁGINA/12, 12 jun. 1988). Com o documento "Caminho de esperança", divulgado em abril de 1988, confirmou a linha empreendida, reconhecendo a vigência do estado de direito alcançada com a democracia, embora indicasse a necessidade de fortalecer a identidade nacional para sua definitiva consolidação.

3.2.3. O perfil da nova liderança episcopal

No mês de novembro de 1987, a Assembleia Plenária de bispos devia eleger as novas autoridades da CEA. A composição da Comissão Executiva e Permanente – os âmbitos mais influentes do corpo episcopal –, após o processo eleitoral, marcou o predomínio de uma vertente aproximada dos ideais da eclesiologia da neocristandade, matizada por alguns bispos com afinidades eletivas com os postulados da modernidade.

Raúl Primatesta foi confirmado na presidência da entidade. Acompanharam-no, na Comissão Executiva, Antonio Quarracino, arcebispo de La Plata, e dois prelados vinculados à arquidiocese cordobesa: Estanislao Karlic, transferido como arcebispo de Paraná, e José María Arancibia, bispo auxiliar de Córdoba. A incorporação de monsenhor Quarracino nessa instância potencializou de algum modo a possibilidade de que se convertesse em arcebispo de Buenos Aires e primaz da Argentina, em virtude da renúncia de Juan Carlos Aramburu por haver chegado ao limite de idade. Após cumprir funções como secretário e presidente do Celam, Quarracino anunciava assim seu retorno à política eclesiástica nacional.

A designação de Justo Laguna como responsável pela estratégica Comissão de Pastoral Social reconhecia seu destacado papel desempenhado na etapa de transição para a democracia, articulando diferentes setores da vida nacional, embora também indicasse o natural contrapeso que se requer em toda instituição onde convivem tendências díspares. Claro que

Laguna, talvez como nenhum outro membro do episcopado, é partidário da prescindência de toda incursão ao campo político quando este conta com suas regras de jogo em funcionamento. Daí o contraste de sua atitude na democracia em relação à sustentada durante a ditadura.

> Durante o governo militar, reunimos todo o país, todos os partidos, os sindicalistas, os empresários, as Mães da Praça de Maio. Estivemos um mês trabalhando doze horas por dia (...). Uma coisa é que déssemos um espaço quando não o havia para dialogar e outra coisa é quando há democracia. A democracia tem suas próprias regras, seus espaços, e a Igreja não deve se meter no que não lhe diz respeito (LAGUNA, 2000b).

No resto das comissões, os bispos designados se singularizaram por seu baixo perfil. Somente cabe ressaltar que Domingo Castagna, bispo de San Nicolás e expoente da eclesiologia de espiritualidade pastoral, foi eleito para comandar a área de sacerdotes e ministérios, uma das poucas que concentram sua atividade unicamente para "dentro" da instituição católica; a ausência na Comissão Permanente de prelados próximos dos preceitos da eclesiologia pós-conciliar social; e a ratificação de Emilio Ogñénovich como titular da Comissão para a Família, respaldando sua gestão ante a controvertida, mas já sancionada, lei do divórcio.

Em definitivo, a reeleição de Raúl Primatesta como presidente do episcopado implicou uma ratificação do tradicional *modus vivendi* da Igreja, caracterizado pela negociação cupular para conservar sua posição e/ou conquistar novos espaços no cenário público segundo a conjuntura política, como estratégia de reafirmação de sua presença na sociedade civil. A propensão para intervir como mediadora em momentos de alta conflituosidade social confirmava seu papel institucional. Em outras palavras, a instituição eclesiástica rejeitava a reclusão nas tarefas de administração da sacristia que as correntes modernistas lhe haviam reservado. Pois bem, a reprodução dessa linha de ação se viu confrontada com as regras de jogo que implica o funcionamento da democracia. Se em outros tempos a Igreja se beneficiou a partir de sua lógica comportamental, sob o governo de Alfonsín sofreu um indubitável retrocesso.

3.2.4. A transição para o menemismo

Em 1989, depois de trinta e sete anos, um governo democrático se dispunha a substituir outro de igual importância.[52] Durante esse período, os contínuos golpes militares bloquearam a possibilidade de que um presidente eleito pela maioria dos sufrágios pudesse concluir seu governo. Mais além dessa questão histórica, é nossa intenção expor nesse ponto as atitudes dos dois candidatos com maiores chances de triunfar na eleição do 14 de maio de 1989: Eduardo Angeloz, da União Cívica Radical, e Carlos Menem, do Partido Justicialista. Perceber a vigência de determinadas lógicas políticas nos permitirá compreender que o escasso grau de autonomia na relação entre a esfera religiosa e a política não é exclusivamente responsabilidade da primeira. Pelo contrário, os arroubos da política no campo religioso em busca de legitimidades contribuem na consolidação de um cenário institucional de fronteiras difusas. Nesse sentido, a simbiose ou seu oponente, a separação entre a Igreja e o Estado, se modelaram em gradações múltiplas e variadas (Dri, 1997).

Quase no início da campanha eleitoral, Eduardo Angeloz prefixou as características que a relação Igreja-Estado teria em seu hipotético governo. Alegando que "a dimensão religiosa é um elemento constitutivo de qualquer sociedade", confirmou aquilo que os bispos desejavam escutar: "que o Estado e a Igreja têm um amplo campo de interesses em comum, sobretu-

---

[52] Cabe indicar que, em 1952, Juan Domingo Perón concluiu seu período de governo e foi reeleito para um novo mandato.

do no âmbito da promoção pessoal, social e da família" (CLARÍN, 11 out. 1988). Saindo com o pé direito, toda excursão prévia às eleições mostrou Angeloz reunido com o bispo do lugar. A legitimidade que o encontro proporcionava ao candidato, sem lugar a dúvidas, era avaliada pela equipe de campanha como indispensável para a conquista de maiores adesões.

É importante acrescentar que naquele momento Angeloz era governador de Córdoba, "única província governada pela UCR que, quando o episcopado decidiu pela realização de atos públicos em defesa do matrimônio indissolúvel, aderiu formalmente (...) com a participação de um representante do poder executivo provincial" (CLARÍN, 11 out. 1988). A reforma da Constituição provincial de 1987 contemplou em proporções inestimáveis a posição da Igreja, ao ponto de incluir em um de seus artigos a proibição explícita do aborto.[53]

No caso de Carlos Menem, os vínculos estreitos com os expoentes máximos do catolicismo no país e com o núncio apostólico, Ubaldo Calabresi, fizeram das reuniões-cúpula um verdadeiro hábito. Em uma delas, ainda em campanha, se deu à publicidade o suposto apoio –confirmado depois – do presidente da CEA à lei de pacificação nacional, pela qual se indultou os militares processados pelas violações dos direitos humanos.

---

[53] Alguns artigos da Carta Magna reformada mostram com fiel eloquência a influência eclesiástica em sua redação. Em primeiro lugar, o preâmbulo contém a clássica menção da "proteção de Deus, fonte de toda razão e justiça". O artigo 4º da parte I, seção I, se refere à inviolabilidade da pessoa: "a vida desde sua concepção, a dignidade e a integridade física e moral da pessoa são invioláveis (...)". O artigo 6º da mesma seção determina que "a Província de Córdoba, de acordo com sua tradição cultural, reconhece e garante à Igreja católica Apostólica Romana o livre e público exercício de seu culto. As relações entre esta e o Estado se baseiam nos princípios de autonomia e cooperação. Igualmente garante aos demais cultos seu livre e público exercício, sem mais limitações que as que prescrevem a moral, os bons costumes e a ordem pública". O artigo 34º, da seção II, pleiteia que "a família é o núcleo fundamental da sociedade (...). O cuidado e a educação dos filhos é um direito e obrigação dos pais; o Estado se compromete em seu cumprimento". Na seção III, o artigo 61º menciona o "destino transcendente" que deve contemplar o ensino; sendo o artigo 62º o que legitima o direito dos pais a "que seus filhos recebam na escola estatal a educação religiosa ou moral segundo suas convicções". As similitudes com as moções eclesiásticas correm por conta do leitor. O certo é que boa parte do episcopado reivindica o processo de reforma da Constituição cordobesa como experiência harmoniosa da relação Igreja-Estado e como certificação de que é viável compatibilizar os interesses de ambas as esferas.

Convocada pela alta política, a Igreja aproveitou a oportunidade e difundiu os critérios orientadores a considerar pelos seguidores no momento da votação. Assim como em 1982, quando divulgou o documento "Princípios de orientação cívica para os cristãos" reproduzindo uma longa tradição histórica iniciada na primeira metade do século XX; nessa oportunidade aconselhou um estudo detalhado das plataformas eleitorais, da conduta política dos candidatos e a preferência pelas opções que não contradissessem os princípios essenciais da doutrina católica. Não há de nos surpreender que a instituição eclesiástica, portadora de uma presença social e um peso institucional ampliados, tenha desconsiderado a instrumentalização de uma opção eleitoral própria. De acordo com a doutrina tomista, sempre se colocou fora e acima do sistema político republicano. Não esqueçamos que o imaginário da Igreja contempla o catolicismo como o espírito da sociedade, afirmado nos fundamentos da identidade nacional inclusive com anterioridade aos símbolos pátrios. Nesse sentido, a constituição de um partido confessional não faria mais que setorizar e parcializar a instituição, o que se contrapõe ao esquema de unidade católica equiparada com a unidade nacional. Foi assim como a estratégia eclesiástica optou por introjetar os princípios de sua doutrina nos cristãos disseminados por todas as organizações políticas e sociais. O propósito de inserir os quadros laicos nas estruturas do Estado completava um traçado orientado a "evangelizar" a política e a sociedade de um modo mais eficaz que por meio de uma oferta eleitoral católica.

Voltando à reflexão pastoral, se instou os fiéis a acompanharem com seu voto as forças políticas,

> que defendam a vida em toda sua extensão, desde o seio materno até a morte; que rejeitem toda violência na obtenção de seus próprios fins; que protejam a liberdade do homem, em primeiro lugar a liberdade religiosa; que promovam os direitos, a integridade e a unidade da família; que incentivem o acesso de todos à educação e à liberdade de ensino; que defendam a primazia do homem na atividade econômica-social; que apoiem a legítima luta pela justiça, assim como a correta distribuição dos recursos materiais e espirituais (DEA,1989, p. 56).

Pretendendo impregnar a consciência coletiva com seu corpus normativo, estimulou os laicos a participarem da atividade política e social e os instou a projetarem nas instituições a mentalidade e o espírito cristão. As observações gerais, dentro de um tom marcadamente religioso e esperançoso, protegeram a imagem de prescindência dos bispos diante das distintas ofertas eleitorais. Ao mesmo tempo, evidenciaram a disposição da hierarquia católica de interferir na ordem civil, ao indicar os princípios que deviam reger o campo político.

O triunfo de Carlos Menem nas urnas significou para a instituição católica a possibilidade de recuperar seu lugar de privilégio, na hora das decisões, em áreas consideradas de sua incumbência: a moral, a sexualidade e a educação. Além dos vaivéns históricos na relação entre o peronismo e o catolicismo, a proximidade ideológica em muitos aspectos, fundamentalmente em matéria social, e a perdurabilidade nos vínculos formais e informais, pressagiavam um entendimento entre ambos.

Evidência de que a realidade política também incide nas decisões eclesiásticas, a Igreja demorou na designação do substituto de Juan Carlos Aramburu, que havia renunciado – por chegar ao limite de idade –, para a titularidade da arquidiocese de Buenos Aires em 12 de fevereiro de 1987. Uma vez consumado o êxito eleitoral do justicialismo, se abriu passagem para a designação de Antonio Quarracino à frente daquele arcebispado. Confrontado com o radicalismo e em sintonia com as vertentes mais nacionalistas do peronismo, sua nomeação nos tempos de Alfonsín não teria sido recebida satisfatoriamente por esse mandatário. Mais ainda, porque se tratava da sede episcopal de maior transcendência por sua proximidade com a casa de governo. Por esse motivo, o arcebispo de Buenos Aires se converte em um interlocutor obrigatório da Igreja com o poder político.

Dessa forma, o Vaticano aguardou condições políticas apropriadas para instrumentalizar a substituição de Aramburu. Já investido Menem como presidente, o mapa político argentino havia feito o movimento necessário para abreviar o demorado revezamento. Como poderá se perceber, nem todas as definições eclesiásticas correspondem estritamente a fatores internos. Assim como a classe política se nutre das recomendações da Igreja para a tomada de decisões nos eixos de alta sensibilidade religiosa, as conjunturas políticas também intervêm nas opções e determinações da instituição católica. As influências e legitimidades recíprocas que historicamente marcaram as relações entre o poder político e o poder eclesiástico se reproduzem em cenários assinalados por uma lógica de complementaridade.

Quarracino se transformaria na figura de conexão entre Igreja e governo de Menem, em uma efetiva correia de transmissão das preocupações e aspirações eclesiásticas. A fluida comunicação entre a instituição eclesiástica e o chefe de Estado por seu intermédio constituía o primeiro sinal de assentimento em relação ao "primeiro menemismo" (1989-1995). "Menem (...) representava para o imaginário eclesiástico o que havia de mais próximo às suas aspirações: permanentes invocações a Deus, concessões ao ensino religioso, oposição à lei do divórcio, à descriminação do aborto (...)" (DRI, 1997, p. 146).

As periódicas reuniões de determinados bispos com os ministros para monitorar a marcha do governo, os inumeráveis jantares na residência presidencial de Olivos e o consentimento e apoio às medidas de estabilização econômica confirmavam o início de uma nova etapa de complacências e complementaridades entre a hierarquia católica e as autoridades políticas.

Desde o próprio início da gestão menemista, foi possível perceber o contraste no modo de interpelar a Igreja católica, em comparação com o período alfonsinista. Menem reconheceu permanentemente em seus discursos o selo católico que envolve a nação argentina e a legitimidade moral e espiritual dos máximos responsáveis da Igreja católica. Essa retórica se operacionalizava em uma incidência concreta da elite eclesiástica na hora de escolher os ministros da educação,[54] de definir as políticas em matéria de saúde reprodutiva ou de redigir a nova lei de educação, para citar só alguns exemplos.

Contudo, a consideração da Igreja como fator de poder implicou também, como veremos mais adiante, tentativas de instrumentalização por parte do poder político. O governo assentou as bases de uma mesa de debate e de negociação com a hierarquia eclesiástica, assim como fazia com uma câmara empresarial ou a central sindical, sem atender às especificidades da instituição religiosa. Esse tipo de relacionamento traria consigo não poucos desencontros no interior da cúpula episcopal, que repercutiriam nas díspares modalidades de aproximação e confronto com as autoridades governantes.

Durante os primeiros anos da presidência de Menem, a liderança episcopal praticamente não emitiu comunicados coletivos. Uma atitude de espera pelos primeiros resultados das políticas de governo explicou tal postura. Os pronunciamentos individuais dos bispos, já no contexto de suas dioceses, insistiam na persistente e generalizada crise moral que atingia a Argentina desde tempos atrás, com escassas referências à deteriorada situação social.

A declaração da Comissão Permanente da CEA "Mudemos o coração", em 1990, mencionava a "desonestidade, a mentira, a injustiça, a ambição pública e privada e outras múltiplas formas de corrupção acumuladas em tantas décadas" como sintomas da perturbada moral reinante (Bo-CEA, n. 1, 1990, p. 10). A mensagem não se referiu a nenhum tema de conjuntura. Tão somente atribuiu à classe dirigente em seu conjunto a maior cota de responsabilidade pela decadência cultural.

Naquele tempo, o início de um plano econômico que contemplava um forte ajuste estrutural e o eventual decreto presidencial de indul-

---

[54] Aceitando a "sugestão" episcopal, Antonio Salonia foi designado por Menem como ministro dessa área no começo de seu governo. Luis Martínez era outro dos candidatos a desempenhar essa função. A manifesta oposição deste último ao ensino religioso nos estabelecimentos educativos públicos foi motivo suficiente para que a Igreja erguesse a voz contra sua eventual nomeação (PÁGINA/12, 9 jul. 1989).

tar as mais altas autoridades militares da última ditadura militar faziam parte da agenda pública de discussão. A ausência de documentos episcopais em torno desses tópicos certificava as dificuldades para alcançar critérios comuns dentro do episcopado. Havia quem vislumbrava o espírito da Doutrina Social da Igreja por trás das medidas econômicas, mas tampouco faltavam aqueles outros que as rejeitavam por serem anticristãs. A lógica do funcionamento episcopal, orientada pela preservação da unidade do corpo, ensina que a omissão é a estratégia adotada diante dos temas relevantes na opinião pública que geram controvérsias em seu seio. Atender então *ao que não diz* a Igreja pode resultar muito proveitoso desde nosso posto de pesquisadores. Como assim também apontar *o que sim diz* a instituição católica se pretendemos detalhar os eixos que aglutinam todos os prelados.

Diferentemente da etapa alfonsinista, na qual os documentos episcopais se sucediam continuamente, a exígua quantidade de pronunciamentos coletivos durante o primeiro menemismo, seguindo nossa linha de análise, estaria testemunhando as discórdias entre os bispos sobre os modos de relacionar-se com o poder político. Em contrapartida, a identificação do radicalismo com o pensamento laicista, anticlerical e secularista, constituía um denominador comum no pensamento dos prelados. Majoritariamente, era associado com as ideias dos partidos social-democratas, que, no caso argentino, sugeriam o esvaziamento do "sentido e sentimento cristão-católico de nosso povo" (QUARRACINO, 1995, p. 32).

3.2.5. A hegemonia de Antônio Quarracino

Respaldado pelo Vaticano e pelo núncio apostólico Ubaldo Calabresi, próximo da corrente neoculturalista expressada no movimento Comunhão e Libertação e da eclesiologia da neocristandade, como arcebispo de Buenos Aires, primaz da Argentina e em vias de receber o manto cardinalício,[55] Antonio Quarracino anunciava sua corrida para a condução da CEA. Atrás havia ficado a época em que os ares renovadores do Concílio Vaticano II se impregnaram em sua estrutura de pensamento. A virada rumo à ortodoxia doutrinária o erigiria como um expoente de João Paulo II na Igreja latino-americana.

A 60ª Assembleia Plenária da CEA, em novembro de 1990, designou Quarracino como presidente da entidade. Acima da concordância ou discrepância em relação a suas ideias, prima no corpo episcopal uma lógica institucional onde um prelado convertido em primaz e com grande possibilidade de ingressar no Colégio Cardinalício não pode deixar de ocupar o trono presidencial.[56] Na busca de natural contrapeso, Estanislao Karlic, arcebispo de Paraná, e Emilio Bianchi Di Cárcano,[57] bispo de Azul, foram eleitos vice-presidentes, enquanto José María Arancibia, bispo auxiliar de Córdoba, continuou secretário-geral. Esses três prelados mostravam um perfil pluralista em relação às distintas correntes pastorais.

Quarracino imprimiria em sua gestão episcopal um estilo personalista com alta exposição pública. Como homem forte com qualidades de liderança, o arcebispo de Buenos Aires era visto por muitos de seus pares como a figura ideal para combater a secularização e recuperar o lugar da religião na vida pública. Independentemente da proximidade teológica e ideológica com seu antecessor, Raúl Primatesta, o cardeal cordobês era reconhecido por sua capacidade de contemporizar com as dissidências internas e de garantir a unidade e a harmonia do corpo

---

[55] A nomeação se consolidou a 28 de junho de 1991, quando o Sumo Pontífice criou 22 novos cardeais. A unção de Quarracino como cardeal significou um sinal de fortalecimento da concepção que o próprio exteriorizava sobre o papel que a Igreja devia desempenhar na sociedade civil e frente ao Estado.

[56] Do mesmo modo, a tradição indica que unicamente os arcebispos e os cardeais disponham dos cargos mais elevados do episcopado. Essa peculiaridade da Igreja Argentina contrasta com a realidade episcopal brasileira; pelo menos, com a de anos atrás.

[57] Praticamente, não se registram antecedentes de um bispo diocesano fazendo parte da Comissão Executiva da CEA.

colegiado. O modo sigiloso de seus movimentos e pausado de suas expressões contrastava com o perfil avassalador do titular da arquidiocese portenha. Nos quatro períodos em que esteve à frente do episcopado – 1976/1979, 1979/1982, 1985/1988 e 1988/1990 –, Primatesta ficou conhecido como "piloto de tormenta ou timoneiro de tempos duros", devido a ter de lidar com tempos difíceis como o da ditadura e o do retorno da democracia (CLARÍN, 2 nov. 1990).

Imbuído da cultura do catolicismo integralista, Quarracino orientava a missão religiosa para a construção de uma comunidade humana regida pelas normas da divindade. Desde seu ponto de vista, a questão religiosa não estava separada da questão social, moral ou educativa. É importante recordar que essa modalidade do catolicismo "se nega a deixar-se reduzir a práticas de culto e a convicções religiosas (...); está preocupado com a elaboração e colocação em prática de um projeto cristão de sociedade" (POULAT, 1983). Sua projeção ao âmbito social descansa justamente na repulsa dos desígnios liberais que o confinam ao âmbito da sacristia.

Uma de suas reflexões marca a fogo sua mentalidade e a vigência desse tipo de catolicismo:

> O liberalismo ideológico diz que o religioso deve ficar na consciência pessoal (...), sem nenhuma influência na vida dos homens, na vida familiar, social e institucional. A maioria do povo argentino é crente e católica e tem como verdade fundamental a existência de Deus. Então eliminar Deus é uma atitude pouco democrática. Como cidadão, peço e exijo que se respeite a tradição da Igreja (BO-AICA, n. 2071).

A partir da consideração de que as leis naturais transcendem os momentos históricos e as especificidades das sociedades particulares, Quarracino qualificava de "catolicismo vulgar" a obsessão em refletir no Evangelho os valores mundanos do presente. Fiel à autoridade da investidura papal, delimitava a função de todos os quadros da Igreja ao "acordo com toda a Tradição e em comunhão com o Corpo Colegiado e sua cabeça visível, o Servo dos Servos de Deus" (Bo-Cea, nº 7, 1993, p. 3).

A cosmovisão do novo mandatário episcopal se situava dentro do tradicional esquema da Igreja, entendida como fator de poder, que se complementa com o Estado para conservar sua hegemonia religiosa, mas que enfrenta com todas as suas armas quando sente ameaçado seu lugar de custódia dos valores morais que organizam a vida social. Achava necessária a instrumentalização do poder religioso e da autoridade moral da Igreja, com o objetivo de influir sobre o poder político e assim obter benefícios para a instituição católica. Baseado no pressuposto de que existem âmbitos naturais que a Igreja reclama para si, a instituição eclesiástica se compromete a responder com uma atitude de colaboração frente ao eventual reconhecimento dado pelo poder civil. A crítica ao governo da UCR se concentrava justamente neste ponto: a não aceitação dos espaços reservados por "mandamento divino" à Igreja. Se entabulou uma disputa com o radicalismo em aquelas áreas que, desde o campo católico, se consideravam sob seu controle.

Já com a administração Menem, Quarracino identificou "a dissolução dos costumes como causa principal dos males nacionais", em uma tentativa de transferir a crítica do econômico ao cultural (Página/12, 11 nov. 1990). "Os bispos se preocupam com o grande problema da situação econômica do país, mas também lhes preocupa muito a dessacralização na sociedade argentina. A raiz de nossos males é a decadência moral (...)" (Bo-Aica, nº 1769). Enquanto as responsabilidades de um governo pela deterioração econômica são palpáveis e diretas, sua incidência concreta no ocaso de uma cultura resulta mais difusa.

A sucessão de acordos políticos alinhavados pelo novo presidente da CEA e o enveredar da Igreja por uma posição complacente com o governo de Menem, com o passar dos anos, iriam despertar certo receio no seio do episcopado. Pareceria que a maior aproximação da instituição eclesiástica com a esfera política acompanhava uma maior exposição dos matizes pastorais. Os distintos modos de conceber a relação Igreja-Estado entram em ebulição quando a instituição católica se encontra entrelaçada com as estruturas políticas, motivando uma decomposição da uniformidade episcopal. Pelo contrário, uma Igreja com prudente distância do poder político e concentrada no campo religioso estimula uma maior sincronização interna, na qual os pensamentos contrapostos, se bem não desaparecem, não encontram as condições para concretizar as diferenças conceituais.

3.2.6. Outro documento fundacional: "Linhas pastorais para a nova evangelização"

Respondendo à exortação apostólica de João Paulo II *Christifidelis laici*[58] e após vários anos de elaboração, a instituição católica argentina lançou em abril de 1990 um novo plano de ação pastoral de acordo com a nova realidade social, cultural e religiosa. Condensado nas "Linhas pastorais para a nova evangelização", o documento episcopal visou a expandir a presença da Igreja através de um novo impulso missionário, enquadrado em um trabalho pastoral orgânico. À altura do "Documento de San Miguel", de 1969, que aplicava os ensinamentos de Medellín na Argentina, e de "Igreja e Comunidade Nacional", de 1981, que explicitava a opção da Igreja pela democracia, a nova reflexão pastoral assentaria as bases da ação evangelizadora da Igreja na última década do século XX.

O documento pleiteou como tarefa principal o seguimento da missão dos primeiros evangelizadores. Se a primeira evangelização "selou definitivamente a alma [católica] da América Latina", concluindo o

---

[58] O pronunciamento papal de 1988 instava as Igrejas do mundo inteiro a ingressarem em uma nova etapa evangelizadora e missionária.

século XX, tornava-se indispensável "um plano global de evangelização que leve em consideração as novas situações dos povos latino-americanos e que constitua uma resposta aos desafios do momento presente" (Bo-Cea, nº 5, 1992, p. 21).

Destacam-se dois grandes desafios decorrentes do processo cultural contemporâneo: "O secularismo e a urgente necessidade de uma justiça demasiado longamente esperada" (Cea, 1990, p. 16). O secularismo, entendido como prescindência de Deus enquanto fonte e sentido da vida humana, é distinguido da secularização, legítima autonomia das realidades temporais. Anuncia que a exclusão da dimensão transcendente da cotidianidade dos homens libera nos indivíduos um espírito de autossuficiência que tende a absolutizar o poder, o dinheiro, o prazer e a razão. O afastamento do homem de seu expoente último, em definitivo, contribui com situações de corrupção que atentam contra a integração social. Por sua parte, a falta de justiça se reflete nas cada vez mais amplas situações de miséria e pobreza. A solidariedade e a articulação da fé com a caridade são apresentadas como a via para superar as condições de injustiça e de esquecimento de Deus. Nessa perspectiva, enfatiza que a pregação da fé e as tarefas de promoção humana não se acham dissociadas; pelo contrário, fazem parte de uma mesma e única missão evangelizadora.

O material promove um maior ardor missionário no seio da Igreja para "comunicar a fé cristã mediante o testemunho da vida e da palavra" (Cea, 1990, p. 21). A perseverante cruzada contra a modernidade certifica a aspiração de transformar a "história secular" em "história santa". A insistência na primazia de uma crise moral obriga a que não só os quadros da instituição religiosa, como também todos os batizados, participem da nova evangelização, impregnando com a fé cristã a vida familiar, as instituições civis, as organizações sindicais, de bairro e empresariais, o campo da educação, da cultura e os meios de comunicação. Os eixos-guia de sua implementação ressaltam a importância de centrar-se no mistério de Cristo, alimentar-se na devoção mariana, orientar-se para uma cordial vinculação à Igreja e deixar-se urgir pela opção preferencial pelos pobres.

A ênfase na evangelização da cultura remete a duas interpretações possíveis: por um lado, poderia ser analisada como um propósito de restabelecer as bases da cristandade perdida; por outro, a ideia de uma nova evangelização com novos métodos e expressões estaria reconhecendo o caráter plural das sociedades no final do século XX, o que inabilitaria qualquer retorno a esquemas do passado. O certo é que, frente a um mundo que se secularizou e que, portanto, restringiu o campo de ação da instituição católica, a reflexão pastoral propôs reforçar o anúncio da mensagem cristã em todos os níveis da estrutura social como a principal tarefa missionária da Igreja. Sobre a base da evangelização da cultura, a organização católica havia traçado sua estratégia de garantir a perdurabilidade da prédica e o aumento de filiações.

3.2.7. Entre a crítica e o respaldo: a política eclesiástica a meio termo

Houve que esperar até 1991, dois anos depois de Menem assumir a presidência deu-se a conhecer uma breve mensagem episcopal, da Comissão Permanente para ser mais preciso, com uma linguagem mais direta e menos elíptica. A avaliação da situação econômica como angustiante e o questionamento da corrupção, "processo que vem de longe e agora se generalizou" (PÁGINA/12, 14 mar. 1991), não atrapalharam o amistoso vínculo entre o máximo mandatário político e seu par eclesiástico. Em jantar com Antonio Quarracino, Menem inaugurou uma estratégia que utilizaria sempre que a Igreja dirigisse críticas que afetassem seu governo: compartilhá-las para desvincular-se das mesmas e evitar polêmicas com a instituição católica. Idêntica foi a atitude de Fernando Henrique Cardoso, embora sem êxito nos resultados. Menem apoiou em sua totalidade o comunicado da CEA, como modo de demonstrar que não havia alusões contrárias. Enquanto isso, o titular eclesiástico detalhava que a corrupção não era patrimônio exclusivo do governo, já que havia alcançado o mundo empresarial, sindical, esportivo etc. Dessa maneira, subtraiu transcendência ao conteúdo da declaração.

A cúpula da instituição católica precisou transitar por um difícil terreno no desenvolvimento da 61ª Assembleia Plenária, levada a cabo em Catamarca nesse mesmo ano, no centenário da coroação da imagem de Nossa Senhora do Vale venerada na cidade. Os bispos encontraram um clima rarefeito devido à falta de esclarecimento do assassinato da estudante María Soledad Morales, presumivelmente vinculado ao poder político provincial. Marchas de silêncio, com multidões encabeçadas pela irmã Martha Pelloni, que reclamavam uma investigação judicial do crime, impossibilitavam abstrair-se de uma atmosfera carregada de injustiça e impunidade.

Essa problemática atravessou a reunião dos bispos. Quarracino instou em sua homilia a não "deixar-se envolver por acontecimentos alheios aos fins da assembleia episcopal", já que "por olhar obsessivamente os homens pode-se correr o risco de deixar de olhar Deus" (LA NACIÓN, 16 abr. 1991). Apesar de não particularizar no caso Morales, ficava exposta sua disposição de não politizar a assembleia. Não obstante, o bispo local, Elmer Miani, havia manifestado que "as pessoas esperam um pronunciamento" (CLARÍN, 16 abr. 1991). Por seu lado, o secretário-geral da CEA, José María Arancibia, se solidarizava com a irmã Pelloni. Finalmente, o documento de encerramento do encontro episcopal, "Reflexões com a Virgem do Vale", esclareceu que a decisão de realizar a Assembleia Plenária naquela cidade não esteve motivada pela realidade política de Catamarca, sem fazer outra referência aos fatos que convulsionavam a província. O lugar da convocação tinha mais a ver com a vontade episcopal por aproximar-se das manifestações religiosas do povo crente.

Como contrapartida, a comunicação da Igreja, pela primeira vez na era menemista, tomou posição sobre a questão social. Se bem as políticas de estabilidade econômica contavam com o apoio da maioria dos bispos,[59] diagnosticou-se que "não se pode sacrificar o presente dos mais pobres por um futuro incerto; se faz urgente a apoiada implementação de uma política social com programas concretos de assistência e promoção (...)" (Bo-Cea, nº 3, 1991, p. 22). Fiel ao estilo dos documentos episcopais, a severa descrição da realidade social foi matizada com uma mensagem de esperança. Com o fortalecimento da honestidade e da solidariedade como valores arraigados na idiossincrasia do povo, e apelando às reservas morais e espirituais da sociedade, se mostrava o caminho para a recuperação moral da nação. Definitivamente, a reflexão episcopal se distanciou do contexto político explosivo que se vivia em Catamarca, mas não foi indiferente diante das incipientes reivindicações pelas sequelas das políticas de ajuste. Fundamentalmente, marcou uma linha argumentativa em continuidade às linhas pastorais para a nova evangelização, que clamava por uma justiça longamente esperada.

Naquele momento, tornou-se pública a encíclica *Centesimus annus* de João Paulo II. Influenciado pela queda dos regimes socialistas, o documento reconheceu o livre mercado como instrumento apropriado para responder às demandas econômicas das sociedades contemporâneas. Referindo-se à relação entre fé cristã e vida, o Sumo Pontífice ressaltou a necessidade de implantar um "novo humanismo cristão", desde o qual fundar uma sociedade baseada em "uma ética, uma moral e uma escala de valores que

---

[59] Os depoimentos de dois bispos, distantes do governo menemista, nos permitem perceber o estado-ambiente do episcopado então: "Os bispos não questionamos a transformação da República e sua economia. Mas as leis do mercado sozinhas não podem regular uma sociedade" (STÖCKLER. *BO-AICA*, n. 1822). "O plano econômico parece que vai dando bons resultados. Mas os bispos quisemos chamar a atenção para a realidade de um amplo setor do povo que sofre carências" (SUELDO. *BO-AICA*, n. 1824). Ora bem, a generalizada aceitação do rumo econômico adotado não se estenderia no tempo.

tem raízes na tradição cristã" (PÁGINA/12, 28 abr. 1991). Apoiados nessa concepção, os prelados argentinos mais próximos das esferas de poder não duvidaram em catalogar de cristão o plano econômico do governo de Menem. A reivindicação de uma maior eficiência em sua implementação e uma rápida visualização de resultados não ofuscava a atitude de acompanhamento. Simultaneamente, o Papa exigiu que "o ajuste econômico leve em conta os mais pobres e respeite os princípios de equidade social" (CLARÍN, 26 abr. 1992).

Sem dúvida, o custo social do ajuste foi gerando, aos poucos, posições diversas no episcopado. O ajuste monetário e fiscal, as privatizações das empresas públicas, a reconversão produtiva que multiplicou o fechamento de fábricas e demais empreendimentos e trouxe consigo o ocaso das economias regionais causavam demissões em massa, conflitos gremiais e deterioração da realidade social do país. Era embaraçoso ficar à parte. Uma vez mais, a uniformidade teológico-doutrinária se dissipava no momento de abordar questões relativas ao mundo temporal. Em algum sentido, as quatro eclesiologias se fizeram presentes no debate interno da Igreja. Claro que as convicções éticas se achavam misturadas com a maior ou menor simpatia para com o partido governante, o que impossibilita estabelecer agrupamentos lineares.

De toda forma, de modo geral, os bispos mais próximos aos princípios da neocristandade, em sintonia com o poder político, consideravam o ajuste necessário e apoiavam o programa menemista. Segundo Quarracino, "todo ajuste vai supor certamente conflito e situações difíceis. Nenhum país levantou a cabeça sem uma cota de sofrimento" (DRI, 1997, p. 143). Na mesma linha, Ogñénovich sentenciava que "a transformação da nação, a estabilidade obtida e garantida e a mudança estrutural do Estado conduzem a um custo social inevitável. É aqui onde deve aflorar o espírito do evangelho e da Doutrina Social da Igreja, que exigem desenvolver a mística da solidariedade" (BO-AICA, nº 1842). Estreitamente vinculados com o primeiro mandatário e seus íntimos colaboradores, encontravam receptividade em suas demandas orientadas a incrementar a presença e a influência social da Igreja. As leituras satisfatórias sobre a estabilidade econômica, obtida a partir do Plano de Conversibilidade do ministro da Economia, Domingo Cavallo, não eram patrimônio exclusivo do cardeal metropolitano. Rómulo García, arcebispo de Bahía Blanca, aderia ao raciocínio de Quarracino: "Depois de uma grande prostração do país, onde se estava tocando o fundo, creio que houve esforços positivos do governo, setores sociais e cidadãos para levar o país adiante. Isso não se podia fazer sem sacrifício" (Bo-Aica, n. 2014). Mergulhado na política interna, Ogñénovich não ocultava sua simpatia pelo menemismo:

> Temos de ser um pouco mais equânimes em nossas críticas ao governo. Em julho último [de 1989] estávamos em uma anarquia total e agora há mais esperança. Não esquecer que sofremos a fuga de um governo, protagonizada por Alfonsín, que não lembro tenha ocorrido antes em outras nações. Não há governo no mundo que possa resolver o problema da pobreza, já que segundo o Evangelho pobres haverá sempre (Bo-Aica, n. 1724 e 1910).

Na vereda da frente, estavam os prelados alistados no paradigma da modernidade, que interpretavam o menemismo como reencarnação do esquema de poder de meados do século XX, no qual a Igreja católica era instrumentalizada para fins políticos. A eles se somavam, com perfil mais contestador, os dignitários identificados com a cosmovisão pós-conciliar social que denunciavam o aumento escandaloso do abismo entre ricos e pobres, originando uma pauperização crescente na qualidade de vida do povo.

> O desejável êxito da estabilidade sobre a aberrante inflação não é suficiente para justificar por si mesma as arbitrariedades do plano econômico. O Papa marcou em duas oportunidades a falta de equidade dos ajustes (Hesayne. *BO-AICA*, nº 1932).

Não podemos aceitar nem compartilhar a política econômica atual por ser contrária ao mais elementar da doutrina social da Igreja e ao plano de Deus (OLMEDO. *BO-AICA*, n. 2034).

Ainda que os primeiros constituíssem o setor hegemônico da hierarquia, a sólida formação intelectual de alguns expoentes do segundo grupo os predispunha favoravelmente a plasmar suas ideias na redação dos documentos episcopais. Equidistante de ambas as posições, outro grupo de mandatários oscilava entre uma atitude acrítica em relação ao plano econômico, um apoio à estabilidade e um distanciamento do agudo e cada vez mais palpável custo social. Cabe assinalar que essas divergências na direção da Igreja não eram comparáveis às desatadas na década de 1970, muito mais radicalizadas e viscerais. Nessa oportunidade, a profundidade das deliberações de modo algum punha em questão a unidade do corpo colegiado. Refletia diferentes perspectivas eclesiásticas sobre assuntos não concernentes a núcleo doutrinário, derivadas também das díspares realidades dos bispos em suas respectivas dioceses.

É interessante especificar como os próprios envolvidos visualizaram as controvérsias. Os bispos identificados com a linha episcopal dominante minimizaram qualquer dissidência e a circunscreveram ao plano das diferentes realidades das dioceses. Por sua vez, foram os prelados descontentes com a anuência oferecida pela presidência da CEA às autoridades do governo os que marcaram os matizes e ressaltaram a diversidade de orientações. Emilio Ogñénovich, alinhado com os lemas da neocristandade e, em consequência, com o titular do episcopado Antonio Quarracino, descrevia as relações intraeclesiásticas como de "unidade em uma total e absoluta fidelidade com o Magistério da Igreja, como a todas e cada uma das normas e atividades da Santa Sé. Nunca, como nos últimos anos, constatei um clima de autêntica cordialidade, fraternidade e unidade entre os bispos" (BO-AICA, nº 1845). Outra leitura transparece nas palavras de Pedro Olmedo, defensor dos princípios da eclesiologia pós-conciliar social: "No episcopado, houve grupos que se apadrinharam com Menem, obtendo seus próprios benefícios, embora se prejudicasse o conjunto. Isso nos valeu desgostos e interferências" (OLMEDO, 2000).

A insistência do Vaticano reclamando pelos setores mais desprotegidos do sistema para que não se convertessem em vítimas dos programas econômicos,[60] lentamente foi propagando um ambiente crítico em um episcopado sensibilizado pela questão social.[61] Assim como nas variáveis da teologia dogmática, esse corpo evidencia um caráter romanizado, seguindo minuciosamente os ditames de Roma; também em matéria social, a Conferência Episcopal projetou sua prédica de acordo com as declarações de João Paulo II. Com a crise social, a Igreja argentina encontraria a ocasião propícia para recuperar credibilidade e presença social. Mais ainda se levamos em conta seu retrocesso no campo religioso e o crescimento de outras congregações religiosas.

Em uma tentativa de moderar os juízos negativos contra o governo de Menem – o então bispo de Posadas, Carmelo Giaquinta, havia denunciado o contraste entre "as exigências de austeridade e restrição com relação às classes mais humildes e em outros estamentos há uma certa frivolidade" (PÁGINA/12, 5 nov. 1991) –, o presidente da CEA sublinhava os esforços concretos do Estado para reverter a delicada situação social. Por outro lado, declarava que "gente desempregada há em toda parte" (PÁGINA/12, 8 nov. 1991). Simultaneamente, abria os canais do episcopado para que tanto Menem como os ministros da economia, Domingo Cavallo, da educação, Antonio Salonia, e da ação social, Avelino Porto, dessem conta das políticas orientadas para os setores mais vulneráveis da estrutura social.

---

[60] Na encíclica *Centesimus Annus*, de 1991, João Paulo II sustentou que o capitalismo deve enquadrar-se "em um sólido contexto jurídico que o ponha a serviço da liberdade humana integral", repudiando a versão selvagem desse sistema, que se concretiza em situações de injustiça e exploração (JOÃO PAULO II. *Centesimus Annus. Apud* PÁGINA/12, 9 nov. 1993).

[61] Principalmente os bispos do interior do país, com contatos mais diretos com as paróquias e as bases da Igreja, que, por sua vez, são as primeiras receptoras do descontentamento coletivo, repetiam em uníssono a gravidade da situação social que o país atravessava.

Transmitindo diretamente as inquietações aos responsáveis das pastas governamentais, pensava, se restringiria a possibilidade de pronunciamentos coletivos contundentes e contestadores.

Os inumeráveis jantares entre dirigentes políticos do governo e alguns representantes da Igreja, as repetidas "visitas" de altos funcionários às reuniões plenárias dos bispos e os permanentes esclarecimentos de Quarracino, reduzindo os decibéis das mensagens episcopais, acabaram por gerar um clima de confusão e uma imagem de ambiguidade da instituição católica em relação à sociedade. E diante de cada fato de transcendência pública que envolvia algum expoente da Igreja a nível local ou internacional apareciam porta-vozes ratificando ou retificando aquela decisão. Assim ocorreu quando João Paulo II sustentou que "os poderes públicos têm de velar para que os setores mais desprotegidos não sejam vítimas dos planos de ajuste" (PÁGINA/12, 14 maio 1992). Suas declarações, durante a apresentação das credenciais do embaixador argentino no Vaticano, Francisco Trusso, evidenciaram as contradições que no seio do episcopado gerava o custo social do ajuste implementado pelo governo de Menem. Os setores eclesiásticos mais próximos da gestão justicialista atenuaram rapidamente a advertência papal, ao esclarecer que não se referia especificamente à Argentina. Nesse sentido, Quarracino afirmou que o Sumo Pontífice alertava o mundo inteiro. Em troca, para Jorge Casaretto, bispo de San Isidro, "a reivindicação do Papa a favor de uma maior equidade na distribuição dos custos do ajuste esteve dirigida expressamente à Argentina" (PÁGINA/12, 3 abr. 1992). Conforme o presidente do episcopado, Ogñénovich apontou "os desníveis sociais [como] um escândalo que vem de longe" (PÁGINA/12, 3 abr. 1992).

Como retribuição pelo apoio que os bispos afins haviam dispensado ao governo, as autoridades menemistas atenderam especialmente às demandas eclesiásticas em matéria de radiodifusão – a Igreja pretendia estruturar uma rede de emissoras católicas em todo o país – e de educação – a instituição aspirava a que a nova lei federal de educação estivesse baseada nos princípios católicos. O favoritismo para com determinados prelados não terminou ali: graças à resolução nº 83 da Secretaria Geral da Presidência, 1,5 milhão de pesos foram destinados a fundações e obras de caridade das dioceses tidas próximas pelo governo. A arquidiocese de Buenos Aires – Quarracino era seu titular – e os bispados de San Justo, Lomas de Zamora, Mercedes-Luján e Castrense, a cargo de Meinvielle, Collino, Ogñénovich e Martina, respectivamente, acabaram sendo credores da contribuição. Por outro lado, o subsecretário de Ação de Governo daquela dependência presidencial, Esteban Caselli, contava com um pacote orçamentário de 15 milhões de dólares anuais que podiam ser destinados a municípios, pessoas e bispados. Boa parte, distribuída sob um critério clientelista e discricionário, foi outorgada às dioceses "amigas". Os aportes não reintegráveis do Tesouro Nacional, outorgados pelo ministério do interior, completavam o círculo de dinheiro que transitava das mãos oficiais às de alguns eclesiásticos, sem controle institucional nenhum.

Como poder-se-á notar, ficava exposto o tradicional *modus vivendi* da Igreja. Legitimidades mútuas entre o poder político e o poder eclesiástico como fórmula orientada a reproduzir a ascendência católica nas altas esferas de governo. A percepção da cidadania acerca dessa lógica de ação não era uma variável ainda contemplada pelos estrategistas da Igreja. Mais alguns anos adiante, a questão da imagem que institucionalmente se transmitia à sociedade ingressaria na agenda de discussão eclesiástica e impulsionaria uma reformulação das políticas com o "exterior". O certo é que a secularização crescente da cultura e a pluralização do campo religioso, que repercutiam em uma perda do centralismo católico na sociedade civil, não tinham equivalente nas relações institucionais de poder. A influência política da Igreja argentina permanecia intacta.

Por sua parte, o governo, através de Eduardo Bauzá, secretário-geral da presidência, de seu subsecretário Esteban Caselli e de Gustavo Beliz, ministro do interior, interpelava a Igreja como a um partido político aliado.

Na véspera das eleições parlamentares de 1993, traçou uma estratégia para envolver os líderes católicos nas políticas sociais oficiais, tentando neutralizar qualquer pronunciamento dissonante sobre o custo social do ajuste econômico. Com o lançamento dos planos nutricionais e de pequenos empreendimentos produtivos, o poder político formalizou o pedido para que a instituição católica gerisse a implementação desses programas sociais. O núncio Ubaldo Calabresi e dez bispos com diálogos fluidos com as autoridades – Italo Di Stéfano (presidente da Comissão Episcopal de Pastoral Social), Emilio Ogñénovich, Desiderio Collino, Mario Maulión, Rómulo García, Rubén Di Monte, Raúl Casado, Antonio Baseotto, Jorge Meinvielle e Enrique Tomassi – aceitaram a proposta em um almoço oferecido pelo presidente Menem. Em suas respectivas dioceses, intermediariam a outorga dos subsídios.

Mas o menemismo não havia considerado que no episcopado nem todas as vozes eram coincidentes. E que entabular um acordo com sua direção não implicava acatamento dos demais, já que estatutariamente o presidente do mais alto organismo católico no país não dispõe de atribuições sobre as gestões diocesanas. Diferente é o caso dos partidos políticos, onde um pacto de cúpula termina geralmente por incorporar o resto dos dirigentes e militantes partidários. Por isso, surgiram na Igreja opiniões opostas ao que considerava uma "instrumentalização", por parte do governo, das estruturas eclesiásticas. Com um matiz ideológico, Miguel Hesayne, bispo de Viedma, sustentou que o plano expressava "uma forma de beneficência do capitalismo liberal" (HESAYNE. *Apud El Cronista*, 28 jan. 1993). Além dessa afirmação, a discussão de fundo permanecia inalterável. Os bispos que defendiam a independência da Igreja frente os poderes de turno como símbolo de fidelidade ao Evangelho se perguntavam se a participação em um plano social do governo, em ano eleitoral, não diluía a separação do binômio Igreja-Estado. Os dignitários que haviam comparecido à recepção na Casa de Governo interpretavam o gesto presidencial como "um reconhecimento da presença que a Igreja tem junto aos mais pobres e da idoneidade para distribuir esses fundos" (PÁGINA/12, 9 mar. 1993). Uma vez mais, primou na instituição religiosa uma lógica institucional. Assim como em um período pré-eleitoral, a Igreja geralmente se priva de emitir observações para evitar leituras errôneas destas; ante as discórdias pela aceitação ou não do oferecimento governamental, a Comissão Permanente optou por não inovar, ou seja, por rechaçar a proposta para gerir os programas oficiais.

Enquanto isso, o conteúdo das cartas pastorais de um número crescente de bispos se distanciava cada vez mais dos pronunciamentos coletivos no âmbito da Assembleia Plenária, mostra das diferentes lógicas que prevalecem em cada espaço. Na carta pastoral de Quaresma de 1993, o bispo de San Isidro, Jorge Casaretto, descrevia a situação de quatro milhões de argentinos que "como excluídos em condições de saúde, alimentação, moradia, trabalho, vestuário, educação tão denegridas não podem ter acesso a condições mínimas de dignidade humana" (CASARETTO. *Apud Página/12*, 30 mar. 1993). Dante Sandrelli, bispo de Formosa, declarava que "os pobres não podem esperar mais" (SANDRELLI. *Apud Página/12*, 11 abr. 1993). Em sua mensagem de Pentecostes, Hesayne exortava a não haver engano "quando nos digam que a economia de mercado é a solução para todos nossos males" (HESAYNE. *Apud Página/12*, 1 jun. 1993), acrescentando que "a democracia é nominal porque uma democracia sem liberdade e sem justiça social não é democracia" (HESAYNE. *Apud Página/12*, 29 jul. 1993). Por último, um comunicado dos bispos da província de Corrientes – Antonio Rossi, Luis Stöckler e Alfonso Delgado, este último ligado à obra da *Opus Dei* – reconhecia os esforços realizados na ordem econômica, mas alertava para "o estado de prostração em que se encontra parte de nosso povo" (HESAYNE. *Apud Página/12*, 29 jul. 1993).

De um lado, cresciam a nível diocesano as contestações pela generalizada situação de iniquidade social; de outro, os documentos episcopais se omitiam quanto a essa problemática. Torna-se evidente que, no contexto das dioceses, os prelados contam com liberdade e autonomia para transmitir suas visões e concepções da realidade por meio de seus comunicados. Atributos que não se perdem nas reuniões coletivas dos mandatários, mas que se veem limitados pela marcante tendência a preservar a unidade do corpo. Assim, a cuidadosa observação dos movimentos e das declarações do conjunto tende a gerar um esquema de funcionamento centrípeto, muito mais moderado.

Em fins de 1993, a Assembleia Plenária da CEA devia designar suas novas autoridades. Ante o explícito confronto entre diversos setores eclesiásticos pelo modo de conceber a relação com o poder político e de posicionar-se diante do custo social do ajuste – as contradições manifestas nunca transcenderam o plano das questões escatológicas –, as implicações desse processo eleitoral eram esperadas com mais ansiedade que de costume. No caso do menemismo, que havia posto em seu horizonte a reeleição, a continuidade de Quarracino significava a perdurabilidade de um laço amistoso com a liderança católica.

Para sua sorte, apesar da proposta para que o cardeal Primatesta retornasse à presidência do episcopado, levantada pelo grupo de bispos que mais questionava as consequências sociais da política econômica,[62] o arcebispo de Buenos Aires foi reeleito para conduzir a CEA. Ficava ratificado assim um particular estilo de condução na Igreja. Para os restantes cargos da Comissão Executiva foram ratificados Estanislao Karlic e Emilio Bianchi Di Cárcano como vice-presidentes, e José Luis Mollaghan, homem de confiança do presidente do corpo e, à época, recentemente ordenado bispo auxiliar de Buenos Aires, foi designado secretário-geral. Italo Di Stéfano e Jorge Meinvielle, dois bispos que em mais de uma oportunidade sintonizaram com o governo de Menem, revalidaram suas gestões à frente das importantes Comissões de Pastoral Social e Educação Católica. Por sua

---

[62] A candidatura de Primatesta foi colocada mais com a intenção de bloquear as aspirações reeleitoreiras de Quarracino do que com a convicção de representação pelo pensamento do prelado de Córdoba. Não obstante, Primatesta era partidário da necessidade de desvincular a Igreja dos círculos do governo.

parte, Juan Carlos Maccarone foi designado para presidir a Comissão de Fé e Cultura, enquanto que José María Arancedo a do Apostolado Laico. Ambos integravam uma nova geração de prelados, singularizada por uma menor receptividade com as atitudes condescendentes em relação ao poder político. Os espiritualistas Luis Villalba e Domingo Castagna ocuparam as áreas de Catequese e Vida Consagrada, respectivamente. Na contramão do perfil dominante, encaixado com matizes no paradigma da neocristanda-de, Jorge Casaretto foi nomeado titular da Comissão de Meios de Comu-nicação, sucedendo Desiderio Collino. O cardeal Primatesta não ficou de mãos vazias: marcaria o rumo da Pastoral Familiar nos três anos seguintes. Desse modo, completava-se o mapa dos espaços de gestão mais relevantes do máximo órgão de representação eclesiástica. Um mapa que certificou a hegemonia de uma corrente eclesiológica, mas também a integração das restantes e discordantes perspectivas.

3.2.8. A Reforma Constitucional de 1994

No mesmo momento em que o governo de Menem, por volta de 1992, prestava-se a incentivar uma série de modificações na Carta Magna, anunciou à Igreja católica que a parte dogmática da Constituição – as se-ções referentes às declarações, direitos e garantias – ficariam fora dos pon-tos a reformar. Traduzido na prática, a instituição eclesiástica podia confiar em que seu *status* constitucional não sofreria alteração alguma. E que as referências a Deus e ao sentido da transcendência permaneceriam no novo estatuto constitucional.

Conscientes do peso político de que gozam seus pronunciamentos, o episcopado determinou a formação de uma comissão *ad hoc* com o ob-jetivo de confeccionar um documento que plasmasse as principais ideias do pensamento católico. Tal comissão esteve integrada pelo arcebispo de Córdoba, Raúl Primatesta; os bispos de Mar del Plata e Azul, José

María Arancedo e Emilio Bianchi Di Cárcano; e um grupo de especialistas constitucionalistas. Sabia-se que um interesse básico da Igreja era a preservação da referência a Deus como fonte de toda razão e justiça no Preâmbulo da Constituição, para não atentar contra a história, os valores e a cultura nacional. Do mesmo modo, preocupava à instituição católica a explicitação da defesa da vida humana desde a concepção até o último suspiro, como obstáculo jurídico a qualquer proposta legislativa sobre o aborto e a eutanásia.

Em sua função de fiscal ética dos comportamentos políticos, a Igreja denunciou com rigidez o procedimento para lograr a reforma constitucional. O acordo superestrutural ao qual chegaram os líderes dos dois partidos majoritários, Menem pelo Partido Justicialista e Alfonsín pela União Cívica Radical, sob a ótica eclesiástica, não respeitava o legítimo exercício dos poderes constituídos, já que se sobrepunha à atividade do Congresso e do Poder Judiciário. Para Primatesta, coordenador da comissão *ad hoc* formada para essa temática, a metodologia dos dirigentes políticos punha em risco a validade da futura Constituição. Por sua parte, a Comissão Permanente indicava que "o caminho percorrido até agora vem sofrendo condicionamentos que comprometem a ação dos poderes do Estado, a responsabilidade dos legisladores, a estabilidade dos juízes" (Bo-Cea, nº 8, 1994, p. 8).

Um comunicado da Comissão Permanente, em fins de 1993, antecipou alguns dos conteúdos expostos no documento definitivo: "que a Constituição reconheça Deus como fonte de toda razão e justiça; a invocação de Deus pertence a uma longa tradição histórica. A referência a Deus reafirma nossas raízes mais profundas e dá sentido a nosso ser de nação, que nasceu e cresceu na fé cristã; os direitos humanos [entre os quais se inclui o direito à vida desde sua concepção] são anteriores a toda lei" (Bo-Cea, nº 7, 1993, p. 25).

A reflexão reproduzia uma análise firmemente arraigada no pensamento dos homens da Igreja, que igualava o ser católico ao ser nacional. Quando se tratava de defender os pilares constitutivos da amálgama social, os bispos fechavam a questão em prol de um objetivo comum: a sentença para que todas as ações humanas remetam, em última instância, ao Ser Superior.

Finalmente, quando foi sancionada a lei 24.309, que convocava a reforma constitucional, a instituição católica distribuiu um material justificado a partir da legitimidade que lhe revelava sua presença na história argentina, inclusive com anterioridade à organização nacional. Idealizado como uma contribuição da Igreja aos princípios que não deviam ser omitidos na redação da Carta Magna, propôs como metodologia "avançar junto com o consenso, de acordo com os diversos setores políticos sociais, econômicos, culturais, religiosos etc." (CEA, 1994, p. 11).

Para a definição da relação Igreja-Estado, o aporte episcopal sugeriu a transcrição da fórmula consagrada na Constituição da província de Córdoba, de 1987. Precisamente o artigo 6, referente a que

> a nação Argentina, de acordo com sua tradição cultural, reconhece e garante à Igreja católica Apostólica Romana o livre e público exercício de seu culto. As relações entre esta e o Estado Federal se baseiam nos princípios de autonomia e cooperação. Igualmente garante aos demais cultos seu livre e público exercício, sem mais limitações que as que prescrevem a moral, os bons costumes e a ordem pública (CEA, 1994, p. 20).

O texto proporcionado aos convencionais constituintes refletiu também a posição eclesiástica sobre diversos temas, como os direitos humanos, a família, a educação, a propriedade privada, o trabalho, os aborígines, os partidos políticos e a democracia. Ressaltou-se que os direitos da pessoa antecediam os poderes do Estado. Nesse sentido, se insistia na impossibilidade de serem modificados como produto de um consenso conjuntural. A Carta Magna cordobesa voltou a ser mencionada quando se abordou o direito à vida. Dessa vez, apelou-se a seu artigo 4: "A vida humana desde sua concepção, a dignidade e a integridade física e moral da pessoa são invioláveis" (CEA, 1994, p. 23).

Em virtude de na antiga Constituição Nacional não haver disposições em relação à família como instituição, a Igreja aproveitou a oportunidade e propôs a necessidade de incluir algumas especificações: "A família, fundada no matrimônio – aliança perpétua entre o homem e a mulher –, núcleo primário e fundamental da sociedade, será objeto de preferencial atenção por parte do Estado" (CEA, 1994, p. 23-24).

Quanto à educação, solicitou-se cumprir com a lei federal da educação, inspirada no Congresso Pedagógico Nacional, a qual concebe o ensino em termos ampliados, enquanto o religioso é levado em conta como aspecto da personalidade humana. Ao mesmo tempo, explicitou-se uma congênita convicção episcopal: a do direito dos pais de decidir, de acordo com suas convicções, a educação religiosa ou moral para seus filhos, inclusive nos estabelecimentos educativos estatais.

Interessante resultou o pedido de eliminação no artigo 67 da Constituição anterior, do inciso 15, que promovia a conversão dos índios ao catolicismo. O documento da Igreja foi expedido a favor de sua supressão, enquanto o julgava ofensivo para os povos aborígines. Igualmente, pediu para que os direitos dos indígenas fossem contemplados na nova lei fundamental.

Como poderá notar-se, uma espécie de manual que repassava o índice temático das principais dimensões do ser humano e de sua vida em sociedade. A reformulação do retrato institucional da identidade nacional – a Carta Magna era visualizada dessa maneira – assumia uma importância tal que a Igreja não podia considerar-se ausente do debate e do produto final. Sobressaiu, por sua ausência, alguma observação sobre a cláusula confessional do presidente. A falta de unanimidade no episcopado motivou a classificação desse assunto como questão pendente. Uma vez mais, confirma-se nosso pressuposto de contemplar *o que não diz* a Igreja para identificar a disparidade de critérios existentes.

Paralelamente, circulou entre os responsáveis por reformar a Constituição um documento assinado por três bispos católicos – Jorge Novak,

Miguel Hesayne e Joaquín Pina – e líderes de organizações religiosas protestantes – Metodista, Valdense, Luterana e Evangélica do Rio da Prata. Orientado pela defesa dos direitos sociais, o material instava ao reconhecimento constitucional do acesso de toda a sociedade a saúde, alimentação, vestuário, moradia e educação. Por outro lado, sugeria a separação entre a Igreja e o Estado, a igualdade real entre os credos e a eliminação de requisitos religiosos para acesso a cargos de governo (PáGINA/12, 1º jun. 1994). O texto sintetizou uma experiência inédita de produção ecumênica que se diferenciava das petições expostas pela cúpula da Igreja católica. Nessa linha, Novak sugeria o "reconhecimento dos direitos legítimos e inalienáveis dos aborígenes na Constituição que se está por reformar. Os convencionais constituintes não haveriam de desperdiçar a hora histórica de satisfazer uma dívida centenária da justiça" (BO-AICA, nº 1.949).

Já em pleno processo de reformas, o projeto oficial, após uma primeira sondagem nos quadros eclesiásticos, estipulou a eliminação do requisito de "catolicidade" para ser candidato a presidente.[63] Visto e considerando que as autoridades políticas haviam-se desprendido de toda ingerência em matéria de patronato desde a concordata de 1966 –motivo pelo qual era justificada a ligação confessional do presidente –, tal prescrição resultava anacrônica. Os bispos praticamente não colocaram objeções à supressão daquela disposição. Não obstante, manifestaram-se a favor de preservar o juramento do máximo mandatário político ante Deus e a pátria, independentemente de sua filiação religiosa. O respeito a uma realidade cultural teísta, cristã e católica fundamentava esse pedido. A declaração do Secretário de Culto, em representação do governo, respondia com acréscimos à inquietação eclesiástica:

---

[63] Apenas Juan Laise, bispo de San Luis, havia-se manifestado publicamente contra essa proposta: "Que na reforma da Constituição se tenham em conta os antecedentes que se referem à religião católica do presidente, do mesmo modo que se faz em outros países com religião definida como Inglaterra, Israel ou países árabes. Os heróis da Independência como San Martín e Belgrano legaram à posteridade um estilo de vida manifestamente cristão e católico" (LAISE. BO-AICA, n. 1941).

A Constituição não deve ficar vazia de uma referência ao papel histórico da Igreja católica na Argentina sem que isso signifique um privilégio. A Argentina não é um Estado católico, mas sim uma nação católica. O papel da Igreja católica na Argentina não é de privilégio, mas sim de preponderância, baseado não em um poder político, e sim em sua permanência histórica, cultural e geográfica (Centeno. *BO-AICA*, n. 1.843).

Para não ficar ausente das discussões, a 67ª Assembleia Plenária da CEA decidiu enviar seus representantes à Assembleia Constituinte, para seguir de perto os acontecimentos. Com essa missão, instalaram-se em Santa Fé, sede do encontro, os membros da comissão *ad hoc*, Primatesta, Bianchi Di Cárcano e Arancedo, somando-se o então bispo auxiliar de Lomas de Zamora e presidente da Comissão de Fé e Cultura do episcopado, Juan Carlos Maccarone, e o dignitário local, Edgardo Storni. Além disso, deve-se acrescentar Jaime De Nevares, bispo de Neuquén, que também estava em Santa Fé, mas como constituinte, pois havia sido eleito por vontade popular. Embora De Nevares não representasse o pensamento da maioria da hierarquia católica, não deixava de ser um dos "seus" na hora de defender os princípios básicos sustentados pela Igreja.

Sucederam-se então reuniões entre altas figuras eclesiásticas e os expoentes políticos de todas as bancadas. Ao presidente Menem, pediu-se garantia constitucional de condenação do aborto, o financiamento dos seminários de formação religiosa, a manutenção dos templos e, no protocolar, a sustentação dos "*Te Deum*" e demais cerimônias religiosas oficiais. Com uma clara intencionalidade política como pano de fundo, Menem instruiu os convencionais justicialistas a incorporar a defesa do direito à vida,[64] tal como pretendia a instituição eclesiástica. Seu projeto de reeleição buscava dessa maneira contar com o apoio da hierarquia ca-

---

[64] A superatuação de Menem para mostrar-se consubstanciado com os preceitos doutrinários do pensamento católico se propagou no plano internacional: na cúpula ibero-americana de Cartagena, incentivou sem êxito um pronunciamento de todos os presidentes sobre a questão do aborto (La Nación, 11 jul. 1994).

tólica. Tal comportamento não tinha custos políticos nem implicações na prática. Recordemos que a Convenção não estava autorizada a introduzir modificações na parte dogmática da lei fundamental. O impedimento de legislar sobre os direitos essenciais da pessoa humana, contidos no capítulo sobre "Declarações, direitos e garantias", convertia as palavras de Menem em apenas uma expressão de desejos. Em definitivo, o tema do aborto se erguia como ótima oportunidade para coincidir em plenitude com os prelados e subtrair centralidade à questão social, ao redor da qual se haviam gerado inúmeras controvérsias.

Os bispos entabularam conversações também com o líder do radicalismo, Raúl Alfonsín, e com os chefes de bloco das demais forças políticas para que apoiassem os direitos das "crianças por nascer". A Igreja iniciava assim uma ofensiva para que a futura Constituição rejeitasse explicitamente o aborto. A Comissão Permanente deu a conhecer, em pleno processo de sessões da Convenção, o documento "A favor da vida", acrescentando um elemento a mais de pressão. O escrito deixava clara a oposição ao aborto em todas as circunstâncias, já que "ninguém é proprietário da vida de um homem, nem sequer o pai ou a mãe; e ninguém pode colocar-se no lugar do ser concebido para preferir em seu nome a morte ou a vida" (Página/12, 12 ago. 1994). Enquanto isso, Quarracino, desde Buenos Aires, ressaltava que se estava diante de um problema moral e nacional, classificando de "criminosos" os convencionais que votassem pelo aborto. Simultaneamente, felicitava o governo argentino por sua posição "exemplar com respeito à família e ao aborto" em foros internacionais, instando a conservar essa tônica na Conferência sobre População e Desenvolvimento que se realizaria em breve no Cairo (Clarín, 17 jul. 1994).

Finalmente, os constituintes encontraram uma forma elegante de responder parcialmente à persistente demanda eclesiástica. Com a incorporação do Pacto de San José da Costa Rica à nova Constituição, a punição ao aborto ficou considerada indiretamente. O artigo 4 da Convenção Americana sobre os Direitos Humanos – denominação oficial daquele pacto

– estabelece que "toda pessoa tem direito a que se respeite sua vida e que este direito estará protegido por lei, a partir do momento da concepção" (LA NACIÓN, 8 ago. 1994). Por sua vez, o inciso 23 do artigo 75 da nova Carta Magna habilitou o Congresso Nacional a "ditar um regime de segurança social especial e integral em proteção à criança, desde a gravidez até a finalização do período de ensino elementar". O alcance dessa legislação não satisfazia na íntegra os desejos episcopais. Se bem significasse um avanço em relação à lei suprema precedente, não cancelava a possibilidade de praticar o aborto em casos excepcionais.[65] Quanto a outros aspectos, a Carta Magna suprimiu, como era de esperar, o requisito da adscrição católica do presidente e do vice. Conservou o *status* predominante da Igreja católica ao garantir-lhe um auxílio mensal para a sustentação de seu culto e determinou que as concordatas com a Santa Sé gozassem de nível superior ao das leis.

A experiência de Santa Fé colocou de manifesto a metodologia que ativa a Igreja nos momentos extremos que assentam precedentes para a posteridade. Com o propósito de que suas convicções apareçam chanceladas constitucionalmente, utiliza uma gama de estratégias – documentos, mensagens, reuniões, gestões particulares – para alcançar seus objetivos. Nesse ponto, por cima das diferentes perspectivas eclesiológicas que desembocam em inquietações divergentes, a totalidade dos bispos aprovou a postura de incidir para que a lei suprema estivesse imbuída dos preceitos cristãos. Seja no sentido de salvaguardar no novo texto "a tradição histórica de indiscutível raiz católica" ou no de constituir um *corpus* legal que consolide as bases de uma sociedade moderna.

---

[65] Em contrapartida, a Constituição da província de Buenos Aires que também estava em processo de reformas estabeleceu em seu artigo 12 que o direito à vida se inicia com a concepção e reconhecia a família como "agente educador e socializador primário" (CONSTITUIÇÃO DA PROVÍNCIA DE BUENOS AIRES. Artigo 12. *Apud BO-AICA*, n. 1970).

3.2.9. Os temas de sempre despertam novas preocupações

Em meados da década de 1990, surgiram novas denúncias contra alguns integrantes da hierarquia eclesiástica por suposta cumplicidade com atos violadores dos direitos humanos durante a última ditadura militar. A elas se somavam as confissões do capitão de corveta aposentado Adolfo Scilingo sobre o conhecimento que parte do próprio corpo religioso tinha das atividades da Escola Mecânica da Armada e o expresso pedido papal[66] para que todas as Igrejas do mundo fizessem um exame de consciência sobre os pecados cometidos ao longo da história. O fim do século estava próximo, e segundo a visão do Pontífice a Igreja não podia "atravessar o umbral do novo milênio sem incentivar seus filhos a se purificarem no arrependimento de seus erros, infidelidades, incoerências e lentidões" (LA NACIÓN, 11 dez. 1995).

Nesse contexto, os bispos empreenderam uma revisão coletiva sobre seu desempenho no passado. O tema dos desaparecidos e as atrocidades cometidas pelo governo de fato em fins da década de 1970 voltavam a ocupar lugar na agenda pública e também na eclesiástica. A Conferência Episcopal recebeu a visita de uma delegação de mães da Praça de Maio enquanto sucessivas Assembleias Plenárias dedicaram quase a totalidade das sessões à elaboração de uma resposta com consenso de todos os bispos. Enquanto Jorge Novak, a título pessoal, enfatizava que "dos desaparecidos resulta uma carga pesada para nossa consciência eclesiástica" (PÁGINA/12, 29 abr. 1995), outros prelados defendiam a ideia de não se concentrar em um episódio específico da história para esquivar-se de uma politiza-

---

[66] Estamos fazendo referência à Carta Apostólica de João Paulo II *Tertio millennio adveniente*. Além de incentivar uma autocrítica, indicou entre os erros cometidos no passado os "atos que prejudicaram a unidade querida por Deus, os métodos de intolerância e de violência no serviço à verdade, os crimes ou atropelos perpetrados em nome da fé, a responsabilidade de muitos cristãos em terem se deixado envolver na atmosfera de secularismo e relativismo ético, a falta de discernimento que levou não poucos cristãos a aprovar a violação de fundamentais direitos humanos por parte de regimes totalitários, a falta de recepção das diretrizes fixadas pelo Concílio Vaticano II" (JOÃO PAULO II. *Tertio millennio adveniente*. *Apud La Nación*, 21 nov. 1994).

ção da autocrítica. Não faltava quem polemizasse com a postura de tornar público o pedido de perdão. As discussões não relembravam somente a atitude eclesiástica frente às violações dos direitos humanos. Atendendo à exortação papal, as avaliações sobre a aplicação dos preceitos do Concílio Vaticano II também eram motivo de controvérsia.

Enfim, uma reflexão que integrasse as posições dos prelados se demorava semestre a semestre; segundo os próprios atores, por "falta de tempo para plasmar juntos nosso pensamento em um documento escrito" (Bo--Cea, nº 11, 1996, p. 8). Encomendou-se a uma comissão *ad hoc*, integrada por Estanislao Karlic, Jorge Casaretto, Gerardo Sueldo, Juan Carlos Maccarone e José Luis Mollaghan, acrescentando a seguir Carmelo Giaquinta e Eduardo Mirás, para a redação de um primeiro documento. Mas os rascunhos elaborados não conseguiam passar o filtro do debate da Assembleia Plenária. Alguns bispos eram reticentes quanto ao reconhecimento aberto de suas próprias culpas. Enquanto isso, adiantava-se que "a presumível participação de membros da Igreja católica em fatos repudiáveis como a supressão violenta de pessoas durante o último governo militar é condenável por contrária ao Evangelho e à dignidade da pessoa humana" (Página/12, 30 abr. 1995) e que "nem sempre soubemos ter discernimento, não oferecemos o testemunho pessoal de Jesus Cristo" (Página/12, 9 dez. 1995).

> Se algum membro da Igreja, qualquer que fosse sua condição, tivesse avalizado com sua recomendação ou cumplicidade alguns desses fatos, teria atuado sob sua responsabilidade pessoal, errando ou pecando gravemente contra Deus, a humanidade e sua consciência (*Bo-Cea*, n. 10, 1995, p. 17).

O adiamento de uma mensagem autocrítica acerca das responsabilidades da Igreja na história – especificamente sua atividade na ditadura militar mais recente e ante a violação dos direitos humanos –, explicava--se pelas contradições internas que se evidenciavam no episcopado, pela dificuldade para concretizar um exame de consciência comum em um contexto plural. E refletia que os tempos de definições na Igreja costumam ser muito mais dilatados que os de qualquer outra estrutura organizativa. O contraste era evidente: em termos pessoais, um considerável número de bispos coincidia com a disparidade entre os pronunciamentos e as ações que caracterizou a instituição eclesiástica durante o período militar; "houve poucos gestos" repetiam em uníssono. Diluídos no conjunto, não conseguiram aglutinar uma maioria para que a assembleia assumisse essa advertência como própria.

Finalmente, o documento "Caminhando para o terceiro milênio" revelou de certa forma o consenso possível sobre o papel da Igreja durante o regime militar. Após vários rascunhos e extensas discussões nas sessões coletivas, o episcopado conseguiu confluir para uma reflexão pastoral comum, aprovada por ampla maioria – presume-se que 71 bispos votaram a favor, 3 contra e 1 absteve-se – na 71ª Assembleia Plenária de abril de 1996. Para isso, prevaleceu o raciocínio que associava a necessidade de um reconhecimento dos erros cometidos com a obtenção de uma maior credibilidade para o labor pastoral. Contudo, o produto final, resultado de negociações e concessões entre as diferentes perspectivas, não encerrou o capítulo da questão militar nas proposições eclesiásticas. No ano 2000, em pleno desenvolvimento do Grande Jubileu, a Igreja incidiu novamente sobre essa temática,[67] como sinal de que o debate não havia ficado liquidado.

Voltando à reflexão pastoral, no quadro da "teoria dos dois demônios", a hierarquia católica condenou por igual o terrorismo de Estado e a chamada subversão.

---

[67] O novo exame de consciência se materializou no documento episcopal "Reconciliação dos batizados: confissão de culpas, arrependimento e pedido de perdão da Igreja na Argentina", emitido em 2000, com motivo da celebração do Jubileu no Encontro Eucarístico Nacional. Nessa oportunidade, os bispos assumiram a ausência de gestos concretos de acordo com a realidade imperante durante o período militar e pediram perdão pelas culpas, as omissões e os erros cometidos no transcurso da história argentina. Igualmente, por haver oposto resistência às mudanças incentivadas pelo Concílio Vaticano II, por não ter rejeitado adequadamente o antissemitismo e pela escassa atenção à comunhão com os outros cultos cristãos (BO-AICA, n. 2283).

Houve católicos que justificaram e participaram da violência sistemática como modo de libertação nacional, tentando a tomada do poder político e o estabelecimento de uma nova forma de sociedade inspirada na ideologia marxista. E houve outros grupos, dentre os quais se contaram muitos filhos da Igreja, que responderam ilegalmente à guerrilha de uma maneira imoral e atroz, que nos envergonha a todos (Bo-Cea, n. 11, 1996, p. 29).

Lembrou as gestões privadas e os documentos emitidos que reclamavam o respeito pelos direitos humanos, mas reconheceu a insuficiência destes.

Desde o início dessa tragédia se procurou anunciar, com toda clareza, o Evangelho da justiça (...). São numerosos os documentos que testemunham esse ensinamento sobre a necessidade do estado de direito, a inviolabilidade dos direitos humanos e a maldade de todos os crimes contra as pessoas e a convivência social (Bo-Cea, n. 11, 1996, p. 29).

A defesa da vida e da dignidade humana foi contemplada não só nos comentários sobre violência guerrilheira e repressão ilegal. Os juízos críticos para o aborto, da eutanásia e da exclusão social se situaram em um pé de igualdade dentro do mapa de atos violadores dos direitos humanos. O exame de consciência não esqueceu de mencionar a indiferença religiosa e o secularismo e relativismo presentes na cultura contemporânea. Como poderá notar-se, a análise sobre o comportamento da Igreja durante os tempos do governo militar, se bem tenha ocupado o centro das discussões plenárias entre os bispos, não teve mais que um conciso comentário no documento final. De fato, a finalidade principal da reflexão pastoral, tal como foi explicitada, radicava na difusão dos elementos preparatórios do Jubileu 2000.

Se ingressarmos nas omissões do material ou, seguindo nossa linha de argumentação, nos conceitos que não abarcaram o consenso do corpo episcopal, salta à vista que em nenhum momento se tenha especificado a situação das pessoas desaparecidas. Do mesmo modo, praticamente não se registram apreciações em torno das estratégias implementadas pela liderança católica no período em questão.

Naquele momento, o episcopado julgou que devia combinar a firme denúncia das transgressões com frequentes gestões ante a autoridade. Não poucos julgam que os bispos deveriam ter rompido toda relação com as autoridades, pensando que tal ruptura significaria um gesto eficaz para conseguir a liberdade dos detidos. Somente Deus sabe o que teria ocorrido se fosse tomado esse caminho. Mas sem lugar a dúvidas, todo o feito não foi suficiente para impedir tanto horror (Bo-Cea, n. 11, 1996, p. 29).

O pedido de perdão se pronunciou pelos erros cometidos pelos filhos da Igreja, mas não pelos "pais" desta. "Imploramos perdão a Deus nosso Senhor pelos crimes cometidos então, que tiveram como protagonistas filhos da Igreja (...)" (Bo-Cea, nº 11, 1996, p. 29). Por último, o exame de consciência sobre a aplicação dos ensinamentos do Concílio Vaticano II concentrou-se na exteriorização das práticas rituais – "as celebrações seguem sendo pouco festivas e participadas, divorciadas da vida corrente ou demasiado prolongadas" (Bo-Cea, nº 11, 1996, p. 30) –, mas não se transmitiram mensagens quanto ao ecumenismo ou à autonomia da Igreja com respeito à ordem temporal.

As discussões em torno de sua atuação durante a ditadura militar e as preocupações sobre a grave situação social não impediram que o episcopado atendesse aos temas que cotidianamente constituem os eixos de seu olhar. A definição dos Conteúdos Básicos Comuns traçados pelo ministério da educação ativou os tradicionais procedimentos aos quais recorre a cúpula católica quando as políticas estatais não coincidem com suas proposições. Visualizando-os desde a ótica da Igreja como relativistas, quanto à concepção do homem, e reducionistas ao apresentar família e Igreja como produtos culturais; Quarracino se entrevistou com o titular do ministério de educação, Jorge Rodríguez, para "sugerir-lhe" a modificação daqueles Conteúdos Básicos e a inclusão de uma referência à existência de Deus na vida pessoal e social. O arcebispo de Buenos Aires não esteve sozinho na exigência. Vários dignitários deixaram entrever em suas alocuções uma linha de pensamento que sempre conclui com a defesa do patrimônio cultural católico nacional.

Os Conteúdos Básicos Comuns da Lei Federal de Educação descuidam do patrimônio que constitui nosso acervo cultural. Em vez de orientar-se para os valores que foram um fundamento de nossa sociedade, como o sentido transcendente do homem, a importância da família e suas tradições, o valor do religioso (...), se orientam para uma teoria construtivista de orientação social com um vazio em relação a essas verdades fundamentais (MIRÁS. *BO-AICA*, n. 2006).

Nos Conteúdos, se reduz o cristianismo a um período histórico, identificando-o com o feudalismo. Nos temas referentes à história argentina, não se faz referência alguma ao papel da Igreja nem da fé católica, sem a qual é impossível compreender a América espanhola e em particular nossa própria tradição cultural (LAISE. *BO-AICA*, n. 2.007).

A permeabilidade dos responsáveis do ministério da educação às demandas da liderança eclesiástica ocasionou a renúncia dos técnicos que haviam elaborado os Conteúdos Básicos Comuns e que consideravam inaceitáveis as sessenta e três modificações que se pretendiam introduzir. Esclareceram que suas demissões se vinculavam ao "abandono de um trabalho pluralista e público para optar por um caminho de negociação secreta" (Bo-Aica, nº 2.012). Apesar disso, o titular do palácio educativo indicou que as observações realizadas pelos bispos haviam sido aprovadas pelo Conselho Federal de Educação.

Uma vez que os "conselhos" dos bispos foram considerados pelas autoridades educativas, a Comissão Permanente da CEA expressou sua "satisfação pela incorporação nos Conteúdos Básicos Comuns de conceitos e valores como a defesa da família, os direitos humanos sob a ótica da pessoa e a transcendência" (Bo-Aica, n. 1.982). Para Héctor Aguer, agora

os Conteúdos Básicos começavam a ser comuns. Antes não representavam o comum sentir da maioria do povo argentino. Agora se inclui a natureza espiritual da pessoa humana, se reconhece sua capacidade de transcender e, portanto, de relacionar-se com Deus. Atribui-se à família um papel privilegiado na educação e socialização primária (Bo-Aica, n. 2.012).

Juan Laise complementava a visão de seu colega: "O aperfeiçoamento dos Conteúdos Básicos Comuns incluiu um autêntico reconhecimento histórico da evangelização do continente e da vigência histórica do que é cristão" (LAISE. *BO-AICA*, n. 2.016).

Os projetos parlamentares de fecundação assistida tampouco passaram desapercebidos para as autoridades eclesiásticas. Mal inteirado de sua existência, o presidente da Comissão Episcopal de Fé e Cultura, Juan Carlos Maccarone, apelou à Convenção sobre os Direitos da Criança, que contempla o direito à vida da criança por nascer, e afirmou que "do ponto de vista da moral católica – e também da moral natural –, nos parece aberrante uma fecundação de tipo heterólogo, com gametas que não sejam do casal" (MACCARONE. *Página/12*, 10 ago. 1995). Uma declaração daquele organismo episcopal, intitulada "A propósito da fecundação humana assistida", condenou a instrumentalização da sexualidade humana, tanto para fins investigativos como para selecionar atributos de uma futura vida humana.

As iniciativas legislativas sobre procriação responsável ou saúde reprodutiva[68] também suscitaram a reação dos bispos. O bispo de San Luis, Juan Laise, enviou uma carta ao presidente da Comissão de Família e Menoridade do Senado Nacional, Fernando Cabana, advertindo-o de que, se tal iniciativa seguia um curso favorável, se instalaria a cultura da morte na vida dos argentinos. Reafirmando seus postulados doutrinários, as vozes eclesiásticas rejeitavam a aplicação de métodos anticoncepcionais e a extensão da educação sexual por cima do âmbito familiar. Os reparos reproduziam a mesma lógica de argumentação utilizada na objeção ao rascunho das Nações Unidas:

---

[68] O projeto apresentado pelos então deputados da Frente País Solidário (Frepaso), Carlos Álvarez e Graciela Fernández Meijide, considerava a criação do Programa Nacional de Procriação Responsável, a partir do qual se pretendia garantir o exercício livre, responsável e igualitário dos direitos reprodutivos para todos os cidadãos.

Com o projeto de lei sobre o Programa Nacional de Saúde Reprodutiva, os legisladores reproduzem os argumentos do colonialismo biológico em matéria sexual que as Nações Unidas e agências defendem. São a máscara dos países desenvolvidos para frear a natalidade dos países do sul. A obrigatoriedade do fornecimento gratuito de anticoncepcionais lesa nosso direito de pais à educação de nossos filhos (Quarracino. *BO-AICA*, n. 2.025).

Seria lamentável que os organismos do Estado favorecessem os desígnios de um novo imperialismo anticoncepcional cujos efeitos serão catastróficos para o futuro da Argentina soberana. Os termos procriação responsável e saúde reprodutiva costumam ocultar a intenção antinatalista e a utilização de meios abortivos de regulação dos nascimentos (Aguer. *BO-AICA*, n. 2.073).

As problemáticas de fecundação assistida e saúde reprodutiva, se bem não gerassem divergências doutrinárias no episcopado, desembocaram em encruzilhadas táticas: como conservar fidelidade aos enunciados teológicos e não distanciar-se da idiossincrasia e dos comportamentos cotidianos dos indivíduos. Na gama de possibilidades resultante dessa equação, os prelados matizaram suas atitudes conforme suas percepções. Alguns se inclinavam a expor com firmeza os princípios dogmáticos para dar a imagem de Igreja convencida de suas ideias. Outros, optavam por dialogar com interlocutores políticos e científicos para chegar a um núcleo de coincidências básicas. Interessante experiência para perceber como as perspectivas eclesiológicas atravessam a indiscutível uniformidade de pensamento sobre esses tópicos, para traduzi-la em multiformidade de estratégias práticas.

3.2.10. Pobreza crescente, denúncias crescentes

O final do primeiro governo de Menem começou a refletir em números as sequelas de uma política econômica neoliberal dotada de um alto componente de exclusão social. O desemprego, a deserção escolar, a indigência, a nova pobreza alarmavam pela contundência de seus números. O desemprego alcançava a cifra recorde de 18%. Segundo um relatório do Banco Mundial, 20% do segmento populacional mais rico ficava com mais da metade da riqueza, enquanto que os 20% mais pobres não alcançavam a obter sequer 5% desse ingresso (CLARÍN, 22 set. 1994).

Nesse contexto, o papel de reserva ética que a Igreja se havia auto-atribuído começava a restringir a margem de manobra dos bispos que exteriorizavam uma atitude de aquiescência em relação ao poder político. O clima interno no episcopado estava cada vez mais caracterizado por um espírito de descontentamento. Os bispos apalpavam diretamente a crua realidade social a partir da penetração capilar da organização pastoral em toda a estrutura social. Desse modo, intensificaram as Jornadas Sociais de Mar del Plata e os Encontros de Construtores da Sociedade de Córdoba. Ambas as iniciativas estavam destinadas a congregar, em um âmbito de reflexão, dirigentes dos diferentes estamentos do tecido social – políticos, empresários, sindicalistas, técnicos –, tendo como denominador comum a Doutrina Social da Igreja. E ante os conflitos sociais que se desatavam ao longo e ao largo do país, por decisão própria ou por petição das partes envolvidas, os prelados se situaram no centro da cena, adotando o papel de mediadores.

O cardeal Primatesta aproveitou a multitudinária concentração por motivo da realização do IX Congresso Eucarístico Nacional em Santiago del Estero, para arremeter contra o plano econômico. Apontou a indispensável necessidade de mudar "o ajuste injusto que nos foi imposto e sob o qual o povo paga o custo social" (PÁGINA/12, 2 set. 1994). O episcopado em seu conjunto reclamou unanimemente do governo rápidas soluções ante "a insuficiência de fontes de trabalho, com sua desumana sequela de desemprego", embora não deixasse de relacionar as injustiças sociais ao "fenômeno do secularismo que afasta de Deus o homem e faz com que diversas formas de corrupção destruam (...) o mesmo tecido social" (BO--CEA, nº 9, 1994, p. 23-24). Por sua parte, o novato presidente da Caritas e bispo de Zárate-Campana, Rafael Rey, sustentou que a missão da organização eclesiástica dedicada à assistência social orientava-se menos a coletar esmolas que a assumir como própria a causa dos pobres e, nesse sentido, denunciar a situação de injustiça e marginalização social. A caridade era entendida em termos de promoção da dignidade humana. A isso se somava uma jornada de oração e jejum convocada pelos bispos da província de Río Negro – José Pozzi de Alto Valle, Marcelo Melani de Viedma, Rubén Frassia de Bariloche e Miguel Hesayne como emérito de Viedma. Do Norte, o bispo de Formosa, Danta Sandrelli, resumia: "Ninguém pode nos enganar, as manchas de pobreza aumentaram de forma considerável, desnudando as falhas de um sistema selvagem" (Bo-Aica, nº 1.967).

A contundência dos dados sobre desemprego e pobreza crescentes terminaram por aglutinar os bispos na crítica ao modelo econômico. Mais além das diferenças de estilos discursivos, as cartas pastorais atendiam em maiores proporções à crise ocupacional e social que batia à porta das paróquias. Se durante a década de 1980 os pronunciamentos episcopais se concentravam na condenação de consequências da modernidade; em meados dos anos 1990, a sentença negativa em relação às sequelas do plano econômico neoliberal se destacava por ser reiterativa.

Inclusive os prelados ditos "neoconservadores" e com vínculos com o menemismo ensaiaram uma crítica à situação social asfixiante. Indicador de que também as produções da hierarquia são o resultado de um processo de negociação no interior do campo católico, as declarações de Héctor Aguer, Edgardo Storni e um documento da Pastoral Social presidida por Italo Di Stéfano surpreenderam uma classe governante que não compreendia as lógicas de funcionamento que vigoram na instituição eclesiástica. Aguer recriminou "o eficientismo materialista" subjacente à política econômica e reivindicou "a vontade de querer continuar sendo uma nação", em contraposição à possibilidade de converter-se em uma "feitoria" (Página/12, 10 jul. 1996). Por sua vez, Storni declarava: "Estamos entregues a outros países. Aqui não se resguardam os interesses nacionais e vai-se gerando uma multidão de pobres" (Bo-Aica, nº 1.982). O tom nacionalista da terminologia de ambas as homilias não digeria a formação de uma comunidade dominada pelo poder econômico e financeiro internacional. O texto da Pastoral Social responsabilizou o modelo econômico pela "quebra do sistema de saúde, a crise das prestações sociais, o drama dos aposentados, a desnutrição infantil, a situação da juventude sem trabalho" (CLARÍN, 19 mar. 1996).

Coletivamente, a Comissão Permanente determinou a criação de uma "rede de caridade", destinada a coordenar todas as tarefas de assistência social da Igreja católica. Desse modo, a Caritas, a Coleta Mais por Menos, a Pastoral Social e inúmeras redes de bolsa de trabalho e restaurantes comunitários deviam articular suas ações para potencializar o alcance das iniciativas no campo social. Vale esclarecer que, embora o compromisso com os setores castigados pelas políticas de ajuste estrutural projetasse uma ação pastoral encarnada na realidade social, diferentemente da década de 1970, respondia menos a uma gênese de cunho ideológico que às demandas emergentes do contexto social.

Por uma situação paradoxal passava a instituição eclesiástica naqueles tempos. Junto com os meios de comunicação, ocupava o primeiro lugar na imagem positiva da opinião pública.[69] Não obstante, assistia a uma diáspora de fiéis que, em estado de angústia econômica, familiar e/ou afetiva, recorriam a outras ofertas religiosas prometedoras de salvação "aqui e agora".[70]

Sobrevoavam nesse particular momento histórico várias reflexões traduzidas em perguntas dentro da Igreja católica. Até que ponto o governo

---

[69] Os resultados de uma pesquisa realizada pelo Centro de Estudos Unión para la Nueva Mayoría na Capital e Grande Buenos Aires, refletiam em termos diacrônicos a evolução da imagem positiva da Igreja católica entre 1993 e 1996. Nesse período, subiu 9 % – de 44 % a 53 % – na consideração dos entrevistados (CENTRO DE ESTUDIOS UNIÓN PARA LA NUEVA MAYORÍA. *Apud* Revista *Noticias*, 24 mar. 1996).

[70] Em um estudo realizado com outros pesquisadores, pudemos comprovar a correlação entre pobreza e diversidade religiosa. Nas zonas mais carentes de Quilmes, município onde se concentrou a pesquisa, a porcentagem de adeptos aos grupos evangélicos é o dobro da média geral (ESQUIVEL, GARCÍA, HADIDA, HOUDIN, 2001).

se desinteressa dos setores mais marginalizados da sociedade, confiando na existência de uma rede de contenção religiosa? Nesse sentido, a Igreja não estava sendo funcional e utilizada pelo poder político? Em que medida o fenômeno de um Estado desertor no terreno social possibilitava a restituição do catolicismo como um dos pilares do ordenamento da vida cotidiana? Em síntese, como a instituição eclesiástica devia proceder para transferir ao campo religioso a legitimidade social derivada de seu compromisso com os excluídos? Muitas dessas questões surgiram nos debates episcopais sem respostas certeiras a respeito. Mas não era a totalidade dessas demandas motivo de preocupação entre os bispos. Dependendo de suas inclinações e prioridades eclesiológicas, sentiam-se interpelados de diferente maneira por cada uma daquelas.

Diante de tantas dúvidas, destacava-se uma certeza: o papel que o governo de Menem pretendia designar à Igreja. Através de convênios específicos com a Secretaria de Desenvolvimento Social da Nação e da distribuição de pacotes orçamentários às organizações assistenciais da instituição católica, buscava comprometê-la com a política social oficial, garantindo a transparência na execução dos recursos. A permanente manifestação contra o aborto completava a estratégia menemista para satisfazer a liderança eclesiástica.

Paralelamente, em inícios de 1995, produziu-se o primeiro ciclo das visitas *ad limina*, que os bispos devem realizar a cada cinco anos ao Sumo Pontífice e às secretarias da cúria romana. Os relatórios apresentados pelos prelados continham um severo juízo sobre a situação social emergente. Com grande expectativa se esperava o discurso do papa considerando a proximidade das eleições presidenciais na Argentina. No entanto, como querendo não intervir no processo eleitoral, a mensagem papal careceu de observações sobre pobreza e marginalidade sociais. Preferiu, na oportunidade, abordar questões intraeclesiásticas, como a problemática do secularismo, o proselitismo das seitas fundamentalistas, as deficiências nas celebrações litúrgicas (Bo-Cea, nº 10, 1995). Indicador de que as variáveis políticas também agem em tempos e posicionamentos eclesiásticos, o papa esperou até novembro, com o segundo turno da visita dos prelados argentinos e quando as votações tivessem se encerrado, para tomar atitude sobre a realidade política e social argentina.

Assim, tendo como referência depoimentos dos dignitários e corroborando a suposição de que "de Roma vem o que a Roma vai", João Paulo II, na audiência coletiva aos bispos argentinos, fez grave diagnóstico do país. Advertiu sobre "o crescimento do desemprego", que "a corrupção e sua impunidade correm o risco de generalizar-se" (CLARÍN, 12 nov. 1995) e instou à promoção de "reformas com uma base humana e moral" (PÁGINA/12, 12 nov. 1995).

A primeira estratégia do governo de Menem visou a compartilhar da preocupação papal. Mas, precavendo-se da contundência das declarações, iniciou uma série de gestões para diluir suas responsabilidades ante o quadro descrito. A partir de um diálogo telefônico entre o mandatário argentino e o Secretário de Estado do Vaticano, cardeal Ángelo Sodano, dos contatos de Esteban Caselli em Roma e de supostas intermediações do núncio Ubaldo Calabresi e dos bispos mais condescendentes com o presidente, difundiu-se um comunicado de imprensa interpretando as palavras do papa. O porta-voz oficial da Santa Sé, Joaquín Navarro Valls, esclareceu que "na realidade, o papa estava referindo-se a uma crise cultural latino-americana" e não somente argentina (PÁGINA/12, 16 nov. 1995).

A retificação das manifestações papais desatou um generalizado mal-estar e clima de suspeitas entre os prelados, sobretudo aqueles renitentes a um modelo institucional de Igreja entrelaçado com os poderes temporais. Jorge Novak ressaltou que o papa havia falado da Argentina e que, portanto, o governo devia sentir-se aludido. Jorge Casaretto e Justo Laguna repetiam em uníssono que os comentários de João Paulo II não necessitavam de intérpretes. Miguel Hesayne indicou que "se eram certas as gestões oficiais do governo com o Vaticano para atenuar as palavras do Pontífice, se estaria frente a um fato muito lamentável de corrupção eclesiástica" (LA NACIÓN, 18 nov. 1995). Em contraposição, Emilio Ogñénovich procurava desviar o foco, expressando seu lamento pela escassa atenção às considerações principais da mensagem papal: a santidade e a formação dos sacerdotes. Por sua vez, o embaixador argentino no Vaticano, Francisco Trusso, qualificou a emenda vaticana como "um merecido gesto" que "não pode tomar-se como admoestação ao governo e ao país" (PÁGINA/12, 17 nov. 1995). Enfim, as queixas sociais que os bispos haviam transportado a Roma ficaram desvirtuadas diante da permeabilidade manifesta da Santa Sé à reação do governo de Menem.

Assim, acabava de edificar-se o esquema de complementos e arrebatamentos mútuos entre poder político e poder eclesiástico. Tal como em múltiplas oportunidades, a Igreja havia utilizado sua autoridade moral para pressionar os governos de turno em busca de determinados objetivos; dessa vez, deu-se o mecanismo inverso: a política irrompeu na instituição religiosa para torcer o rumo dos fatos. Conhecedora das lógicas procedimentais imperantes, a liderança vaticana concordou com o pedido menemista. Em algum sentido, estava em dívida com o acompanhamento incondicional no tema do aborto que o administrador argentino havia sustentado no Cairo e na Conferência da Mulher em Pequim.

Sintetizando, as relações entre os dirigentes do episcopado argentino e o primeiro governo de Menem transitaram por uma via harmoniosa, ainda que não desprovida de turbulências, em função do complexo mapa da cúpula eclesiástica e do agravante quadro de situação social. Não obstante, a elite católica dispôs de um lugar preferencial no plano das influências sobre as altas esferas do poder político. Predominando seu tradicional *modus vivendi*, logrou impor uma lógica baseada em uma rede de vinculações fluidas com os mandatários políticos em busca de receptividade para suas petições, orientadas a obter benefícios para suas atividades pastorais ou para que as legislações correspondessem às normas da "cultura cristã". Pois bem, o produto desse cenário de legitimidades e concessões mútuas entre o poder político e o poder eclesiástico, a convivência episcopal interna, sofreu sobressaltos. Como já exposto, quanto mais se aproxima a Igreja dos recursos do Estado, mais conflituoso se torna o relacionamento entre os bispos. Foi nesse breve período que ficaram mais expostas as divergentes perspectivas eclesiais no máximo órgão católico. A imagem de uma unidade episcopal em dificuldades motivou o repensar das formas de abordar a relação com os poderes civis.

3.2.11. A gestão de Estanislao Karlic à frente da CEA: um impasse no rumo episcopal

A corrupção generalizada no governo e a deterioração social crescente, devido ao aumento da pobreza e do desemprego – em fins de 1996, 13% dos argentinos viviam em situação de indigência e o desemprego continuava em 18% da população economicamente ativa –, geraram uma atmosfera com abundantes questionamentos das sequelas provocadas pelo plano econômico vigente. Nesse contexto, já não eram poucos os mandatários religiosos que levantavam sua voz reclamando uma revisão da política da Igreja. A instituição católica não podia aparecer associada a um modelo de exclusão social e a uma classe política contestada pela falta de ética ou de moral no exercício da função pública. As cartas pastorais da época sucediam-se reproduzindo essa linha de argumentação. Para citar apenas uma, dez bispos do noroeste denunciavam "a gravidade da situação social e a existência de corrupção em diversos níveis do Estado e da sociedade, acompanhada de uma notável impunidade" (PÁGINA/12, 13 mar. 1996). Se acrescentarmos a essa situação a autocrítica pelo desempenho durante a ditadura militar, podemos supor que a reavaliação do comportamento eclesiástico frente ao poder político foi algo além da simples revolta de alguns prelados.[71]

---

[71] Era tal o estado generalizado de inconformismo, que na missa de encerramento do IX Congresso Eucarístico Nacional de 1994, um grupo de sacerdotes e freiras se pronunciou contra a promulgação de Menem e seus colaboradores por terem instrumentalizado *"um projeto de marginalização e morte"* (PÁGINA/12, 4 set. 1994).

Do lado do governo, a lógica de interpelar a Igreja como se se tratasse de um partido político ou de um sindicato acabou por potencializar os confrontos. Quando aumentavam as críticas dos bispos, as autoridades políticas decidiram difundir os fundos que a Igreja recebia do Estado. Simultaneamente, na tentativa de consolidar laços com prelados afins, se propôs a designação de um homem próximo a Quarracino para dirigir a prestação social dos aposentados do PAMI –Programa de Assistência Médica Integral. Diante dessas desafortunadas ações, a Igreja reagiu abroquelando sua frente interna. Rejeitou o oferecimento e respondeu com uma crítica contundente: conclamando a humanizar o sistema, citou o hiperdesemprego e a exclusão social como indicadores de uma distribuição desigual da riqueza (ÁMBITO FINANCIERO, 19 mar. 1996).

Em sete anos de convivência, o menemismo ainda não havia conseguido distinguir as especificidades do funcionamento episcopal. Estava convencido de que com as operações políticas na Santa Sé e o favoritismo outorgado aos bispos de maior confiança garantiam o comportamento conciliador de toda a instituição. Não levava em conta que, embora se tratasse de uma estrutura vertical, os agentes religiosos gozam de certa autonomia no contexto de suas dioceses. E que os prelados, além de diferenças conjunturais ou instrumentais, possuem uma unidade doutrinária e um sentido de corpo não comparável com outras instituições. De toda maneira, tanto esse como episódios anteriores ressaltaram a exclusiva atenção que do campo da política se manifesta aos pronunciamentos episcopais. O fato de que ao primeiro mandatário preocupasse em maior medida o conteúdo das declarações dos bispos que as de um dirigente político opositor revela o peso real ou imaginário – para o caso, pouco importa – que implicam as advertências da Igreja na construção da opinião pública. E que a perda de religiosidade na sociedade, no caso da instituição católica, não teve como consequência uma diminuição de sua influência político-social.

Definitivamente, a questão social, motivo de discrepâncias internas na instituição religiosa ao longo de sua história no século XX, surgiu como um fator decisivo na ruptura das relações harmoniosas entre a Igreja e o governo de Menem. A realidade social desafiava o episcopado. A conivência com o poder político e a inexistência de uma vontade de se diferenciar de suas políticas conduziam a uma situação de divórcio irreversível com a sociedade. O contexto social preocupou muitos bispos, que começaram a visualizar a necessidade de uma mudança de rumo na vida da Igreja católica. Nesse momento, as divergências entre os bispos que responsabilizavam o modelo econômico neoliberal pela aguda realidade social e aqueles outros que alertavam sobre os efeitos sociais sem referir-se ao plano implementado haviam-se dissipado por completo.

Devido à situação reinante, não foi estranho que Estanislao Karlic tenha acabado eleito para comandar o destino da Igreja no fim do século XX. Com sua consagração como presidente da CEA em 5 de novembro de 1996, começou uma nova etapa na história do episcopado argentino.

Não apreciador de declarações altissonantes e portador de estilo de exercício ministerial impregnado dos componentes da eclesiologia de espiritualidade pastoral, Karlic teve sua solicitação sendo por fim apoiada por quase a totalidade dos bispos. Com perfil autônomo e independente e dono de sólida formação teológica, em sua gestão Karlic impulsionou uma reformulação na lógica tradicional de funcionamento da Igreja no que diz respeito a sua proximidade das esferas do governo e suas demandas dos privilégios correspondentes. O atual máximo mandatário da Igreja argentina se esforçou para preservar uma imagem institucional afastada do poder político e por instalar um estilo moderado e de diálogo entre seus pares. Sob sua gestão, as relações entre a hierarquia católica e o governo transitariam principalmente pelas vias da formalidade institucional. A conceituação da Igreja como "uma realidade espiritual que tem o dever de distinguir-se não só do poder político, mas também do econômico e cultural, sem deixar de atender aos homens", sintetizava o perfil que assumiria a instituição eclesiástica durante seus anos de gestão à frente da entidade religiosa (La Nación, 3 dez. 1996).

A Comissão Executiva da CEA se completou com a continuidade de Emilio Bianchi Di Cárcano e de José Luis Mollaghan e a incorporação de Eduardo Mirás. A composição desse órgão reduzido revelava, uma vez mais, que nunca são bruscos os movimentos dentro da Igreja e que sua materialização é quase imperceptível. Analisando o perfil dos bispos que integraram a nova Comissão Permanente do episcopado argentino, nota-se um paulatino deslocamento dos prelados que detinham vínculos estreitos com o poder político por um lado e daqueles outros distinguidos por um perfil alto e exposto, por quaisquer motivos, por outro. Todos eles foram relegados por uma nova geração caracterizada pelo diálogo e a moderação na prédica e no comportamento, e por acompanhar e cooperar, mas não justapor, as funções da esfera religiosa com a política. Desiderio Collino, Jorge Meinvielle, Emilio Ogñénovich, Carlos Galán, Rubén Di Monte, Justo Laguna[72] perderam gravitação no seio da CEA. Não deixa de surpreender a inocultável ausência de vários deles, inclusive como meros integrantes das Comissões Episcopais; mais ainda se consideramos que, até não faz muito tempo, eram designados para conduzi-las. Como contrapartida, foi-se consolidando o predomínio de Estanislao Karlic, Eduardo Mirás, Juan Carlos Maccarone, Carmelo Giaquinta e Agustín Radrizzani. A essa camada protagonista, unifica-os o propósito de respeitar a autonomia do mundo temporal. A reeleição de Rafael Rey como titular da Caritas ratificou sua atividade à frente da instituição, assim como seu confronto com o governo de Menem pelo custo social do ajuste econômico.

As mutações verificadas devem interpretar-se no quadro de uma estratégia de defesa dos interesses institucionais, mas também como consequência ou reflexo das demandas provenientes da sociedade civil. A penetra-

---

[72] Cabe apontar que o deslocamento do monsenhor Justo Laguna se diferencia dos outros casos. Seu afastamento das instâncias de maior preeminência dentro do episcopado teve relação com a conflituosa e mediática postura que assumiu frente ao governo de Menem, o que em mais de uma oportunidade desembocou em acusações recíprocas (CLARÍN, 1 mar. 1996). Prevalece na CEA um consenso tácito de promover aqueles bispos que manifestem uma linha de conduta com baixo perfil.

ção capilar em todos os ambientes e setores sociais permite à Igreja captar rapidamente os ânimos e necessidades da cidadania. Entenda-se bem, o discurso dissonante frente às consequências das políticas de ajuste estrutural já vinha sendo rejeitado desde a cúpula episcopal. Nos gestos e atitudes condescendentes para com o governo e na concepção de Igreja como fator de poder, perceberam-se as maiores alterações. Assim, devemos avaliar os alcances das mudanças referentes à relação com o poder político na sequência dos acontecimentos.

Os testemunhos de alguns bispos confirmam o novo quadro da situação, após o estado de simbiose pelo qual passaram as relações entre a instituição eclesiástica e o primeiro governo de Menem:

> Já chega de convidar bispos a jantares oficiais na véspera de eleições para constituintes nacionais. E não mais agrados políticos em vésperas de eleições presidenciais que nos identifiquem com correntes opositoras. Que isso não ocorra nem em vésperas de eleições nem nunca para que não existam más interpretações da parte das pessoas. Nós, bispos, não aceitamos ser reduzidos a um grupo de pressão social a favor ou contra qualquer corrente ou poder político (Giaquinta. *BO-AICA*, n. 1.993).

"Creio que cada vez estamos tratando de que se veja mais clara a separação total, ou seja, a não dependência entre a Igreja e o Estado" (Pozzi,1999).

A hierarquia eclesiástica começava a perceber que o projeto de catolicizar o Estado havia deixado de garantir-lhe o monopólio no campo religioso. É que a simbiose com o poder civil, em contraste com outros momentos históricos, atentava contra sua imagem institucional. Despojada de toda responsabilidade pelas ações de governo, se lhe aplanaria o caminho para converter-se em árbitro moral das políticas oficiais. Por outras vias, devia instrumentalizar-se a estratégia de cristianizar a sociedade. O *modus vivendi* da relação Igreja-Estado, em permanente debate no caso argentino, não é motivo de controvérsias no contexto brasileiro, uma vez que o consenso sobre a separação entre ambas as esferas vem de longo tempo.

Desde que Karlic assumiu a presidência da CEA, os sucessivos documentos episcopais que acompanham as Assembleias Plenárias ou as reuniões da Comissão Permanente, as cartas pastorais, as sínteses das reuniões regionais dos bispos e as variadas intervenções dos prelados se caracterizaram por denunciar reiteradamente o desemprego, a situação social injusta, a corrupção e a deterioração moral predominante. A primeira mensagem coletiva emitida pelas novas autoridades, intitulada "Cristo: caminho novo e vivo", registrou todos esses itens. "Um país ferido pelo escândalo; impotência e dor de quem vê comprometida sua fonte de trabalho e sua participação em uma mais equitativa distribuição da riqueza; progressiva perda do sentido moral, são alguns dos termos contemplados pelo documento" (Bo-Cea, n. 12, 1997, p. 21). Por sua vez, a homilia do titular do episcopado na 72ª Assembleia Plenária preconizou que a dívida externa era impagável e que, em consonância com a história dos jubileus,[73] sua celebração em 2000 constituía uma excelente oportunidade para perdoar as dívidas. Fiel a sua visão pastoral, relacionou a corrupção imperante com a perda do sentido do pecado e enfatizou a importância da integridade ética e moral de cada indivíduo para a consolidação do sistema democrático. Nesse mesmo encontro, através do documento "Reflexões sobre a Justiça", os bispos se manifestaram a favor da autonomia da Justiça em relação aos demais poderes do Estado e às corporações profissionais, sindicais e econômicas (Bo-Cea, n. 12, 1997). O pedido de respeito à independência judicial e por uma melho-

---

[73] O ano jubilar, na história do povo de Israel, era um acontecimento levado a cabo a cada cinquenta anos e se assemelhava a "uma espécie de grande ano sabático: as terras deviam repousar, permaneciam sem cultivar; os proprietários recobravam seus campos e suas casas; os escravos eram liberados e os devedores insolventes gozavam do perdão de suas dívidas. A instituição do ano jubilar se inspirava em princípios de justiça social" (Bo-Cea, n. 15, 1998, p. 25). Nesse fundamento histórico se baseava a Igreja para peticionar um alívio para os países subdesenvolvidos.

ria na qualidade dos juízes se somava às formulações contra a corrupção e o custo social do ajuste. Os prelados demonstravam por meio de suas declarações um alto nível de percepção em torno da generalizada sensação de impunidade e desprestígio institucional que reinava na Argentina.

Não só no plano discursivo se percebeu um novo posicionamento institucional da Igreja frente ao poder político. A participação em marchas de silêncio contra a fome em Morón e nos entroncamentos de estrada no noroeste do país; a presença de Agustín Radrizzani, Mario Cargnello, Marcelo Palentini e Pedro Olmedo, nos conflitos de Cutral-Có, Tartagal, Jujuy e Humahuaca respectivamente; e as missas celebradas em atos de protesto social e em solidariedade com os desocupados confirmaram uma virada gestual no comportamento eclesiástico. Emergia uma nova modalidade nas intervenções das autoridades católicas. Por decisão própria ou por imposição dos envolvidos ante a gravidade de acontecimentos, assumiram o papel de mediadores frente a situações sociais explosivas. Desse modo, foi possível notar que as negociações entre representantes do governo e manifestantes não se realizavam em alguma delegação pública, e sim nas sedes dos bispados. Paradoxo das consequências, a crise de representatividade e o descrédito dos partidos políticos permitia à Igreja ganhar em participação e presença social. Como promotora do diálogo e da aproximação entre as partes e envolvida em uma renovação de seu magistério social, se fortaleciam os fundamentos de sua legitimidade e credibilidade institucional.

O fim do século XX encontrou uma Igreja católica intermediando os conflitos sociais e oferecendo um refúgio para o crescente segmento de excluídos do sistema econômico. Com o aumento do desemprego, San Cayetano (São Caetano), patrono do pão e do trabalho, se converteu em um lugar de concorrência obrigatória para dezenas de milhares de necessitados. Mediação e proteção, dois atributos ostentados pela instituição eclesiástica, que lhe acarretaram dividendos no plano social, mas que em nada repercutiram no campo das adesões ou preferências religiosas. A ocupação de um espaço "disponível" – o da defesa dos setores vulneráveis – proporciona ao catolicismo um ganho social que ainda não conseguiu transferir ao terreno do atendimento das almas.

Cabe apontar que a crítica atitude assumida pela maioria dos bispos acompanhava o direcionamento marcado por João Paulo II, fundamentalmente a partir da queda do Muro de Berlim. Com a crise dos socialismos reais, o Vaticano promoveu uma estratégia que repartia os esforços por igual para situar a Igreja como defensora da luta contra as desigualdades sociais do capitalismo selvagem, sem esquecer a cruzada contra a exacerbação individualista de uma cultura ocidental que concebia o homem como realidade autossuficiente e livre de toda lei superior. A conclamação apostólica "Igreja na América" coroaria uma linha argumentativa orientada a propagar a globalização da solidariedade como contrapartida à globalização neoliberal dos mercados. Dirigido aos 600 milhões de católicos americanos, esse documento papal significou a cristalização da condenação ao capitalismo selvagem.

3.2.12. O caminho Vaticano na estratégia menemista

O novo mapa da direção eclesiástica significou para o governo de Menem a ausência de interlocutores afins. Ante esse panorama, precisou reformular a estratégia de entabular relações informais com os bispos condescendentes e orientá-la ao fortalecimento dos vínculos com a Santa Sé. Para isso, designou como embaixador no Vaticano Esteban Caselli, um dos operadores políticos com a cúpula católica nos tempos de Quarracino. Recordemos que o novato diplomata, como funcionário da secretaria-geral da presidência, havia outorgado subsídios arbitrariamente para as sedes diocesanas dos prelados complacentes com o governo. Também em seu histórico registra-se a intervenção no episódio que desembocou na retificação e moderação do discurso papal com motivo da visita *ad limina* dos bispos argentinos em 1995.

O militante alinhamento contra o aborto e em defesa da vida, atualizado com a proposta de Menem de criar o Dia da Criança por Nascer, converteria-se na carta de intenções do chefe de Estado para solidificar as relações com João Paulo II e moderar as desavenças dos prelados argentinos. Independentemente da fidelidade da Igreja argentina a Roma, a tática menemista de alinhavar vínculos no campo católico, menos por canais institucionais que por contatos informais, terminaria por aprofundar o mal-estar que então reinava na maioria do corpo episcopal. Com efeito, Caselli contava com uma privilegiada relação com o secretário de Estado do Vaticano, Ángelo Sodano. Durante sua estada em Roma, propôs-se informar diretamente o Sumo Pontífice sobre "a realidade verdadeira da situação social" argentina, como meio para neutralizar as mensagens que enviavam os bispos em sentido contrário (CLARÍN, 22 jun. 1997). Porém, além das vinculações do novo embaixador, na cúria romana atuava Jorge Mejía como secretário da Congregação dos Bispos. Próximo aos homens que encabeçavam a nova composição episcopal, Mejía era um líder de consulta obrigatória do Papa sobre os assuntos argentinos.

Do complexo panorama que atravessava o episcopado nacional e se estendia até a Santa Sé, o menemismo obteve dividendos. Por cima das informações contraditórias, sobressaía a política de "relações carnais" de seu governo em relação a Roma. O apoio oferecido nos foros internacionais às posições que a Santa Sé levantava sobre os temas do aborto, divórcio e fecundação assistida faziam da Argentina um aliado estratégico para o Vaticano. O colar da Ordem de Piana, distinção outorgada aos chefes de Estado, e o prêmio "Sendero para la Paz 1999", com que a representação da cúria romana na ONU condecorou Menem, referendaram que o governo argentino e o poder central da Igreja sintonizavam a mesma frequência.

Pela ótica dos bispos, o poder político havia-se introduzido nas questões da Igreja – chame-se interna eclesiástica – e atuava desconhecendo ou invadindo a autonomia da instituição católica local. Por certo, uma rede de fatos políticos evidenciaria a tática de Caselli de consolidar as relações com a Santa Sé e "pontilhar" o episcopado:

• O bispado de Mercedes-Luján foi elevado ao nível de arcebispado. A iniciativa não surgiu da Comissão de Ordenamento Territorial da CEA, mas da alta direção menemista que incentivava a hierarquização de um dignitário próximo: Emilio Ogñénovich.

• A concessão papal de uma entrevista com o primeiro mandatário, solicitada com sucesso por Caselli a poucos dias dos comícios legislativos de 1997, irritou alguns prelados que advertiam sobre os fins eleitoreiros do encontro. Mais ainda porque contrastava com a metodologia do organismo episcopal que, ante um processo de campanha eleitoral, evita pronunciamentos coletivos para que suas declarações não sejam tergiversadas ou utilizadas politicamente.

• A passagem da Secretaria de Culto do ministério de relações exteriores à órbita presidencial. A decisão do presidente, que implicou a renúncia do encarregado da área, Angel Centeno, desinstitucionalizou mais ainda os canais de comunicação com o poder eclesiástico. Nos fatos, Caselli, com sua modalidade de contatos informais, se converteria no único interlocutor do governo para com a Igreja. Não inquietava tanto às autoridades católicas locais a dependência daquele organismo, mas o denodado propósito manipulador do poder político e a tendência à "politização" dessa entidade estatal. Quando assumiu o novo secretário de culto, Juan José Laprovitta, Menem ratificou sua decisão de defesa da família e da vida a partir da concepção. Sintoma da desaprovação episcopal – não pela alocução, mas pelas implicações das resoluções do presidente e de seu entorno –, apenas três dos vinte bispos da Comissão Permanente da CEA assistiram ao ato protocolar (La Nación, 11 ago. 1998).

• A bênção papal à celebração do Dia da Criança por Nascer. Efetivamente, Menem formalizou a sugestão e, através do decreto 1406, estipulou que a jornada em defesa do nonato se efetuasse em 25 de março, data em que se comemora a Anunciação da Virgem Maria. Essa medida e a realização da reunião de políticos e legisladores da América organizada pelo Conselho Pontifício para a Família em Buenos Aires significaram para o chefe de Estado uma eventual designação como presidente de um foro de notáveis contra o aborto e em defesa da moral cristã.

• Do anúncio da embaixada argentina na Santa Sé da visita de João Paulo II à Igreja nacional argentina em Roma, com a presença de Menem incluída, o episcopado praticamente não foi notificado. Com motivo de entronizar a imagem de Nossa Senhora de Luján, Caselli consumava um gesto do Pontífice sem precedentes: apesar dos reiterados pedidos dos presidentes da CEA, o papa nunca havia comparecido ao templo nacional na capital italiana. Seus contatos privilegiados na secretaria de Estado permitiram que o primeiro mandatário se exibisse novamente junto do chefe máximo da Igreja.[74] Sugestiva foi a comitiva que "representou" a Igreja argentina naquele evento. Sem considerar o titular do episcopado, Estanislao Karlic e o vice-presidente Emilio Bianchi Di Cárcano, que por razões protocolares não podiam estar ausentes, a delegação esteve integrada quase com exclusividade pelos bispos próximos do governo, os mesmos que na eleição de 1996 tinham perdido todo papel preponderante no seio do mais alto órgão católico: Emilio Ogñénovich, Desiderio Collino, Juan Laise, Alfredo Disandro, Rubén Di Monte e Jorge Meinvielle. Talvez como sinal de inconformismo, os prelados que haviam assumido espaços de condução nas Comissões Episcopais e imprimido uma nova lógica à política eclesiástica optaram por permanecer em Buenos Aires. Estamos nos referindo a Juan Carlos Maccarone, José María Arancibia, Carmelo Giaquinta, José María Arancedo e Jorge Casaretto, entre outros.

---

[74] Com essa visita, Menem se destacou como o presidente latino-americano com maior frequência de visitas a João Paulo II.

• Em tempos em que se discutia a habilitação de uma nova candidatura presidencial de Carlos Menem – proibida pela Carta Magna – e ante o temor de que a cúpula eclesiástica difundisse um documento crítico, Esteban Caselli deu a conhecer uma carta papal dirigida ao primeiro mandatário argentino no mesmo dia em que se iniciava o plenário dos bispos. Como resposta a uma saudação pela celebração da Páscoa, o Sumo Pontífice felicitava Menem "pelos elogiáveis esforços que realiza para elevar as condições de vida de todos os cidadãos argentinos" (La Nación, 22 abr. 1998). O hábil manejo dos tempos políticos buscava, uma vez mais, condicionar as mensagens episcopais e converter as palavras papais em apoio à gestão presidencial.

Precisamente, as tentativas reeleitorais de Menem obrigaram os bispos a assumir algum posicionamento a respeito. Se bem existisse certo consenso para opor-se a propósito do presidente, as coincidências se dissolviam na hora de determinar o caráter moral ou político do assunto. Disso dependia a necessidade ou não de definir uma posição pública. Em consonância com seu estilo e sua linguagem, o episcopado se pronunciou elipticamente sob uma declaração de princípios morais e alusões gerais, sem fazer referência explícita à questão. Em "Reflexões ante a situação presente", advertiram sobre a importância de respeitar a lei, já que "é tão mau viver sem lei como manipulá-la para interesses setoriais (...). Isso facilita a corrupção pública e privada, cria um estado generalizado de incredulidade" (La Nación, 27 abr. 1998). Implicitamente, impugnava-se a emenda constitucional que facultava a Menem competir novamente pela presidência. Além de que a adesão ao governo nas filas eclesiásticas diminuía dia a dia e que o critério prevalecente no alto clero era contrário à intentona oficial, as manifestações coletivas da Igreja não se caracterizaram por um repúdio contundente. Prudentes nas formas e meticulosos no significado das palavras, os redatores da missiva episcopal se esquivaram de uma mensagem direta e taxativa que pudesse abrir brechas irrecuperáveis no interior do corpo, com o consequente silêncio como resposta do conjunto. Essa tessitura procedimental, tacitamente estabelecida, não invalida a desenvoltura dos bispos no contexto de suas dioceses. Por certo, a interpretação acerca do destinatário daquele parágrafo mostrava dissidências entre os dignitários. Para Rafael Rey, aludia à reeleição. Em troca, para Jorge Meinvielle, "nem sequer fazia uma menção ao tema". Contemporizador como todo dirigente, Estanislao Karlic deu a entender que o documento se referia ao tema "em termos gerais" (PÁGINA/12, 27 abr. 1998). Por sua parte, dois prelados residentes em uma das zonas mais castigadas pela política econômica imperante e intercessores cotidianos ante situações de alta conflituosidade social eram categóricos a respeito. Para Marcelo Palentini, de Jujuy, e Pedro Olmedo, de Humahuaca, a reeleição supunha uma forma de "violentar a ordem constitucional" por quem desejava "eternizar-se no poder" (LA NACIÓN, 1º jun. 1998). Juan Carlos Maccarone, porta-voz da Igreja durante a Convenção Constituinte de 1994, qualificou de "verdadeira corruptela institucional a possibilidade de que a Corte Suprema interprete o texto constitucional para acomodá-lo à vontade presidencial de permanecer no poder" (LA NACIÓN, 20 jul. 1998).

Se por um lado a administração justicialista consolidava os laços com Roma, por outro não conseguia apaziguar as tensões com o episcopado nacional. E quanto mais assegurava a alternativa de interagir com o poder superestrutural da Igreja, mais se contrariava o vínculo com os representantes eclesiásticos locais. Paradoxal cenário se delineou então no tripartite esquema entre o Estado argentino, a Santa Sé e a CEA. Enquanto as autoridades do palácio apostólico reconheciam no presidente argentino um defensor dos princípios católicos em matéria de moral familiar, uma expressiva maioria de bispos centrava a atenção de suas cartas pastorais nos temas da corrupção, do desemprego, da pobreza[75] e situavam a justiça

---

[75] As cifras oficiais do INDEC (Instituto Nacional de Estatísticas e Censos) revelavam que a população que vivia abaixo da linha de pobreza já alcançava 25%. Dito de outro modo, 1 em cada 4 argentinos não dispunha dos ingressos indispensáveis para comprar uma cesta básica

como o núcleo mais vivo de seu magistério. Particularmente, o dignitário Miguel Hesayne insinuou uma reprovação ao poder central da Igreja quando pleiteou a existência de uma incoerência. Enquanto o "Estado Vaticano está homenageando um presidente que se entregou plenamente ao sistema neoliberal, o Papa no documento 'Igreja na América' condena abertamente o sistema liberal" (LEAVI; ZARZA, 1998, p. 149).

As relações intraeclesiásticas não passariam por alto nessa dualidade de critérios. Boa parte dos bispos locais via com receio a cumplicidade do núncio Ubaldo Calabresi e do secretário de Estado do Vaticano, Ángelo Sodano, com as operações políticas oficiais. Longe do projeto de evangelizar a política, a Igreja católica assistia, por graça e obra do governo Menem, à politização do Evangelho.

3.2.13. Transição e continuidades na lógica episcopal

É indubitável que a ascensão de Karlic à frente do episcopado refletiu uma vontade majoritária da hierarquia católica por preservar sua independência dos poderes temporais como testemunho de fidelidade ao Evangelho. Prevaleceu um consenso em torno a uma mudança do tradicional diagrama de legitimações mútuas entre a estrutura do Estado e a estrutura da Igreja, baseado em um esquema de componendas compensatórias. Por convicção pessoal ou por pragmatismo institucional, a hierarquia católica, no fim do século XX, evidenciou alguns traços direcionados a delinear

---

alimentícia. Somente na grande Buenos Aires, entre maio e setembro de 1997, 105.936 pessoas engrossaram o setor de indigentes. As cifras do Banco Mundial eram mais alarmantes: 13,4 milhões de argentinos (36%) eram pobres. O certo é que, entre 1993 e 1998, a pobreza aumentou 63% na área metropolitana, a indigência 66%, o desemprego 54% e o subdesemprego 70%. A pauperização crescente da população começava a refletir-se em índices que aproximavam a Argentina dos algarismos de muitas nações latino-americanas e a afastavam dos indicadores da Europa Central (CLARÍN, 5 jun. 1999). Raúl Primatesta, em outros tempos destacado pelo perfil apaziguador, expressava seu temor de que "as pessoas possam cansar-se da fome e então tenham de sair a roubar" (CLARÍN, 7 jun. 1998).

uma nova lógica na política eclesiástica. Igualmente, o predomínio de um modo de exercitar a relação com a sociedade civil e a cultura enquadra-se em um estilo pastoral que incorpora fundamentos da eclesiologia da modernidade –maior espírito ecumênico – e da espiritualidade pastoral – a supremacia de um discurso eminentemente ético. Se em fins dos anos 1970 os postulados da neocristandade conseguiram se impor aos da eclesiologia pós-conciliar social, sua hegemonia seria confrontada no final do segundo milênio cristão.

Por outro lado, a tomada de distância ante o poder político redundou em uma maior homogeneidade interna nas fileiras da hierarquia católica. Diferentemente da experiência anterior, os distintos tons e expressões episcopais se sentiram representados com a gestão de Karlic. Um sintoma de menores níveis de confrontação é constituído pela quantidade e rapidez na elaboração e aprovação dos documentos coletivos. Entre 1996 e 2000, emitiu-se uma variedade de reflexões pastorais que atenderam a problemáticas díspares: alguns se concentraram nos assuntos doutrinários, outros se referiram à problemática dos aborígines, dos encarcerados e indocumentados e a maioria arremeteu contra a delicada realidade social e institucional. Privilegiando em primeira instância sua reprodução como instituição, a Igreja demonstrava, dessa maneira, certa capacidade para assumir o perfil mais adequado nessa etapa da história.

Mas se tratava de um ponto de inflexão na história episcopal ou apenas de uma transição, após o cenário recente com transferências de sentido e legitimidades recíprocas entre um setor do episcopado e o governo de Menem?

Sem dúvida, a imagem exteriorizada pela cúpula católica sob a liderança de Karlic contrastou claramente com a de seu antecessor, Quarracino. Concentrado na missão evangélica e pastoral, acentuou um perfil de independência frente ao poder político e de diálogo com a pluralidade das manifestações da sociedade civil. A estratégia de encaminhar as relações com o governo pelas vias institucionais se distinguiu do esquema anterior, caracterizado pelo diálogo informal e em várias oportunidades secreto. A incorporação de uma nova geração de prelados, mais abertos e sem amarras temporais, contribuiu para sustentar essa mudança na política eclesiástica. Mas a permanência de muitos outros, habituados ao tradicional *modus vivendi* ao qual a Igreja argentina apelou durante grande parte de sua história para conservar seu papel predominante no campo religioso e garantir sua ampliada presença social, obrigava a deixar aberta a questão acerca da consolidação das transformações no comportamento episcopal. O devir de certos acontecimentos proporcionaria alguns sinais para elucidar o caráter apenas transicional da nova lógica do episcopado conduzida por Karlic.

Quando, em meados de 1997, Antonio Quarracino atravessava problemas de saúde e se aproximava sua demissão,[76] o Vaticano tomou a decisão de designar um arcebispo coadjuvante com direito a sucessão na arquidiocese de Buenos Aires. Não se tratava de uma nomeação menor, pois quem ocupa a titularidade da cúria portenha – sede historicamente cardinalícia – converte-se em primaz da Igreja argentina para mais adiante ser nomeado cardeal. Diminuído pelo novo esquema hegemônico dentro da CEA, Quarracino solicitou para esse cargo seu vigário-geral, Jorge Bergoglio. Apesar de os observadores eclesiásticos apontarem o presidente do episcopado, Estanislao Karlic, e os arcebispos de Rosário e Corrientes, Eduardo Mirás e Domingo Castagna, como seus possíveis substitutos; João Paulo II aceitou a sugestão do cardeal primaz e elegeu Bergoglio[77] como arcebispo coadjuvante. A interpretação dos motivos da decisão papal não se mostra tarefa simples. A renovação das autoridades do episcopado argentino, menos de um ano atrás, trouxe consigo um eclipse na preponderância dos bispos que haviam representado um modelo eclesiástico entrelaçado com o poder político. Quarracino, expoente desse grupo de prelados, havia

---

[76] Em agosto de 1997, o cardeal iria completar 75 anos, idade fixada pelas normas canônicas para que os bispos apresentem sua demissão.

[77] Efetivamente, foi criado cardeal no Consistório realizado em 21 de fevereiro de 2001, junto com outro argentino, Jorge Mejía, que atua como bibliotecário da Santa Sé.

ficado debilitado após o processo de redistribuição das relações de força internas. Talvez a designação de Bergoglio deva ser inscrita em uma lógica política de contrapesos propiciada pelo Vaticano. Sua nomeação significou um respaldo e reconhecimento da trajetória de Quarracino e implicaria para o futuro em novo equilíbrio na estrutura de poder da Igreja local.

Pertencente à ordem da Companhia de Jesus, Bergoglio seria o segundo arcebispo metropolitano proveniente de uma congregação religiosa – o primeiro foi José María Bottaro, franciscano, em 1926. Como superior provincial dos jesuítas entre 1973 e 1979, teve a responsabilidade de renovar a missão pastoral da ordem. Diante de uma suposta displicência em defender religiosos durante os anos da repressão, circularam críticas em torno de seu nome. Porém, o baixo perfil, a habilidade política e sua preocupação pelas questões sociais permitiram-lhe conquistar a adesão de seus pares e empreender uma carreira eclesiástica ascendente até ser eleito presidente da Conferência Episcopal em 2005. Sua lógica de agir denotou certa linha de continuidade com o tradicional *modus operandi* implementado pela Igreja.

Já como titular da arquidiocese metropolitana – Quarracino faleceu a 28 de fevereiro de 1998 –, Bergoglio deixou assentada sua preocupação pelo tratamento da primeira Lei de Educação na cidade de Buenos Aires. Héctor Aguer, responsável pelo Vicariato Episcopal para a Educação portenha, posteriormente arcebispo de La Plata, foi um pouco mais além e arremeteu contra os projetos que discutiam os deputados portenhos ao assinalar que

> não garante a liberdade de ensino e mantém velhos critérios estatistas. Campeia o monopólio estatal como princípio básico e é cancelado o direito primário inalienável dos pais de escolher para seus filhos uma educação conforme suas convicções filosóficas e religiosas (LA NACIÓN, 31 ago. 1998).

Bergoglio e Aguer pretendiam a inclusão da dimensão espiritual da pessoa na redação da regulamentação, como salvaguarda da subvenção estatal aos colégios católicos. Fundamentavam sua solicitação na necessidade de que a tarefa educativa promova uma blindagem ética baseada num tempo em que a cultura neoliberal globalizada impõe valores consumistas e práticas individualistas. Através do documento "Educação: é hora de dar o presente", acrescentaram que "o financiamento da escola pública de gestão privada é o que possibilita o exercício concreto e real da liberdade de ensino". O episcopado acompanhou a demanda de ambos ao destacar a importância de que "a dimensão religiosa impregne os conteúdos do ensino" (CLARÍN, 1° nov. 1998). Legitimou sua reivindicação nos segmentos da Lei Federal de Educação que estabelecem o caráter integral e público da educação, seja de gestão oficial ou privada.

Em abril de 1999, a Legislatura da cidade de Buenos Aires impulsionou um projeto que estipulava um novo Código de Convivência nas escolas. O mesmo contemplava a participação dos alunos na decisão das sanções, junto com pais e docentes. O arcebispado de Buenos Aires expressou sua contrariedade ante tal iniciativa ao sustentar que a inclusão do alunado na avaliação do sistema de castigos desvirtuava a estrutura hierárquica que vigora nos estabelecimentos educativos. E contra-atacou solicitando a inclusão da instrução religiosa optativa nos colégios estatais, pois "a dimensão religiosa é natural na pessoa e é um direito que (...) o Estado deve respeitar" (CLARÍN, 2 maio 1999).

Na mesma direção se inscreveu a férrea oposição sustentada por movimentos eclesiásticos frente à Lei de Saúde Reprodutiva e Procriação Responsável sancionada pela legislatura portenha em 22 de junho de 2000. A rejeição da ingerência estatal nas "faculdades privativas dos pais" (CLARÍN, 11 jul. 2000) e o posterior anúncio de modificação de algumas normativas da lei[78] por parte do então chefe de Governo, Enrique Olivera, puseram

---

[78] Sinteticamente, a legislação em questão previa a prestação gratuita nos hospitais públicos de assistência na prevenção de gravidez e nas enfermidades de transmissão sexual, considerando além disso o fornecimento de métodos anticoncepcionais. As emendas visaram a precisar o caráter não abortivo dos anticoncepcionais prescritos nas unidades sanitárias e a garantir a objeção de consciência dos médicos, em caso de que não concordem com o conteúdo da norma.

de manifesto, uma vez mais, que as fronteiras entre o campo político e o religioso permanecem ainda difusas. E que a intransigência eclesiástica em certas áreas da vida social se mantém inalterável.[79]

Esses episódios revelam o enraizamento no seio do episcopado de uma concepção que situa a temática educativa e a relativa à sexualidade e à moral como componentes essenciais e fundamentais da Igreja e que, portanto, se encontram dentro de seu campo de ação e ingerência. A utilização de todos os canais de pressão sobre a classe política, sejam esses formais ou informais, para a implementação de medidas congruentes com os valores e princípios da Igreja, dá conta das limitações e alcances de uma verdadeira separação entre a esfera estatal e a esfera religiosa. Portanto, a diferenciação ante o Estado se ressalta em alguns tópicos, mas não abarca outros.

Com a mudança da cor política do governo, em função do triunfo da Aliança UCR-FREPASO nas eleições de 24 de outubro de 1999, Karlic fortaleceu o estilo que imprimiu a seu mandato ao manifestar seu "desejo de que na nova etapa institucional o diálogo permanente e a cooperação para o bem comum caracterizem a relação entre a Igreja e o Estado" (LA NACIÓN, 14 nov. 1999). A saída de Esteban Caselli como embaixador na Santa Sé, a substituição do núncio Ubaldo Calabresi e a reacomodação da Secretaria de Culto sob a órbita do ministério das relações exteriores determinariam o fim de uma etapa – e, em consequência, a abertura de outra – na emblemática história das relações entre o poder político e o poder eclesiástico na Argentina.

Pelo caminho da autonomia institucional transitou a Igreja em sua relação com o poder político na virada do milênio. Mas diante da inédita crise socioeconômica e política que viveu a Argentina em 2001, já no governo de Eduardo Duhalde, a iniciativa eclesiástica foi chave para a

---

[79] A lei 25.673 de 2002, que criou o Programa de Saúde Reprodutiva e Procriação Responsável, também motivou a reação dos bispos. Em carta enviada ao Ministro de Saúde, pediu que se introduzissem algumas aclarações para atenuar os aspectos considerados como negativos por parte dos prelados – entre elas, que se declarasse abortivo todo dispositivo que provocasse a morte de um ser humano desde o momento da fecundação.

criação de um espaço de integração das principais instituições econômicas, políticas e sociais. Assim surgiu a Mesa do Diálogo Argentino em janeiro de 2002. A continuidade de reuniões estabelecidas pela cúpula católica com referentes empresariais, políticos e sindicais evidenciou, para além dos resultados, o reconhecimento e a legitimidade que detém como instância de articulação social.

A dinâmica de funcionamento da Mesa do Diálogo refletiu com clareza o papel de liderança assumido pelos bispos designados pelo episcopado – Jorge Casaretto, Juan Carlos Maccarone y Artemio Staffolani. Interessa ressaltar que a instituição religiosa não apenas foi convocada pelas autoridades de governo, mas também ficou como responsável de tarefas que, pela própria natureza, correspondem ao sistema político.

O começo do novo século, então, encontrou uma Igreja católica desafiada na lógica de interpelação ao poder político e à sociedade civil. Alguns indicadores a respeito do comportamento do episcopado pareciam sinalizar o início de um processo de transformação. O perfil de quem resultou eleito para conduzir a instituição eclesiástica naqueles anos refletia uma tendência a exteriorizar uma atitude de colaboração, mas não de justaposição com o campo político. Com efeito, a reeleição de Karlic como presidente da CEA em fins de 1999 e a escolha de Eduardo Mirás para o mesmo cargo em 2002 ratificaram o rumo empreendido. A predisposição à cooperação desde a autonomia institucional fixou o marco das relações do poder eclesiástico com o político no início do século XXI.

De toda maneira, a incorporação de Bergoglio na Comissão Executiva indicou a preponderância do critério institucional, para o qual o arcebispo primaz e cardeal deve ocupar um cargo destacado na direção episcopal. Beneficiado com essa investidura, o arcebispo portenho assumiu posições de liderança, com grande influência entre seus pares na primeira década do século XXI.

Definitivamente, para além do momento de transição com a gestão de Karlic, o episcopado argentino evidenciou um nível de proximidade ou de confronto com o poder político segundo a margem de influência que dispuseram os bispos sobre áreas que consideravam "naturalmente" sob sua incumbência: a educação, a moral familiar e sexual.

Com Bergoglio como presidente da CEA, projetou-se uma estratégia de conservação do poder institucional, arranjada com uma presença pública estendida e com a tentativa de influenciar na formulação e na implementação de determinadas políticas estatais e marcos normativos.

A permanência de normativas que outorgam um *status* privilegiado ao catolicismo em relação às outras confissões religiosas,[80] a presença da liderança política nas missas oficiais da Igreja, a continuidade na celebração do *Te Deum*, a transmissão de cerimônias católicas na mídia oficial são indicadores de um vínculo que tem naturalizado um leque de práticas por quem conduz o governo, independentemente do sinal político, e de quem conduz a Igreja católica.

Sem dúvidas, os fundamentos do regime de padroado e do modelo de cristandade, que assentaram os alicerces para um esquema institucional simbiótico entre o Estado e a Igreja e estabeleceram a instituição eclesiástica como fonte de legitimidade dos processos políticos e fornecedora dos valores transcendentais da nação, permanecem enraizados nas representações de uma classe política que, independentemente de sua filiação religiosa, reconhece na voz das autoridades da Igreja uma opinião cardinal que influencia na tomada de decisões e nas próprias práticas políticas (Esquivel, 2004).

Com dificuldades para impor suas coordenadas de sentido nas sociedades contemporâneas que apresentam incontestável sinais de secularização, as estratégias institucionais da Igreja católica na Argentina orientam-se a reforçar sua presença no espaço público e a desdobrar uma ofensiva

---

[80] Por exemplo, as legislações que preveem a sustentação econômica do culto católico pelo Estado Federal, o caráter público da Igreja católica no Código Civil e a normativa que regulamente o Cadastro de Cultos, a qual estabelece que todas as entidades religiosas que exerçam atividades de culto na Argentina, com exceção da Igreja católica, devem tramitar a inscrição e o reconhecimento oficial, como condição prévia a seu desempenho.

sobre a sociedade política e o Estado. Principalmente, com expressivos posicionamentos públicos em face de diversos assuntos da pauta nacional, difundidos pela mídia e aceitos por boa parte da sociedade política. A insistência e continuidade dessa metodologia permitiram-lhe consolidar um papel como ator relevante no cenário público nacional. No entanto, no campo da educação e das políticas sobre planificação familiar e sexual, vislumbram-se tensões entre a maior visibilidade e reivindicação de direitos cidadãos e a propensão eclesiástica de universalizar sua moral religiosa, em contextos de diversidade cultural e religiosa crescentes.

4. Considerações Finais

Empreender um estudo sobre a Igreja católica, especificamente sobre sua hierarquia e em função de sua interação com o Estado e a sociedade civil, supõe um olhar que vá além das relações formais entre tais esferas. Concebida como espaço social mais que como instituição recluída no âmbito da sacristia e levando em conta seu empenho por universalizar uma ética intramundana, as fronteiras do catolicismo com o "exterior" tornam-se móveis, imprecisas e, em determinados momentos históricos, inexistentes. Por outro lado, a trama de vinculações com o poder político e as organizações sociais tem ressonância no "interior" da instituição religiosa – na concorrência pelo controle do aparelho eclesiástico e pela imposição de uma linha de pensamento hegemônica. Daí a importância de distinguir diversos perfis dentro do campo católico e perceber em termos históricos o jogo de relações de força desatado em seu seio.

A dinâmica dos posicionamentos internos constitui então um elemento analítico de singular relevância na hora de descrever o avatar institucional da Igreja. Mas essa leitura resulta incompleta para compreender as lógicas subjacentes à elaboração das políticas eclesiásticas. Embora a disputa – tácita ou explícita – entre diversas perspectivas eclesiásticas repercuta nas formas como a Igreja interpela a sociedade e interage com o Estado, também as situações sociais e o estilo de condução política de quem ocupa as estruturas do poder civil potencializam o predomínio de um ou outro perfil episcopal. Como diria Poulat, na Igreja não cessam de se confrontar discursos desiguais que competem entre si e que não deixam de entrelaçar-se com o "exterior" (POULAT, 1977).

Ao mesmo tempo, é necessário esclarecer que aquele pensamento hegemônico se nutre - processando-as - de demandas provenientes do laicato e da sociedade em cada momento histórico. Entendida como uma dualidade, estruturada e em estruturação, a instituição eclesiástica se produz e se reproduz em seu interior e com seu entorno. Só que os "produtores" participam de estratos diferenciados devido à matriz vertical e hierárquica. Não obstante, a análise sociológica sobre o devir do catolicismo não pode ignorar o caráter negociado como atributo explicativo dos processos decisórios internos (BOURDIEU, 1987; GIDDENS, 1967).

Pelo recém-exposto, seria infrutífero realizar uma pesquisa sobre o catolicismo sem considerar as implicações das articulações com o "exterior". Ao longo de nossa pesquisa, enfatizamos a disposição da liderança da Igreja do Brasil e da Argentina para livrar a batalha pela manipulação simbólica da vida privada e pela fixação dos valores que orientam as pautas de comportamento coletivo. Fundada em uma ética intramundana, propõe-se a pregar as máximas tendentes a regular múltiplos segmentos da vida social. A educação, as relações familiares e sexuais, a participação política, os limites da intervenção estatal são todas temáticas nas quais a instituição eclesiástica não apenas tem posturas definidas, como também procura com que a sociedade em seu conjunto as incorpore como próprias. Desse modo, o social, o simbólico, o religioso e o político se entrecruzam, tornando complexa a apreensão do catolicismo como um todo.

A modo de conclusão, retomaremos alguns aspectos centrais de nosso estudo. Em primeiro lugar, retomaremos alguns elementos da relação entre religião e política, operacionalizada nos vínculos entre Igreja e Estado. Temos mencionado em repetidas oportunidades que a configuração institucional argentina refletiu um esquema de complementaridade de papéis e funções entre ambas as estruturas no marco de um processo de legitimação recíproca. O caso brasileiro reproduziu essa arquitetura até a separação entre o Estado e a Igreja com a Primeira República, mas em outros momentos históricos e em contextos mais demarcados prevaleceram e prevalecem tendências de justaposição das lógicas políticas e religiosas. Tentaremos exemplificar essa questão para justificar nossa linha argumentativa.

Posteriormente, voltaremos à questão comparativa entre os modelos organizacionais e os *modus operandi* dos episcopados dos dois países, com as ressalvas pertinentes ao método de análise comparativo sobre as eclesiologias.

Por último, exporemos os dilemas que se apresentam ao catolicismo como sistema religioso integrado, para definir coordenadas de sentido nas sociedades contemporâneas. Da leitura que realizem os próprios atores eclesiásticos sobre as reformulações que se plasmam na trama social, resultará a capacidade da Igreja católica de dar resposta com relativo êxito às exigências societárias de inícios do terceiro milênio.

4.1. As fronteiras entre o campo católico e o campo político

A história das relações entre o poder político e o poder eclesiástico na Argentina se edificou através de um esquema institucional justaposto. Idêntico formato experimentou o Brasil até a conformação da Primeira República. Ao longo do século XX, a análise sociológica ressalta a conservação do poder institucional da Igreja, sem desconhecer a crescente distância entre as máximas normativas católicas no plano da moral familiar e sexual e da prática sacramental, e o desenvolvimento de uma cotidianidade individual e coletiva secularizada.

O processo argentino nos mostra que, em várias passagens da história nacional, tornou-se estéril localizar cenários onde as práticas religiosas não encontraram eco no campo político, e vice-versa. As fundamentações nos remetem, por um lado, àquela ética intramundana na qual se assenta a Igreja católica para "naturalizar" sua ingerência nos assuntos terrenos; por outro, à visualização da instituição religiosa como garantia da nacionalidade, por parte de uma classe política majoritariamente socializada em ambientes católicos.

A presença da Igreja no âmbito público se nutriu dos laços tecidos com o Estado e as Forças Armadas, segundo o regime político que vigorou em cada momento. O entrosamento com a sociedade política foi a estratégia utilizada para sedimentar, no imaginário coletivo, a premissa de um catolicismo embutido como parte constitutiva da identidade nacional. Hoje em dia, persistem uma cultura e uma simbologia católica muito enraizadas, que afiançam o peso institucional da Igreja. A prescindência de Deus na Constituição é interpretada como uma ruptura com a memória histórica e como uma negação do substrato cultural da nação. Os pronunciamentos dos quadros eclesiásticos superiores gozam de uma ampla difusão na mídia, como reflexo da especial atenção concedida por diferentes setores políticos e sociais.

No caso brasileiro, inclusive após a separação Igreja-Estado, a presença pública da instituição católica se envolveu, em mais de uma oportunidade, no cenário político nacional. No governo de Getúlio Vargas, por exemplo, a entidade religiosa gozou de um papel preponderante, se comparada não apenas com outras organizações religiosas, mas também com as de índole político ou social.

Desprovida dos privilégios imperiais, a Igreja brasileira foi ciente de que seu capital religioso dependia de sua capacidade para fortalecer o vínculo com a sociedade civil. Com a autonomia em face do Estado, a Igreja diversificou seu trabalho pastoral e dotou-se de uma maior permeabilidade no que diz respeito aos conflitos da estrutura social. E assim, ingressou no campo da política pelo lado avesso, como extensão do compromisso social. A CNBB construiu os alicerces de sua legitimidade e credibilidade social a partir de uma persistente retórica e prática engajada na luta pela justiça terrena. Desde o Concílio Vaticano II, a identidade da Igreja no Brasil não se explica sem sua opção preferencial pelos pobres. Sua missão, essencialmente pastoral, supõe a não omissão dos problemas sociopolíticos do país.

O estado de dissolução – ou, para sermos mais precisos, de insuficiente delimitação – das fronteiras entre o campo político e o religioso baseia-se na configuração de um mapa institucional complexo, onde o político, o religioso, o simbólico e o social se entrecruzam, gerando um cenário de pertenças múltiplas.

A riqueza da história no Brasil e na Argentina radica na quantidade e variedade de acontecimentos que atestam a combinação de legitimidades e condicionamentos recíprocos como mecanismo de articulação entre as questões religiosa e política. Alguns episódios nos permitem compreender em profundidade as modalidades de uma cultura política e religiosa predominante, que perpetuam um esquema institucional com vasos comunicantes entre ambas as esferas.

Em 1995, a bancada católica no Congresso brasileiro reunia cerca de cinquenta deputados, do total de quinhentos e treze. A bancada evangélica contava naquela época com vinte e sete deputados e quatro senadores, do total de oitenta e um. Seis anos depois, o Grupo Parlamentar Católico – assim se autodenominava – tinha cento e quatorze deputados e dezessete senadores. Em tanto bloco suprapartidário, confluíam parlamentares do PT, PDB, PSDB, PFL e PMDB. Como poderá advertir-se abrangia o amplo leque dos partidos políticos, de direita a esquerda. A identidade religiosa ultrapassava as pertenças políticas.

Embora fizessem questão de ressaltar que cada um votava conforme sua convicção e seu partido, o certo é que esses parlamentares não se juntavam apenas para rezar. Tinham posições em comum sobre temas de alta sensibilidade católica, relacionados com os princípios de moral cristã. Um dos participantes, o deputado Luís Roberto Ponte (PMDB-RS), frisou que o objetivo do grupo era se fortalecer na fé, que não havia um plano estratégico, e sim a ideia de definir a melhor forma de cumprir as obrigações de acordo com Deus. E aqui nos perguntamos sobre a fonte de legitimidade da representação desses parlamentares. Emana de um Ser Superior ou do segmento da sociedade que votou neles? A prestação de contas pelo mandato é ante Deus ou ante a sociedade?

Em março de 2001, uma pesquisa no mesmo Congresso sobre a questão do aborto indicou que 87,2% dos parlamentares se mostraram condizentes com uma legislação que obrigasse a rede pública de saúde a realizar o aborto nos casos previstos em lei.[1] Cerca de 64% dos parlamentares foram mais longe: disseram ser favoráveis à ampliação dos motivos legais para a interrupção da gravidez. No entanto, em alguma sequência intermediária, suas convicções entraram em curto-circuito com suas decisões. Diante do projeto de lei de autoria dos deputados petistas Eduardo Jorge e Sandra Starling, que estabelecia que o SUS (Sistema Único de Saúde) incluísse em seus serviços os abortos permitidos por lei, optaram por adiar a resolução. Como pano de fundo da determinação dos legisladores, estava a pressão da Igreja católica, que lançou mão de todos os seus recursos institucionais e redes de contato para evitar a sanção da lei em questão.

O entrecruzamento entre religião e política, entre Igreja e Estado, abre o espaço para arrebatamentos mútuos. Arrebatamento religioso ante a política: a Igreja não pode tornar sua toda a agenda política, mas não renuncia a evangelizar aqueles nós que comprometem sua presença social e sua concepção do homem. Arrebatamento político ante a religião: o Estado e os partidos políticos, imersos em crise de legitimidade, têm pugnado por beneficiar-se do ganho de sentido extrapolítico que deriva da alta credibilidade social da Igreja católica.

Os seguintes enunciados e disposições na Argentina deixam a descoberto o *modus operandi* que marcou a interpelação da política pela religião e vice-versa. As coações e manipulações são parte das regras de jogo subjacentes na relação entre ambas as esferas.

• Em 1990, o Senado excluiu a descriminalização do aborto no projeto de reforma do Código Penal.

---

[1] Na época, segundo o Código Penal, o aborto só não era crime quando se tratava de gravidez causada por estupro ou quando a mãe corria risco de morte. Em 2012, uma nova legislação referente ao aborto foi aprovada no Congresso.

• Em 1993, o ministro da saúde e ação social, Alberto Mazza, retirou de seu cargo Alfredo Miroli, diretor do Programa de Luta contra a AIDS. Veiculou-se que o principal motivo da demissão esteve condicionado pelas inumeráveis queixas provenientes das fileiras eclesiásticas. Miroli havia promovido dois vídeos –"As coisas boas da vida" e "Um caminho para dois" – como instrumentos de educação sexual nas escolas públicas. Tomada a decisão, o ministro declarou que o programa retomaria "os valores religiosos essenciais e a Igreja deve promover suas convicções a respeito e participar do traçado dele" (Bo-Aica, nº 1.916).

• Em 1994, os deputados da província de San Juan enfatizaram a necessidade de repudiar "toda tentativa de condicionar a ajuda econômica internacional à aplicação de determinados planos de controle de natalidade, por configurar uma ingerência inaceitável e uma violação da soberania dos povos" (Bo-Aica, nº 1.967).

• Veto parcial do prefeito da cidade de Buenos Aires, Aníbal Ibarra, à lei 481 – sancionada em 5 de agosto de 2000 –, que estipulava a criação de um programa para a eliminação de estereótipos de gênero em textos escolares e material didático.

> Reconstruir a família, consolidá-la através de sua unidade (...). Deve-se apoiar a Igreja católica como entidade básica de nosso povo e seguiremos nessa atitude, pois em nosso povo há ampla maioria católica. Devem ratificar-se as disposições constitucionais vigentes. Não há nada a inovar [em relação à obrigatoriedade constitucional do presidente e vice de serem católicos] (Saadi. *BO-AICA*, n. 1.575).
>
> Profundo agradecimento aos constituintes provinciais que permitiram incorporar Deus em nossa Constituição e ao governo provincial pela inclusão da escola pública de gestão privada na educação provincial e pelo reconhecimento do labor da Igreja católica na história da educação chaquenha (Sartori. *BO-AICA*, n. 1.982).

Dom Eduardo Koaik, bispo emérito de Piracicaba-SP, sintetizou, com uma particular interpretação, a lógica das relações entre o Estado laico, a Igreja e a nação:

> O Brasil não é um país ateu. A Lei Magna promulgada "sob a proteção de Deus" confirma o valor da religião refletindo o sentimento da quase totalidade da população brasileira. Portanto, há que se ter muito cuidado quando se proclama a laicidade do Estado e, com menos sentido ainda, o ensino laico. Em que sentido se pode afirmar a laicidade do Estado? Não se trata de expressão cunhada na atual Constituição. O Estado é laico apenas no sentido de não adotar religião oficial. Compete-lhe a todas respeitar e proteger. No caso de privilegiar a religião católica, é por razões de tradição cultural do país. A tradição cultural compõe a identidade de uma nação. Em toda nação merece reconhecimento e respeito o que constitui as raízes da sua história (FOLHA DE S.PAULO, 15 abr. 1996).

Cabe advertir que nem sempre da órbita da Igreja partem as iniciativas de arrebatamento para a outra esfera. Em repetidas ocasiões, os atores políticos, imbuídos de uma cultura católica, denotam o enraizamento dos princípios e postulados da instituição eclesiástica em suas alocuções.

A visualização da Igreja como fonte de legitimidade converte o Papa e os bispos em figuras de visita obrigada pela liderança política, seja na pretensão de ter acesso ao poder ou na tentativa de conservá-lo. Os candidatos presidenciais se esforçam por mostrar-se próximos das ideias da Igreja, buscando capitalizar a boa imagem e confiabilidade da instituição religiosa. Incluem em suas agendas encontros com a hierarquia católica, e a fotografia pública com os prelados faz parte da rotina de campanha. Lembremos o episódio de Fernando Henrique Cardoso na carreira para a presidência em 1994, quando se reuniu com o presidente da CNBB na tentativa de otimizar sua performance eleitoral e reduzir a identificação dos religiosos com a candidatura de Luiz Inácio Lula da Silva. Em 1999, os postulantes à presidência das principais forças políticas da Argentina, Eduardo Duhalde (Partido Justicialista) e Fernando De la Rúa (Aliança), coincidiam com o diagnóstico social da Igreja. "Eu venho pregando essas mesmas ideias", diria o primeiro. "Eu recolho o que dizem os bispos sobre ocupar-se com seriedade dos problemas das pessoas", afirmava o segundo (CLARÍN, 19 abr. 1999). Ambos ratificaram a continuidade da linha empreendida pelo governo de Menem na defesa da vida desde a concepção. O candidato peronista intercalou nas atividades de campanha um encontro com o Sumo Pontífice para expressar-lhe seu apoio à iniciativa sobre a remissão da dívida externa dos países do terceiro mundo. Anteriormente, a pré-candidata à presidência pela Aliança, Graciela Fernández Meijide, havia proposto tirar do Estado o controle dos fundos para erradicar a pobreza e delegar a distribuição do dinheiro à ajuda social na organização católica Caritas (CLARÍN, 17 ago. 1998). A convocação da Igreja católica para assumir a gestão das políticas sociais, feita por dirigentes políticos, implica o desprendimento de uma ferramenta estatal por excelência. Com sua eventual transferência, a instituição eclesiástica veria aumentar sua inserção na sociedade.

Qual é a eficácia dessa rede de procedimentos? Difícil dimensionar. Fernando Henrique Cardoso, decidido a não deixar flancos enfraquecidos fez questão de se mostrar ao lado do presidente do episcopado. Ganhou aquela eleição. Mas Luiz Inácio Lula da Silva também teve uma estratégia semelhante e resultou derrotado. Menem foi ao Vaticano para entrevistar-se com o papa quinze dias antes das eleições legislativas de 1997, sem conseguir reverter a derrota de seu partido. Carlos Ruckauf, na disputa pelo governo da província de Buenos Aires em 1999, conclamou a não se votar na candidata da Aliança, Graciela Fernández Meijide, por sua condição de "ateia, anticristã e abortista" (CLARÍN, 23 out. 1999). Sua vitória, assim como o revés eleitoral do justicialismo dois anos antes, não pode ser atribuída a fatores exclusivamente religiosos. Mas o que importa, sob um olhar sociológico, é tornar explícitas as apelações ao religioso que põem em prática os expoentes políticos, convencidos de que por essa via alcançarão uma melhor performance eleitoral ou na gestão de governo.

Esse quadro cultural e institucional predominante nos conduz à reflexão sobre o escasso grau de autonomia que a classe política brasileira e argentina conquistou, após duas décadas de democracia. Fica claro que, frente à crise de representação, a direção política se vê incentivada a aproximar-se da Igreja católica em busca da legitimidade perdida. Mas não é apenas uma questão de legitimidades. O enraizamento de um pensamento corporativo, no qual se outorga maior relevância aos mecanismos de agregação de interesses que aos âmbitos de representação cidadã, não é alheio a esse *modus operandi*.

Esse caminho, levado ao extremo, desvirtua o princípio do Estado laico e abre um campo para a confessionalização da esfera pública. Sem chegar a esse grau, a internalização dessa lógica política contribui para a reprodução e a consolidação da Igreja como ator institucional. A cultura que permeia a classe política e que se traduz em modalidades procedimentais acarreta uma precariedade na democracia como regime político, a qual sem o impulso da bênção eclesiástica, assim como a benção do outros poderes, se mostraria errática para traçar autonomamente seu trajeto.

4.2. Acerca do método comparativo como ferramenta de análise sociológica

Uma pesquisa de estudo de casos, tal como a que temos abordado, abre obrigatoriamente a lente da comparação. Aliás, a comparação não pode ser desfeiteada como método para analisar realidades sociológicas. Ela responde a uma aptidão inata de todo pesquisador. Por outro lado, constitui uma ferramenta de grande utilidade na produção do conhecimento, desde que se evite a tendência de transpolar mecanicamente modelos de um lugar para outro.

O problema centra-se então na propensão a "universalizar" os modelos. Uma construção tipológica válida para um contexto social não necessariamente é pertinente em outro cenário político, social, cultural e institucional. Os parâmetros utilizados para o estudo de uma realidade determinada são sempre intrínsecos a essa mesma realidade. Dessa perspectiva analítica, a tentativa de generalizar esquemas conceptuais elaborados a partir de parâmetros específicos de uma sociedade em particular, ou mesmo impô-los automaticamente em outra configuração social, vai levar-nos a conclusões simplificadas. A derivação lógica desse proceder nos conduziria a determinar até que ponto as outras sociedades se ajustam às dimensões de análise, ou em que medida se "desviam" delas.

Essa abordagem evidencia um reducionismo da complexidade da realidade social. A especificidade histórica de cada sociedade fica completamente no plano do esquecimento. Por outro lado, "os modelos analíticos têm (...) um caráter ordenador de iluminar determinado aspecto da realidade" (MORAES, 2003, p. 106). Com muita clareza, o sociólogo chileno Hugo Zemelman complementa que "o modelo não reflete a realidade, mas constitui uma leitura de uma realidade feita desde um ângulo particular" (ZEMELMAN, 2003, p. 86). Como seria possível, então, aplicar essa interpretação particular a outros contextos temporais e espaciais? Seguindo a linha de pensamento do mesmo autor, "não se trata de ajustar contextos históricos e sociais a exigências normativas de um modelo" (ZEMELMAN, 2003, p. 88-89).

No que tange a nosso estudo sobre os episcopados brasileiro e argentino, notadamente percebemos a inviabilidade de desenhar um marco referencial de análise para ambas as entidades. Com intencionalidade, poupamos estabelecer qualquer equivalência entre as tipologias construídas, para além das afinidades eletivas entre algumas delas. Inúmeros elementos foram patenteando a complexidade e a especificidade de cada contexto eclesiástico.

Em primeiro lugar, observamos dissímeis enquadramentos institucionais. A prematura separação entre a Igreja e o Estado no Brasil não teve correspondências na Argentina. Indubitavelmente, essa configuração político-institucional acarretou divergentes cosmovisões e posicionamentos no alto clero dos dois países. Embora não aceito desde o começo, o afastamento do poder civil obrigou a instituição católica brasileira a procurar outras fontes de sustentação. A experiência argentina mostrou uma continuidade na estratégia de penetrar as estruturais estatais para, desde ali, espalhar os valores cristãos a toda a sociedade.

A gênese da conformação das Conferências Episcopais aparece como outra dimensão que ocasionou andares divergentes. A presença leiga no processo de fundação da CNBB delineou um perfil episcopal menos clerical. A própria metodologia da Ação Católica na década de cinquenta do século passado, "ver-julgar-agir", perpassa a pastoral pregoada pela cúpula eclesiástica até os dias atuais. Desde sua constituição, a CEA teve um perfil mais ensimesmado, concentrado na própria estrutura episcopal. Decorrente disso, foi surgindo um contraste nos esquemas de articulação com os outros segmentos do campo católico. A dinâmica de participação de assessores e peritos nas Assembleias da CNBB, as apelações à corresponsabilidade assim como o entrosamento com um leque de organismos anexos não registram antecedentes no episcopado argentino.

Essas camadas de leigos e religiosos serviram de correia de transmissão das mudanças contextuais no mundo contemporâneo. A disposição para um diálogo com a modernidade no caso brasileiro tem a ver com aquele vínculo menos hierarquizado. O processo de inculturação salientado através da retórica e das práticas eclesiásticas foi também consequência de uma maior permeabilidade da realidade social naquele episcopado. O espírito mais canonista e doutrinário do alto clero argentino imprimiu uma ação pastoral com um viés pré-determinado e pré-moldado.

O processo de formação religiosa também incidiu na singularidade do episcopado brasileiro. Primou um aprendizado de "portas abertas", no qual os seminaristas podiam estudar algumas disciplinas em universidades públicas. A socialização não apenas em espaços religiosos permitiu uma maior abertura e outra modalidade no contato com a realidade social.

Justamente, o contexto social de cada diocese parece influenciar radicalmente sobre as orientações pastorais dos prelados no Brasil. Embora também relevante, não resulta tão determinante entre os dignatários argentinos. Situações de extrema gravidade tem deixado uma marca carimbada na idiossincrasia de muitos bispos brasileiros. Tal o caso de dom Erwin Krautler, austríaco de nascimento. Ao pouco tempo de nomeado titular da diocese de Xingu, no Estado do Pará, viveu a obstrução da estrada Transamazônica por colonos e operários por conta da falta de pagamento de salários em fevereiro de 1982. A violenta liberação da rodovia pela polícia ocasionou a morte de dois lavradores. As palavras de dom Erwin Krautler testemunham a incidência dessa realidade em suas prioridades pastorais: "Como ficar no recinto fechado de uma igreja ou capela, quando o povo de Deus está acampado na estrada?" (COMUNICADO MENSAL DA CNBB, n. 368, p. 700). "Jamais deixarei de defender os pobres, de interceder para que seus direitos sejam respeitados (...). É para isso que fui enviado. E aos poucos estou descobrindo o que significa ser Servo de Cristo Jesus" (COMUNICADO MENSAL DA CNBB, n. 368, p. 703).

Por último, as relações com o Vaticano, mais estreitas no contexto argentino, ressaltaram diversas trajetórias assumidas por ambos os episcopados. No Brasil, a Igreja exibiu um perfil institucional com componentes de maior autonomia, se comparada com o itinerário seguido pela instituição católica do país vizinho. No entanto, as decididas políticas homogeneizadoras da Cúria Romana sobre os episcopados de todo o mundo começaram a dar resultados. A afinação da CNBB pelas diretrizes da Santa Sé é hoje um dado inquestionável.

Todas essas variáveis mostram a singularidade de cada realidade eclesiástica e, portanto, a impossibilidade de edificar um sistema tipológico unificado. Questões históricas, políticas, institucionais, organizacionais e até idiossincráticas, entrelaçadas todas elas, explicam a unicidade de cada corpo episcopal.

O desafio visou a desentranhar a complexidade a partir de um enfoque capaz de estabelecer comparações, mas reconhecendo a especificidade histórica que envolve ambas as entidades eclesiásticas. Os sistemas tipológicos ideados não tiveram o propósito de se instalar no campo do conhecimento universal, mas de oferecer ferramentas para uma análise de realidades situadas espacial e temporalmente.

No plano do funcionamento interno, a premissa da comunhão episcopal regulamenta o comportamento dos bispos brasileiros e argentinos. Prevalece uma política integracionista, de não gerar cistos. A composição dos cargos mais importantes das Conferências Episcopais reflete logicamente o estado da correlação de forças entre os diferentes segmentos, mas também aquela tendência de não excluir as outras vozes. Quando se evidenciaram inclinações hegemônicas, o próprio coletivo se encarregou de endereçar o rumo. Em ambos os episcopados, os critérios de escolha de candidatos respondem obviamente às identificações teológicas e ideológicas de cada prelado. Junto com essa condição, também se leva em consideração o equilíbrio regional e entre as dissímeis sensibilidades pastorais. Mesmo em períodos de turbulências, não se abriu mão da preservação de unidade.

Apesar dos contrastes sinalizados entre a CNBB e a CEA, sob certos aspectos, há uma matriz de pensamento compartilhada. As definições no que diz respeito à moral familiar, ao direito à vida, às posições sobre o aborto, a eutanásia, a esterilização, o controle da natalidade e a concepção sobre a família, monogâmica e indissolúvel patenteiam uma concordância expressiva. Do mesmo modo, a visão referente ao papel da educação religiosa e à obrigação do Estado em subsidiá-la.

Os procedimentos com relação a todos esses tópicos denotaram uma mesma modalidade entre os bispos de um e outro país. Eles lançaram mão ao peso institucional da Igreja e à rede de influências com a tentativa de pressionar o poder político para que legislasse ou desenvolvesse políticas em consonância com os princípios e as convicções católicas. Nesse *modus operandi*, os episcopados do Brasil e da Argentina se identificam. Se bem que, dentro dos episcopados, foram os prelados mais identificados com a ortodoxia romana que tiveram destaque na atitude de intransigência sobre essas matérias, não surgiram outras vozes discordantes da metodologia utilizada. Sem exprimir uma dissidência, outros optaram por um critério de maior flexibilidade no contexto de suas dioceses.

Cada uma a sua maneira, as Igrejas católicas do Brasil e da Argentina se esforçaram por garantir uma presença pública ao longo da história. Uma, autossituada no espaço da sociedade civil; outra, entrelaçada no plano da sociedade política.

A CNBB orientou suas prioridades pastorais na defesa dos direitos humanos, no acompanhamento às organizações ligadas à problemática da terra e na contribuição para a recuperação democrática em um primeiro momento e o aprimoramento desta depois. A formação de uma consciência crítica na população, o encorajamento para a participação na coisa pública e o exercício do voto responsável revelaram as principais preocupações do episcopado brasileiro. Engajado na realidade social, as questões internas da Igreja e a ênfase nos aspectos espirituais assomaram por influência vaticana e diante do avanço de outros grupos religiosos a expensas da hegemonia católica no mercado religioso.

Inverso foi o processo transitado pela CEA. Tradicionalmente, o eixo da ação pastoral esteve centrado na pregação da doutrina católica, com um marcante perfil espiritualista. Lançou uma cruzada contra os valores do mundo contemporâneo decorrentes da modernidade – hedonismo, consumismo, individualismo, relativização da família como núcleo da sociedade. A primazia da evangelização da cultura se inscreve nessa linha. A educação católica foi outro dos pilares das políticas eclesiásticas na Argentina. A internalização das pautas valorativas cristãs supunha um processo formativo do indivíduo desde os começos. A utilização das estruturas estatais potencializou e espalhou o projeto católico ao conjunto da sociedade. Se bem que a problemática social não foi desatendida, com a crise econômica desatada na década de 1990 e a crescente desigualdade social, a Igreja assumiu o assunto como prioritário. Sua presença nos conflitos sociais veio acompanhada de um maior distanciamento do poder político.

Transitando dois caminhos divergentes, a Igreja católica no Brasil e na Argentina se coloca entre as instituições de maior credibilidade social. No entanto, essa legitimidade social não lhe reporta dividendos no campo religioso. Concentrada nas questões sociais ou nas espirituais, em ambos os países o catolicismo sofreu uma persistente perda no número de fiéis.

Na realidade, o processo de pluralização religiosa pouco tem a ver com a maior ou menor atenção das demandas da freguesia. Como disse Flávio Pierucci (2002), a despolitização impulsionada pelo atual papado não conseguiu o objetivo de deter a queda de fiéis católicos.

Nas sociedades contemporâneas, os laços entre as instituições históricas e os indivíduos tendem a se desencaixar. O declínio dos grandes relatos, a paulatina decomposição da memória coletiva e o desenraizamento relativo dos indivíduos dos enquadramentos institucionais atentam contra as representações amarradas na tradição.

A fragmentação infinitesimal da memória, somada à múltipla identificação dos indivíduos em torno de uma variedade de grupos e instituições, contribuem para que o catolicismo encontre minadas suas bases de reprodução. Em virtude da "dissociação funcional da experiência pessoal, o acesso a uma memória unificada" ficou vedado (HERVIEU-LÉGER, 1996b, p. 12). Foram erodidos os fundamentos a partir dos quais a Igreja católica garantia, por meio de seu dispositivo de autoridade, o controle exclusivo dos "verdadeiros enunciados".

Enfim, o catolicismo tropeça com a atual configuração cultural. O afastamento entre um *corpus* doutrinário totalizador e o processo de subjetivação individual e de desapego institucional revalida o exposto. Por outro lado, em um contexto de alta modernidade (GIDDENS, 1990), a conservação de uma "linha crente" perde cada vez mais sua estrutura de plausibilidade; os mecanismos tradicionais de reprodução do capital simbólico entraram em crise (HERVIEU-LÉGER, 1996b). A globalização que abraça a secularização fratura as formas em que as instituições religiosas – entre elas, a católica – desenvolvem seus recursos de autoridade e regulam seus sistemas de crenças baseados na história. A fé cristã, com sua certeza absoluta da verdade, encontra dificuldades para conviver com o relativismo cultural das sociedades de hoje.

Com o retorno do sistema democrático, expandiram-se os suportes do incipiente estado de diversificação cultural. A pluralidade de expressões nos diferentes campos da vida social contribuiu no processo que desembocaria na quebra das identidades "completas". Na atualidade, torna-se infrutífero compreender o universo de sentido e de pertinência dos indivíduos a partir de uma única instituição que os contêm e engloba, capaz de proporcionar uma visão ordenada e totalizadora do mundo.

Com o propósito de preservar a vitalidade e a integralidade de seus postulados doutrinários, a Igreja, já a nível mundial, entabulou uma férrea disputa contra as consequências da modernidade. Para além dessa estratégia, enquanto dispositivo estável para a produção da memória, o catolicismo se acha na encruzilhada de como adequar uma "linha crente" a esse marco global de pluralização e fragmentação das identidades (HERVIEU-LÉGER, 1996b). As respostas elaboradas pela hierarquia contemplam desde a reafirmação de sua matriz de identidade como veículo transmissor da doutrina cristã até a renovação das estruturas paroquiais e uma nova significação do território como centro nevrálgico da ação pastoral.

Na prática, a instituição eclesiástica assume um magistério ético ampliado – incorporação dos direitos do homem, a dívida externa e a ecologia – e promove uma maior centralidade do poder romano. Mas ambas as tendências não garantem a reconstrução eficaz de uma linha crente no mundo contemporâneo. A primeira porque, como já foi exposto, a Igreja ganha uma legitimidade social não transferível ao plano religioso. Como diz Enzo Pace, quando se dirige ao mundo inteiro falando de temas cruciais, como a justiça social ou a paz ameaçada em vários pontos do globo, o eco (...) é maior e mais positivo que quando ratifica o não ao sacerdócio das mulheres, ao aborto, ao uso do preservativo etc. (PACE, 1997, p. 39).

A segunda não é condição suficiente para neutralizar o cenário desregulado de mensageiros e mensagens.

A Igreja católica ainda não definiu o lugar mais apropriado de onde abordar os processos de individuação de crenças e práticas. Ante "um processo de decomposição e recomposição da identidade individual e coletiva que enfraquece os limites simbólicos dos sistemas de crenças e pertinências", a opção de refugiar-se em seu universo simbólico "imaginando unida, coerente e compacta uma realidade social profundamente diferenciada e fragmentada" (PACE, 1997, p. 32) acentuará o declínio do catolicismo como fonte de identidade cultural e como ator exclusivo no campo religioso.

A genuína aceitação dos parâmetros da sociedade pluralista e o reconhecimento das liberdades individuais enquanto afirmação da autonomia do sujeito erguem-se como dois núcleos que refletem um comportamento eclesiástico ambivalente. Se por um lado se incrementaram as instâncias de interação com diferentes instituições religiosas, por outro o documento "*Dominus Jesus*" da Congregação para a Doutrina da Fé retorna a rígidas concepções unitárias no campo religioso. Dito material afirma que "só a Igreja católica salva" e "só o catolicismo é uma religião plena", já que denomina as demais congregações como comunidades e não como Igrejas (CLARÍN, 7 set. 2000).

Por outro lado, a definição do homem como criatura de Deus dificulta a consideração das liberdades individuais. Enquanto os direitos humanos em sentido amplo emanam do Ser Superior, a disposição destes por parte dos sujeitos está previamente regulamentada pelas leis naturais. Daí a proibição do acesso à Comunhão Eucarística para divorciados que voltam a se casar. Transigir nesse terreno implicaria conceder às práticas sociais um papel determinante na formação da disciplina sacramental da Igreja. E, em assuntos de moralidade, a instituição eclesiástica não outorga à consciência pessoal qualquer atribuição para decidir com base na própria convicção individual.

Sem dúvida, o catolicismo de hoje se defronta com a necessidade de conviver com outras igrejas, assim como com o conhecimento científico. Além disso, precisa aceitar as regras do jogo democrático, o que supõe uma tolerância aos ditames estatais, mesmo que eles não se correspondam com a moral cristã. O consentimento aos padrões da sociedade pluralista não priva a Igreja católica do direito de pregar seus valores morais e propor – mas não impor – um sistema normativo. A explicitação de seus preceitos doutrinários e a busca de consenso para sancionar leis em sintonia com aqueles princípios são ferramentas válidas dentro do regime democrático. Como contrapartida, a utilização permanente dos recursos de poder institucional como método de constrangimento e a receptividade da classe política àquelas pressões são sinais do enfraquecimento dos cimentos da própria democracia.

A primeira década do terceiro milênio encontra a Igreja católica desafiada no núcleo da evangelização. A rijeza da mensagem que persiste nos temas de moral cristã evidencia que os interstícios para uma mediação entre a cultura contemporânea e os princípios doutrinários continuam ainda reduzidos. Na medida em que as tendências de abertura prevaleçam sobre as intransigentes e se interpela a sociedade civil pela pluralidade manifesta, a Igreja transitará para um definitivo caminho de adequação dos preceitos doutrinários. A configuração que resultar desse processo abrirá as portas para uma percepção mais apropriada das exigências das sociedades no decorrer do século XXI.

Referências Bibliográficas

Aa.vv. A Igreja no Brasil colonial. In: *História geral da civilização brasileira: a época colonial.* São Paulo, Difel, 1960. Tomo I, vol. II.

_____. Vida religiosa. In: *História geral da civilização brasileira:* o Brasil monárquico. São Paulo, Difel, 1971. Tomo II, vol. IV.

_____. *500 años de cristianismo en la Argentina.* Buenos Aires, CEHILA/ Centro Nueva Tierra, 1992.

_____. *Presença pública da Igreja no Brasil.* CNBB 1952-2002. São Paulo, Paulinas, 2003.

Almeida, Luciano Mendes de. *Folha de S.Paulo,* 26 ago. 2000.

Alexander, Daniel. Is Fundamentalism an Integrism?. *Social Compass,* vol. 32, n. 4. Louvain, 1985.

Alves, Márcio Moreira. *A Igreja e a política no Brasil.* São Paulo, Brasiliense, 1979.

Amestoy, Norman. Orígenes del integralismo católico argentino. Revista *Cristianismo y Sociedad,* nº 108, 1991.

Angeloz, Eduardo. *Clarín,* 11 out. 1988.

Aguer, Héctor. *Boletim da Agência Informativa Católica Argentina (BO--AICA),* n. 2.268 e 2.280.

_____. *Boletim da Agência Informativa Católica Argentina (BO-AICA),* n. 2.071.

_____. *Boletim da Agência Informativa Católica Argentina (BO-AICA),* n. 2.073.

_____. *Apud Página/12,* 10 jul. 1996.

ÁMBITO FINANCIERO. 28 set. 1987; 19 mar. 1996.

ANGELOZ, Eduardo. *Apud Clarín*, 11 out. 1988.

ANTONIAZZI, Alberto. O catolicismo no Brasil. In: LANDIM, Leilah (org.). *Sinais dos tempos:* tradições religiosas no Brasil. Rio de Janeiro, ISER, 1989.

ARON, Raymond. *As etapas do pensamento sociológico*. Brasilia, Editora Universitária de Brasília, 1990.

ARRECHEA, Ricardo Barros. *La Nación*, 1º jul. 1988.

AZEVEDO, Thales de. *O catolicismo no Brasil*. Rio de Janeiro, Ministério de Educação e Cultura, 1955.

AZEVEDO, Thales. *Cultura e situação racial no Brasil.* Rio de Janeiro, Civilização Brasileira, 1966.

AUZA, Néstor. *Católicos y liberales en la generación del ochenta*. Buenos Aires, Ediciones Culturales Argentinas, Ministerio de Cultura y Educación, 1975.

AZZI, Riolando. Catolicismo popular e autoridade eclesiástica na evolução histórica do Brasil. Revista *Religião e Sociedade*, n. 1, 1977.

_____. A Igreja católica no Brasil no período de 1950 a 1975. Revista *Religião e Sociedade*, n. 2, 1977.

_____. *A neocristiandade.* Um projeto restaurador. São Paulo, Paulus, 1994.

BALDUINO, Tomás. Informação verbal. Entrevista realizada em 4 de ago. 2003.

BASSEGIO, Luiz. *Folha de S.Paulo*, 7 set. 1999.

BENDIX, Reinhard. *Max Weber*. Buenos Aires, Amorrortu, 1970.

BENEDETTI, Luiz Roberto. Igreja católica e sociedade nos anos 90. Revista *Eclesiástica Brasileira*, vol. 53, 1993.

BEOZZO, José Oscar. História da Igreja na América Latina. Revista *Religião e Sociedade*, n. 2, 1977.

_____. História da Igreja católica no Brasil. *Cadernos do ISER*, n. 8, 1979.

_____. A Igreja entre a revolução de 1930, o Estado Novo e a redemocratização. In: *História geral da civilização brasileira*: o Brasil republicano. São Paulo, Difel, 1984. Tomo III, vol. IV.

_____. *A Igreja do Brasil.* De João XXIII a João Paulo II, de Medellín a Santo Domingo. Petrópolis, Vozes, 1993.

BERGER, Peter. *El dosel sagrado.* Elementos para una sociología de la religión. Buenos Aires, Amorrortu, 1967.

BERGER, Peter; LUCKMANN, Thomas. *La construcción social de la subjetividad.* Buenos Aires, Amorrortu, 1986.

BIANCHI, Susana. Catolicismo y peronismo: la religión como campo de conflicto (Argentina, 1945-1955). *Boletín Americanista*, año XXXIV, n. 44. Universidad de Barcelona, 1994.

_____. La conformación de la Iglesia católica como actor político-social: el Episcopado argentino (1930-1960). In: BIANCHI, Susana; SPINELLI, María Estela. *Actores, ideas y proyectos políticos en la Argentina contemporánea.* Tandil, Instituto de Estudios Históricos Sociales, Universidad Nacional del Centro, 1997.

BLALOCK, Hubert. *Estadística social.* México DF, Fondo de Cultura Económica, 1966.

BLANCARTE, Roberto. *Historia de la Iglesia católica en México.* México DF, Fondo de Cultura Econômica, 1992.

BOFF, Clodovis. Uma análise de conjuntura da Igreja católica no final do milênio. Revista *Eclesiástica Brasileira/56,* fasc. 221, 1996.

BOFF, Leonardo. *Igreja, carisma e poder.* Petrópolis, Vozes, 1981.

BOLETIM DA AGÊNCIA INFORMATIVA CATÓLICA ARGENTINA (BO-AICA). N. 1.431; n. 1.438; n. 1.559; n. 1.563; n. 1.724; n. 1.769; n. 1.842; n. 1.845; n. 1.910; n. 1.916; n. 1.941; n. 1.949; n. 1.967; n. 1.982; n. 2.012; n. 2.014; n. 2.071; n. 2.283.

BOLETIM DA CONFERÊNCIA EPISCOPAL ARGENTINA (BO-CEA). N. 1, 1990, p. 10; n. 3, 1991, p. 22; n. 5, 1992, p. 21; n. 7, 1993, p. 3, 25; n. 8, 1994, p. 8; n. 9, 1994, p. 23-24; n. 10, 1995, p. 17; n. 11, 1996, p. 8, 29, 30; n. 12, 1997, p. 21; n. 15, 1998, p. 25.

Bourdieu, Pierre. Genèse et structure du champ religieux. *Revue Française de sociologie*, vol. XII, n. 3. Paris, 1971a.

_____. Une interprétation de la théorie de la religion selon Max Weber. *Archives européennes de sociologie*, vol. XII, n. 1. Paris, 1971b.

_____. *A economia das trocas simbólicas*. São Paulo, Perspectiva, 1974.

_____. *Cosas Dichas*. Paris, Gedisa, 1987.

_____. *Sociología y Cultura*. México DF, Grijalbo, 1990.

_____. *Respuestas para una antropología reflexiva*. México DF, Grijalbo, 1995.

Bourdieu, Pierre; De Saint Martin, Monique. La Sainte Famille: l'Episcopat français dans le champ du pouvoir. *Actes de la Recherche en Science Sociales*, n. 44/45, 1982.

Bourdieu, Pierre; Wacquant, Loic. *Respuestas por una antropología reflexiva*. México DF, Grijalbo, 1995.

Bresci, Domingo. Panorama de la Iglesia católica Argentina (1958-1984). Revista *Sociedad y Religión*, n. 5, 1987.

Brubaker, Roger. *The limits of Rationality.* An essay on the social and moral thought of Max Weber. London, George Allen and Unwin, 1984.

Bruneau, Thomas. *O catolicismo brasileiro em época de transição*. São Paulo, Loyola, 1974.

Brunner, José Joaquín. *Bienvenidos a la modernidad*. Santiago de Chile, Planeta, 1994.

Bruno, Cayetano. *Historia de la Iglesia en la Argentina*. Buenos Aires, Editorial Don Bosco, 1941.

Caimari, Lila. *Perón y la Iglesia católica.* Religión, Estado y Sociedad en la Argentina (1943-1955). Buenos Aires, Ariel, 1994.

Camara, Helder *et alii. "Eu ouvi os clamores de meu povo". In* SEDOC, n. 6, 1973

Camargo, Cándido Procópio. *Católicos, protestantes, espíritas*. Petrópolis, Vozes, 1973.

CAMARGO, Cándido Procópio; SOUZA, Beatriz; PIERUCCI, Antônio Flávio. Iglesia católica: 1945-1970. In: *O Brasil republicano*. São Paulo, Difel. Tomo III, vol. IV, 1984.

CANCLINI, Néstor Garcia. *Consumidores y ciudadanos*. México DF, Grijalbo, 1995.

CARGNELLO, Mario. Informação verbal. Entrevista realizada em 21 jul. 2000.

CAROZZI, María Julia. Tendencias en el estudio de los nuevos movimientos religiosos en América: los últimos veinte años. Revista *Sociedad y Religión*, n. 10/11. Buenos Aires, 1993.

CARTA PASTORAL DE 1890. *Apud* BRUNEAU, Thomas. *O catolicismo brasileiro em época de transição*. São Paulo, Loyola, 1974, p. 67.

_____. *Apud* PIERUCCI, Antônio Flávio. A velha recém-casada. Revista *Novos Estudos CEBRAP*, n. 26. São Paulo, 1990, p. 213.

CARVALHEIRA, Marcelo. *Folha de S.Paulo*, 25 fev. 2000.

CASADO, Raúl. *Boletim da Agência Informativa Católica Argentina (BO-AICA)*, n. 1.523.

CASALDÁLIGA, Pedro. *Folha de S.Paulo*, 21 abr. 1994.

_____. *Folha de S.Paulo*, 30 abr. 1995.

CASANOVA, José. *Public Religions in the Modern Word*. Chicago, University of Chicago Press, 1994.

_____. Religiones públicas y privadas. In: AUYERO, Javier. Caja de Herramientas. *El lugar de la cultura en la sociología norteamericana*. Buenos Aires, Universidad de Quilmes, 1999.

CASARETTO, Jorge. *Apud Página/12*, 3 abr. 1992.

_____. *Carta Pastoral da Quaresma de 1993. Apud Página/12*, 30 mar. 1993.

_____. *Boletim da Agência Informativa Católica Argentina (BO-AICA)*, n. 1.679/80.

_____. Informação verbal. Entrevista realizada em 21 jul. 1999.

CASELLI, Esteban. *Apud Clarín*, 22 jun. 1997.

CASTANHO, Amaury. *Folha de S.Paulo*, 25 abr. 1998.

_____. *Folha de S.Paulo*, 1 maio 2001.

CAVAROZZI, Marcelo. *Autoritarismo y Democracia (1955-1983)*. Buenos Aires, CEAL, 1983.

CENTENO, Angel. *Boletim da Agência Informativa Católica Argentina (BO--AICA)*, n. 1.843.

CENTRO DE ESTUDIOS UNIÓN PARA LA NUEVA MAYORÍA. *Apud* Revista *Noticias*, 24 mar. 1996.

CERIS. *Folha de S.Paulo*, 16 abr. 1995.

CHEMELLO, Jayme. *Folha de S.Paulo*, 20 abr. 1999.

_____. *Jornal do Brasil*, 24 abr. 1999.

_____. *Folha de S.Paulo*, 3 abr. 2001.

CIFUENTES, Rafael Llano. Informação verbal. Entrevista realizada em 14 ago. 2003.

CLARÍN. 18 abr. 1986; 11 fev. 1987; 3 abr. 1987; 11 out. 1988; 2 nov. 1990; 16 abr. 1991; 26 abr. 1992; 17 jul. 1994; 22 set. 1994; 12 nov. 1995; 1° mar. 1996; 19 mar. 1996; 22 jun. 1997; 7 jun. 1998; 17 ago. 1998; 1° nov. 1998; 19 abr. 1999; 2 maio 1999; 5 jun. 1999; 23 out. 1999; 11 jul. 2000; 7 set. 2000.

CNBB. *Documento Pastoral de Brasília*, 1970. *Apud A Igreja do Brasil*. De João XXIII a João Paulo II, de Medellín a Santo Domingo. Petrópolis, Vozes, p. 132.

_____. *Apud* DELLA CAVA, Ralph. A Igreja católica no Brasil no período de 1950 a 1975. Revista *Religião e Sociedade*, n. 2, 1977, p. 107.

_____. *Apud* SILVA, Vicente da. Os católicos diante das eleições (1958-1986). Estudo sobre a Arquidiocese de Olinda e Recife. Revista *Eclesiástica Brasileira*, vol. 49, fasc. 194, 1989, p. 363.

_____. *Folha de S.Paulo*, 20 abr. 1994; 26 ago. 1995; 1° mar. 1996.

_____. *Apud Folha de S.Paulo*, 16 jun. 2000.

_____. D10; D17; D22; D31; D36; D42; D47; D58.

CÓDIGO DE DIREITO CANÔNICO, n. 285, p. 3

_____. n° 287, p. 2.

COHN, G.briel. *Crítica e resignação:* fundamentos da sociologia de Max Weber. São Paulo, Queiroz Editor, 1979.

COLLING, Cláudio. *Folha de S.Paulo*, 1 nov. 1985.

COMBLIN, José. Situação histórica do catolicismo no Brasil. Revista *Eclesiástica Brasileira,* vol. 26, fasc. 3, 1966.

_____. Para uma tipologia do catolicismo no Brasil. Revista *Eclesiástica Brasileira,* vol. 28, fasc. 1, 1968.

COMISSÃO PERMANENTE DA CEA. *Apud Boletim da Agência Informativa Católica Argentina (BO-AICA),* n. 1.982.

COMUNICADO MENSAL DA CNBB (CM). N. 329, p. 87; n. 366, p. 206; n. 368, p. 700, 703; n. 378, p. 445; n. 384, p. 1.192, 1.194; n. 406; n. 410, p. 395; n. 420, p. 425; n. 433, p. 1188; n. 450, p. 485; n. 463, p. 1.212-1.213; n. 500, p. 589; n. 515; n. 520, p. 370; n. 523, p. 1.369; n. 552, p. 803; n. 565, p. 1.986.

CONFERÊNCIA EPISCOPAL ARGENTINA (CEA). *Igreja e Comunidade Nacional,* 1981, p. 30-32, 41-42, 48-49.

_____. *Linhas pastorais para a nova evangelização,* 1990, p. 16, 21.

_____. *A Igreja católica e a Reforma Constitucional,* 1994, p. 11, 20, 23-24.

CONSTITUIÇÃO DA PROVÍNCIA DE BUENOS AIRES. Artigo 12. *Apud Boletim da Agência Informativa Católica Argentina (BO-AICA),* n. 1.970.

CONVENÇÃO AMERICANA SOBRE OS DIREITOS HUMANOS. Artigo 4. *Apud La Nación,* 8 ago. 1994.

CORREIO POPULAR, 18 abr. 2002.

CP-CEA; BOLETIM DA AGÊNCIA INFORMATIVA CATÓLICA ARGENTINA (BO--AICA), n. 1.557.

DEELEN, Godofredo. O episcopado brasileiro. Revista *Eclesiástica Brasileira,* vol. 27, fasc. 2, 1967.

Della Cava, Ralph. Igreja e Estado no Brasil do século XX. *Estudos CEBRAP*, n. 12, 1975.

_____. A Igreja católica no Brasil no período de 1950 a 1975. Revista *Religião e Sociedade*, n. 2, 1977.

_____. Fontes para o estudo de catolicismo e sociedade no Brasil. Revista *Religião e Sociedade*, n. 5, 1980.

_____. A ofensiva vaticana. Revista *Religião e Sociedade*, n. 12/3, 1985.

_____. A Igreja e a abertura, 1974-1985. In: Krischke, Paulo; Mainwaring, Scott (orgs.). *A Igreja nas bases em tempo de transição (1974-1985)*. Porto Alegre, CEDEC/L&PM Editores, 1986.

_____. Política do Vaticano: 1978-1990. Revista *Eclesiástica Brasileira/50*, fasc. 200, 1990.

_____. As finanças da fé. O caso do catolicismo romano. Revista *Novos Estudos CEBRAP*, n. 32, 1992.

Diario del Juicio a las Juntas Militares. *Apud* Dri, Rubén. *Teología y dominación*. Buenos Aires, Roblanco, 1987, p. 292.

Di Stéfano, Ítalo. *Boletim da Agência Informativa Católica Argentina (BO--AICA)*, n. 1.485.

Di Stefano, Roberto; Zanatta, Loris. *Historia de la Iglesia argentina, desde la conquista hasta fines del siglo XX*. Buenos Aires, Grijalbo-Mondatori, 2000.

Documentos do Episcopado Argentino (Dea). Tomo XII, 1984, p. 87, 183, 234.

_____. Tomo XIV, 1986/1987, p. 127.

_____. Tomo XVI, 1989, p. 56.

Dri, Rubén. *Teología y dominación*. Buenos Aires, Roblanco, 1987.

_____. *Proceso a la Iglesia argentina*. Buenos Aires, Editorial Biblos, 1997.

Dussel, Enrique (org.). *Historia general de la Iglesia en América Latina*. Vol. IX. Salamanca, Ediciones Sígueme, 1994.

_____ (org.). *Resistencia y esperanza. Historia del pueblo cristiano en Amé-*

rica Latina y el Caribe. San José, Editorial Departamento Ecuménico de Investigaciones, 1995.

Eco, Umberto; Martini, Carlos. *¿En qué creen los que no creen?*. Buenos Aires, Planeta, 1997.

Esquivel, Juan Cruz. Notas sobre las esferas diferenciadas de valor en Max Weber. Revista *Ciências Sociais e Religião*, n. 1, 2000.

_____. Aportes para la interpretación de la diversidad episcopal: un análisis a partir de los orígenes, la formación y las trayectorias de los obispos en la Argentina. Revista *Sociedad y Religión*, n. 22/23. Buenos Aires, 2001.

_____. Igreja católica e Estado no Brasil e na Argentina: notas introdutórias para uma análise comparativa. Revista *Ciências Sociais e Religião*, n. 5. Porto Alegre, 2003.

_____. *Detrás de los muros*. La Iglesia católica en tiempos de Alfonsín y Menem (1983-1999). Buenos Aires, Universidad de Quilmes, 2004.

_____. Laicidades relativas: avatares de la relación Estado-Iglesia en Brasil. In: Blancarte, Roberto (comp.). *Los retos de la laicidad y la secularización en el mundo contemporáneo*. México DF, El Colegio de México, 2008.

_____. Cultura política y poder eclesiástico: encrucijadas para la construcción del Estado laico en Argentina. In: *Archives des sciences sociales des religions*, n. 146. Institut de sciences sociales des religions de París, Ecole des Hautes Etudes en Sciences Sociales, 2009.

_____; Garcia, Fabián; Hadida, María Eva; Houdin, Víctor. *Creencias y prácticas religiosas*. El caso de Quilmes. Buenos Aires, Editorial de la Universidad de Quilmes, 2001.

Estado de S. Paulo. 29 maio 1983; 26 out. 1984; 20 abr. 1985; 1° ago. 1985; 20 abr. 1985; 5 ago. 1987; 20 abr.1999; 27 abr. 2000.

Farias, Pedro Torres. *La Nación*, 31 out. 1986.

Farrell, Gerardo. *Iglesia y pueblo en Argentina*. Historia de 500 años de evangelización. Buenos Aires, Patria Grande, 1992.

FERNANDES, Geraldo. A religião nas Constituições Republicanas do Brasil. Revista *Eclesiástica Brasileira,* vol. 8, fasc. 4, 1948.

FERNANDES, Serafim. *Folha de S.Paulo*, 3 maio 1998.

FOLHA DA TARDE, 26 ago. 1989.

FOLHA DE S.PAULO. 20 mar. 1983; 25 abr. 1984; 4 nov. 1984; 2 ago. 1985; 1º nov. 1985; 21 abr. 1987; 14 abr. 1988; 15 fev. 1991; 20 abr. 1994; 21 abr. 1994; 24 abr. 1994; 16 abr. 1995; 17 abr. 1995; 30 abr. 1995; 18 maio 1995; 26 ago. 1995; 1º mar. 1996; 15 abr. 1996; 27 abr. 1996; 27 jul. 1996; 16 abr. 1997; 30 ago. 1997; 8 set. 1997; 14 jan. 1998; 25 abr. 1998; 3 maio 1998; 1º out. 1998; 20 abr. 1999; 7 set. 1999; 26 abr. 2000; 3 set. 2000; 25 fev. 2000; 16 jun. 2000; 2 jul. 2000; 13 jul. 2000; 1º maio 2001; 8 maio 2001; 1 dez. 2001.

FORNI, Floreal. Catolicismo y peronismo. Revista *Unidos*, n. 14, 1987.

_____. Del aggiornamiento a las vísperas (1955-1969). Revista *Unidos*, n. 18, 1988.

_____; GALLART, M. Antonia; GIALDINO, Irene Vasilachis de. *Métodos cualitativos II*. Buenos Aires, CEAL, 1993.

FRIGERIO, Alejandro. *Nuevos movimientos religiosos y ciencias sociales I y II*. Buenos Aires, CEAL, 1993.

GARCÍA, Rómulo. *Boletim da Agência Informativa Católica Argentina (BO--AICA)*, n. 1.711.

GEERTZ, Clifford. *La interpretación de las culturas*. México DF, Gedisa, 1991.

GERA, Lucio; MELGAREJO, Guillermo Rodriguez. Apuntes para una inter-pretación de la Iglesia argentina. Revista *Vísperas*, n. 15, 1970.

GIALDINO, Irene Vasilachis de. *Métodos cualitativos I.* Los problemas epis-temológicos. Buenos Aires, Centro Editor de América Latina, 1993.

GIAQUINTA, Carmelo. *Página/12*, 5 nov. 1991.

_____. *Boletim da Agência Informativa Católica Argentina (BO-AICA)*, n. 1.993.

GIDDENS, Anthony. *Las nuevas reglas del método sociológico*. Buenos Aires, Amorrortu, 1967.

_____. *Consecuencias de la modernidad*. Madrid, Alianza, 1990.

GLASER, Barney; STRAUSS, Anselm. *The discovery of grounded theory:* strategies for qualitative research. New York, Aldine Publishing Company, 1967.

GLOCK, Charles. Sobre las dimensiones de la religiosidad. In: MATTHES, Joachim. *Introducción a la sociología de la religión*. Madrid, Alianza Editorial, 1971.

GREGORY, Affonso. Informação verbal. Entrevista realizada em 1 de maio 2003.

HABEGGER, Norberto; MAYOL, Alejandro; ARMADA, Arturo G. *Los católicos post-conciliares en la Argentina*. Buenos Aires, Granica, 1970.

HABERMAS, Jürgen. *Teoría de la Acción Comunicativa I*. Madrid, Taurus, 1987.

_____. *Entre naturalismo y religión*. Barcelona, Paidós, 2006.

HERVIEU-LÉGER, Danièle. Croire en modernité: au delàde la problématique des champs religieux et politique. In: *Religion et democratie*. Paris, Albin Michel, 1996a.

_____. Catolicismo: el desafío de la memoria. Revista *Sociedad y Religión*, n. 14/15. Buenos Aires, 1996b.

HESAYNE, Miguel. *Boletim da Agência Informativa Católica Argentina (BO--AICA)*, n. 1.932.

_____. *Apud El Cronista*, 28 jan. 1993.

_____. *Apud Página/12*, 1° jun. 1993.

_____. *Apud Página/12*, 29 jul. 1993.

_____. *Apud La Nación*, 18 nov. 1995.

_____. Informação verbal. Entrevista realizada em 24 jun. 2000

HOORNAERT, Eduardo (org.). *História da Igreja na América Latina e no Caribe (1945-1995)*. Petrópolis, Vozes, 1996b.

HOUTART, François. A história do Celam ou o esquecimento das origens. Revista *Religião e Sociedade*, n. 14/1, 1987.

HUMMES, Cláudio. *Folha de S.Paulo*, 26 dez. 1999.

Imaz, José Luis de. *Los que mandan*. Buenos Aires, EUDEBA, capítulo IX, 1964.

Jesus, Jerry Adriani Santos de. *Estado de S. Paulo*, 27 abr. 2000.

João Paulo II. *Carta aos argentinos*, 25 maio 1982.

_____. *Instrução sobre a Teologia da Libertação*. Libertatis nuntio, 1984.

_____. *Documento Passado e futuro da evangelização da América*, 1989.

_____. *Comunicação Carta às famílias*, 1994.

_____. *Carta Apostólica* Apostolos suos: natureza teológica e jurídica das Conferências Episcopais, 1998.

_____. *Documento Direito à vida*, 1999.

_____. *Declaração Animados pelo espírito, comuniquemos a esperança*, 1999.

_____. *Centesimus annus. Apud* Página/12, 28 abr. 1991.

_____. *Centesimus annus. Apud* Página/12, 9 nov. 1993.

_____. *Página/12*, 14 maio 1992.

_____. *Apud* Clarín, 12 nov. 1995.

_____. *Apud* Página/12, 12 nov. 1995.

_____. *Tertio millennio adveniente. Apud* La Nación, 21 nov. 1994.

_____. Conclamação Apostólica Pós-sinodal *Vita consagrata*. In *Boletim da Agência Informativa Católica Argentina (BO-AICA)*, n. 2.052.

_____. *Encíclica* Veritatis Splendor. In *Boletim da Agência Informativa Católica Argentina (BO-AICA)*, n. 1.920.

_____. *La Nación*, 22 abr. 1998.

Jornal da tarde, 9 abr. 1983

Jornal do Brasil. 17 abr. 1985; 17 abr. 1999; 24 abr. 1999; 1º jan. 2000.

Kloppenburg, Boaventura. *Folha de S.Paulo*, 15 fev. 1991.

_____. *Folha de S.Paulo*, 24 abr. 1994.

Krautler, Erwim. *O Globo*, 14 abr. 1991.

_____. *Estado de S. Paulo*, 28 abr. 2000.

KRIEGER, Murilo. Informação verbal. Entrevista realizada em 6 nov. 2003.

LAGHI, Pio. *La Nación*, 27 jun. 1976. *Apud* DRI, Rubén. *Teología y dominación*. Buenos Aires, Roblanco, 1987, p. 182-183.

LAGUNA, Justo. *Luces y sombras de la Iglesia que amo*. Buenos Aires, Sudamericana, 1996.

_____. *La Nación*, 4 jun. 2000a.

_____. Informação verbal. Entrevista realizada em 14 jun. 2000b.

LAISE, Juan. América nace con el signo de la cruz y la acción evangelizadora de la Iglesia. *Boletín de AICA*, n. 1.765, 1990.

_____. *Boletim da Agência Informativa Católica Argentina (BO-AICA)*, n. 2.007.

_____. *Boletim da Agência Informativa Católica Argentina (BO-AICA)*, n. 2.016.

_____. *Boletim da Agência Informativa Católica Argentina (BO-AICA)*, n. 1.941.

_____. *Boletim da Agência Informativa Católica Argentina (BO-AICA)*, n. 2.003.

_____. *Boletim da Agência Informativa Católica Argentina (BO-AICA)*, n. 2.263.

_____. Informação verbal. Entrevista realizada em 4 jun. 2000.

LAMBERT, Yves. *Dieu change en Bretagne*. Paris, CERF, 1985.

LA NACIÓN, 4 jul. 1986; 31 out. 1986; 16 abr. 1991; 11 jul. 1994; 8 ago. 1994; 18 nov. 1995; 11 dez. 1995; 3 dez. 1996; 1° jun. 1998; 22 abr. 1998; 27 abr. 1998; 20 jul. 1998; 11 ago. 1998; 31 ago. 1998; 14 nov. 1999.

LA RAZÓN, 22 ago. 1986; 27 jan. 1987; 21 fev. 1987.

_____. 22 set. 1986. *Apud* DRI, Rubén. *Proceso a la Iglesia argentina*. Buenos Aires, Editorial Biblos, 1997, p. 67.

LEAVI, Carlos; ZARZA, Walter. *El péndulo de la Fe*. La Iglesia argentina y el cristianismo a 2000 años del nacimiento de Jesús. Buenos Aires, Editorial Norma, 1998.

LEFFORT, Claude. *La invención democrática*. Buenos Aires, Nueva Visión, 1990.

LE GOFF, Jacques; NORA, Pierre. Hacer la Historia. Nuevos Problemas, tomo II. In: DOMINIQUE, Julia. *La religión:* historia religiosa. Barcelona, Editorial Laia, 1974.

LEME, Dom Sebastião. *Carta Pastoral dirigida ao povo de Olinda e Recife*, 1916. *Apud* BEOZZO, 1984, p. 282.

LENZ, Matias Martinho. Religião e eleição presidencial. *Comunicações do ISER*, n. 38, 1990.

LESBAUPIN, Ivo. O Vaticano e a Igreja no Brasil. *Comunicações do ISER*, n. 39, 1990.

_____; STEIL, Carlos; BOFF, Clodovis. *Para entender a conjuntura atual*. Petrópolis, Vozes/ISER, 1996.

LEVINE, Daniel. *Religión, sociedad y política:* secularización o nueva síntesis. Lima, Páginas, 1990.

LICCIARDO, Cayetano. El tratamiento de la educación y la cultura en la reforma de la Constitución de la provincia de Buenos Aires. *Boletín de AICA*, n. 1.753, 1990.

LIMA, Luis Gonzaga de Souza. *Evolução política dos católicos e da Igreja do Brasil:* hipóteses para uma interpretação. Petrópolis, Vozes, 1979.

LORSCHEITER, Ivo. *Folha de S.Paulo*, 4 nov. 1984.

LÖWY, Michael. *Guerra de dioses.* Religión y política en América Latina. México DF, Siglo XXI Editores, 1999.

LUSTOSA, Oscar de Figueiredo (org.). *A Igreja católica no Brasil e o regime republicano*. São Paulo, Loyola/CEPEHIB, 1990.

MACCARONE, Juan Carlos. *Apud Página/12*, 10 ago. 1995.

_____. *Apud La Nación*, 20 jul. 1998.

_____. Informação verbal. Entrevista realizada em 11 nov. 2000.

MAINWARING, Scott. *Igreja católica e política no Brasil (1916-1985).* São Paulo, Brasiliense, 1989.

MALAN, Pedro. *O Globo*, 14 set. 2000.

MALLIMACI, Fortunato. *El Catolicismo integral en la Argentina (1930-1946)*. Buenos Aires, Editorial Biblos, 1988a.

_____. Ernest Troelstch y la Sociología histórica del Cristianismo. Revista *Sociedad y Religión*, n. 6. Buenos Aires, 1988b.

_____. El clero católico argentino en la política partidaria. Palestra apresentada nas *IV Jornadas sobre alternativas religiosas na América Latina*. Montevideo, 1994.

_____. Diversidad católica en una sociedad globalizada y excluyente. Una mirada al fin del milenio desde Argentina. Revista *Sociedad y Religión*, n. 14/15, 1996.

_____. A situação religiosa na Argentina urbana do fim do milênio. In: ORO, Ari; STEIL, Carlos (orgs.). *Globalização e religião*. Petrópolis, Vozes, 1997.

_____. Catolicismos en sectores populares ante la quiebra del estado de bienestar. Palestra apresentada nas *VIII Jornadas sobre alternativas religiosas na América Latina*. São Paulo, 1998.

_____. El catolicismo argentino en la vida democrática. Revista *Todo es Historia*, n. 401, 2000.

MANIFESTO DO EPISCOPADO BRASILEIRO DE OUTUBRO DE 1945. *Apud* CAMARGO, Cándido Procópio; SOUZA, Beatriz; PIERUCCI, Antônio Flávio. Iglesia católica: 1945-1970. In: *O Brasil republicano*. São Paulo, Difel. Tomo III, vol. IV, 1984, p. 349.

MARCHIORI, João Oneres. Informação verbal. Entrevista realizada em 2 maio 2003.

MARX, Karl. *Contribución a la crítica de la economía política*. Madrid, Alberto Corazón Editor, 1970.

_____. *La ideología alemana*. Buenos Aires, Ediciones Pueblos Unidos--Editorial Camargo, 1985.

MASSERDOTTI, Franco. *Folha de S.Paulo*, 1 maio 2000.

_____. *Folha de S.Paulo*, 28 abr. 2000.

MEDINA, José. *Apud Clarín*, 3 abr. 1987.

MIANI, Elmer. *Clarín*, 16 abr. 1991.

MICELI, Sérgio. A gestão diocesana na República Velha. Revista *Religião e Sociedade*, n. 12/1, 1985.

_____. *A elite eclesiástica brasileira*. Rio de Janeiro, Editora Bertrand, 1988.

MIGNONE, Emilio. *Iglesia y Dictadura*. El papel de la Iglesia a la luz de sus relaciones con el régimen militar. Buenos Aires, Ediciones del Pensamiento Nacional, 1986.

_____. Dictadura e Iglesia en Quilmes. Contexto para una investigación. *Revista de Ciencias Sociales*, n. 4. Universidad Nacional de Quilmes, 1995.

MINUJIN, Alberto; KESSLER, Gabriel. *La nueva pobreza en la Argentina*. Buenos Aires, Ensayo, 1995.

MIRÁS, Eduardo. *Boletim da Agência Informativa Católica Argentina (BO--AICA)*, n. 2.006.

MONTAGNOLI, Mauro. *Folha de S.Paulo*, 13 jul. 2000.

_____. Informação verbal. Entrevista realizada em 6 maio 2003.

MONTENEGRO, João Alfredo. *Evolução do catolicismo no Brasil*. Petrópolis, Vozes, 1972.

MORAES, Reginaldo. Os percursos do método: o cetismo preventivo de Zemelman. In: KRAWCZYK, Nora; WANDERLEY, Luiz Eduardo (orgs.). *América Latina*: Estado e reformas numa perspectiva comparada. São Paulo, Cortez, 2003.

MORELLI, Mauro. *Jornal do Brasil*, 17 abr. 1999.

MOTTA, Sérgio. *Folha de S.Paulo*, 16 abr. 1997.

MOURA, Sérgio Lobo de; ALMEIDA, José Maria Gouvêa de. A Igreja na Primeira República. In: *História geral da civilização brasileira:* o Brasil republicano. Tomo III, vol. II. São Paulo, Difel, 1978.

NEVARES, Jaime de. *La Razón*, 22 set. 1986. *Apud* DRI, Rubén. *Proceso a la Iglesia argentina*. Buenos Aires, Editorial Biblos,1997, p. 67.

NEVES, Lucas Moreira. *Folha de S.Paulo*, 17 abr. 1995.

_____. *Folha de S.Paulo*, 27 jul. 1996.

NOGUEIRA, Adriano. A CNBB: Evolução política e ideologia. *Cadernos do ISER*, n. 8, 1979.

NOVAK, Jorge. *Apud Página/12*, 29 abr. 1995.

O GLOBO. 21 abr. 1984; 5 maio 1984; 19 abr. 1986; 24 nov. 1990; 14 abr. 1991; 20 maio 2000; 15 jul. 2000; 22 jul. 2000; 14 set. 2000.

OGÑÉNOVICH, Emilio. *Boletim da Agência Informativa Católica Argentina (BO-AICA)*, n. 1.845.

_____. *Apud Página/12*, 3 abr. 1992.

OLIVEIRA, Pedro Ribeiro de. Presença da Igreja católica na sociedade brasileira. Revista *Religião e Sociedade*, n. 2, 1977.

_____. Religião e dominação de classe: o caso da "romanização". Revista *Religião e Sociedade*, n. 6, 1980.

_____. *Religião e dominação de classe*: gênese, estrutura e função do catolicismo romanizado no Brasil. Petrópolis, Vozes, 1985.

_____. A Igreja católica e a transição brasileira para a democracia. *Comunicações do ISER*, n. 19, 1986.

_____. O contexto histórico da Igreja católica do Brasil. *Comunicações do ISER*, n. 34, 1989.

_____. O catolicismo: das CEBs à Renovação Carismática. Revista *Eclesiástica Brasileira*, vol. 59, 1999.

OLMEDO, Pedro. *Boletim da Agência Informativa Católica Argentina (BO-AICA)*, n. 2.034.

_____. Informação verbal. Entrevista realizada em 18 jul. 2000.

ORLANDI, Carlos; ARONSON, Perla. *Cuadernos de sociología:* metodología y epistemología en Weber. Buenos Aires, Oficina de Publicaciones de la Universidad de Buenos Aires, 1995.

ORO, Ari Pedro. Considerações sobre a modernidad religiosa. Revista *Sociedad y Religión*, n. 14/15. Buenos Aires, 1996.

PACE, Enzo. Globalização: um conceito polivalente. In: ORO, Ari; STEIL, Carlos (orgs.). *Globalização e religião*. Petrópolis, Vozes, 1997.

PÁGINA/12. 9 jul. 1989; 11 nov. 1990; 14 mar. 1991; 28 abr. 1991; 5 nov. 1991; 8 nov. 1991; 3 abr. 1992; 14 maio 1992; 9 mar. 1993; 29 jul. 1993; 1º jun. 1994; 12 ago. 1994; 2 set. 1994; 4 set. 1994; 29 abr. 1995; 30 abr. 1995; 12 nov. 1995; 16 nov. 1995; 17 nov. 1995; 9 dez. 1995; 13 mar. 1996; 10 jul. 1996; 27 abr. 1998; 12 jun. 1988.

PAGOTTO, Aldo di Cillo. Informação verbal. Entrevista realizada em 8 jul. 2003.

PAITONI, Valeriano. *Folha de S.Paulo*, 2 jul. 2000.

PAIVA, Vanilda. Teses sobre a Igreja moderna no Brasil. Revista *Religião e Sociedade*, n. 11/1. Rio de Janeiro, 1984.

PARKER, Cristián. *Otra lógica en América Latina*. Religión popular y modernización capitalista. Santiago de Chile, Fondo de Cultura Económica, 1996.

PASTORAL DA TERRA. *Apud* MAINWARING, Scott. *Igreja católica e política no Brasil (1916-1985)*. São Paulo, Brasiliense, 1989, p. 73.

PASTORAL SOCIAL. *Apud* PIERUCCI, Antônio Flávio, 1984, p. 77.

PEREYRA, Diego. *Notas críticas sobre la globalidad y la globalización*. Buenos Aires, EUDEBA, 1997.

PIERUCCI, Antônio Flávio. *Democracia, Igreja e voto*. Tese de doutoramento, Universidade de São Paulo, 1984.

_____. A velha recém-casada. Revista *Novos Estudos CEBRAP*, n. 26. São Paulo, 1990.

_____. A propósito do autoengano em sociologia da religião. Revista *Novos Estudos CEBRAP*, n. 49. São Paulo, 1997.

_____. Soltando amarras: secularización y destradicionalización. Revista *Sociedad y Religión*, n. 16/17. Buenos Aires, 1998.

_____. A encruzilhada da fé. In: *Folha de S.Paulo*/ Revista *Mais*, 19 maio 2002.

_____. *O desencantamento do mundo*. Todos os passos do conceito em Max Weber. São Paulo, Edusp, 2003.

_____; Prandi, Reginaldo. *A realidade social das religiões no Brasil*. São Paulo, Hucitec, 1996.

Piña, Joaquín. *Boletim da Agência Informativa Católica Argentina (BO--AICA)*, n. 1.624.

_____. *Boletim da Agência Informativa Católica Argentina (BO-AICA)*, n. 1.837.

Poulat, Emile. L'Eglise romaine. Le savoir et le pouvoir. *Archives de sciences sociales des religions*, n. 37. Paris, 1974.

_____. *Eglise contre bourgeoisie*. Introduction au devenir du catholicisme actuel. Paris, Casterman, 1977.

_____. La querelle de l'intégrisme en France. *Social Compass*, vol. 32, n. 4. Louvain, 1985.

_____. La science de la verité et l'art de la distinction. Intransigeance et compromis dan le catholicisme contemporain. *Social Compass*, vol. 44, n. 4. Louvain, 1997.

_____. *Le catholicisme sous observation*. Paris, Editions du Centurion, 1983. *Apud* Blancarte, 1992, p. 47.

Pozzi, José. Informação verbal. Entrevista realizada a 1 de fevereiro de 1999.

Prandi, Reginaldo. A religião do planeta global. In: Oro, Ari; Steil, Carlos (orgs.). *Globalização e religião*. Petrópolis, Vozes, 1997.

Primatesta, Raúl. *La Razón*, 22 ago. 1986.

_____. *La Razón*, 27 jan. 1987.

_____. *Página/12*, 12 jun. 1988.

_____. *Apud Página/12*, 2 set. 1994.

_____. *Apud Clarín*, 7 jun. 1998.

Puga, Joaquín Carregal. Aproximaciones a una lectura social de la historia eclesiástica argentina. Revista *Mexicana de Sociología*, ano XLIII, vol. XLIII, 1981.

Quarracino, Antonio. Dimensión mariana en América Latina. *L'Osservatore Romano*, n. 946, 1997.

_____. *Notas sobre la realidad argentina*. Buenos Aires, Ediciones Energeia, 1990.

_____. *Palabra y testimonio*. Buenos Aires, AICA, 1995.

_____. La Iglesia en Argentina durante los últimos cincuenta años. Revista *Criterio*, dez. 1997. *Apud* CAIMARI, 1994, p. 100.

_____. *Clarín*, 2 maio 1983. *Apud* DRI, Rubén. *Teología y dominación*. Buenos Aires, Roblanco, 1987, p. 263.

_____. *Página/12*, 11 nov. 1990.

_____. *La Nación*, 16 abr. 1991.

_____. *Boletim da Agência Informativa Católica Argentina (BO-AICA)*, n. 2.025.

_____. *Boletim da Agência Informativa Católica Argentina (BO-AICA)*, n. 1.600.

_____. *Boletim da Agência Informativa Católica Argentina (BO-AICA)*, n. 2.065.

QUEIROGA, Gervásio Fernandes de. *CNBB:* Comunhão e co-responsabilidade. São Paulo, Paulinas, 1977.

QUEIROZ, Maria Isaura Pereira. Os catolicismos brasileiros. *Universitas*: Revista de Cultura da Universidade Federal da Bahia, n. 6/7, 1970.

QUEIROZ, Celso. Informação verbal. Entrevista realizada em 6 maio 2003.

RADRIZANNI, Agustín. Informação verbal. Entrevista realizada em 1º fev. 1999.

RATZINGER, Joseph. *Compreender a Igreja hoje*. Petrópolis, Vozes, 1992.

_____. *O Globo*, 21 abr. 1984.

RIBEIRO, Ari Luis do Vale. Considerações sobre as orientações pastorais da CNBB sobre a Renovação Carismática católica. Revista *Eclesiástica Brasileira/*56, fasc. 221, 1996.

ROCHA, Geraldo Lyrio. *Folha de S.Paulo*, 30 ago. 1997.

ROLIM, Francisco. Católicos e catolicismo. Revista *Eclesiástica Brasileira*, vol. XXX, n. 118, 1970.

ROMANO, Roberto. *Brasil*: Igreja contra Estado. Kairos, São Paulo, 1979.

ROMERO, José Luis. *El desarrollo de las ideas en la sociedad argentina del siglo XX*. México DF, Fondo de Cultura Econômica, 1965.

ROTH, Guenther; SCHULCHTER, Wolfgang. *Max Weber's vision of History*. Ethics & Methods. California, University of California Press, 1979.

ROUANET, Sérgio Paulo. A volta de Deus. In: *Folha de S.Paulo/* Revista *Mais*, 19 maio 2002.

SAADI, Vicente. *Boletim da Agência Informativa Católica Argentina (BO--AICA)*, n. 1.575.

SABURIDO, Fernando. Informação verbal. Entrevista realizada em 11 jul. 2003.

SALES, Eugênio de Araújo. *Estado de S. Paulo*, 5 ago. 1987.

_____. *Folha de S.Paulo*, 26 ago. 1995.

_____. *Jornal da tarde*, 9 abr. 1983.

_____. *O Globo*, 20 maio 2000.

_____. *O Globo*, 15 jul. 2000.

_____. *Apud* DELLA CAVA, Ralph. A Igreja e a abertura, 1974-1985. In: KRISCHKE, Paulo; MAINWARING, Scott (orgs.). *A Igreja nas bases em tempo de transição (1974-1985)*. Porto Alegre, CEDEC/L&PM Editores,1986, p. 31.

SANCHIS, Pierre. Catolicismo e representatividade eleitoral numa sociedade em mudança. *Comunicações do ISER*, n. 38, 1990.

SÂNDALO, Angélico. *Folha de S.Paulo*, 8 set. 1997.

SANDRELLI, Dante. *Apud Página/12*, 11 abr. 1993.

_____. *Apud Boletim da Agência Informativa Católica Argentina (BO--AICA)*, n. 1.967.

SANTOS, Carlos James. Análise de conjuntura religioso-eclesial. *Caderno Atualidade em debate*, n. 4. Centro João XXIII, 1996.

SARTORI, José. *Boletim da Agência Informativa Católica Argentina (BO--AICA)*, n. 1.982.

SCHERER, Odilo. Informação verbal. Entrevista realizada em 21 de julho de 2003.

SCHLEGEL, Jean Louis. *Religions à la carte*. Paris, Hachette, 1995.

SCHLUCHTER, Wolfang. *The rise of western Rationalism*. Max Weber's developmental history. California, University of California Press, 1981.

SELIGMAN, Milton. *Folha de S.Paulo*, 14 jan. 1998.

SELLTIZ, Claire; COOK, Stwart W.; WRIGHTSMAN, Lawrence S. *Métodos de Investigación en las relaciones sociales*. Madrid, Rialp, 1980.

SILVA, Vicente da. Os católicos diante das eleições (1958-1986). Estudo sobre a Arquidiocese de Olinda e Recife. Revista *Eclesiástica Brasileira*, vol. 49, fasc. 194, 1989.

SOBRINHO, José Cardoso. Informação verbal. Entrevista realizada em 9 jul. 2003.

SONEIRA, Jorge. *Las estrategias institucionales de la Iglesia católica (1880-1976)*. Buenos Aires, CEAL, 1989.

_____. Los estudios sociológicos sobre el Pentecostalismo en América Latina. Revista *Sociedad y Religión*, n. 8. Buenos Aires, 1991.

_____. La Renovación Carismática católica en la Argentina: entre el Carisma y la Institución. Palestra apresentada nas *VI Jornadas sobre alternativas religiosas na América Latina*. Porto Alegre, 1996.

STOLL, David. *¿América Latina se vuelve protestante?* Las políticas del crecimiento evangélico. Cayambe, Talleres Abya-Yala, 1991.

STÖCKLER, Luis. *Boletim da Agência Informativa Católica Argentina (BO-AICA)*, n. 1.822.

STORNI, Edgardo. *Apud Boletim da Agência Informativa Católica Argentina (BO-AICA)*, n. 1.982.

SUELDO, Gerardo. *Boletim da Agência Informativa Católica Argentina (BO-AICA)*, n. 1.824.

TAYLOR, S. J.; BODGAN, R. *Introducción a los métodos cualitativos de investigación*. Buenos Aires, Paidós, 1986.

TEMPESTA, Orani João. Informação verbal. Entrevista realizada em 8 dez. 2003.

TORRADO, Susana. *Estructura social de la Argentina*. Buenos Aires, Ediciones de la Flor, 1992.

TROELSTCH, Ernest. *Le dottrine sociali delle Chiesa e dei gruppi cristiani*. Florencia, La nuova Italia, 1949.

TRUSSO, Francisco. *Apud Página/12*, 17 nov. 1995.

VALENTINI, Luiz Demétrio. *Folha de S.Paulo*, 24 mar. 1994.

_____. *Folha de S.Paulo*, 27 abr. 1996.

_____. *Estado de S. Paulo*, 20 abr. 1999.

_____. *Folha de S.Paulo*, 11 ago. 2002.

_____. Informação verbal. Entrevista realizada em 1º ago. 2003.

VALLE, Edênio. João Paulo II: Que conservadorismo? Revista *Religião e Sociedade*, n. 5, 1980.

VALLIER, Ivan. Comparative studies of roman catholicism: dioceses as strategic units. *Social Compass*, n. XVI/2, 1969.

VALLS, Joaquín Navarro. *Apud Página/12*, 16 nov. 1995.

VERDIER, Geraldo. Informação verbal. Entrevista realizada em 2 maio 2003.

VILLA, Néstor. Los fieles difuntos deben ser enterrados en lugar sagrado. *Boletín de AICA*, n. 1.878, 1991.

WANDERLEY, Luiz Eduardo. Desafios da Igreja católica e política no Brasil. In: Aa.Vv. *Presença pública da Igreja no Brasil*. CNBB 1952-2002. Paulinas, São Paulo, 2003.

WEBER, Max. *Economía y sociedad*. México DF, Fondo de Cultura Económica, 1944.

_____. *Ensayos sobre sociología de la religión*. Madrid, Taurus, 1984.

WEFFORT, Francisco. E por que não a Igreja na política?. Revista *Religião e Sociedade*, n. 2, 1977.

WITTE, Bernardo. *BO-AICA*, n. 1.504.

ZANATTA, Loris. *Del Estado liberal a la nación católica.* Iglesia y ejército en los orígenes del peronismo (1930-1943). Buenos Aires, Universidad Nacional de Quilmes, 1996.

_____. Religión, nación y derechos humanos. *Revista de Ciencias Sociales*, n. 7/8, Universidad Nacional de Quilmes, 1998.

ZEMELMAN, Hugo. Algunas reflexiones metodológicas a partir del problema de las investigaciones comparativas. In: KRAWCZYK, Nora; WANDERLEY, Luiz Eduardo (orgs.). *América Latina*: Estado e reformas numa perspectiva comparada. Cortez, São Paulo, 2003.

ZURETTI, Juan Carlos. *Nueva historia eclesiástica argentina*. Buenos Aires, 1972.